Dietsch/Reinker/Stirner

Die Zusatzversorgung des öffentlichen und kirchlichen Dienstes

Die Zusatzversorgung des öffentlichen und kirchlichen Dienstes

Handbuch für Personalsachbearbeiter

von

Walter Dietsch
Torsten Reinker
Rolf Stirner

2. neu bearbeitete Auflage 2008

::rehm

Bibliografische Information der Deutschen Nationalbibliothek
Die Deutsche Nationalbibliothek verzeichnet diese Publikation
in der Deutschen Nationalbibliografie;
detaillierte bibliografische Daten sind im Internet
über http://dnb.d-nb.de abrufbar.

Bei der Herstellung des Buches haben wir uns zukunftsbewusst für
umweltverträgliche und wiederverwertbare Materialien entschieden.
Der Inhalt ist auf elementar chlorfreiem Papier gedruckt.

ISBN: 978-3-8073-0097-9

Verlagsgruppe Hüthig Jehle Rehm GmbH
Heidelberg/München/Landsberg/Frechen/Hamburg

Satz: TypoScript GmbH, München
Druck und Bindung: Kessler Druck + Medien, Bobingen

Inhaltsverzeichnis

	Seite
Inhaltsverzeichnis	V
Abkürzungsverzeichnis	XIX
Teil A Aufgabe und Leistungen der Zusatzversorgung	1
1. **Aufgabe der Zusatzversorgung**	1
2. **Rechtsgrundlagen**	2
3. **Reform der Zusatzversorgung**	3
4. **Versicherungsarten**	4
5. **Berechnung der Betriebsrente in der Pflichtversicherung**	5
5.1 Die Altersfaktoren	5
5.2 Die Versorgungspunkte	6
5.3 Die Betriebsrentenformel	6
5.4 Die Überschussverteilung	7
5.4.1 Bonuspunkte	7
5.4.2 Bonuspunkte auch nach Ausscheiden (bei beitragsfreier Pflichtversicherung)	9
5.5 Soziale Komponenten	9
5.5.1 Zurechnungszeiten bei Erwerbsminderungsrente und Hinterbliebenenversorgung	9
5.5.2 Elternzeit	10
5.6 Altersteilzeit	11
5.7 Teilzeit	12
5.8 Beurlaubung ohne Bezüge	12
5.9 Absenkung der Leistungszusage	12
6. **Die Umstellung der Betriebsrente zum 1.1.2002**	14
6.1 Startgutschrift für rentennahe Versicherte	14
6.2 Startgutschrift für rentenferne Versicherte	15
6.3 Rechtsprechung zur Startgutschrift für rentenferne Versicherte	16
6.4 Startgutschrift für beitragsfrei Pflichtversicherte	16

Inhaltsverzeichnis

		Seite
7.	**Die allgemeinen Voraussetzungen für eine Rentenleistung aus der Zusatzversorgung**	17
7.1	Wartezeit	17
7.2	Versicherungsfall	17
7.2.1	Pflichtversicherte in der gesetzlichen Rentenversicherung	17
7.2.2	Versicherte, die nicht in der gesetzlichen Rentenversicherung versichert sind	18
7.3	Antrag	19
7.4	Weitere Voraussetzungen	19
7.5	Mitwirken des Arbeitgebers	20
7.6	Abschläge wegen vorzeitiger Inanspruchnahme einer Rente	20
8.	**Erwerbsminderungsrenten**	20
8.1	Rente wegen voller Erwerbsminderung	21
8.2	Rente wegen teilweiser Erwerbsminderung	21
8.3	Die Zurechnungszeiten	22
8.4	Sonstiges zur Erwerbsminderungsrente	22
9.	**Hinterbliebenenversorgung**	23
9.1	Witwen-/Witwerrente in der gesetzlichen Rentenversicherung	23
9.2	Hinterbliebenenversorgung für eingetragene Lebenspartnerschaften	25
9.3	Waisenrente	25
10.	**Sterbegeld**	26
11.	**Anpassung der Renten**	26
12.	**Auszahlung und Abfindung von Betriebsrenten**	26
13.	**Versicherungsnachweise**	27
14.	**Besteuerung der Betriebsrente**	27
15.	**Beiträge zur Kranken- und Pflegeversicherung aus der Betriebsrente**	28
16.	**Finanzierung der Betriebsrente**	28

Inhaltsverzeichnis

		Seite
17.	Träger der Zusatzversorgung	30
18.	Überleitung von Versicherungszeiten	36
Teil B	Beginn des Arbeitsverhältnisses/Anmeldung	37
1.	Wer ist zur Zusatzversorgung anzumelden?	37
1.1	Beschäftigte	39
1.1.1	Begriff des Beschäftigten	39
1.1.2	Beamte, Richter, Soldaten, hauptamtliche Bürgermeister	39
1.1.3	Übungsleiter, ehrenamtlich tätige Bürgermeister, Feuerwehrkommandanten und andere Beschäftigte mit Anspruch auf Aufwandsentschädigung	40
1.1.3.1	Übungsleiter	40
1.1.3.2	Inhaber von Ehrenämtern (z. B. ehrenamtliche Bürgermeister, Gemeinderäte, Stadträte, Stadtverordnete)	41
1.1.3.3	Feuerwehrkommandanten und andere Beschäftigte mit Aufwandsentschädigungen	42
1.1.4	Freiwilliges soziales Jahr	42
1.1.5	Heimarbeiter	42
1.1.6	Auszubildende	42
1.1.7	Vorstandsmitglieder	42
1.1.8	Mehrere Arbeitsverträge mit demselben Arbeitgeber	43
1.1.9	Mehrere Arbeitsverhältnisse bei verschiedenen Arbeitgebern	43
1.2	Mindestalter (17. Lebensjahr)	43
1.3	Wartezeiterfüllung bis zum Beginn der abschlagsfreien Regelaltersrente	44
1.4	Beschäftigung nach Vollendung des 65. Lebensjahres	46
1.5	Geringfügig Beschäftigte	46
1.5.1	Geringfügig entlohnte Beschäftigte	47
1.5.2	Kurzfristig Beschäftigte	47
1.6	Probezeit	48
1.7	Veränderungen in der Versicherungspflicht	49
1.7.1	Wegfall der 12-Monats-Regelung	49

Inhaltsverzeichnis

		Seite
1.7.2	Nachversicherung von teilzeitbeschäftigten Arbeitnehmern, die tariflich bis zum 31.3.1991 nicht zu versichern waren (unterhälftig beschäftigte Arbeitnehmer)	49
2.	**Was ist in folgenden Sonderfällen zu beachten?**	**50**
2.1	Auszubildende, Schüler, Praktikanten, Volontäre, Arzt im Praktikum, Medizinalassistenten, Trainees, Umschüler, Studierende	50
2.1.1	Auszubildende, Schüler, Praktikanten, Volontäre	50
2.1.2	Arzt im Praktikum	51
2.1.3	Medizinalassistent	52
2.1.4	Trainee	52
2.1.5	Umschüler	52
2.2	Studierende, Studienförderungsvertrag	52
2.2.1	Studierende	52
2.2.2	Studienförderungsvertrag	53
2.3	Beschäftigte mit ausländischer Grundversorgung	53
2.4	Teilzeitbeschäftigte Arbeitnehmer (Besonderheiten bei Altersteilzeit, Altersrente als Teilrente, Arbeit auf Abruf, Erziehungsurlaub)	54
2.5	Saisonarbeitnehmer	55
2.6	Waldarbeiter	56
2.7	Amtliche Tierärzte und Fleischkontrolleure	56
2.8	Vorstandsmitglieder	57
2.9	Ordensmitglieder, Pastoralassistenten, Organisten	58
2.10	Wechsel zu einem Arbeitgeber, der nicht Mitglied einer Zusatzversorgungskasse ist	58
3.	**Wer ist von der Versicherungspflicht in der Zusatzversorgung ausgenommen oder befreit?**	**59**
3.1	Beschäftigte mit bestehender Betriebsrentenzusage bei Mitgliedschaftsbeginn	59
3.2	Beschäftigte mit Anwartschaft/Anspruch auf beamtenrechtliche Versorgung	59
3.3	Leitende Angestellte, Chefärzte und sonstige vom Geltungsbereich des TVöD ausgenommene Beschäftigte	60

Inhaltsverzeichnis

		Seite
3.4	Beschäftigte in Arbeitsbeschaffungsmaßnahmen, Leistungen zur Eingliederung in Arbeit (§ 16 Abs. 1 SGB II), Ein-Euro-Jobs (§ 16 Abs. 3 SGB II), Beschäftigungszuschuss bei erwerbsfähigen Bedürftigen mit Vermittlungshindernissen (Förderung nach § 16a SGB II)	61
3.4.1	Beschäftigte in Arbeitsbeschaffungsmaßnahmen, Leistungen zur Eingliederung in Arbeit (§ 16 Abs. 1 SGB II)	61
3.4.2	Ein-Euro-Jobs (§ 16 Abs. 3 Satz 2 SGB II)	63
3.4.3	Beschäftigungszuschuss bei erwerbsfähigen Bedürftigen mit Vermittlungshindernissen (Förderung nach § 16a SGB II)	63
3.5	Beschäftigte mit Rentenbezug	64
3.5.1	Bezug einer Altersrente	64
3.5.2	Bezug einer Erwerbsminderungsrente	65
3.6	Beschäftigte mit einer wissenschaftlichen Tätigkeit an Hochschulen oder Forschungseinrichtungen	65
3.7	Mitglieder bei anderen Versorgungseinrichtungen	66
3.7.1	Versorgungswerk der Presse	66
3.7.2	Berufsständische Versorgungseinrichtungen	67
3.7.3	Versorgungsanstalt der deutschen Bühnen/Versorgungsanstalt der deutschen Kulturorchester/Bundesbahn-Versicherungsanstalt Abteilung B	67
3.8	Lebensversicherung	68
3.8.1	Lebensversicherung anstelle der Pflichtversicherung	68
3.8.2	Lebensversicherung im Tarifgebiet Ost anstelle der Pflichtversicherung (vor dem 4.5.1995)	68
3.9	Beschäftigte mit Übergangszahlung/Übergangsversorgung im Justizvollzug und bei der Feuerwehr	69
4.	**Überleitungen bei Wechsel der Zusatzversorgungskasse**	69
4.1	Überleitung zwischen den kommunalen und kirchlichen Zusatzversorgungskassen	70
4.2	Überleitung mit der Versorgungsanstalt des Bundes und der Länder (VBL)	70
4.3	Gruppenüberleitungen	71
4.4	Kassenwechsel des Arbeitgebers	71

Inhaltsverzeichnis

Seite

Teil C Ende des Arbeitsverhältnisses/Wegfall der Versicherungspflicht/Abmeldung 73

1. Wann endet die Versicherungspflicht? 73

2. Welche zusatzversorgungsrechtlichen Folgen ergeben sich, wenn das Beschäftigungsverhältnis oder die Pflichtversicherung vor Rentenbeginn endet? 73
2.1 Auswirkung auf Bonuspunkte (§ 66 d. S.) 74
2.2 Auswirkung auf Erwerbsminderungsrenten und Hinterbliebenenrenten (§ 35 Abs. 2 d. S.) 75
2.3 Auswirkungen auf eine freiwillige Versicherung (§ 23 d. S.) 75

3. **Die Abmeldung** 76
3.1 Ende der Pflichtversicherung (§ 20 d. S.) 76
3.2 Beitragsfreie Pflichtversicherung (§ 21 d. S.) 76

4. **Wie ist abzumelden?** 77

5. **Ausscheiden aus dem Arbeitsverhältnis in Sonderfällen** 78
5.1 Übergangszahlung bzw. Übergangsversorgung (Feuerwehrtechnischer Einsatzdienst, Flugsicherungsdienst, Justizvollzugsdienst) 78
5.2 Wechsel zu einem Arbeitgeber, an dem der frühere Arbeitgeber beteiligt ist 79
5.3 Unterbrechung der Pflichtversicherung bei Waldarbeitern 79
5.4 Beendigung der Pflichtversicherung bei Saisonarbeitnehmern 80

6. **Beendigung bzw. Ruhen des Arbeitsverhältnisses wegen Bezugs einer Rente** 82
6.1 Altersrenten 82
6.1.1 Regelaltersrente 82
6.1.2 Sonstige Altersrenten 82
6.2 Erwerbsminderungsrenten 83
6.2.1 Erwerbsminderungsrenten auf Dauer 84
6.2.2 Erwerbsminderungsrenten auf Zeit 85

Inhaltsverzeichnis

		Seite
Teil D	**Laufendes Arbeitsverhältnis/Finanzierung der Zusatzversorgung, Steuer- und Sozialversicherungspflicht** ...	87
1.	Was ist nach einer Anmeldung zu beachten?	87
2.	Was ist zusatzversorgungspflichtiges Entgelt?	88
2.1	Begriff	88
2.1.1	Steuerpflichtige, aber nicht zusatzversorgungspflichtige Entgelte	88
2.1.2	Höchstgrenze für das zusatzversorgungspflichtige Entgelt	89
2.1.2.1	Monatsgrenze	89
2.1.2.2	Grenzbetrag im Monat der Zahlung einer Zuwendung	92
2.2	Zuflussprinzip	93
2.2.1	Zuordnung im laufenden Jahr	93
2.2.2	Berichtigungsmeldungen im Zuflussprinzip	98
2.2.3	Zusatzversorgungspflichtige Entgelte nach Beendigung des Arbeitsverhältnisses	101
2.2.4	Zusatzversorgungspflichtige Entgelte und Erwerbsminderungsrente auf Zeit	102
2.2.5	Nachteilsausgleich	103
3.	**Wie werden Umlagen und Beiträge errechnet?**	104
3.1	Berechnung von Umlagen und Beiträgen	105
3.2	Zusätzliche Umlage	106
3.3	Fälligkeit der Umlagen, Beiträge und Sanierungsgelder ...	109
3.4	Eigenbeteiligung	112
3.4.1	Eigenbeteiligung an der Umlage	113
3.4.2	Eigenbeteiligung am Beitrag	113
4.	**Meldebeispiele für unterschiedlich finanzierte Zusatzversorgungseinrichtungen**	115
4.1	Rein umlagefinanzierte Zusatzversorgungseinrichtungen (evtl. mit Eigenbeteiligung an der Umlage und Sanierungsgeld)	116
4.2	Rein kapitalfinanzierte Zusatzversorgungseinrichtungen ..	117
4.3	Mischfinanzierte Zusatzversorgungseinrichtungen	117

Inhaltsverzeichnis

		Seite
5.	**Wie werden Umlagen und Beiträge steuerrechtlich und sozialversicherungsrechtlich behandelt?**	119
5.1	Steuerrechtliche Behandlung	119
5.1.1	Umlagen	119
5.1.2	Zusatzbeiträge	124
5.1.3	Sanierungsgelder	125
5.1.4	Eigenbeteiligung	126
5.2	Sozialversicherungsrechtliche Behandlung	126
5.2.1	Tarifgebiet West	127
5.2.2	Tarifgebiet Ost	133
6.	**Wie sind zusatzversorgungspflichtiges Entgelt und Umlagen/Beiträge den Zusatzversorgungskassen zu melden?**	135
6.1	Versicherungsabschnitte	135
6.2	Meldung des zusatzversorgungspflichtigen Entgelts und der Umlagen/Beiträge bei einem laufenden Arbeitsverhältnis mit ununterbrochener Entgeltzahlung	136
7.	**Was ist nach Ablauf eines Kalenderjahres zu beachten?**	137
7.1	Manuelle Jahresmeldung	137
7.2	Jahresmeldung im Datenträgeraustausch	138
8.	**Wie sind bereits gemeldete Daten vom Arbeitgeber zu berichtigen oder nachzumelden?**	138
8.1	Berichtigungen und Namensänderungen	138
8.2	Nachmeldungen	139
9.	**Jahresabrechnung**	139
Teil E	**Versicherungsabschnitte, Meldungen in Beispielen von A–Z**	141
1.	Auszug aus dem Buchungsschlüsselverzeichnis	141
2.	Meldebeispiele von A–Z	143
2.1	Abgeordneter	143
2.2	Änderung der Arbeitszeit	144

Inhaltsverzeichnis

		Seite
2.3	Altersteilzeit	145
2.3.1	Altersteilzeit vor dem 1.1.2003 vereinbart	146
2.3.2	Altersteilzeit nach dem 31.12.2002 vereinbart	147
2.3.3	Jahressonderzahlung bei Beginn der Altersteilzeit ab dem Jahr 2007	149
2.3.3.1	Beginn der Altersteilzeit bis einschließlich 1. Juli	149
2.3.3.2	Beginn der Altersteilzeit ab Oktober eines Jahres	150
2.3.3.3	Beginn der Altersteilzeit im August oder September	150
2.3.4	Krankheit während einer Altersteilzeit	152
2.3.4.1	Krankheit und Altersteilzeit vor 1.1.2003 vereinbart	152
2.3.4.2	Krankheit und Altersteilzeit nach 31.12.2002 vereinbart	153
2.3.5	Störfall bzw. Stornierung der Altersteilzeit	153
2.3.5.1	Regelfall: Wertguthaben	153
2.3.5.2	Sonderfall: Rückabwicklung	153
2.3.6	Zusammenfassende Darstellung der Meldungen bei Altersteilzeit	154
2.3.7	Altersteilzeit in Sonderfällen (Aufstockung auf 95 %)	155
2.4	Arbeitsunterbrechung/Arbeit nach Anfall/Beurlaubung ohne Bezüge/Mutterschutz/Sonderurlaub	158
2.4.1	Arbeitsunterbrechung/Fehlzeiten mit gleichem Versicherungsmerkmal	158
2.4.2	Arbeitsunterbrechung/Fehlzeiten mit unterschiedlichen Versicherungsmerkmalen	160
2.4.3	Beurlaubung ohne Bezüge/Sonderurlaub	161
2.5	Einmalige Zahlungen	162
2.5.1	Einmalige Zahlungen, die während eines bestehenden Arbeitsverhältnisses ausgezahlt werden	162
2.5.2	Einmalige Zahlungen, die bei oder nach der Beendigung bzw. Ruhen des Arbeitsverhältnisses ausgezahlt werden	162
2.6	Elternzeit	165
2.6.1	Grundsätze zur Elternzeit	165
2.6.2	Einmalzahlungen während der Elternzeit bzw. Mutterschutzzeit	166
2.6.3	Elternzeit für mehrere Kinder und Zwillingsgeburt	168
2.6.4	Sonderurlaub im Anschluss an eine Elternzeit	171

Inhaltsverzeichnis

		Seite
2.6.5	Geburt eines weiteren Kindes während eines Sonderurlaubs	172
2.6.6	Wiederaufnahme der Beschäftigung im Anschluss an die Mutterschutzzeit	173
2.6.7	Wiederaufnahme der Beschäftigung während der Elternzeit	174
2.7	Entgeltumwandlung	175
2.8	Entwicklungshelfer	178
2.9	Geringfügige Beschäftigung	182
2.9.1	Voraussetzungen	182
2.9.2	Steuer- und sozialversicherungsrechtliche Behandlung der Umlage bei geringfügig Beschäftigten	183
2.10	Jahressonderzahlung	189
2.10.1	Jahressonderzahlungen, die dem Beschäftigten während eines bestehenden Arbeitsverhältnisses zufließen	190
2.10.2	Jahressonderzahlung, die dem Beschäftigten bei Beendigung bzw. Ruhen des Arbeitsverhältnisses oder nach Beendigung des Arbeitsverhältnisses zufließen	193
2.10.3	Jahressonderzahlung bei Waldarbeitern	195
2.10.4	Jahressonderzahlung für Monate mit Krankengeldzuschuss und für Zeiten des Wehr- oder Zivildienstes	196
2.11	Krankheit	198
2.11.1	Beschäftigte mit Anspruch auf Krankenbezüge (vergleichsweise frühere Regelung § 71 BAT)	200
2.11.2	Beschäftigte mit Anspruch auf Lohnfortzahlung und Krankengeldzuschuss	201
2.12	Kurzarbeit	205
2.13	Mutterschutz	205
2.14	Rentenbezug	208
2.15	Saisonarbeitnehmer	214
2.15.1	Unbefristetes Arbeitsverhältnis	214
2.15.2	Arbeitsverhältnis für jede Saison	215
2.16	Sanierungsgeld	215
2.17	Sparkassensonderzahlung	217
2.18	Teilzeitbeschäftigung	220
2.19	Umschüler	220

Inhaltsverzeichnis

		Seite
2.20	Unbezahlte Freistellung	221
2.21	Teilzeitbeschäftigte Arbeitnehmer, die tariflich bis 31.3.1991 nicht zu versichern waren (vgl. Teil B 1.7.2)	222
2.22	Waldarbeiter mit Waldarbeiter-Tarifvertrag	226
2.23	Wehr- und Zivildienstleistende/Wehrübung/Soldat auf Zeit	228
2.23.1	Grundwehr- und Zivildienst	228
2.23.2	Wehrübung	230
2.23.3	Eignungsübung	231
2.23.4	Wehrpflichtiger Soldat auf Zeit für zwei Jahre	232
2.24	Zeitrentenbezug	234
2.25	Zuflussprinzip	237
2.25.1	Nachzahlungen/Rückforderungen während eines bestehenden Beschäftigungsverhältnis	238
2.25.2	Nachzahlungen/Rückforderungen nach dem Ende des Beschäftigungsverhältnisses	250
2.26	Zusatzbeitrag	252
2.27	Zusätzliche Umlage	254
Teil F	**Die freiwillige Versicherung in der Zusatzversorgung**	**257**
1.	**Grundsätzliches zur freiwilligen Versicherung**	**257**
1.1	Eigenes System neben der Pflichtversicherung	257
1.2	Ausgestaltung der freiwilligen Versicherung in der Zusatzversorgung	258
1.2.1	Freiwillige Versicherung (Alt-Tarif)	258
1.2.2	Freiwillige Versicherung (Neu-Tarif)	259
1.2.3	Garantierte Leistung	259
1.2.4	Überschussbeteiligung durch Bonuspunkte	260
1.3	Auswahl des Risikos	261
1.3.1	Verzicht auf Hinterbliebenenversorgung	261
1.3.2	Verzicht auf Leistungen bei Erwerbsminderung	262
1.3.3	Kapitalwahlrecht	262
1.4	Begründung der freiwilligen Versicherung	263
1.4.1	Inhalt des Vertrages	263

Inhaltsverzeichnis

		Seite
1.4.2	Begründung nur während eines bestehenden Arbeitsverhältnisses	263
1.4.3	Nicht nur Pflichtversicherte	263
1.4.4	Mitwirkung des Arbeitgebers	264
1.5	Fortsetzung der Versicherung nach Ausscheiden aus dem Arbeitsverhältnis	264
1.6	Zahlung der Beiträge	265
1.6.1	Überweisung durch den Arbeitgeber	265
1.6.2	Beitragsfreie Versicherung	265
1.6.3	Kündigung	266
1.6.4	Verzicht auf Kündigung – Hartz-IV-Sicherheit	266
1.7	Staatliche Förderung der freiwilligen Versicherung in der Zusatzversorgung	267
1.8	Die Rentenleistung aus der freiwilligen Versicherung	267
1.9	Vorteile der freiwilligen Versicherung in der Zusatzversorgung	268
1.10	Die Arbeitgeber-Höherversicherung	268
2.	**Die staatliche Förderung durch Entgeltumwandlung**	**269**
2.1	Entgeltumwandlung	269
2.2	Personenkreis	270
2.3	Die Durchführungswege	271
2.4	Umwandelbares Entgelt	271
2.5	Grenzen der Entgeltumwandlung	272
2.5.1	Grenzbetrag für die Steuer- und Sozialversicherungsfreiheit	272
2.5.2	Abgrenzung Alt- und Neuzusage	273
2.5.3	Einschränkung der Steuerfreiheit für den Versicherten	273
2.5.4	Übersteigen des Grenzbetrages	274
2.5.5	Inanspruchnahme der Steuergrenzen durch den Arbeitgeber	275
2.6	Auswirkung der Entgeltumwandlung auf tarifliche Bezüge und Rentenleistungen	277
2.6.1	Tarifliche Bezüge	277
2.6.2	Zusatzversorgungspflichtiges Entgelt	277
2.6.3	Gesetzliche Rente	277

Inhaltsverzeichnis

		Seite
2.7	Entgeltumwandlung unmittelbar vor Beginn einer Altersteilzeit	277
2.8	Versteuerung der Rentenleistung	278
2.9	Lebenslange Rente oder Kapitalabfindung	279
2.10	Hartz-IV-Sicherheit der Rentenleistung	279
2.11	Der Versicherungsvertrag	279
2.11.1	Arbeitsvertragliche Vereinbarung	279
2.11.2	Versicherungsrechtliche Abwicklung	280
2.12	Fortführen der Versicherung nach Ende des Arbeitsverhältnisses	280
2.13	Die Vorteile des Durchführungsweges „Pensionskasse Zusatzversorgung"	281
3.	**Die staatliche Förderung über Zulagen und steuerlichen Sonderausgabenabzug – die sog. Riester-Förderung**	282
3.1	Förderungsberechtigter Personenkreis	282
3.2	Altersvorsorgevertrag	283
3.3	Die Zulage	284
3.3.1	Grundzulage und Kinderzulage	284
3.3.2	Der Eigenbeitrag	285
3.3.3	Der Sockelbeitrag	286
3.3.4	Riester-Förderung während einer Elternzeit	287
3.3.5	Riester-Zulagen in der Pflichtversicherung	288
3.4	Der Sonderausgabenabzug	289
3.5	Verhältnis Sonderausgabenabzug zu Zulage	290
3.6	Schädliche Verwendung	290
3.7	Besteuerung der Altersvorsorgeleistungen	291
3.8	Verfahren in der Zusatzversorgung	292
3.8.1	Versicherungsvertrag	292
3.8.2	Beantragung der Förderung – Zulagenantrag	292
3.8.3	Geltendmachung des Sonderausgabenabzugs	293

Inhaltsverzeichnis

		Seite
Teil G	**Entgeltliste, Tabellenteil, Buchungsschlüssel**	295
1.	**Entgeltliste**	295
2.	**Höchstgrenze des zusatzversorgungspflichtigen Entgelts für das Vorliegen der Versicherungspflicht (§ 19 Abs. 1 Buchst. k d. S.)**	306
2.1	Tarifgebiet West	306
2.2	Tarifgebiet Ost	308
3.	**Grenzwerte für die zusätzliche Umlage von 9 v. H. (§ 76 d. S.)**	309
3.1	Tarifgebiet West	309
3.2	Tarifgebiet Ost	310
4.	**Grenzwert nach § 62 Abs. 2 der Satzung für die Bemessung der Umlage**	311
4.1	Tarifgebiet West	311
4.2	Tarifgebiet Ost	312
5.	**Steuerrelevante Grenzwerte**	313
6.	**Erläuterung der Buchungsschlüssel**	314
6.1	Erläuterungen zu den Einzahlermerkmalen	314
6.2	Erläuterungen zu den Versicherungsmerkmalen	314
6.3	Erläuterungen zu den Steuermerkmalen	321
Stichwortverzeichnis		323

Abkürzungsverzeichnis

A

ABD	Arbeitsvertragsrecht der Bayerischen (Erz-)Diözesen
Abs.	Absatz
ArbPlSchG	Arbeitsplatzschutzgesetz
AKA	Arbeitsgemeinschaft kommunale und kirchliche Altersversorgung
ArEV	Arbeitsentgeltverordnung
ATV	Tarifvertrag Altersversorgung
ATV-K	Altersvorsorge-TV-Kommunal
ATZ	Altersteilzeit
AVG	Angestelltenversicherungsgesetz
AVmG	Altersvermögensgesetz
AVR	Richtlinien für Arbeitsverträge in den Einrichtungen des Deutschen Caritasverbandes

B

BAG	Bundesarbeitsgericht
BAT	Bundes-Angestelltentarifvertrag
BAT-O	Bundes-Angestelltentarifvertrag-Ost
BeamtVG	Gesetz über die Versorgung der Beamten und Richter des Bundes
BEEG	Bundeselterngeld- und Elternzeitgesetz
BErzGG	Bundeserziehungsgeldgesetz
BetrAVG	Betriebsrentengesetz
BetrVG	Betriebsverfassungsgesetz
BMT-G	Bundes-Manteltarifvertrag für Arbeiter gemeindlicher Verwaltungen und Betriebe
BMT-G-O	Bundes-Manteltarifvertrag für Arbeiter gemeindlicher Verwaltungen und Betriebe-Ost
BSHG	Bundessozialhilfegesetz
Buchst.	Buchstabe
bzw.	beziehungsweise

Abkürzungsverzeichnis

D

d. h.	das heißt
d. S.	der Satzung

E

EhfG	Entwicklungshelfergesetz
EntgfortzG	Entgeltfortzahlungsgesetz
ErwMin	Erwerbsminderung
EStG	Einkommensteuergesetz

F

f.	für
ff.	folgende (Seiten)
fikt.	fiktiv/fiktiver
freiw.	freiwillig/freiwillige

G

gem.	gemäß
GG	Grundgesetz für die Bundesrepublik Deutschland
ggf.	gegebenenfalls

H

HiBli	Hinterbliebene

I

i. d.	in der
i. S.	im Sinne
i. S. d.	im Sinne des/der
i. V. m.	in Verbindung mit

K

KWBG	Gesetz über kommunale Wahlbeamte (KWBG)
Kz.	Kennzahl

Abkürzungsverzeichnis

L

lfd.	laufend
Lj.	Lebensjahr

M

Mantel-TV AiP	Tarifvertrag zur Regelung der Rechtsverhältnisse der Ärzte/Ärztinnen im Praktikum
Mantel-TV AiP-O	Tarifvertrag zur Regelung der Rechtsverhältnisse der Ärzte/Ärztinnen im Praktikum Ost
Mantel-TV Azubi	Manteltarifvertrag für Auszubildende
Mantel-TV Azubi-O	Manteltarifvertrag für Auszubildende-Ost
Mantel-TV Schü	Manteltarifvertrag zur Regelung der Rechtsverhältnisse der Schülerinnen/Schüler
MS	Mustersatzung
MTArb	Manteltarifvertrag für Arbeiterinnen und Arbeiter des Bundes und der Länder
MTArb-O	Manteltarifvertrag für Arbeiterinnen und Arbeiter des Bundes und der Länder-Ost
MTW	Manteltarifvertrag für Waldarbeiter
MuSchG	Mutterschutzgesetz

N

Nr.	Nummer

O

o.g.	oben genannt

R

RL	Richtlinien
RV	Rentenversicherung

S

s.	siehe
SGB	Sozialgesetzbuch (z. B. SGB VI: Sozialgesetzbuch Sechstes Buch)
SR	Sonderregelung (zum BAT)

Abkürzungsverzeichnis

T

tarifl.	tariflich
TV	Tarifvertrag
TV Ang aöS	Tarifvertrag über die Regelung der Rechtsverhältnisse der nicht vollbeschäftigten amtlichen Tierärzte und Fleischkontrolleure außerhalb öffentlicher Schlachthöfe und Einfuhruntersuchungsstellen
TV Ang iöS	Tarifvertrag über die Regelung der Rechtsverhältnisse der nicht vollbeschäftigten amtlichen Tierärzte und Fleischkontrolleure in öffentlichen Schlachthöfen und in Einfuhruntersuchungsstellen
TVA-F	Tarifvertrag über die Rechtsverhältnisse der zum Forstwirt Auszubildenden
TVA-F-O	Tarifvertrag über die Rechtsverhältnisse der zum Forstwirt Auszubildenden-Ost
TVAöD	Tarifvertrag für Auszubildende des öffentlichen Dienstes
TV-ATZ	Tarifvertrag zur Regelung der Altersteilzeitarbeit
TV-Eumw/VKA	Tarifvertrag zur Entgeltumwandlung für Arbeitnehmer/-innen im kommunalen öffentlichen Dienst
TV EZV-O	Tarifvertrag zur Einführung der Zusatzversorgung im Tarifgebiet Ost
TVöD	Tarifvertrag für den öffentlichen Dienst
TV-N	Tarifvertrag Nahverkehr
TV-V	Tarifvertrag Versorgungsbetriebe
TzBfG	Gesetz über Teilzeitarbeit und befristete Arbeitsverträge

U

u. a.	unter anderem; und andere
u. U.	unter Umständen
Unterabs.	Unterabsatz
usw.	und so weiter

V

v. H.	vom Hundert
VBL	Versorgungsanstalt des Bundes und der Länder

Abkürzungsverzeichnis

VBL-Satzung	Satzung der Versorgungsanstalt des Bundes und der Länder
Verg.Gr.	Vergütungsgruppe
VersTV-G	Tarifvertrag über die Versorgung der Arbeitnehmer kommunaler Verwaltungen und Betriebe
VersTV-W	Tarifvertrag über die Versorgung der Waldarbeiter der Länder
VersTV-W-G	Tarifvertrag über die Versorgung der Waldarbeiter der Gemeinden und Gemeindeverbände
vgl.	vergleiche

Z

z. B.	zum Beispiel
ZDG	Gesetz über den Zivildienst für Kriegsdienstverweigerer
ZV-Entgelt	zusatzversorgungspflichtiges Entgelt

Teil A Aufgabe und Leistungen der Zusatzversorgung

1. Aufgabe der Zusatzversorgung

Die Zusatzversorgung ist die betriebliche Altersversorgung (Betriebsrente) für die Beschäftigten des öffentlichen und kirchlichen Dienstes. Während die Beamten von ihren Dienstherrn eine Pension erhalten, sollen die Beschäftigten neben ihrer gesetzlichen Rente eine im Wesentlichen vom Arbeitgeber finanzierte zusätzliche Altersversorgung erhalten – eben die Zusatzversorgung.

Im Rahmen der Zusatzversorgung schließt der Arbeitgeber zugunsten seiner Beschäftigten eine Versicherung bei einer Zusatzversorgungseinrichtung ab. Damit besteht das Versicherungsverhältnis zwischen der Zusatzversorgungskasse als Versicherung und dem Arbeitgeber als Versicherungsnehmer. Bezugsberechtigt sind jedoch alleine die Beschäftigten, die bei Eintritt eines Versicherungsfalles (= Beginn einer Rente) einen direkten Anspruch gegenüber der Zusatzversorgungseinrichtung erwerben. Mit Beginn der Leistung durch die Zusatzversorgungseinrichtung an den Rentner hat der Arbeitgeber seine arbeitsrechtlichen Verpflichtungen gegenüber seinen Beschäftigten erfüllt.

Die Betriebsrente aus der Zusatzversorgung tritt neben die Basisversorgung. In der Regel ist dies die Rente aus der gesetzlichen Rentenversicherung. Beide Leistungen stehen unabhängig nebeneinander – eine Anrechnung der jeweils anderen Leistung findet nicht statt.

Damit unterscheidet sich die Zusatzversorgung seit dem 1.1.2002 grundlegend von dem zuvor geltenden sog. Gesamtversorgungssystem. Hier wurde für die Rentner eine an beamtenähnlichen Maßstäben orientierte Gesamtversorgung errechnet. Die gesetzliche Rente wurde durch die Zusatzversorgungsrente so weit aufgestockt, bis insgesamt eine beamtenähnliche Versorgung erreicht war (Gesamtversorgung).

Heute besteht neben der durch den Arbeitgeber finanzierten Betriebsrente für die Versicherten auch die Möglichkeit einer freiwilligen Versicherung. Hier können Beschäftigte durch eigene freiwillige Beiträge zusätzliche Rentenleistungen erwerben, wobei die staatliche Förderung im Rahmen der „Riester-Rente" oder der Entgeltumwandlung genutzt werden kann (vgl. Teil F).

2. Rechtsgrundlagen

Der Tarifvertrag für den öffentlichen Dienst (TVöD) vom 13.9.2005, der Tarifvertrag für den öffentlichen Dienst der Länder (TV-L) vom 12.10.2006, der Tarifvertrag für Auszubildende des öffentlichen Dienstes (TVAöD) und andere Tarifregelungen des öffentlichen Dienstes geben den unter ihren Geltungsbereich fallenden Beschäftigten grundsätzlich einen Anspruch gegen den Arbeitgeber auf Verschaffung einer Zusatzversorgung.

Ihre inhaltliche Ausgestaltung erhält die Zusatzversorgung durch besondere Tarifverträge, insbesondere durch den

▶ Tarifvertrag über die betriebliche Altersversorgung der Beschäftigten des öffentlichen Dienstes – Tarifvertrag Altersversorgung (ATV);
▶ Tarifvertrag über die zusätzliche Altersvorsorge der Beschäftigten des öffentlichen Dienstes – Altersvorsorge-TV-Kommunal (ATV-K).

Durch den Tarifvertrag zur Einführung der Zusatzversorgung im Tarifgebiet Ost (TV EZV-O) vom 1.2.1996 wurde der Geltungsbereich der damals geltenden Versorgungstarifverträge mit Wirkung ab 1.1.1997 auch auf die Beschäftigten, die unter die jeweiligen Manteltarifverträge für das Tarifgebiet Ost fallen, ausgedehnt. Damit gelten der ATV und der ATV-K bundeseinheitlich.

Die Altersvorsorge-Tarifverträge gelten unmittelbar und zwingend nur für die tarifgebundenen Arbeitgeber und Beschäftigten. Sie erfassen auf Arbeitgeberseite den Bund und die Länder sowie die kommunalen Arbeitgeber, die Mitglied eines Arbeitgeberverbandes sind, der seinerseits der Vereinigung der kommunalen Arbeitgeberverbände angehört. Auf Arbeitnehmerseite gelten die Tarifverträge unmittelbar und zwingend für die Beschäftigten, die Mitglieder der vertragschließenden Gewerkschaften sind. Für nicht tarifgebundene Beschäftigte gelten die Versorgungstarifverträge nur dann, wenn sie arbeitsvertraglich vereinbart sind. Für bei öffentlichen Arbeitgebern beschäftigte **Waldarbeiter** gelten spezielle versorgungstarifvertragliche Regelungen. Das Leistungsrecht für diese Beschäftigtengruppe orientiert sich aber im Grundsatz an den übrigen Beschäftigten des öffentlichen Dienstes.

Für Beschäftigte im **kirchlichen Bereich** gilt ein abweichendes Arbeitsvertragsrecht.

Für die Mitarbeiter von Einrichtungen, die dem Deutschen **Caritasverband** angehören, ergibt sich der Anspruch auf Versicherung in der Zusatzversorgung aus der Anlage 8 zu den Richtlinien für Arbeitsverträge in den Einrichtungen des Deutschen Caritasverbandes (AVR) bzw. aus § 27 AVR des Diakonischen Werkes in Deutschland.

Im Bereich der **Diözesen** gelten entsprechende Regelungen, z. B. bei den bayerischen Diözesen und deren Einrichtungen ergibt sich der Anspruch auf Zusatzversorgung aus Teil D des Arbeitsvertragsrechts der bayerischen (Erz-)Diözesen (ABD).

Neben diesen tarifrechtlichen bzw. aus den arbeitsvertraglichen Richtlinien abgeleiteten Anspruch auf Zusatzversorgung, tritt jedoch auch ein Anspruch aus dem Arbeitsvertrag. Soweit arbeitsvertraglich z. B. der TVöD oder die AVR vereinbart ist, ist damit zugleich auch ein Anspruch auf Zusatzversorgung zugesagt.

Sobald der Arbeitgeber Mitglied einer Zusatzversorgungskasse geworden ist, verpflichtet er sich durch diese Mitgliedschaft gegenüber seinen Beschäftigten, den Versorgungstarifvertrag anzuwenden. Er muss damit alle der Versicherungspflicht unterliegenden Beschäftigten in der Zusatzversorgung versichern, egal ob der Arbeitgeber oder der Beschäftigte tarifgebunden ist oder arbeitsvertraglich die Teilnahme an der Zusatzversorgung vereinbart ist.

3. Reform der Zusatzversorgung

Das Gesamtversorgungssystem, wonach die Versicherten eine Aufstockungsleistung durch die Zusatzversorgung zur gesetzlichen Rente erhielten, hatte über 30 Jahre lang Bestand. Aus verschiedenen Gründen (Finanzierbarkeit, Auswirkungen von höchstrichterlichen Urteilen u. a.) bestand dringender Bedarf, die Zusatzversorgung zu reformieren. Durch den Altersvorsorgeplan vom 13.11.2001 und die Versorgungstarifverträge ATV und ATV-K vom 1.3.2002 wurde die Zusatzversorgung zum 1.1.2002 grundlegend neu gestaltet.

Anstelle des durch Umlagen finanzierten Systems, bei dem die monatlichen Einnahmen im Wesentlichen für die laufenden Rentenlasten ausgegeben wurden, sollte nunmehr ein kapitalgedecktes Prinzip treten. Die vom Arbeitgeber geleisteten Beiträge sollen demnach von der Kasse angespart und verzinst werden, so dass bei Rentenbeginn eine Deckung der Rentenbeträge vorhanden ist. Damit haben Veränderungen bei den Versichertenzahlen keine wesentlichen Einflüsse mehr auf die Höhe der Beiträge und der Renten. Die Renten errechnen sich vielmehr aufgrund der Höhe der versicherten Entgelte und dem jeweiligen Alter des Versicherten zu dem Zeitpunkt, zu dem die Beiträge an die Zusatzversorgungskasse gezahlt werden.

Die vom Arbeitgeber geleisteten Beiträge aus dem jeweiligen monatlichen zusatzversorgungspflichtigen Entgelt sollen von der Kasse angespart und verzinslich angelegt werden. Dabei erfolgt in der Ansparphase eine Verzinsung mit 3,25 % und ab dem Zeitpunkt der Auszahlung eine weitere Verzinsung des jeweils verbleibenden Betrages in Höhe von 5,25 %. Soweit die Kasse höhere Zinsen erwirtschaftet, wird der Überschuss auf die einzelnen Versicherten entsprechend der Höhe der bisher angesparten Anwartschaften verteilt (vgl. Teil A 5.4).

4. Versicherungsarten

Bei der Betriebsrente sind drei Arten von Versicherungsverhältnissen zu unterscheiden:

- Pflichtversicherung
- Beitragsfreie Pflichtversicherung
- Freiwillige Versicherung.

Die **Pflichtversicherung** entsteht mit dem Eingang der Anmeldung bei der Zusatzversorgungskasse. Sie beginnt zu dem Zeitpunkt, der in der Anmeldung als Beginn der Versicherungspflicht angegeben ist (§ 17 d. S.). Ohne eine Anmeldung kann keine Pflichtversicherung entstehen, auch wenn der Arbeitgeber Umlagen oder Beiträge für den Beschäftigten an die Zusatzversorgungskasse zahlt.

Alle Beschäftigten, die einen tarif- oder arbeitsrechtlichen Anspruch auf Verschaffung einer Zusatzversorgung haben, sind bei einer Zusatzversorgungseinrichtung zu versichern. Darüber hinaus verpflichten die Satzungen der Zusatzversorgungskassen den Arbeitgeber jedoch auch, sämtliche der Versicherungspflicht unterliegenden Beschäftigten bei der Kasse anzumelden (§ 13 Abs. 3 Buchstabe a d. S.).

Voraussetzung für eine Anmeldung in der Zusatzversorgung ist also, dass ein Beschäftigungsverhältnis mit einem Arbeitgeber, der Mitglied einer Zusatzversorgungskasse ist, besteht und die allgemeinen Voraussetzungen für die Pflichtversicherung (vgl. Teil B) vorliegen.

Die Pflichtversicherung endet mit Ende des Beschäftigungsverhältnisses oder in dem Zeitpunkt, in dem ihre Voraussetzungen entfallen. Der Beschäftigte ist zu diesem Zeitpunkt abzumelden.

Mit dem Ende der Pflichtversicherung entsteht eine **beitragsfreie Pflichtversicherung**. Dabei bleiben die bereits während der Pflichtversicherung erworbenen Anwartschaften auf Leistungen bestehen. Sollte später wieder eine Beschäftigung im öffentlichen oder kirchlichen Dienst aufgenommen und dadurch erneut eine Pflichtversicherung begründet werden, können diese Anwartschaften weiter ausgebaut werden. Trotz beitragsfreier Pflichtversicherung können die Anwartschaften ansteigen,

Berechnung der Betriebsrente in der Pflichtversicherung

indem die Versicherung weiterhin an einer Überschussverteilung durch Bonuspunkte teilnimmt. Voraussetzung ist, dass bis zum Ende der Pflichtversicherung bereits 120 Monate mit Umlagen oder Beiträgen vorlagen (vgl. Teil A 5.4.2).

Als dritte Möglichkeit gibt es die **freiwillige Versicherung,** wonach die Beschäftigten selbst zusätzlich eigene Beiträge in eine freiwillige Versicherung einzahlen können. Mit der freiwilligen Versicherung wurde ein wichtiges Ziel der Reform der Zusatzversorgung verwirklicht, die Beschäftigten des öffentlichen und kirchlichen Dienstes in die staatliche Förderung nach dem Altersvermögensgesetz beim Aufbau einer privaten kapitalgedeckten Altersversorgung einzubeziehen.

Die freiwillige Versicherung kann durch den Beschäftigen selbst oder auch durch den Arbeitgeber abgeschlossen und/oder finanziert werden (vgl. Teil F).

5. Berechnung der Betriebsrente in der Pflichtversicherung

Entscheidend für die Berechnung der Betriebsrente ist die Höhe des jährlichen Entgelts und das Alter der Versicherten im Jahr des Entgeltbezugs. Aus dem monatlichen zusatzversorgungspflichtigen Entgelt des Versicherten werden jeweils 4 % als Beitrag in die Zusatzversorgung unterstellt. Die vom Arbeitgeber eingezahlten Beiträge sollen von der Zusatzversorgungskasse in der Ansparphase mit 3,25 % und ab dem Zeitpunkt der Auszahlung mit 5,25 % verzinst werden. Hieraus ergibt sich ein mittlerer Zins von ca. 4 %, der zum Zeitpunkt der Einzahlung der Beiträge unterstellt wird. Da das Geld angespart und verzinst werden soll, ist es wesentlich, wie alt der Versicherte zum Zeitpunkt des Bezugs des Entgelts ist. Je länger das Geld für eine Verzinsung zur Verfügung steht, desto höher wird später die Leistung sein.

Die Verzinsung und sonstige biometrische Daten sind in einer Tabelle berücksichtigt, aus der sich je nach Alter der Versicherten ein bestimmter Wert (Altersfaktor) ergibt.

5.1 Die Altersfaktoren

Alter	Faktor	Alter	Faktor	Alter	Faktor	Alter	Faktor
17	3,1	29	2,1	41	1,5	53	1,0
18	3,0	30	2,0	42	1,4	54	1,0
19	2,9	31	2,0	43	1,4	55	1,0

A Berechnung der Betriebsrente in der Pflichtversicherung

Alter	Faktor	Alter	Faktor	Alter	Faktor	Alter	Faktor
20	2,8	32	1,9	44	1,3	56	1,0
21	2,7	33	1,9	45	1,3	57	0,9
22	2,6	34	1,8	46	1,3	58	0,9
23	2,5	35	1,7	47	1,2	59	0,9
24	2,4	36	1,7	48	1,2	60	0,9
25	2,4	37	1,6	49	1,2	61	0,9
26	2,3	38	1,6	50	1,1	62	0,8
27	2,2	39	1,6	51	1,1	63	0,8
28	2,2	40	1,5	52	1,1	64 ff.	0,8

5.2 Die Versorgungspunkte

Abhängig von der Höhe des Verdienstes – aus dem jeweils 4 % für die Betriebsrente angelegt werden – und dem Alter des Versicherten zum Zeitpunkt der Beitragszahlung, ergeben sich pro Jahr Versorgungspunkte. Diese Versorgungspunkte haben jeweils einen Wert von 4 € (Messbetrag).

Das jeweilige anzusetzende Alter ergibt sich, wenn man das Geburtsjahr vom jeweils laufenden Jahr abzieht, also z. B. Jahr 2008 minus Geburtsjahr 1978 = Alter 30.

Als Verdienst wird das zusatzversorgungspflichtige Entgelt angesetzt; dies ist grundsätzlich der steuerpflichtige Arbeitslohn (vgl. Teil D 2).

5.3 Die Betriebsrentenformel

Die Berechnung der Betriebsrente erfolgt nach folgenden Formeln:

$$\frac{\text{Bruttojahresentgelt}}{\text{Referenzentgelt}} \times \text{Altersfaktor} = \text{Versorgungspunkte}$$

Das **Referenzentgelt** ist für alle Versicherten gleich und beträgt 1000 € im Monat – also 12 000 € im Jahr.

Der **Altersfaktor** ist abhängig vom Lebensalter und ergibt sich aus der Tabelle.

Versorgungspunkte × Messbetrag = monatliche Betriebsrente aus diesem Jahr

Der **Messbetrag** beträgt stets 4 €.

Berechnung der Betriebsrente in der Pflichtversicherung   A

Beispiel:

Das Jahreseinkommen eines 25-jährigen versicherten Beschäftigten beträgt 27 000 €.
Der Altersfaktor beträgt laut Tabelle 2,4.
Aus diesem Jahr ergibt sich folgende Rentenleistung:

$$\frac{27\,000}{12\,000} \times 2{,}4 = 5{,}4 \text{ Versorgungspunkte}$$

5,4 Versorgungspunkte × 4 € Messbetrag = 21,60 € Rente pro Monat (aus diesem Jahr).

Hinzu können noch Bonuspunkte kommen, die nicht garantiert sind und deren Höhe im Voraus nicht feststeht.

Die jährlich ermittelten Versorgungspunkte werden in einem für den Beschäftigten geführten Versorgungskonto gutgeschrieben. Die Höhe der späteren Rentenleistung errechnet sich aus der Summe aller bis zum Versicherungsfall erworbenen Versorgungspunkte vervielfältigt mit dem sog. Messbetrag. Der Messbetrag dient der Umrechnung der Versorgungspunkte in Geld.

5.4 Die Überschussverteilung

5.4.1 Bonuspunkte

Zu den Versorgungspunkten, die man in einem Jahr aufgrund der Beiträge durch den Arbeitgeber erwirbt, kann es noch zusätzliche Punkte (sog. Bonuspunkte) geben. Wenn die Zusatzversorgungskasse durch ihre Geldanlage höhere Zinsen erwirtschaften kann, als mit dem Punktemodell zugesagt sind (3,25 %/5,25 %), entstehen Überschüsse. Diese werden nach Ablauf eines Jahres festgestellt. Aus den Überschüssen werden die Verwaltungskosten finanziert, sowie die sozialen Komponenten (siehe Teil A 5.5). Zudem müssen Rückstellungen gebildet werden. Sind danach noch weitere Überschüsse vorhanden, so können diese verteilt werden. Die Verteilung erfolgt auf alle Versicherten, die am 31. Dezember des Vorjahres in der Zusatzversorgung angemeldet waren, entsprechend der Höhe ihres Punktekontos. So erhalten Versicherte umso mehr Anteile von den Überschüssen, je mehr Versorgungspunkte sie bereits auf ihrem Versorgungskonto angesammelt haben.

Durch die angewendete Verzinsung von 3,25 % in der Ansparphase und 5,25 % in der Rentenphase ist bereits ein Zinssatz von durchschnittlich 4 % unterstellt, so dass die jährlichen Beiträge und die daraus resultierenden Anwartschaften bereits mit diesem durchschnittlichen Zinssatz errechnet wurden.

Berechnung der Betriebsrente in der Pflichtversicherung

Nicht alle Zusatzversorgungskassen können bereits von Beginn an in ein vollständig kapitalgedecktes System umsteigen. Sie müssen die Umlagefinanzierung noch auf längere Zeit beibehalten. Diese Kassen können daher tatsächlich noch keine Kapitalerträge erwirtschaften, die sie an die Versicherten weitergeben können.

Für die Berechnung der Bonuspunkte ist daher zu differenzieren:

▶ Soweit eine (teilweise) **Kapitaldeckung vorhanden** ist, werden die tatsächlich erzielten Kapitalerträge veranschlagt.

▶ Soweit **keine Kapitaldeckung** vorhanden ist, wird jährlich die laufende Verzinsung der zehn größten Pensionskassen in Deutschland gemäß dem jeweils aktuellen Geschäftsbericht der Bundesanstalt für Finanzdienstleistungsaufsicht als Maßstab für eine Überschussbeteiligung zugrunde gelegt.

Überschüsse werden vom zuständigen Gremium der Zusatzversorgungskasse festgestellt. Von diesen Überschüssen werden nach Abzug der Verwaltungskosten vorrangig die sozialen Komponenten (vgl. Teil A 5.5) und dann die Bonuspunkte finanziert. In aller Regel haben die Zusatzversorgungskassen in den zurück liegenden Jahren – soweit Überschüsse entstanden waren – diese in Rückstellungen eingestellt, um auch in finanziell schlechteren Zeiten die hohen Zinszusagen (3,25 % + 5,25 %) erfüllen zu können.

Bei der fiktiven Verzinsung werden Verwaltungskosten in Höhe von 2 v. H. der fiktiven Zinserträge unterstellt.

Die Bonuspunkte werden an die am Ende eines Geschäftsjahres vorhandenen Pflichtversicherten und an die beitragsfrei Versicherten, die eine Wartezeit von 120 Umlage- bzw. Beitragsmonate erfüllt haben, verteilt.

Waldarbeiter und andere Beschäftigte, deren Arbeitsverhältnis aufgrund von Witterungseinflüssen beendet worden sind, gelten ebenso wie Saisonarbeitnehmer als am Ende des Geschäftsjahres pflichtversichert. Voraussetzung ist, dass sie bei Wiederaufnahme der Arbeit einen Anspruch auf Wiedereinstellung haben bzw. zu Beginn der nächsten Saison voraussichtlich wieder eingestellt werden (vgl. Teil C 5.3). Diesen Beschäftigten können somit unabhängig von der Erfüllung der Wartezeit (120 Monate) Bonuspunkte gutgeschrieben werden.

Wechseln Beschäftigte zu einem Arbeitgeber, der Mitglied bei einer anderen Zusatzversorgungseinrichtung ist, sollte sofort mit der Anmeldung bei der neuen Kasse auch die Überleitung (vgl. Teil A 17) beantragt werden, damit die bereits bei der ursprünglich zuständigen Kasse vorhandenen Versorgungspunkte auf die neue Kasse übertragen werden und ggf. hierauf Bonuspunkte verteilt werden können.

Berechnung der Betriebsrente in der Pflichtversicherung   A

5.4.2 Bonuspunkte auch nach Ausscheiden (bei beitragsfreier Pflichtversicherung)

Bonuspunkte gibt es auch dann noch, wenn das Versicherungsverhältnis beendet wird, weil der Arbeitnehmer nicht mehr im öffentlichen oder kirchlichen Dienst beschäftigt ist. Haben Versicherte bis zum Zeitpunkt ihres Ausscheidens mindestens 120 Monate mit Umlagen-/Beitragszahlungen durch Arbeitgeber zurückgelegt, werden zu verteilende Bonuspunkte – obwohl die Versicherten aus der Pflichtversicherung ausgeschieden sind – auf ihr Konto gutgeschrieben. Die spätere Rentenleistung kann also auch dann noch ansteigen, wenn keine Pflichtversicherung mehr besteht (vgl. auch Teil C 2. und 2.1).

 Hinweis bei Auflösungsverträgen:

Da auch beitragsfrei Versicherte – also Versicherte, die ihr Beschäftigungsverhältnis beendet haben – unter den o.g. Voraussetzungen weiterhin Bonuspunkte erhalten können, ist dies bei Abschluss von **Auflösungsverträgen** besonders zu beachten.

Wird ein Auflösungsvertrag abgeschlossen, sollte durch den Arbeitgeber in den Fällen, in denen die 120 Monate noch nicht erfüllt sind, ein entsprechender Hinweis gegeben werden. Dies gilt vor allem dann, wenn durch kurzzeitiges Fortbestehen des Beschäftigungsverhältnisses diese Wartezeit erfüllt werden könnte.

5.5 Soziale Komponenten

Die Betriebsrente berücksichtigt auch soziale Komponenten. Das bedeutet, das von der Zusatzversorgungskasse in bestimmten Fällen Versorgungspunkte gutgeschrieben werden, ohne dass hierfür Einzahlungen durch den Arbeitgeber erfolgt sind. Diese zusätzlichen Punkte werden aus den Überschüssen finanziert.

Soziale Komponenten gibt es

▶ bei Eintritt einer Erwerbsminderungs- oder Hinterbliebenenrente
▶ für Zeiten einer Elternzeit.

5.5.1 Zurechnungszeiten bei Erwerbsminderungsrente und Hinterbliebenenversorgung

Tritt eine **Erwerbsminderung** vor Vollendung des 60. Lebensjahres ein, zahlt die Zusatzversorgung die Rente nicht nur aus den bis dahin angesparten Versorgungspunkten. Vielmehr erhält der Versicherte aus dem durchschnittlichen Entgelt der letzten 3 Kalenderjahre zusätzliche Versorgungspunkte bis zur Vollendung des 60. Lebensjahres (Zurechnungszeit).

A Berechnung der Betriebsrente in der Pflichtversicherung

Damit ergibt sich bei Eintritt einer Erwerbsminderung auch bei noch nicht sehr lange bestehender Versicherung eine höhere Rentenleistung aus der Zusatzversorgung.

Beispiel:
> Ein am 20.1.1974 geborener Beschäftigter erhält ab dem 1.10.2008 eine volle Erwerbsminderungsrente. Sein zusatzversorgungspflichtiges Entgelt in den letzten 3 vollen Kalenderjahren (2005–2007) betrug durchschnittlich 30 000 €.
> An Versorgungspunkten entstanden somit (30 000 € : 12 000 € =) 2,5 Versorgungspunkte im Jahr.
> Vom 1.10.2008 bis zum 19.1.2034 (Vollendung des 60. Lebensjahres) sind es 25 Jahre und 3 Monate, so dass 25 Jahre als Zurechnungszeit anerkannt werden.
> Damit entstehen aus der Zurechnungszeit monatlich 250 € Rente (25 Jahre × 2,5 Versorgungspunkte × 4 € Messbetrag).

Entsprechende Zurechnungszeiten wie bei einer Erwerbsminderungsrente gibt es auch bei den **Hinterbliebenenrenten**. Auch hier werden die Renten – wenn der Versicherte vor Vollendung des 60. Lebensjahres stirbt – nicht nur aus Versorgungspunkten errechnet, die bis zum Tod des Versicherten erreicht wurden, vielmehr erfolgt eine Zurechnung von Versorgungspunkten bis zum 60. Lebensjahr.

Zurechnungszeiten gibt es jedoch **nicht,** wenn die Erwerbsminderungs- oder die Hinterbliebenenrente **während einer beitragsfreien Pflichtversicherung** beginnt, der Versicherte also zum Zeitpunkt des Rentenbeginns nicht mehr in der Zusatzversorgung angemeldet ist. In diesem Fall wird zwar eine Rente wegen Erwerbsminderung bzw. eine Hinterbliebenenrente geleistet, doch rechnet sich die Leistung nur aus den bis zum Beginn der Rente erworbenen Versorgungspunkten; Zurechnungszeiten werden also hier nicht berücksichtigt. Bei Beendigung eines Arbeitsverhältnisses vor Rentenbeginn sollte der Arbeitgeber auf diese Folgen hinweisen (vgl. auch Teil C 2 und 2.1).

5.5.2 Elternzeit

Pro vollen Kalendermonat einer Elternzeit werden (wenn das Arbeitsverhältnis ruht) für die Betriebsrente 500 € als Entgelt unterstellt. Damit steigt also die Rentenanwartschaft während der Zeit der Kindererziehung. Dies gilt allerdings nur, wenn das Beschäftigungsverhältnis aufgrund der Elternzeit ruht – die Beschäftigte also aufgrund der Elternzeit nicht im bisherigen Beschäftigungsverhältnis arbeitet. Wird dagegen während der Elternzeit in dem an sich wegen Elternzeit ruhenden Arbeitsverhältnis wieder versicherungspflichtig gearbeitet, werden keine 500 € als monatliches Entgelt

Berechnung der Betriebsrente in der Pflichtversicherung

angesetzt, vielmehr gilt der entsprechende Verdienst aufgrund der Arbeitsleistung. Liegt dabei das Arbeitseinkommen unter 500 € im Monat, resultiert daraus eine geringere Rente, als wenn nicht gearbeitet worden wäre. Einmalzahlungen – wie z. B. die Jahressonderzahlung – haben demgegenüber keine Auswirkungen auf die Zahlung der sozialen Komponente, wenn außer der Zuwendung keine laufenden Bezüge vorhanden sind. In diesem Fall wird sowohl die soziale Komponente (500 €) als auch die Jahressonderzahlung verrentet (vgl. insgesamt auch Teil E 2.6).

Beispiel:

Eine 25-jährige Beschäftigte befand sich während des gesamten Jahres in Elternzeit. Damit entsteht aus der sozialen Komponente folgende Anwartschaft auf Betriebsrente:

500 € × 12 Monate = 6000 €/Jahr

6000 € : 12 000 € = 0,5

0,5 × 2,4 (Altersfaktor 27 Jahre) = 1,2 Versorgungspunkte (VP)

1,2 VP × 4 € Messbetrag = 4,80 € garantierte monatliche Betriebsrente.

5.6 Altersteilzeit

Für die Dauer der Altersteilzeit werden – wie in der gesetzlichen Rentenversicherung – 90 % des vor Beginn der Altersteilzeit maßgebenden zusatzversorgungspflichtigen Entgelts berücksichtigt. Damit wird in der Zusatzversorgung während der Altersteilzeit nur eine unwesentlich geringere Rentenanwartschaft erreicht als ohne Vereinbarung der Altersteilzeit.

Beispiel:

Ein 55-jähriger Beschäftigter vereinbart Altersteilzeit.

Der Jahresverdienst vor Beginn der Altersteilzeit beträgt 40 000 €.

Während der Altersteilzeit werden davon 90 % – also 36 000 € – berücksichtigt.

$$\frac{\text{Entgelt Altersteilzeit}}{\text{Referenzentgelt}} \quad \frac{36\,000\,€}{12\,000\,€} \times 1{,}0 \text{ (Altersfaktor bei 55 Jahren)} = 3 \text{ Versorgungspunkte}$$

3 Versorgungspunkte × 4 € (Messbetrag) = 12 € garantierte monatliche Betriebsrente (aus einem Jahr Altersteilzeit)

Zum Vergleich: Ohne Altersteilzeit hätte sich eine monatliche Rente von 13,32 € ergeben.

Hinweis:

Da für die Dauer der Altersteilzeit-Beschäftigung ein zusatzversorgungspflichtiges Entgelt in Höhe von 90 % des vor Beginn der Altersteilzeit maßgebenden Entgelts berücksichtigt wird, ergibt sich für die Umlage-/Beitragszahlung Folgendes:

Berechnung der Betriebsrente in der Pflichtversicherung

- ▶ Wurde die Altersteilzeit **vor dem 1.1.2003 vereinbart,** ist das tatsächlich bezogene (halbe) Entgelt als zusatzversorgungspflichtiges Entgelt zu melden und daraus Umlagen/Beiträge zu entrichten (Versicherungsmerkmale 22/25). Die Kasse erhöht dann das Entgelt auf 90 %.
- ▶ Wurde die Altersteilzeit **nach dem 31.12.2002 vereinbart,** ist das tatsächlich gezahlte (halbe) Entgelt während der Altersteilzeit vom Arbeitgeber um den Faktor 1,8 zu erhöhen und damit auf 90 % hochzurechnen. Das so erhöhte Entgelt ist der Zusatzversorgungskasse zu melden; Umlagen/Beiträge sind aus dem erhöhten Entgelt zu zahlen (Versicherungsmerkmale 23/20, vgl. auch Teil E 2.3).

5.7 Teilzeit

Eine Teilzeitbeschäftigung wird im Punktemodell einfach durch das geringere Entgelt zum Ausdruck gebracht, was zu entsprechend geringeren Versorgungspunkten führt. Eine aufwendige und komplizierte Meldung und Berechnung der vereinbarten Arbeitszeit bzw. des Beschäftigungsquotienten – wie nach dem alten Recht – ist nicht mehr erforderlich.

5.8 Beurlaubung ohne Bezüge

Während der Beurlaubung bleibt die Pflichtversicherung bestehen. Da aber im Beurlaubungszeitraum kein zusatzversorgungspflichtiges Entgelt erzielt wird, werden auch keine Versorgungspunkte dem Versorgungskonto gutgeschrieben. Allerdings können Bonuspunkte aus Überschüssen dem Konto gutgeschrieben werden, da ja am Jahresende auch während einer Beurlaubung die Pflichtversicherung bestanden hat.

Tritt während der Beurlaubung ein Versicherungsfall wegen Erwerbsminderung oder Tod ein, so werden zusätzliche Versorgungspunkte für Zurechnungszeiten vergeben (vgl. Teil A 5.5).

Hinweis:

Bei einer Beurlaubung bleibt – anders als bei Beendigung des Arbeitsverhältnisses – der Anspruch auf Zurechnungszeiten im Fall der Erwerbsminderung oder des Todes erhalten. Dies sollte bei Beschäftigten, die ihr Arbeitsverhältnis beenden, weil sie eine Erwerbsminderungsrente beantragt haben oder in absehbarer Zeit beantragen werden, vor allem im Rahmen von Auflösungsverträgen beachtet werden. Hier kann ggf. eine **Hinweispflicht des Arbeitgebers** bestehen.

5.9 Absenkung der Leistungszusage

Ein Arbeitgeber, der sich in einer wirtschaftlichen Notlage befindet, kann die Zusage von Leistungen für die Dauer von 3 Jahren um bis zu 2 v. H. absenken (§ 62 Abs. 4 d.S.). Da die Leistungen in der Pflichtversicherung so berechnet werden, als ob 4 v. H. aus dem Einkommen des Beschäftig-

Berechnung der Betriebsrente in der Pflichtversicherung A

ten kapitalgedeckt angelegt und von der Zusatzversorgung verzinst werden, bedeutet eine Absenkung dieser Zusage um bis zu 2 v. H., dass sich in einem solchen Fall die neu entstehenden Anwartschaften reduzieren. Bei einer Absenkung um 2 v. H. würden also anstelle von 4 v. H. Beitrag nur 2 v. H. eingezahlt, so dass nur die Hälfte der ursprünglich erreichbaren Anwartschaft während der Zeit der Absenkung entsteht.

Voraussetzung ist, dass sich der Arbeitgeber in einer wirtschaftlichen Notlage befindet und

- ▶ bei tarifgebundenen Arbeitgebern ein landesbezirklicher Tarifvertrag (Sanierungstarifvertrag) geschlossen wird oder
- ▶ bei nicht tarifgebundenen Arbeitgebern eine betriebliche oder überbetriebliche Vereinbarung getroffen wird. Diese Vereinbarung bedarf der Zustimmung der Zusatzversorgungskasse.

Die Absenkung kann nach Ablauf der ursprünglich vereinbarten Zeit (maximal 3 Jahre) verlängert werden.

Die Beschäftigten erwerben in der Zeit der Absenkung nur verringerte Anwartschaften auf Leistungen. Allerdings reduziert sich der Leistungszuwachs nur während der Zeit der Absenkung – er betrifft also nicht die bereits vorher entstandenen bzw. nach Beendigung der Absenkung entstehenden Anwartschaften.

Die Absenkung der Leistungszusage wirkt sich nicht auf die soziale Komponente während einer Elternzeit (vgl. A 5.5.2) aus, kann aber Auswirkungen bei Zurechnungszeiten (vgl. A 5.5.1) im Fall einer Erwerbsminderung (oder bei Hinterbliebenenrenten) und bei Meldung der zusätzlichen Umlage (vgl. D 3.2) haben.

Will ein Beschäftigter das Absinken seiner Anwartschaften vermeiden, kann er zum Ausgleich der verringerten Zahlung seitens seines Arbeitgebers eine eigene freiwillige Versicherung abschließen. Durch die staatliche Förderung im Rahmen einer Entgeltumwandlung oder Riester-Förderung wird der erforderliche Beitrag des Beschäftigten in aller Regel geringer sein, als der vom Arbeitgeber abgesenkte Beitragsteil (vgl. Teil F).

Die Meldungen durch den Arbeitgeber an die Zusatzversorgungskasse bei abgesenkter Versorgungszusage sind nicht einheitlich geregelt, so dass die Besonderheiten jeweils bei der Zusatzversorgungskasse nachgefragt werden sollte.

Die Umstellung der Betriebsrente zum 1.1.2002

6. Die Umstellung der Betriebsrente zum 1.1.2002

Durch die Reform der Zusatzversorgung hat sich die Leistungsberechnung ab dem 1.1.2002 vollkommen verändert. Anstelle des vormaligen Gesamtversorgungssystems trat das Punktemodell.

Für die meisten Versicherten, die bereits vor der Rechtsänderung in der Zusatzversorgung versichert waren, war es ganz wesentlich, die in diesen Zeiten entstandenen Anwartschaften in das neue System zu übertragen. Der Schutz der vor dem 1.1.2002 schon erreichten Anwartschaften war ein wesentliches Anliegen von beiden Seiten in den Tarifverhandlungen.

Aus der bisherigen Versicherung wurden die bis zum 31.12.2001 entstandenen Anwartschaften errechnet und als sog. Startgutschrift in die neue Betriebsrente übertragen. Das galt für alle am 31.12.2001 pflicht- und beitragsfrei Versicherten, auch wenn die Wartezeit von 60 Umlage-/Beitragsmonaten noch nicht erfüllt war.

Bei der Umstellung gab es unterschiedliche Berechnungen für rentennahe, rentenferne und beitragsfrei Versicherte.

Die zum 31.12.2001 errechneten Rentenanwartschaften wurden in Versorgungspunkte umgewandelt und als sog. Startgutschrift dem jeweiligen Versorgungskonto des Versicherten gutgeschrieben.

6.1 Startgutschrift für rentennahe Versicherte

Da die Umstellung der Zusatzversorgung auf das neue System zum 1.1.2002 erfolgte, ist dieser Tag das entscheidende Datum. Wer an diesem Tag bereits 55 Jahre oder älter war – also vor dem 2.1.1947 geboren ist –, dessen bisherige Versicherungszeit wurde so bewertet, als sei zum 31.12.2001 eine Rente nach dem bisherigen Recht berechnet worden. Für Beschäftigte aus dem Tarifgebiet Ost galt diese Regelung allerdings nur, wenn Pflichtversicherungszeiten in der Zusatzversorgung vor dem 1.1.1997 bestehen.

Weiter gehören zum rentennahen Personenkreis:

▶ Versicherte, die vor dem 1.1.1950 geboren sind und die Voraussetzungen der Altersrente für schwerbehinderte Menschen am 31.12.2001 erfüllt hatten (Grad der Behinderung von 50 und 35 Jahre Wartezeit in der gesetzlichen Rentenversicherung);

▶ Versicherte, die vor dem 1.1.1955 geboren sind und mindestens 120 Umlagemonate am 31.12.2001 in der Zusatzversorgung hatten, wenn vor dem 1.1.2007 eine volle Erwerbsminderung eintritt oder eingetreten ist.

Die Umstellung der Betriebsrente zum 1.1.2002

Die Berechnung der rentennahen Startgutschrift erfolgt grundsätzlich unter der Annahme, dass die Versicherung in der Zusatzversorgung bis zur Vollendung des 63. Lebensjahres bestanden hätte. Nur bei schwerbehinderten Menschen und Beschäftigten, die vor dem 14.11.2001 bereits Altersteilzeit oder Vorruhestand vereinbart hatten, verändert sich dieser Berechnungsrahmen. An die Stelle des 63. Lebensjahres tritt bei schwerbehinderten Menschen der Zeitpunkt, zu dem sie eine ungekürzte Altersrente erhalten können. Bei Beschäftigten mit vereinbarter Altersteilzeit wird die Startgutschrift zu dem im Altersteilzeit-Vertrag vereinbarten Ende des Arbeitsverhältnisses berechnet. Bei vereinbartem Vorruhestand erfolgt die Berechnung zu dem Zeitpunkt des vereinbarten Rentenbeginns.

Da die Berechnung in diesen Fällen im Wesentlichen nach dem alten Recht erfolgt, mussten diese Versicherten der Zusatzversorgungskasse eine Rentenauskunft der Deutschen Rentenversicherung (ehemals BfA oder LVA) vorlegen, in dem die Rente zum Stand 31.12.2001 berechnet wurde. Die Zusatzversorgungskasse benötigte diese Rentenauskunft, um hieraus Versicherungszeiten und auch die Höhe der gesetzlichen Rente bei Berechnung der rentennahen Startgutschrift berücksichtigen zu können.

6.2 Startgutschrift für rentenferne Versicherte

Für Versicherte, die am Umstellungsstichtag das 55. Lebensjahr noch nicht vollendet hatten, war es nicht möglich, die Startgutschrift nach dem alten Recht zu errechnen. Das bisherige Zusatzversorgungsrecht war von so vielen einzelnen Berechnungsfaktoren abhängig, dass sich damit für jüngere Versicherte keine halbwegs genaue Berechnung ihrer bisher erreichten Ansprüche erstellen ließ. Aus diesem Grund hatten die Zusatzversorgungskassen auch in der Vergangenheit schon Auskünfte über die derzeitige oder spätere Rentenleistung (Probeberechnungen) bei unter 55-Jährigen abgelehnt.

Es war also erforderlich, für diese Versicherten die Startgutschrift gesondert zu berechnen. Angewendet wurde daher eine Regelung aus dem Betriebsrentengesetz (§ 18 Abs. 2 BetrAVG). Hierbei wird unterstellt, dass der Versicherte aus seinem Verdienst zum Umstellungszeitpunkt die höchstmögliche Rente aus der alten Zusatzversorgung erreicht hätte. Je nach Dauer seiner Versicherungszeit in der Zusatzversorgung erhält er danach einen anteiligen Wert dieses höchstmöglichen Anspruchs – und zwar 2,25 % pro Versicherungsjahr. War der Beschäftigte also bis zum Umstellungstag bereits 20 Jahre in der Zusatzversorgung versichert, erhält er 45 % (20 × 2,25 %) der für ihn höchstmöglichen Leistung.

Die Umstellung der Betriebsrente zum 1.1.2002

Die Zusatzversorgungskasse hat jeden Versicherten nach der Errechnung der Startgutschrift über den gutgeschriebenen Betrag unterrichtet.

6.3 Rechtsprechung zur Startgutschrift für rentenferne Versicherte

Gegen die Berechnung der rentenfernen Startgutschriften wurden zahlreiche Widersprüche und Klagen erhoben. Der Bundesgerichtshof (BGH) hat in einem Urteil vom 14.11.2007 die Umstellung vom Gesamtversorgungssystem auf das Versorgungspunktemodell grundsätzlich gebilligt, aber Satzungsregelungen für die Berechnung der **rentenfernen** Startgutschriften für unwirksam erklärt. Beklagte dieses Verfahrens war die Versorgungsanstalt des Bundes und der Länder (VBL).

In der Umstellung auf das Versorgungspunktesystem sieht der BGH prinzipiell keinen Verstoß gegen höherrangiges Recht. Eine Verletzung des Gleichheitsgrundsatzes des Art. 3 Abs. 1 GG erkennt er aber darin, dass pro vollendetem Beschäftigungsjahr nur 2,25 % der Vollrente erworben werden kann, so dass insgesamt mehr als 44 Jahre erforderlich sind, um den höchstmöglichen Versorgungssatz zu erreichen. Daneben hat das Gericht auch Zweifel, ob bei den Startgutschriften die ausschließliche Anwendung des pauschalen Näherungsverfahrens zur Berechnung der gesetzlichen Rente – ohne die Möglichkeit, eine konkrete Rentenauskunft vorlegen zu können – verfassungskonform und mit Art. 3 Abs. 1 GG vereinbar ist.

Aufgrund der verfassungsrechtlich geschützten Tarifautonomie konnte der BGH selber keine Neuregelung treffen. Die Erarbeitung einer verfassungskonformen Neuregelung bleibt den Tarifvertragsparteien des öffentlichen Dienstes vorbehalten. Der BGH hat die Tarifvertragsparteien aufgefordert, eine verfassungsgemäße Regelung zu finden und in diesem Zusammenhang auch die ausschließliche Anwendbarkeit des Näherungsverfahrens zu überdenken. Daher können die Zusatzversorgungskassen erst nach einer Entscheidung und Neuregelung durch die Tarifvertragsparteien eine Berichtigung der Startgutschriften vornehmen.

6.4 Startgutschrift für beitragsfrei Pflichtversicherte

Auch für denjenigen, der zum Zeitpunkt der Systemänderung (31.12.2001) nicht mehr im öffentlichen oder kirchlichen Dienst beschäftigt und damit nicht mehr in der Zusatzversorgung angemeldet war (beitragsfrei versichert), wurde eine Startgutschrift errechnet. Hierbei wurde die Rentenanwartschaft errechnet, wie sie sich für alle ausgeschiedenen Versicherten nach dem alten Recht ergeben hätte (sog. Versicherungsrente).

7. Die allgemeinen Voraussetzungen für eine Rentenleistung aus der Zusatzversorgung

Anspruch auf eine Rentenleistung aus der Zusatzversorgung besteht, wenn

- ▶ die Wartezeit erfüllt ist,
- ▶ ein Versicherungsfall eingetreten ist,
- ▶ die Rente schriftlich bei der Kasse beantragt wird.

7.1 Wartezeit

Die Wartezeit ist die Mindestzeit, für die Umlagen/Beiträge gezahlt worden sein müssen, bevor ein Anspruch auf Leistungen entstehen kann.

Die Wartezeit beträgt 60 Monate, für die mindestens für einen Tag pro Monat Aufwendungen für die Pflichtversicherung erbracht werden mussten – also der Arbeitgeber Umlagen oder Beiträge gezahlt hat.

Die Wartezeit kann auch durch Zusammenrechnen verschiedener Versicherungsverhältnisse – soweit sie nicht zeitgleich bestanden haben – erfüllt werden (vgl. Teil A 18). Beiträge in die freiwillige Versicherung werden dagegen – auch wenn sie vom Arbeitgeber erbracht worden sind – nicht auf die Wartezeit angerechnet.

Die Wartezeit gilt als erfüllt, wenn der Versicherungsfall durch einen **Arbeitsunfall** im Sinne der gesetzlichen Unfallversicherung eingetreten ist, soweit der Arbeitsunfall mit dem die Pflichtversicherung begründenden Beschäftigungsverhältnis zusammenhängt. In diesem Fall entsteht direkt – auch wenn noch keine 60 Kalendermonate mit Umlagen/Beiträgen vorliegen – ein Anspruch auf eine Rentenleistung.

Die ursprünglich für das **Tarifgebiet Ost** geltende Regelung, wonach unter bestimmten Voraussetzungen eine Leistung auch ohne Erfüllung der Wartezeit erlangt werden konnte, ist mit Ablauf des Jahres 2003 nicht mehr in Kraft.

7.2 Versicherungsfall

7.2.1 Pflichtversicherte in der gesetzlichen Rentenversicherung

Der Versicherungsfall ist das Ereignis, das den Leistungsanspruch auslöst. Bei **Versicherten, die in der gesetzlichen Rentenversicherung** versichert sind, tritt der Versicherungsfall in der Zusatzversorgung am Ersten des Monats ein, von dem an ein Anspruch auf gesetzliche Rente wegen Alters als Vollrente bzw. wegen teilweiser oder voller Erwerbsminderung besteht.

A Die allgemeinen Voraussetzungen für eine Rentenleistung

Der Bezug einer Altersrente als **Teilrente** aus der gesetzlichen Rentenversicherung löst in der Zusatzversorgung dagegen keinen Leistungsanspruch aus. Unter Teilrente ist eine Altersrente zu verstehen, bei der der Rentner nur einen Teil seiner gesetzlichen Rente ($2/3$ oder $1/2$ oder $1/3$) in Anspruch nimmt und neben dieser Rente weiterhin mit Hinzuverdienst arbeitet. Altersrenten, die durch einen Abschlag wegen vorzeitiger Inanspruchnahme vermindert werden, sind keine Teilrenten, ebenso auch eine Rente wegen teilweiser Erwerbsminderung nicht.

Um eine Leistung aus der Betriebsrente zu erhalten, müssen die Voraussetzungen in der gesetzlichen Rentenversicherung vorliegen. Der Anspruch ist durch Vorlage des Bescheids des Trägers der gesetzlichen Rentenversicherung nachzuweisen.

Die Zusatzversorgung kennt damit – entsprechend der Rentenversicherung – folgende Versicherungsfälle:

- **Regelaltersrente** nach Vollendung des 65. Lebensjahres (der Rentenbeginn wird stufenweise auf das 67. Lebensjahr angehoben);
- **Altersrente für besonders langjährig Versicherte** nach Vollendung des 65. Lebensjahres;
- **Altersrente für langjährig Versicherte** nach Vollendung des 63. bzw. 62. Lebensjahres;
- **Altersrente für schwerbehinderte Menschen** nach Vollendung des 63. Lebensjahres bzw. des 60. Lebensjahres;
- **Altersrente wegen Arbeitslosigkeit oder nach Altersteilzeit** nach Vollendung des 60. Lebensjahres;
- **Altersrente für Frauen** nach Vollendung des 60.–63. Lebensjahres;
- **Altersrente für langjährig unter Tage beschäftigte Versicherte** nach Vollendung des 60. Lebensjahres;
- **Rente wegen teilweiser Erwerbsminderung** (vgl. Teil A 8);
- **Rente wegen voller Erwerbsminderung** (vgl. Teil A 8);
- **Hinterbliebenenrenten** (vgl. Teil A 9).

Bei allen Rentenarten – außer der Regelaltersrente und der Altersrente für besonders langjährig Versicherte – sind Abschläge wegen vorzeitiger Inanspruchnahme möglich.

7.2.2 Versicherte, die nicht in der gesetzlichen Rentenversicherung versichert sind

Bei Versicherten, die nicht in der gesetzlichen Rentenversicherung versichert sind (sondern zugunsten eines berufsständischen Versorgungs-

Die allgemeinen Voraussetzungen für eine Rentenleistung A

werks – z. B. Ärzteversorgung, Rechtsanwaltsversorgung – von der Rentenversicherung befreit sind) oder die die Voraussetzungen für den Bezug einer gesetzlichen Rente nicht erfüllen, stellt der Beginn einer Rente aus der berufständischen Versorgung in der Zusatzversorgung **keinen Versicherungsfall** dar. Vielmehr ist es erforderlich, dass der Versicherte eine Rente bei der Zusatzversorgungskasse beantragt und die für eine gesetzliche Rente erforderlichen Wartezeiten und sonstigen Voraussetzungen in der Zusatzversorgung erfüllt. Anstelle der in der Rentenversicherung geforderten Wartezeiten und Beitragsmonate sind entsprechende Pflichtversicherungszeiten in der Zusatzversorgung erforderlich. Eine teilweise oder volle Erwerbsminderung ist durch einen von der Kasse zu bestimmenden Facharzt nachzuweisen.

 Hinweis:

Ob die erforderlichen Versicherungszeiten in der Zusatzversorgung vorliegen, sollte vor allem dann, wenn eine Altersrente vor Beginn der Regelaltersrente bezogen und aus diesem Grund das Arbeitsverhältnis beendet werden soll, bei der Zusatzversorgungskasse erfragt werden.

7.3 Antrag

Um aus der Zusatzversorgung eine Rente zu erhalten, ist es immer erforderlich, dass der Versicherte einen Antrag auf Rente bei der Zusatzversorgungskasse stellt.

Für den Antrag sind die jeweils von der Kasse zur Verfügung gestellten Vordrucke zu verwenden. Dem Antrag sind die erforderlichen Unterlagen beizufügen.

7.4 Weitere Voraussetzungen

Weitere Voraussetzungen bestehen nicht. Anders als im alten Recht der Gesamtversorgung werden die Leistungen nicht mehr danach unterschieden, ob der Versicherte aus einer bestehenden Pflichtversicherung direkt in die Rente wechselt oder ob er bereits vorher aus der Pflichtversicherung ausgeschieden war. Die früheren Rentenarten Versorgungsrente bzw. Versicherungsrente gibt es nicht mehr.

Bei Beginn einer Rente wird die Rente aus den jeweils bis zum Rentenbeginn angesammelten Versorgungspunkten errechnet. Die Berechnung ist gleich – egal ob zum Beginn der Rente eine Pflichtversicherung oder eine beitragsfreie Versicherung bestanden hat. Nur bei der Sozialen Komponente „Zurechnungszeit" (im Falle einer Erwerbsminderung/Hinterbliebenenversorgung) ist dies anders. Zurechnungszeiten werden nur berücksichtigt, soweit unmittelbar vor Eintritt des Versicherungsfalles eine Pflichtversicherung bestanden hatte (vgl. Teil A 5.5).

Erwerbsminderungsrenten

7.5 Mitwirken des Arbeitgebers

Bei Rentenbeginn sollten die für die Beantragung einer Rente erforderlichen Vordrucke (Rentenantrag, Nachweis der gesetzlichen Krankenkasse) den Beschäftigten durch den Arbeitgeber zur Verfügung gestellt werden.

Der Rentenantrag ist von den Beschäftigten auszufüllen. Bei Beschäftigten, die direkt aus dem Arbeitsverhältnis in die Rente gehen, hat auch der Arbeitgeber Angaben im Rentenantrag zu machen. Hier ist vor allem die Frage wichtig, ob der Arbeitgeber Ersatzansprüche wegen überzahlter Krankenbezüge geltend macht. Diese kommen in Betracht, wenn aufgrund eines rückwirkenden Beginns einer Erwerbsminderungsrente für Zeiten, zu denen die Rente schon begonnen hat, rückwirkend der Anspruch auf Krankengeldzuschuss bzw. Krankenbezüge entfällt (vgl. Teil E 2.11).

Zudem muss der Arbeitgeber bei Beginn einer Rente – egal ob das Arbeitsverhältnis aufgrund des Rentenbeginns beendet wird oder ruht (Erwerbsminderungsrente auf Zeit) –, der Zusatzversorgungseinrichtung eine Abmeldung vorlegen. Darin sind alle bis zum Rentenbeginn noch angefallenen Versicherungsabschnitte zu melden. Ohne eine solche Abmeldung kann die Zusatzversorgungseinrichtung die Rente nicht berechnen (vgl. Teil E 2.14).

7.6 Abschläge wegen vorzeitiger Inanspruchnahme einer Rente

Bei Inanspruchnahme einer Altersrente vor vollendetem 65. Lebensjahr werden in der gesetzlichen Rentenversicherung Rentenabschläge vorgenommen. Die Abschläge beginnen – je nach Rentenart – zu unterschiedlichen Zeitpunkten und belaufen sich auf zwischen 0,3 und 18 %. Für die Zusatzversorgung gelten diese Abschläge grundsätzlich entsprechend, allerdings sind sie in ihrer Höhe auf maximal 10,8 % begrenzt.

8. Erwerbsminderungsrenten

Neben der Altersrente ist in der Betriebsrente auch eine Leistung bei vorzeitiger Erwerbsminderung vorgesehen. Entsprechend der Regelung in der gesetzlichen Rentenversicherung unterscheidet die Zusatzversorgung zwischen

- ▶ Rente wegen voller Erwerbsminderung und
- ▶ Rente wegen teilweiser Erwerbsminderung.

Erwerbsminderungsrenten   A

8.1 Rente wegen voller Erwerbsminderung

Voll erwerbsgemindert sind Versicherte, die wegen Krankheit oder Behinderung auf nicht absehbare Zeit außerstande sind, unter den üblichen Bedingungen des allgemeinen Arbeitsmarktes mindestens drei Stunden täglich erwerbstätig zu sein.

Die Zusatzversorgungskasse zahlt eine Rente wegen voller Erwerbsminderung, wenn der Versicherte einen entsprechenden Rentenbescheid des gesetzlichen Rentenversicherungsträgers vorlegt.

Für nicht in der gesetzlichen Rentenversicherung Versicherte gelten die Vorschriften der Rentenversicherung entsprechend. Damit ist es erforderlich, dass der Versicherte

▶ voll erwerbsgemindert ist (muss durch Facharzt festgestellt werden)
▶ in den letzten fünf Jahren vor Eintritt der Erwerbsminderung drei Jahre Pflichtbeiträge für eine versicherte Beschäftigung vorweisen kann und
▶ die allgemeine Wartezeit von 60 Umlage-/Beitragsmonaten vor Eintritt der Erwerbsminderung erfüllt hat.

8.2 Rente wegen teilweiser Erwerbsminderung

Teilweise erwerbsgemindert sind Versicherte, die wegen Krankheit oder Behinderung auf nicht absehbare Zeit außerstande sind, unter den üblichen Bedingungen des allgemeinen Arbeitsmarktes mindestens sechs Stunden täglich erwerbstätig zu sein. Dabei wird auf die konkrete Situation des Teilzeit-Arbeitsmarktes abgestellt, so dass Versicherte, die das verbliebene Restleistungsvermögen wegen Arbeitslosigkeit nicht in Erwerbseinkommen umsetzen können, an Stelle der halben die volle Erwerbsminderungsrente erhalten.

Eine Rente wegen teilweiser Erwerbsminderung beträgt 50 % einer Rente wegen voller Erwerbsminderung.

Die Zusatzversorgungskasse zahlt diese Rente, wenn der Versicherte einen entsprechenden Rentenbescheid des gesetzlichen Rentenversicherungsträgers vorlegt.

Für nicht in der gesetzlichen Rentenversicherung Versicherte gelten die Vorschriften der Rentenversicherung entsprechend. Damit ist es erforderlich, dass der Versicherte

▶ teilweise erwerbsgemindert ist (muss durch Facharzt festgestellt werden)
▶ in den letzten fünf Jahren vor Eintritt der Erwerbsminderung drei Jahre Pflichtbeiträge für eine versicherte Beschäftigung vorweisen kann und
▶ die allgemeine Wartezeit von 60 Umlage-/Beitragsmonaten vor Eintritt der Erwerbsminderung erfüllt hat.

Erwerbsminderungsrenten

8.3 Die Zurechnungszeiten

Bei einer Rente wegen voller oder teilweiser Erwerbsminderung zahlt die Zusatzversorgung in der Pflichtversicherung nicht nur eine Rente aus den bisher angesparten Versorgungspunkten. Vielmehr erhält der Versicherte aus dem durchschnittlichen Entgelt der letzten drei Kalenderjahre zusätzliche Versorgungspunkte bis zur Vollendung des 60. Lebensjahres. Damit ergibt sich bei Eintritt einer Erwerbsminderung auch bei noch nicht sehr lange bestehender Versicherung eine höhere Rentenleistung aus der Zusatzversorgung. Dies gilt allerdings nicht, wenn der Versicherte bei Beginn der Rente nicht mehr in der Zusatzversorgung angemeldet ist, also nur noch beitragsfrei versichert ist. In diesem Fall wird zwar ebenfalls eine Rente wegen Erwerbsminderung geleistet, doch rechnet sich die Leistung nur aus den bis zum Beginn der Rente erworbenen Versorgungspunkten; Zurechnungszeiten werden also hier nicht berücksichtigt (vgl. Teil A 5.5).

In der freiwilligen Versicherung werden generell keine Zurechnungszeiten berücksichtigt.

8.4 Sonstiges zur Erwerbsminderungsrente

Erwerbsminderungsrenten sollen in der Regel als **Zeitrenten** gewährt werden. Die Renten sind dann in ihrer Dauer zeitlich befristet. Nach Ablauf der Befristung muss der Versicherte sich einer erneuten ärztlichen Untersuchung unterziehen, damit ggf. die Rente weiter gewährt wird. Die Zusatzversorgungskasse übernimmt hierbei wiederum die Entscheidung des gesetzlichen Rentenversicherungsträgers.

Wird einem Beschäftigten ein Bescheid der gesetzlichen Rentenversicherung über den Beginn einer Erwerbsminderungsrente zugestellt, hat dies regelmäßig Auswirkungen auf das Arbeitsverhältnis – je nach tarifrechtlicher Regelung. Für den Bereich des TVöD gilt Folgendes:

▶ Wird durch Bescheid des gesetzlichen Rentenversicherungsträgers festgestellt, dass der Beschäftigte **auf Dauer** voll erwerbsgemindert ist, endet das Arbeitsverhältnis mit Ablauf des Monats, in dem der Bescheid dem Beschäftigten zugestellt wurde (§ 33 Abs. 2 Satz 1 TVöD). Dabei ist allerdings zu beachten, dass § 33 Abs. 2 TVöD die Beendigung des Arbeitsverhältnisses infolge einer auflösenden Bedingung regelt, womit die einschlägigen Regelungen des Teilzeit- und Befristungsgesetzes (TzBfG) zur Anwendung kommen. Somit endet das Arbeitsverhältnis mit dem Eintritt der auflösenden Bedingung, frühestens jedoch zwei Wochen nach Zugang der schriftlichen Unterrichtung des Beschäftigten durch den Arbeitgeber über den Zeitpunkt des Eintritts der auflösenden Bedingung (§§ 21, 15 Abs. 2 TzBfG).

Hinterbliebenenversorgung A

Beispiel:

Ein Rentenbescheid wird am 20. Oktober an den Beschäftigten zugestellt. Der Arbeitgeber erhält hiervon am 24. Oktober Kenntnis. Er teilt dem Beschäftigten am 31. Oktober mit, dass das Arbeitsverhältnis wegen Eintritt der auflösenden Bedingung der Rentenbewilligung beendet worden ist. Das Arbeitsverhältnis endet damit am 14. November (§§ 21, 15 Abs. 2 TzBfG).

▶ Wird eine **befristete Rente** gewährt, endet das Arbeitsverhältnis nicht. Es ruht jedoch ab dem 1. Tag nach dem Monat der Zustellung (§ 33 Abs. 2 Satz 5 und 6 TVöD) (vgl. Teil C 6.2).

Hinzuverdienst und Krankengeld können zum Nichtzahlen bzw. Ruhen der Erwerbsminderungsrente führen. Die Vorschriften der gesetzlichen Rentenversicherung werden entsprechend angewendet.

9. Hinterbliebenenversorgung

Neben Leistungen an den Versicherten selbst (Altersrente oder Erwerbsminderungsrenten) ist in die Betriebsrente in der Pflichtversicherung immer auch die Hinterbliebenenversorgung mit einbezogen.

Verstirbt also der Versicherte oder der Rentner, so haben der hinterbliebene Ehegatte sowie die Kinder Anspruch auf eine Hinterbliebenenversorgung.

Voraussetzung ist, dass der Verstorbene

▶ entweder bereits eine Rente bezogen hat oder
▶ als Versicherter die Wartezeit bereits erfüllt hatte (bei Arbeitsunfall gilt die Wartezeit als erfüllt).

Der hinterbliebene Ehegatte hat dann Anspruch auf eine Leistung, wenn und solange er auch in der gesetzlichen Rentenversicherung Anspruch auf Witwen-/Witwerrente hätte. Ein solcher Anspruch besteht auch dann, wenn nur deshalb keine Rente aus der gesetzlichen Rentenversicherung geleistet wird, weil dort ein Rentensplitting durchgeführt wurde.

9.1 Witwen-/Witwerrente in der gesetzlichen Rentenversicherung

Bei Ehen, die vor dem 1.1.2002 geschlossen wurden und mindestens ein Ehegatte vor dem 2.1.1962 geboren worden ist, beläuft sich die **große Witwen-/Witwerrente** auf **60 %** der Rente des Verstorbenen. Im Übrigen beträgt die große Witwen-/Witwerrente **55 %** der Rente des Verstorbenen. In der gesetzlichen Rentenversicherung kann es einen Zuschlag wegen der Erziehung von Kindern geben.

Hinterbliebenenversorgung

Eine **große Witwen-/Witwerrente** wird gezahlt, wenn:

- der verstorbene Versicherte die allgemeine Wartezeit in der gesetzlichen Rentenversicherung von fünf Jahren erfüllt hat,
- die Witwe/der Witwer ein eigenes Kind oder ein Kind des verstorbenen Ehegatten, dass das 18. Lebensjahr noch nicht vollendet hat, erzieht (auch Stief-/Pflegekinder oder behinderte Kinder – letztere auch nach vollendetem 18. Lebensjahr) – oder die Witwe/der Witwer das 45. Lebensjahr vollendet hat, oder die Witwe/der Witwer erwerbsgemindert ist (das 45. Lebensjahr wird stufenweise auf das 47. Lebensjahr angehoben),
- die Witwe/der Witwer nicht wieder geheiratet hat.

Liegen die Voraussetzungen für eine große Witwen-/Witwerrente nicht vor, wird eine **kleine Witwen-/Witwerrente** gezahlt. Sie beträgt **25 %** der Rente des Verstorbenen. Sie wird gezahlt, wenn die Witwe/der Witwer nicht mehr geheiratet und der verstorbene Versicherte die allgemeine Wartezeit von fünf Jahren erfüllt hat.

Die kleine Witwenrente wird längstens für 24 Kalendermonate nach dem Tod des Ehegatten gezahlt, es sei denn, mindestens ein Ehegatte wurde vor dem 2.1.1962 geboren und die Ehe vor dem 1.1.2002 geschlossen. Vollendet die Witwe/der Witwer das 45. (bzw. 47.) Lebensjahr, so wird ab diesem Zeitpunkt die große Witwen-/Witwerrente gezahlt.

Anders als in der gesetzlichen Rentenversicherung, wo nach dem Tod eines Ehegatten die Witwenrente für die Dauer von drei Monaten in Höhe der ursprünglich an den Versicherten gezahlten Rente geleistet wird, gibt es ein solches „**Sterbevierteljahr**" in der Zusatzversorgung nicht. Hier gilt gleich von Beginn an die um den Witwenfaktor gekürzte Rente (z. B. 60 %).

Bei Eheschließung ab 1.1.2002 besteht grundsätzlich kein Anspruch auf Witwen-/Witwerrente, wenn die Ehe nicht mindestens ein Jahr gedauert hat. Diese gesetzliche Vermutung, dass in Fällen solch kurzer Ehedauer es der alleinige oder überwiegende Grund für die Eheschließung war, eine Versorgung zu verschaffen, kann allerdings vom überlebenden Ehegatten widerlegt werden (je nach den besonderen Umständen). Bei einem Versterben des versicherten Ehegatten vor Vollendung des 60. Lebensjahres werden Zurechnungszeiten bis zur Vollendung des 60. Lebensjahres hinzugerechnet, wenn der Verstorbene zum Zeitpunkt des Todes in der Zusatzversorgung pflichtversichert war. Wenn der Ehegatte vor Vollendung des 63. Lebensjahres verstirbt, ergibt sich für jeden Monat des Versterbens vor Vollendung des 63. Lebensjahres eine Rentenminderung von 0,3 %, höchstens jedoch 10,8 %.

Hinterbliebenenversorgung A

Bei der Anrechnung von Einkommen auf die Witwen-/Witwerrente gelten die Vorschriften der gesetzlichen Rentenversicherung entsprechend. Einkommen, welches bereits auf die Rente aus der gesetzlichen Rentenversicherung angerechnet wurde, bleibt unberücksichtigt.

Den Hinterbliebenen verbleibt aber – auch nach einer Anrechnung – ein Anspruch auf mindestens 35 % der zustehenden (vollen) Hinterbliebenenrente.

Die Witwen-/Witwerrente ist auf den Bezug von Arbeitslosengeld II anzurechnen und mindert damit deren Beträge.

9.2 Hinterbliebenenversorgung für eingetragene Lebenspartnerschaften

Für eingetragene Lebenspartnerschaften sieht die Satzung keine Hinterbliebenenversorgung vor. Auch verschiedene Klageverfahren gegenüber anderen Versorgungswerken haben bisher zu keiner Erweiterung der Satzung geführt. Zuletzt hatte der Europäische Gerichtshof (AZ: C-267/06) eine Sache an die nationalen Gerichte zurück verwiesen, mit dem Hinweis, dass nunmehr diese beurteilen müssten, ob die Situation der Ehegatten und der eingetragenen Lebenspartner nach den Maßstäben des nationalen Rechts vergleichbar ist.

9.3 Waisenrente

Ein Anspruch auf Waisenrente aus der Zusatzversorgung besteht, wenn und solange ein entsprechender Anspruch in der gesetzlichen Rentenversicherung besteht. Enkel-, Stief- und Pflegekinder haben jedoch nur dann Anspruch auf Waisenrente, wenn sie im Sinne des Einkommensteuergesetzes Kinder des Verstorbenen sind.

Dabei wird zwischen Voll- und Halbwaisenrente unterschieden.

Eine **Halbwaisenrente** in Höhe von **10 %** wird gezahlt, wenn noch ein unterhaltspflichtiger Elternteil lebt. Eine **Vollwaisenrente** in Höhe von **20 %** wird gezahlt, wenn kein unterhaltspflichtiger Elternteil mehr lebt.

Erforderlich in beiden Fällen ist, dass der verstorbene Elternteil die allgemeine Wartezeit von fünf Jahren erfüllt hat.

Anspruch auf Waisenrente besteht längstens bis zur Vollendung des 18. Lebensjahres, darüber hinaus bis zur Vollendung des 25. Lebensjahres, wenn sich die Waise in Schul- oder Berufsausbildung oder einem freiwilligen sozialen/ökologischen Jahr befindet oder behindert ist. Die Bezugsdauer der Waisenrente wurde durch eine Begrenzung des Kindergeldanspruchs im Einkommensteuergesetz vom 27. auf das 25. Lebensjahr herabgesetzt. Diese Herabsetzung gilt nicht, wenn der Versicherte bzw. Rentenberechtigte vor dem 1.7.2007 verstorben ist. In diesem Fall gilt die Bezugsdauer bis zum 27. Lebensjahr. Die Höchstaltersgrenze der Waisenrente kann sich um die Dauer eines Wehr- oder Zivildienstes erhöhen.

Wegen der Abschläge bei Versterben vor Vollendung des 63. Lebensjahres und den Zurechnungszeiten bis zur Vollendung des 60. Lebensjahres gelten die Regelungen bei der Witwen-/Witwerrente entsprechend (vgl. Teil A 9.1).

10. Sterbegeld

Ein Sterbegeld aus der Zusatzversorgung wurde noch bis zum Ablauf des Jahres 2007 gezahlt. In einem kapitalgedeckten System, wie es die Zusatzversorgung seit 2002 darstellt, können Leistungen, denen kein zuordnenbarer Beitrag gegenübersteht, nicht finanziert werden (Ausnahme sind hier die sozialen Komponenten). Deshalb wurde der aus dem alten Recht übernommene Anspruch auf Sterbegeld seit dem Jahr 2004 schrittweise abgebaut und besteht seit dem Jahr 2008 nicht mehr.

11. Anpassung der Renten

Alle laufenden Renten werden jeweils zum 1. Juli eines Jahres um 1 % erhöht. Auch die bisher statischen Renten werden ab dem 1.7.2002 jährlich erhöht.

Statische Renten – so wie in früheren Jahren die Versicherungsrente – gibt es also nicht mehr.

12. Auszahlung und Abfindung von Betriebsrenten

Die Betriebsrenten werden monatlich im Voraus auf ein Girokonto des Rentners überwiesen.

Für Zahlungen im Inland trägt die Zusatzversorgungskasse die Kosten und die Gefahr der Auszahlung mit Ausnahme der Kosten für die Gutschrift auf dem Empfängerkonto.

Eine Abfindung der an sich monatlich zu zahlenden Betriebsrente in einer Summe ist nicht möglich. Lediglich bei sog. Kleinstrenten, die einen Monatsbetrag von 1 % der monatlichen Bezugsgröße (2008: 24,85 €) nicht überschreiten, sieht die Satzung eine Abfindung vor. In solchen Fällen dient die Abfindung der Verwaltungsvereinfachung und spart auch Verwaltungskosten.

Die Abfindungsmöglichkeit ist allerdings auf diese geringen Renten begrenzt, da die Betriebsrente ihrer Natur nach eine Unterhaltszahlung ist und dem Rentner im Alter auf Dauer den Ruhestand sichern soll.

Waisen- und Erwerbsminderungsrenten werden jedoch nur auf Antrag abgefunden.

13. Versicherungsnachweise

Die Pflichtversicherten der Zusatzversorgungskasse erhalten jährlich oder auch im Fall der Beendigung der Pflichtversicherung einen Nachweis über ihre erworbenen Anwartschaften auf Betriebsrente. In dem Versicherungsnachweis wird insbesondere die Höhe der Anwartschaft, die Anzahl der Versorgungspunkte und die Anzahl der erreichten Umlagemonate/Beitragsmonate angegeben.

Sind die vom Arbeitgeber entrichteten Beiträge oder zu meldenden Entgelte nicht oder nicht vollständig gemeldet oder abgeführt worden, muss der Versicherte innerhalb einer Ausschlussfrist von 6 Monaten nach Zugang des Nachweises dies beim Arbeitgeber beanstanden.

Will der Versicherte die im Nachweis ausgewiesenen Bonuspunkte beanstanden, muss er dies in derselben Frist gegenüber der Zusatzversorgungskasse geltend machen.

14. Besteuerung der Betriebsrente

Die Besteuerung der Betriebsrente richtet sich danach, ob diese aus versteuerten oder steuerfreien Aufwendungen finanziert wurde. Die Finanzierung ist von Kasse zu Kasse unterschiedlich. Für die Zusatzversorgungskasse der bayerischen Gemeinden gilt damit Folgendes:

Die Betriebsrente aus Versicherungszeiten vor 2003 ist – da sie bis dahin ausschließlich über Umlagen finanziert wurde – nur mit dem sog. Ertragsanteil zu versteuern. Dieser richtet sich nach dem Alter des Versicherten zum Beginn der Betriebsrente. Dieser altersbedingte Ertragsanteil beträgt seit dem Jahr 2005 beispielsweise bei Rentenbeginn im Alter von 65 Jahren 18 % und im Alter von 60 Jahren 22 %.

Bei den ab dem Jahr 2003 erworbenen Rentenanwartschaften ist jedoch zu differenzieren. Je nachdem, wie die Anwartschaften finanziert wurden, erfolgt eine Versteuerung mit dem Ertragsanteil bzw. im vollem Umfang.

A Finanzierung der Betriebsrente

Diese unterschiedliche Behandlung ergibt sich, weil die Betriebsrente ab dem Jahr 2003 teilweise bereits durch Beiträge oder Zusatzbeiträge in eine kapitalgedeckte Altersversorgung finanziert worden sein kann. Solche Beiträge sind in der Einzahlungsphase nach § 3 Nr. 63 EStG bis zu einem Höchstbetrag steuerfrei. In diesem Fall sind dann die daraus resultierenden Rentenanwartschaften voll zu versteuern.

Bei einer Mischfinanzierung aus Umlagen und Zusatzbeiträgen ergeben sich also pro Jahr Rentenanwartschaften, deren einer Teil nur mit dem Ertragsanteil zu versteuern (weil er mit pauschal oder individuell versteuerten Aufwendungen finanziert wurde) und teilweise voll zu versteuern ist (soweit er mit steuerfreien Aufwendungen finanziert wurde).

Mit der Rentenfestsetzung teilt die Zusatzversorgungskasse jedem Rentner genau mit, welcher Rentenanteil voll bzw. mit dem Ertragsanteil zu versteuern ist. Danach erhalten die Rentner jährlich eine Mitteilung, aus der sich die steuerrechtliche Aufteilung der Rentenbeträge ersehen lässt.

Steuern sind jedoch nur dann aus der Betriebsrente zu entrichten, wenn alle Einkünfte den Grundfreibetrag und den Werbungskosten-Pauschbetrag überschreiten. Genauere Auskünfte erteilt das zuständige Finanzamt.

15. Beiträge zur Kranken- und Pflegeversicherung aus der Betriebsrente

Aus der Betriebsrente sind Beiträge in voller Höhe zur Kranken- und Pflegeversicherung der Rentner zu zahlen. Die Zusatzversorgungskasse zahlt keinen Zuschuss zu den Beiträgen zur Kranken- und Pflegeversicherung – also anders als die gesetzliche Rentenversicherung, die die Hälfte der Aufwendungen übernimmt.

16. Finanzierung der Betriebsrente

Ein Ziel der Reform der Zusatzversorgung war es, den Wechsel von der bisherigen Umlagefinanzierung auf eine kapitalgedeckte Finanzierung einzuleiten.

Die neuen Leistungen aus der Zusatzversorgung sollen vom Arbeitgeber mit 4 % aus dem zusatzversorgungspflichtigen Entgelt finanziert und mit einem Zinssatz von 3,25 % in der Ansparphase und 5,25 % in der Rentenphase verzinst werden.

Allerdings bestehen bei den jeweiligen Kassen – aus den Zeiten vor der Systemumstellung zum 1.1.2002 – bereits umfangreiche Leistungsan-

Finanzierung der Betriebsrente   A

sprüche und Anwartschaften, die bisher im Umlageverfahren erfüllt wurden. Dabei wurden die eingehenden Umlagen monatlich mehr oder weniger vollständig für die im jeweiligen Monat zu bedienenden Leistungsansprüche verbraucht. Einzelne Zusatzversorgungseinrichtungen haben dennoch über Jahre hinaus eine zumindest teilweise Kapitaldeckung aufbauen können.

Die finanzielle Situation ist demnach bei den einzelnen Zusatzversorgungseinrichtungen sehr unterschiedlich. Der derzeitige Grad der Kapitaldeckung für die vorhandenen Leistungsansprüche und Anwartschaften unterscheidet sich bei den jeweiligen Kassen zum Teil deutlich. Aus diesem Grund sind im Altersvorsorgeplan 2001 und dementsprechend im ATV und ATV-K vier grundlegende Aussagen enthalten:

▶ Jede Kasse regelt die Finanzierung der Pflichtversicherung eigenständig.

▶ Die Umlagefinanzierung bleibt als Möglichkeit beibehalten.

▶ Nach den Möglichkeiten der einzelnen Zusatzversorgungseinrichtungen kann die Umlagefinanzierung schrittweise durch eine kapitalgedeckte Finanzierung abgelöst werden.

▶ Zur Deckung von Fehlbeträgen können von den Arbeitgebern pauschale steuerfreie Sanierungsgelder erhoben werden.

Je nach dem bereits zum Beginn des Jahres 2002 bestehenden Kapitaldeckungsgrad verläuft die Finanzierung sehr unterschiedlich.

Bei Kassen, die bereits eine vollständige Kapitaldeckung erreicht haben, werden nur noch **Beiträge** in Höhe von 4 % erhoben.

Bei Kassen mit teilweiser Kapitaldeckung wird weiterhin eine Umlage zur Finanzierung der bereits laufenden Rentenverpflichtungen und Anwartschaften erhoben. Daneben tritt ein (Zusatz-)Beitrag, der auf bis zu 4 % angehoben wurde. Bei einzelnen Kassen werden daneben noch Sanierungsgelder erhoben.

Bei Kassen in den neuen Bundesländern, aber auch bei anderen Zusatzversorgungseinrichtungen, gibt es zudem eine Eigenbeteiligung der Versicherten am Finanzierungsaufwand (vgl. Teil D 3.4).

Dabei sind

▶ **Umlagen** steuer- und sozialversicherungspflichtig – soweit sie ab 2008 nicht nach § 3 Nr. 56 EStG steuerfrei sind. Die nicht steuerfreien Umlagen sind vom Arbeitgeber bis zum jeweiligen Grenzbetrag pauschal zu versteuern; etwa überschießende Beträge erhöhen das indivi-

A | Träger der Zusatzversorgung

duelle steuerpflichtige Entgelt des einzelnen Versicherten. Daneben sind von den Umlagen auch Sozialversicherungsbeiträge in pauschalierter Form zu zahlen (vgl. Teil D 5.1.1).

▶ **Beiträge** (Zusatzbeiträge) steuer- und sozialabgabenfrei bis zu 4 % der Beitragsbemessungsgrenze in der gesetzlichen Rentenversicherung (§ 3 Nr. 63 EStG). Wurde das Beschäftigungsverhältnis erst nach dem 31.12.2004 neu begründet, so sind weitere 1800 € steuerfrei (vgl. Teil D 5.1.2).

▶ **Sanierungsgelder** ebenfalls steuer- und sozialabgabenfrei (vgl. Teil D 5.1.3).

▶ **Eigenbeteiligungen** werden stets aus dem versteuerten Arbeitslohn entnommen (vgl. Teil D 5.1.4).

Zur Versteuerung und Sozialversicherungspflicht von Umlagen, (Zusatz-) Beiträgen, Sanierungsgeldern und Eigenbeiträgen vgl. Teil D 5.

17. Träger der Zusatzversorgung

Die Zusatzversorgung des öffentlichen und kirchlichen Dienstes in Deutschland wird von verschiedenen Zusatzversorgungseinrichtungen durchgeführt, die nicht miteinander im Wettbewerb stehen. Beschäftigte beim Bund oder den Ländern sind in der Versorgungsanstalt des Bundes und der Länder versichert. Für Beschäftigte, die dem ATV-K unterliegen, ist primär die Versicherung bei einer kommunalen Zusatzversorgungskasse vorgesehen – aber insbesondere in den Ländern Niedersachsen und Schleswig-Holstein sind regionale Kassen im kommunalen Bereich nicht eingerichtet, so dass die dort ansässigen kommunalen Arbeitgeber ihre Beschäftigten bei der Versorgungsanstalt des Bundes und der Länder versichern.

Es gibt folgende Zusatzversorgungseinrichtungen:

▶ **Bund und Länder**

Versorgungsanstalt des Bundes und der Länder
Hans-Thoma-Str. 19, 76133 Karlsruhe
Telefon: 0721/155-0, Telefax: 0721/155-666
E-Mail: info@vbl.de
Internet: www.vbl.de

Träger der Zusatzversorgung   A

▶ **Kommunale Zusatzversorgungseinrichtungen**

Baden Württemberg

Zusatzversorgungskasse des Kommunalen Versorgungsverbandes Baden-Württemberg,
Daxlander Straße 74, 76185 Karlsruhe
Telefon: 0721/5985-0, Telefax: 0721/5985-444
E-Mail: info@kvbw.de
Internet: www.kvbw.de

Bayern

Zusatzversorgungskasse der bayerischen Gemeinden
Denninger Straße 37, 81925 München
Telefon: 089/9235-7400, Telefax: 089/9235-7408
E-Mail: zkdbg@versorgungskammer.de
Internet: www.zkdbg.de

Brandenburg

Zusatzversorgungskasse beim Kommunalen Versorgungsverband Brandenburg
Rudolf-Breitscheid-Straße 62, 16775 Gransee
Telefon: 03306/7986-0, Telefax: 03306/7986-66
E-Mail: info@kvbbg.de
Internet: www.kvbbg.de

Hessen

Zusatzversorgungskasse der Gemeinden und Gemeindeverbände in Darmstadt
Bartningstraße 55, 64289 Darmstadt
Telefon: 06151/706-0, Telefax: 06151/706-201
E-Mail: direktion@vk-darmstadt.de
Internet: www.zvk-darmstadt.de

Zusatzversorgungskasse der Stadt Frankfurt am Main
Rottweiler Straße 18, 60327 Frankfurt am Main
Telefon: 069/212-33389, Telefax: 069/212-30779
E-Mail: zusatzverversorgungskasse@stadt-frankfurt.de

Zusatzversorgungskasse der Gemeinden und Gemeindeverbände des Reg.-Bezirks Kassel
Kölnische Straße 42/42a, 34117 Kassel
Telefon: 0561/9796-6555, Telefax: 0561/9796-6553
E-Mail: zvk@kvk-kassel.de
Internet: www.kvk-kassel.de

A | Träger der Zusatzversorgung

Kommunales Dienstleistungszentrum Personal und Versorgung (KDZ) –
Zusatzversorgungskasse für die Gemeinden und Gemeindeverbände in
Wiesbaden
Welfenstraße 2, 65189 Wiesbaden
Telefon: 0611/845-0, Telefax: 0611/845626 und 84
E-Mail: info@zvk-wi.de
Internet: www.zvk-wi.de

Mecklenburg-Vorpommern

Kommunale Zusatzversorgungskasse beim kommunalen Versorgungsverband Mecklenburg-Vorpommern
Am Markt 22, 17335 Strasburg
Telefon: 039753/55-0, Telefax: 039753/55-110
E-Mail: info@zmv-strasburg.de
Internet: www.zmv-strasburg.de

Niedersachsen

Zusatzversorgungskasse der Stadt Emden
Frickensteinplatz 2, 26721 Emden
Telefon: 04921/87-0, Telefax: 04921/87-1714
E-Mail: zvk@emden.de

Zusatzversorgungskasse der Stadt Hannover
Teichstr. 11/13, 30449 Hannover
Telefon: 0511/168-0, Telefax: 0511/168-42626
E-Mail: 16.0@hannover-stadt.de
Internet: www.zvk-hannover.de

Nordrhein-Westfalen

Zusatzversorgungskasse der Stadt Köln
Jakordenstraße 18–20, 50668 Köln
Telefon: 0221/221-26618, Telefax: 0221/221-27550
E-Mail: zvk@stadt-koeln.de

Rheinische Versorgungskassen – Zusatzversorgung –
Mindener Str. 2, 50679 Köln
Telefon: 0221/8273-0, Telefax: 0221/8273-2157
E-Mail: info@versorgungskassen.de
Internet: www.versorgungungskassen.de

Träger der Zusatzversorgung **A**

Kommunale Zusatzversorgungskasse Westfalen-Lippe
Zumsandestraße 12, 48145 Münster
Telefon: 0251/591-6749, Telefax: 0251/591-5915
E-Mail: kvw@kvw-muenster.de
Internet: www.kvw-muenster.de

Rheinland-Pfalz

Im Bundesland Rheinland-Pfalz wird die Zusatzversorgung von verschiedenen Kassen durchgeführt:

- ▶ in der ehemaligen Rheinprovinz
  Rheinische Versorgungskassen – Zusatzversorgungskassen – (siehe Nordrhein-Westfalen)
- ▶ im Gebiet des ehemaligen Regierungsbezirks Pfalz
  Zusatzversorgungskasse der bayerischen Gemeinden (siehe Bayern)
- ▶ im Gebiet des Regierungsbezirks Rheinhessen
  Zusatzversorgungskasse der Gemeinden und Gemeindeverbände in Darmstadt (siehe Hessen)
- ▶ im Gebiet des ehemaligen Regierungsbezirks Montabaur
  Zusatzversorgungskasse für die Gemeinden und Gemeindeverbände in Wiesbaden (siehe Hessen)

Saarland

Ruhegehalts- und Zusatzversorgungskasse des Saarlandes – Abteilung Zusatzversorgungskasse –
Fritz-Dobisch-Straße 12, 66111 Saarbrücken
Telefon: 0681/40003-0, Telefax: 0681/40003-939
E-Mail: info@zvk-saar.de
Internet: www.zvk-saar.de

Sachsen

Zusatzversorgungskasse des Kommunalen Versorgungsverbandes Sachsen
Marschnerstraße 37, 01307 Dresden
Telefon: 0351/4401-0, Telefax: 0351/4401-555
E-Mail: aka-kvs@kv-sachsen.de
Internet: www.kv-sachsen.de

A Träger der Zusatzversorgung

Sachsen-Anhalt

Kommunaler Versorgungsverband Sachsen-Anhalt – Zusatzversorgungskasse –
Carl-Miller-Straße 7, 39112 Magdeburg
Telefon: 0391/62570-0, Telefax: 0391/62570-799
E-Mail: kvsa-magdeburg@t-online.de
Internet: kvsa.komsanet.de

Thüringen

Zusatzversorgungskasse beim Kommunalen Versorgungsverband Thüringen
Lindenstraße 14, 06556 Artern
Telefon: 03466/3364-0, Telefax: 03466/3364-55
E-Mail: zvk@kvt-zvk.de
Internet: www.kvt-zvk.de

In nicht erwähnten Bundesländern wird die Zusatzversorgung von der Versorgungsanstalt des Bundes und der Länder (VBL) durchgeführt

▶ **Sparkasseneinrichtungen**

Emder Zusatzversorgungskasse für Sparkassen
Große Straße 58, 26721 Emden
Telefon: 04921/8994-0, Telefax: 04921/8994-50
E-Mail: sekretariat@sparkassen.de
Internet: www.zvk-sparkassen.de

Zusatzversorgungskasse der Landesbank Baden-Württemberg
Am Hauptbahnhof 2, 70173 Stuttgart
Telefon: 074/124-2687, Telefax: 074/124-4070
E-Mail: info@lbbw.de
Internet: www.lgbank.de

▶ **Kirchliche Zusatzversorgungskassen**

Kirchliche Zusatzversorgungskasse Darmstadt
Holzhofallee 17a, 64295 Darmstadt
Telefon: 06151/3301-0, Telefax: 06151/3301-187
E-Mail: info@kzvk-da.de
Internet: www.kzvk-darmstadt.de

Träger der Zusatzversorgung **A**

Zusatzversorgungskasse der Evangelisch-Lutherischen Landeskirche
Hannovers
Doktorweg 2 – 4, 32756 Detmold
Telefon: 05231/ 98103-0, Telefax: 05231/ 98103-45
E-Mail: info@kzvk-hannover.de
Internet: www.kzvk-hannover.de

Kirchliche Zusatzversorgungskasse Rheinland-Westfalen
Schwanenwall 11, 44135 Dortmund
Telefon: 0231/ 9578-0, Telefax: 0231/ 9578-404
E-Mail: info@kzvk-dortmund.de
Internet: www.kzvk-dortmund.de

Kirchliche Zusatzversorgungskasse Baden
Gartenstraße 26, 76133 Karlsruhe
Telefon: 0721/ 93113-0, Telefax: 0721/ 93113-99
E-Mail: info@kzvk-baden.de
Internet: www.kzvk-baden.de

Kirchliche Zusatzversorgungskasse des Verbandes der Diözesen
Deutschlands
Am Römerturm 8, 50667 Köln
Telefon: 0221/ 2031-590, Telefax: 0221/ 2031-134
Internet: www.kzvk.de

Die kommunalen Gebietskassen, die städtischen Zusatzversorgungskassen, die Zusatzversorgungskassen für Sparkasseneinrichtungen und die kirchlichen Zusatzversorgungskassen haben sich in der **Arbeitsgemeinschaft der kommunalen und kirchlichen Zusatzversorgungskassen (AKA)** zusammengeschlossen. Den Satzungen dieser Kassen liegt eine von der Arbeitsgemeinschaft erstellte Mustersatzung zugrunde. Die Mustersatzung entspricht hinsichtlich des Leistungsrechts den Bestimmungen des ATV-K.

Zu den Zusatzversorgungseinrichtungen des öffentlichen und kirchlichen Dienstes gehören nicht

▶ die Zusatzversorgungseinrichtung des Baugewerbes
und

▶ der Versorgungsverband bundes- und landesgeförderter Unternehmen (VBLU).

Mit diesen beiden Versorgungseinrichtungen besteht daher auch kein Überleitungsverkehr.

18. Überleitung von Versicherungszeiten

Die in der Arbeitsgemeinschaft der kommunalen und kirchlichen Zusatzversorgungskassen (AKA) zusammen geschlossenen kommunalen und kirchlichen Zusatzversorgungskassen haben im Überleitungsstatut untereinander geregelt, dass

- ▶ Versicherungszeiten bei diesen Einrichtungen für die Erfüllung der Wartezeit als Versicherungszeiten bei der Kasse gelten
- ▶ die bei diesen Einrichtungen erworbenen Versorgungspunkte aus der Pflichtversicherung (und der freiwilligen Versicherung – dies ist optional, kann also je nach Einzelfall vom Versicherten entschieden werden –) nach einem Arbeitgeberwechsel auf die neu zuständige Kasse übertragen werden.

Damit wird zwischen den kommunalen und kirchlichen Zusatzversorgungseinrichtungen die Versicherung vollständig auf die neu zuständige Kasse übertragen. Alle Anwartschaften aus bisherigen Versicherungsverhältnissen bestehen nur noch bei der neuen Kasse (vgl. Teil B 4.1).

Bei Überleitungen mit bzw. von der Versorgungsanstalt des Bundes und der Länder (VBL) werden demgegenüber die Versicherungen und Versorgungspunkte nicht übertragen; es erfolgt jedoch eine Anerkennung der bereits bei der vorherigen Kasse zurückgelegten Versicherungszeiten. Im Rentenfall erhält der Versicherte somit sowohl von der VBL als auch der anderen Zusatzversorgungskasse jeweils eine Rente. Der Versicherte muss daher daran denken, bei Eintritt eines Versicherungsfalles bei beiden Kassen seine jeweilige Rente zu beantragen (vgl. Teil B 4.2).

Da durch die Überleitung eine Anerkennung von bereits vorhandenen Versicherungszeiten und Rentenanwartschaften erfolgt, soll der Arbeitgeber bei Beginn einer Beschäftigung beim Beschäftigten erfragen, ob bereits eine Versicherung in der Zusatzversorgung bestanden hat und bei welcher Zusatzversorgungseinrichtung dies war. War früher bereits die Zuständigkeit einer anderen Zusatzversorgungseinrichtung gegeben, als der, bei der nunmehr eine Anmeldung erfolgen soll, so ist ein Antrag auf Überleitung bei der neuen Kasse zu stellen. War der Beschäftigte zuvor bei derselben Kasse versichert, bei der nunmehr die neue Anmeldung erfolgen soll, ist kein Überleitungsantrag zu stellen, vielmehr wird die frühere Versicherung wieder aufgenommen und fortgeführt.

Der Überleitungsantrag sollte gleichzeitig mit der Anmeldung bei der neuen Kasse gestellt werden, damit die Versorgungspunkte aus der bisherigen Anwartschaft an die neue Kasse übertragen und bei der Verteilung von Bonuspunkten mit berücksichtigt werden (vgl. Teil A 5.4.1).

Teil B Beginn des Arbeitsverhältnisses/Anmeldung

1. Wer ist zur Zusatzversorgung anzumelden?

In der Zusatzversorgung des öffentlichen und kirchlichen Dienstes kann nur ein Beschäftigter angemeldet werden, der ein versicherungspflichtiges Arbeitsverhältnis bei einem Arbeitgeber hat, der Mitglied einer Zusatzversorgungskasse ist. Beschäftigte im Sinne der Satzung der Zusatzversorgungskasse sind alle Arbeitnehmerinnen, Arbeitnehmer und Auszubildende (§ 18 Abs. 1 d. S.).

Versicherungspflichtig sind dabei alle Arbeitnehmerinnen und Arbeitnehmer sowie Auszubildende, die unter einen der in Anlage 1 zum ATV/ATV-K aufgeführten Tarifverträge fallen. Dies sind alle Beschäftigten, für die die Manteltarifverträge des öffentlichen Dienstes (z. B. TVöD, TV-L, TV-V, TV-N, TVAöD) gelten. Dies gilt auch für nicht tarifgebundene Arbeitgeber.

Bei der Frage, welche Beschäftigten in der Zusatzversorgung anzumelden sind, ist die Ausgestaltung des Arbeitsvertrages ohne Bedeutung. Zwar enthalten die Tarifverträge des öffentlichen Dienstes (z. B. § 25 TVöD) ebenso wie die Regelungen im kirchlichen Bereich ausdrückliche Regelungen darüber, dass bei Anwendung der Tarifverträge etc. auf das Arbeitsverhältnis die Beschäftigten einen Anspruch auf Verschaffung einer Zusatzversorgung haben, doch gilt dieser Verschaffungsanspruch auch für alle weiteren Beschäftigten.

Durch Erwerb der Mitgliedschaft des Arbeitgebers in der Zusatzversorgung ist der Arbeitgeber verpflichtet, das geltende Versorgungstarifrecht (ATV/ATV-K) bzw. ein im Hinblick auf die Leistungen wesentlich gleiches Recht zumindest arbeitsvertraglich zu vereinbaren (§ 11 Abs. 2 d. S.). Somit muss die Zusatzversorgung im Arbeitsvertrag vereinbart werden. Unterbleibt eine solche Vereinbarung, so besteht dennoch ein Anspruch des Beschäftigten auf eine entsprechende Versicherung in der Zusatzversorgung. Diese Beschäftigten haben – schon nach dem Grundsatz der Gleichbehandlung – einen Anspruch gegenüber ihrem Arbeitgeber, in der Zusatzversorgung versichert zu werden. Nach § 13 Abs. 3 Satz 2 Buchst. a d. S. ist ein Arbeitgeber als Mitglied verpflichtet, sämtliche der Versicherungspflicht unterliegenden Beschäftigten in der Zusatzversorgung zu versichern. Dazu gehören aber auch Beschäftigte, deren arbeits-

Wer ist zur Zusatzversorgung anzumelden?

vertragliche Grundlage nicht auf einen Tarifvertrag Bezug nimmt (z. B. Arbeitsvertrag nach BGB) und bei denen die Zusatzversorgung damit nicht ausdrücklich vereinbart ist. Ausgenommen von der Versicherungspflicht sind lediglich die in § 19 der Satzung aufgezählten Beschäftigten (vgl. Teil B 3).

Versicherungspflichtig sind – soweit sich aus § 19 d. S. nichts anderes ergibt – alle Beschäftigten eines Arbeitgebers, die

1. das 17. Lebensjahr vollendet haben und
2. die Wartezeit bis zum gesetzlich festgelegten Alter zum Erreichen der abschlagsfreien Regelaltersrente erfüllen können. Dabei werden allerdings Versicherungszeiten, die schon in der Zusatzversorgung bestehen, mit berücksichtigt (§ 18 Abs. 1 d. S.).

Seit dem 1.1.2007 wird bei der Prüfung der Wartezeit nicht mehr allgemein auf das Erreichen des 65. Lebensjahres abgestellt, sondern es gilt das individuell für den Beschäftigten geltende Alter, ab dem er die Regelaltersrente in Anspruch nehmen kann.

Damit ist ein Beschäftigter dann anzumelden, wenn er bei durchgehender Beschäftigung vom Zeitpunkt des Beginns der Versicherungspflicht bis zum gesetzlich festgelegten Alter zum Erreichen der abschlagsfreien Regelaltersrente die Wartezeit erfüllen könnte (vgl. Teil B 1.3).

Die Anmeldung muss unverzüglich, d. h. ohne schuldhaftes Verzögern, erfolgen (§ 13 Abs. 3 Satz 2 Buchst. a d. S.).

Der Eingang der Anmeldung bei der Zusatzversorgungskasse lässt die Pflichtversicherung in der Zusatzversorgung zu dem Zeitpunkt entstehen, zu dem nach den Angaben in der Anmeldung die Voraussetzungen für die Versicherungspflicht eingetreten sind.

Der Arbeitgeber muss bei jeder Neu- oder Wiedereinstellung eines Beschäftigten eigenverantwortlich die Voraussetzungen für die Versicherungspflicht prüfen. Verzögert oder unterlässt der Arbeitgeber schuldhaft die Anmeldung zur Versicherung in der Zusatzversorgung und erleidet der Beschäftigte infolgedessen einen Nachteil, so ist er u. U. dem Beschäftigten zum Schadenersatz verpflichtet, es sei denn, dass den Beschäftigten am Unterbleiben der Versicherung ein überwiegendes Verschulden trifft.

Beschäftigte im Tarifgebiet Ost konnten frühestens ab 1.1.1997 in der Zusatzversorgung angemeldet werden, wenn sie die genannten Voraussetzungen erfüllt hatten.

Wer ist zur Zusatzversorgung anzumelden?

1.1 Beschäftigte

1.1.1 Begriff des Beschäftigten

In der Zusatzversorgung können grundsätzlich nur Beschäftigte versichert werden (§ 18 Abs. 1 Satz 1 und 2 d. S.). Beschäftigte sind Arbeitnehmer und Auszubildende, die aufgrund eines privatrechtlichen Vertrages im Dienst eines anderen zur Arbeit verpflichtet sind. Arbeit ist eine abhängige, fremdbestimmte Tätigkeit. Indizien für eine abhängige Arbeit sind die persönliche und fachliche Weisungsgebundenheit, die zeitliche und örtliche Bindung an den Arbeitgeber, die ausgeübte Arbeitskontrolle und die sachliche Eingliederung in den Betriebsablauf beim Arbeitgeber.

1.1.2 Beamte, Richter, Soldaten, hauptamtliche Bürgermeister

Beamte, Richter und Soldaten – auch Zeitsoldaten – sind keine Arbeitnehmer im arbeitsrechtlichen Sinne, da sie in einem öffentlich-rechtlichen Dienstverhältnis stehen. Eine Versicherung in der Zusatzversorgung ist daher nur möglich, wenn sie aus dem Beamten-, Richter- oder Soldatenverhältnis ausgeschieden sind. Allerdings ist eine Nachversicherung für die Zeit des Beamten- oder Soldatenverhältnisses in der Zusatzversorgung – anders als in der gesetzlichen Rentenversicherung – nicht möglich. Das Bundesverfassungsgericht hat mit Beschluss vom 2.3.2000 festgestellt, dass ehemalige Beamte, Richter und Soldaten keinen Nachversicherungsanspruch in der Zusatzversorgung haben.

Auch ein hauptamtlicher Bürgermeister unterliegt nicht der Versicherungspflicht in der Zusatzversorgung, da er kein Beschäftigter im Sinne der Satzung ist.

Für einen hauptamtlichen Bürgermeister kann eine bereits bestehende Pflichtversicherung dann fortgeführt werden, wenn die Beschäftigung als Arbeitnehmer und die Bürgermeistertätigkeit nicht bei demselben Dienstherrn bestehen. In aller Regel wird in solchen Fällen ein Sonderurlaub in dem bestehenden Arbeitsverhältnis vereinbart. Während der Beurlaubung bleibt die Pflichtversicherung in der Zusatzversorgung bestehen, allerdings sind keine Umlagen bzw. Beiträge zu entrichten, da während der Beurlaubung kein laufendes zusatzversorgungspflichtiges Entgelt bezogen wird. Die Jahresmeldung erfolgt jeweils mit dem Buchungsschlüssel 01 40 00. In der Zeit der Beurlaubung erhöht sich die Anwartschaft auf Zusatzversorgung nicht. Allerdings nimmt die bestehende Versicherung an einer eventuellen Verteilung von Bonuspunkten teil. Bei Eintritt einer Erwerbsminderung stehen zusätzliche Versorgungspunkte für Zurechnungszeiten bis zur Vollendung des 60. Lebensjahres zu (vgl. Teil A 8.3).

Wer ist zur Zusatzversorgung anzumelden?

Nach Ablauf von 10 Jahren Amtszeit als hauptamtlicher Bürgermeister endet jedoch die Pflichtversicherung, da ab diesem Zeitpunkt aufgrund der Bürgermeistertätigkeit eine unverfallbare Anwartschaft auf Beamtenversorgung für kommunale Wahlbeamte besteht (Art. 56 Abs. 2 KWBG i. V. m. § 66 Abs. 2 BeamtVG). Damit entfällt ab diesem Zeitpunkt die Versicherungspflicht in der Zusatzversorgung (§ 19 Abs. 1 Buchst. b d. S.). Der Beschäftigte ist also in der Zusatzversorgung abzumelden. Sollte nach Beendigung der Bürgermeistertätigkeit wieder eine Beschäftigung im öffentlichen oder kirchlichen Dienst aufgenommen werden, ist – aufgrund der bestehenden Anwartschaft auf Beamtenversorgung – eine erneute Versicherung in der Zusatzversorgung nicht mehr möglich. Mit der Beendigung der Pflichtversicherung bleibt die bis dahin erreichte Anwartschaft auf Zusatzversorgung ungemindert stehen. Nachteile können sich dann im Falle einer Erwerbsminderungsrente oder bei der Verteilung von Überschüssen (Bonuspunkte) ergeben. Wird aus der Bürgermeistertätigkeit keine unverfallbare Anwartschaft auf Beamtenversorgung erlangt (weil 10 Jahre nicht erreicht werden), kann nach Beendigung der Bürgermeistertätigkeit die Pflichtversicherung in der Zusatzversorgung wieder aufgenommen werden. Wird der Beschäftigte nach Ablauf einer Amtszeit nicht wieder gewählt, erfolgt keine Nachversicherung in der Zusatzversorgung. Eine Nachversicherung für die Zeit eines Beamtenverhältnisses ist in der Zusatzversorgung – anders als in der gesetzlichen Rentenversicherung – nicht möglich.

Um Nachteile in der Versorgung zu vermeiden, kann der Beschäftigte oder auch der Arbeitgeber – eine freiwillige Versicherung in der Zusatzversorgung abschließen. Dabei ist jedoch sicher zu stellen, dass die hieraus entstehenden Leistungen – insbesondere wenn sie durch den Arbeitgeber finanziert werden – nicht auf eine eventuell später zustehende Beamtenversorgung angerechnet werden.

1.1.3 Übungsleiter, ehrenamtlich tätige Bürgermeister, Feuerwehrkommandanten und andere Beschäftigte mit Anspruch auf Aufwandsentschädigung

1.1.3.1 Übungsleiter

Das Entgelt eines Übungsleiters ist bis zu dem sich aus § 3 Nr. 26 EStG ergebenden Betrag von 2100 €/Jahr nicht steuerpflichtig und damit auch kein zusatzversorgungspflichtiges Entgelt (§ 62 Abs. 2 Satz 1 d. S.).

Sofern ein reguläres Arbeitsverhältnis besteht und die sonstigen Voraussetzungen für die Pflichtversicherung vorliegen, besteht in der Zusatzversorgung dann Versicherungspflicht, wenn das Einkommen den Freibetrag

Wer ist zur Zusatzversorgung anzumelden?

des § 3 Nr. 26 EStG übersteigt. Der Beschäftigte ist ab dem Zeitpunkt in der Zusatzversorgung zu versichern, ab dem sein Einkommen den Jahresfreibetrag von 2100 € bzw. den monatlichen Freibetrag von 175 € übersteigt und damit steuerpflichtig ist. Handelt es sich um einen Übungsleiter, der über die Variante „monatlicher Freibetrag" (175 €) abgerechnet wird, erfolgt in der Zusatzversorgung eine Anmeldung, sobald der monatliche Grenzbetrag überschritten wurde. Bei der Variante „jährlicher Freibetrag" erfolgt die Anmeldung ab dem Zeitpunkt, ab dem das Entgelt den jährlichen Freibetrag von 2100 € überschreitet. Zusatzversorgungspflichtiges Entgelt ist das Entgelt, das den jeweils angewandten Freibetrag übersteigt.

Wenn nach der Anmeldung zur Zusatzversorgung das Entgelt den Freibetrag von monatlich 175 € bzw. in den folgenden Jahren von jährlich 2100 € wieder unterschreitet – das Beschäftigungsverhältnis jedoch fortbesteht –, erfolgt in der Zusatzversorgung keine Abmeldung. Entgeltlose Zeiten sind bei einem fortbestehenden Beschäftigungsverhältnis mit dem Buchungsschlüssel 01 40 00 zu melden. Eine Abmeldung ist erst dann vorzunehmen, wenn die Beschäftigung beendet wird.

1.1.3.2 Inhaber von Ehrenämtern (z. B. ehrenamtliche Bürgermeister, Gemeinderäte, Stadträte, Stadtverordnete)

Inhaber von Ehrenämtern stehen in keinem privatrechtlichen Dienstverhältnis und sind daher in ihrer Eigenschaft als Inhaber des Ehrenamtes keine Arbeitnehmer, so dass der Anwendungsbereich des ATV/ATV-K nicht eröffnet ist. Die Entschädigung eines ehrenamtlichen Bürgermeisters ist kein zusatzversorgungspflichtiges Entgelt; auch dann nicht, wenn der ehrenamtliche Bürgermeister in seiner hauptberuflichen Tätigkeit zusatzversorgungspflichtig ist.

Zudem stellen Aufwandsentschädigungen nach § 62 Abs. 2 Buchst. r d. S. kein zusatzversorgungspflichtiges Entgelt dar, so dass selbst bei einer unterstellten Arbeitnehmereigenschaft keine Rentenanwartschaften aus der Zusatzversorgung entstehen würden.

Ehrenamtlich tätige Bürgermeister, Stadträte, Gemeinderäte usw. unterliegen somit nicht der Versicherungspflicht in der Zusatzversorgung.

Ist dagegen ein ehrenamtlicher Bürgermeister oder ein Inhaber eines Ehrenamtes gleichzeitig als Arbeitnehmer bei einem Mitglied beschäftigt, so ist er in dieser Eigenschaft zur Zusatzversorgung anzumelden, sofern das Arbeitsverhältnis die Voraussetzungen für die Versicherungspflicht erfüllt. Wird ein pflichtversicherter Arbeitnehmer ehrenamtlicher erster Bürgermeister einer Gemeinde und wird deshalb sein Arbeitsentgelt

Wer ist zur Zusatzversorgung anzumelden?

gekürzt, so kann im Geltungsbereich der Zusatzversorgungskasse der bayerischen Gemeinden als zusatzversorgungspflichtiges Entgelt das ungekürzte Arbeitsentgelt angesetzt werden (§ 62 Abs. 2 Satz 9 d. S.).

1.1.3.3 Feuerwehrkommandanten und andere Beschäftigte mit Aufwandsentschädigungen

Ein 1. Feuerwehrkommandant unterliegt nicht der Versicherungspflicht in der Zusatzversorgung, da Aufwandsentschädigungen nach § 62 Abs. 2 Buchst. r d. S. – unabhängig von der Steuerpflicht – kein zusatzversorgungspflichtiges Entgelt darstellen.

Somit liegt im zusatzversorgungsrechtlichen Sinn keine Entgeltzahlung vor. Ohne Entgelt kann aber eine Versicherung in der Zusatzversorgung zu keiner Leistung führen. Damit ist keine Versicherungspflicht gegeben.

Gleiches gilt auch für andere Personen – z. B. für Amtsboten –, die lediglich eine Aufwandsentschädigung erhalten. Es fehlt in diesen Fällen stets an einem zusatzversorgungspflichtigen Entgelt, so dass keine Leistungen entstehen können. Damit ist auch keine Versicherungspflicht gegeben.

1.1.4 Freiwilliges soziales Jahr

Personen, die ein freiwilliges soziales Jahr ableisten (§ 10 SGB IV), sind keine Arbeitnehmer und können nicht versichert werden.

1.1.5 Heimarbeiter

Heimarbeiter, die unter das Heimarbeitergesetz fallen, sind keine Arbeitnehmer, da sie nicht dem Weisungsrecht eines Arbeitgebers unterliegen, sondern Dauer und Lage der Arbeitszeit, die Reihenfolge der Arbeit usw. nach eigenem Ermessen bestimmen können.

1.1.6 Auszubildende

Auszubildende, die begrifflich ebenfalls keine Arbeitnehmer sind, werden aber in der Zusatzversorgung grundsätzlich wie Arbeitnehmer behandelt (§ 22 d. S.) und können daher versichert werden (vgl. Teil B 2.1.1).

1.1.7 Vorstandsmitglieder

Vorstandsmitglieder und sonstige Beschäftigte in Organfunktion sind ebenfalls keine Arbeitnehmer im arbeitsrechtlichen Sinne, können aber unter bestimmten Voraussetzungen in der Zusatzversorgung versichert werden (vgl. Teil B 2.8).

Wer ist zur Zusatzversorgung anzumelden?

1.1.8 Mehrere Arbeitsverträge mit demselben Arbeitgeber

Mehrere Arbeitsverhältnisse bei demselben Arbeitgeber dürfen lediglich dann begründet werden, wenn die übertragenen Tätigkeiten nicht in einem unmittelbaren Sachzusammenhang stehen (§ 2 Abs. 2 TVöD). Sofern kein unmittelbarer Sachzusammenhang besteht, dürfen diese Arbeitsverhältnisse für die Prüfung der Versicherungspflicht auch in der Zusatzversorgung nicht zusammengefasst werden. Sie sind nur versicherungspflichtig, wenn das jeweilige Arbeitsverhältnis für sich genommen die Voraussetzungen hierfür erfüllt.

Übt ein Beschäftigter bei einem Arbeitgeber mehrere Beschäftigungen mit einem unmittelbaren Sachzusammenhang aus, so gelten diese tarifvertraglich grundsätzlich als ein Arbeitsverhältnis. Dies ist auch dann der Fall, wenn für die verschiedenen Tätigkeiten jeweils eigene Arbeitsverträge abgeschlossen wurden. Für die Frage, ob der Beschäftigte in der Zusatzversorgung versicherungspflichtig ist, sind in diesem Fall die verschiedenen Tätigkeiten bei einem Arbeitgeber zusammenzufassen.

1.1.9 Mehrere Arbeitsverhältnisse bei verschiedenen Arbeitgebern

Bestehen gleichzeitig Arbeitsverhältnisse bei verschiedenen Arbeitgebern, so ist von jedem Arbeitgeber zu prüfen, ob das bei ihm bestehende Arbeitsverhältnis die Voraussetzungen für die Versicherungspflicht in der Zusatzversorgung erfüllt und er den Beschäftigten in der Zusatzversorgung anmelden muss. Auf diese Weise können für einen Beschäftigten mehrere eigenständige Pflichtversicherungsverhältnisse entstehen. Dies gilt auch dann, wenn die Arbeitgeber verschiedenen Zusatzversorgungskassen angehören. Bei Eintritt eines Versicherungsfalles werden für die Rentenberechnung die verschiedenen Pflichtversicherungen – gegebenenfalls im Wege der Überleitung zwischen den betroffenen Zusatzversorgungskassen – zusammengeführt.

1.2 Mindestalter (17. Lebensjahr)

Versicherungspflichtig in der Zusatzversorgung sind nur Beschäftigte und Auszubildende, die das 17. Lebensjahr vollendet haben.

Ein vor Vollendung des 17. Lebensjahres eingestellter Beschäftigter oder Auszubildender unterliegt der Versicherungspflicht ab Vollendung des 17. Lebensjahres (§ 18 Abs. 1 Satz 1 Buchst. a d. S.).

Nach dem bis 31.12.2001 geltenden Recht begann die Pflichtversicherung bei einem vor Vollendung des 17. Lebensjahres eingestellten Beschäftigten zum Ersten des Monats, in dem er Geburtstag hatte. Mit der Reform der Zusatzversorgung wurde diese Regelung rückwirkend ab

Wer ist zur Zusatzversorgung anzumelden?

1.1.2001 dahingehend geändert, dass die Pflichtversicherung am Tag des 17. Geburtstags beginnt. Soweit in den Jahren 2001 und 2002 schon Anmeldungen nach dem früheren Recht erfolgt sind, müssen diese aus Gründen der Verwaltungsökonomie nicht korrigiert werden.

Beispiel:

Sachverhalt: Ein am 11.10.1991 geborener Auszubildender beginnt eine Ausbildung am 1.9.2008 bei der Gemeinde. Er vollendet am 10.10.2008 das 17. Lebensjahr.

Lösung: Der Auszubildende ist ab dem 11.10.2008 (17. Geburtstag) zur Zusatzversorgung anzumelden.

Zusatzversorgungspflichtiges Entgelt ist im Monat Oktober lediglich das anteilige Entgelt ab 11.10.2008.

1.3 Wartezeiterfüllung bis zum Beginn der abschlagsfreien Regelaltersrente

Für die Versicherung in der Zusatzversorgung besteht kein Höchstalter. Bis Ende 2006 war ein Beschäftigter dann versicherungspflichtig, wenn die Wartezeit von 60 Umlage- bzw. Beitragsmonaten bis zum 65. Lebensjahr erfüllt werden konnte. Wegen der Anhebung der Regelaltersgrenze vom 65. auf das 67. Lebensjahr wurde entsprechend auch die Wartezeitregelung geändert. Seitdem 1.1.2007 besteht Versicherungspflicht, wenn der Beschäftigte die Wartezeit bis zum gesetzlich festgelegten Alter zum Erreichen der abschlagsfreien Regelaltersrente erfüllen kann. Dabei werden Versicherungszeiten, die schon in der Zusatzversorgung bestehen, mit berücksichtigt (§ 18 Abs. 1 d. S.).

Damit wird also nicht mehr allgemein auf das Erreichen des 65. Lebensjahres abgestellt, sondern es gilt das individuell für den Beschäftigten maßgebliche Alter, ab dem er die Regelaltersrente in Anspruch nehmen kann. Bei dieser Wartezeitprüfung spielt es keine Rolle, ob der Beschäftigte die gesetzliche Rente aufgrund langjähriger Versicherungszeit vorzeitig abschlagsfrei in Anspruch nehmen kann. Die abschlagsfreie „Altersrente für besonders langjährig Versicherte" mit 45 Pflichtbeitragsjahren ist eine eigene Rentenart und wird von der „Regelaltersrente" nicht mit umfasst.

Die Regelaltersgrenze wird von 2012 an beginnend mit dem Jahrgang 1947 bis zum Jahr 2029 schrittweise auf 67 Jahre angehoben werden. Die Stufen der Anhebung sind zunächst für die Jahrgänge 1947 – 1958 einen Monat pro Jahr und für die Jahrgänge 1959 – 1964 zwei Monate pro Jahr. Für die Geburtsjahrgänge ab 1964 gilt die Regelaltersgrenze 67 Jahre. Bis einschließlich 1963 Geborene erreichen die Regelaltersgrenze entsprechend früher.

Wer ist zur Zusatzversorgung anzumelden?

Die Anhebung des Rentenbeginns wirkt sich wie folgt aus:

Geburtsjahr	Anhebung auf Jahre/ Monate	Geburtsjahr	Anhebung auf Jahre/ Monate	Geburtsjahr	Anhebung auf Jahre/ Monate
1947	65 J 1 Mo	1953	65 J 7 Mo	1959	66 J 2 Mo
1948	65 J 2 Mo	1954	65 J 8 Mo	1960	66 J 4 Mo
1949	65 J 3 Mo	1955	65 J 9 Mo	1961	66 J 6 Mo
1950	65 J 4 Mo	1956	65 J 10 Mo	1962	66 J 8 Mo
1951	65 J 5 Mo	1957	65 J 11 Mo	1963	66 J 10 Mo
1952	65 J 6 Mo	1958	66 J	1964	67 J

Beispiel:

Sachverhalt: Eine Beschäftigte, geboren am 15.1.1948, wird ab dem 20.4.2008 erstmalig in einem versicherungspflichtigen Arbeitsverhältnis beschäftigt. Besteht Versicherungspflicht?

Lösung: Der gesetzliche Beginn der Regelaltersrente ist der 1.4.2013 (65. Lebensjahr + 2 Monate). Vom 20.4.2008 bis zum 31.3.2013 kann die Beschäftigte die Wartezeit von 60 Umlagemonaten noch erfüllen, da auch der Monat April 2008 als Umlagemonat mitzählt. Jeder Monat, in dem ein Tag mit Umlagen bzw. Beiträgen belegt ist, zählt als Wartezeitmonat (§ 32 Abs. 1 Satz 2 d. S.). Damit besteht Versicherungspflicht.

Für die Fristberechnung ist allein auf den Unterschied zwischen dem Beginn des Arbeitsverhältnisses und dem gesetzlich festgelegten Alter zum Erreichen der abschlagsfreien Regelaltersrente abzustellen. Tritt die Versicherungspflicht erst im Laufe eines Arbeitsverhältnisses ein, so ist die Frist erst von diesem Zeitpunkt an zu rechnen. Die Frist ist auch dann bis zum gesetzlich festgelegten Alter zum Erreichen der abschlagsfreien Regelaltersrente zu rechnen, wenn der Beschäftigte mit Vollendung eines früheren Lebensjahres aus dem Arbeitsverhältnis ausscheiden möchte, weil er beispielsweise die Altersrente für langjährig Versicherte aus der gesetzlichen Rentenversicherung bereits ab dem 63. Lebensjahr in Anspruch nehmen möchte. Nicht erforderlich ist, dass das Arbeitsverhältnis so lange besteht, dass die Wartezeit in diesem Arbeitsverhältnis erfüllt werden kann (z. B. bei befristetem Arbeitsverhältnis). Maßgebend ist ausschließlich, ob die Wartezeit erfüllt werden könnte, wenn das Arbeitsverhältnis ununterbrochen bis zum gesetzlich festgelegten Alter zum Erreichen der abschlagsfreien Regelaltersrente fortbestehen würde.

Auch bei einem **Saisonarbeiter** kommt es allein darauf an, ob er – unter Berücksichtigung etwaiger Vorversicherungszeiten – vom Lebensalter bei

Wer ist zur Zusatzversorgung anzumelden?

Beginn des versicherungspflichtigen Arbeitsverhältnisses her gesehen, die Wartezeit bei durchgehender Beschäftigung – und nicht nur während der Saison – noch erfüllen könnte.

1.4 Beschäftigung nach Vollendung des 65. Lebensjahres

Die Pflichtversicherung endet in jedem Fall mit dem Beginn einer Altersrente als Vollrente (§ 19 Abs. 1 Buchst. e d. S.).

Bezieht der Beschäftigte jedoch keine Altersrente als Vollrente und wird er über das 65. Lebensjahr hinaus beschäftigt, ist Folgendes zu beachten:

Bis zum 31.12.2002 endete die Versicherungspflicht regelmäßig mit Ablauf des Monats, in dem das 65. Lebensjahr vollendet wurde. Nur wenn die Wartezeit nicht erfüllt war, konnte der Beschäftigte ausnahmsweise pflichtversichert bleiben.

Seit dem 1.1.2003 bleiben Beschäftigte, die das 65. Lebensjahr vollendet haben und deren Arbeitsverhältnis noch fortbesteht, weiterhin pflichtversichert, wenn sie die sonstigen Voraussetzungen für die Versicherungspflicht erfüllen. Dies gilt auch dann, wenn die Beschäftigung über das gesetzlich festgelegten Alter zum Erreichen der abschlagsfreien Regelaltersrente hinaus fortgeführt wird.

1.5 Geringfügig Beschäftigte

Eine geringfügige Beschäftigung i. S. d. § 8 Abs. 1 SGB IV liegt dann vor, wenn

1. das Arbeitsentgelt aus dieser Beschäftigung regelmäßig im Monat 400 € nicht übersteigt *(geringfügig entlohnte Beschäftigung)*,
2. die Beschäftigung innerhalb eines Kalenderjahres auf längstens zwei Monate oder 50 Arbeitstage nach ihrer Eigenart begrenzt zu sein pflegt oder im Voraus vertraglich begrenzt ist, es sei denn, dass die Beschäftigung berufsmäßig ausgeübt wird und ihr Entgelt 400 € im Monat übersteigt *(kurzfristige Beschäftigung)*.

Geringfügig beschäftigte Arbeitnehmer waren bis zum 31.12.2001 vom Geltungsbereich der Tarifverträge des öffentlichen Dienstes (z. B. § 3 Buchst. n BAT) ausgeschlossen. Es bestand somit auch in der Zusatzversorgung keine Versicherungspflicht. Zum 1.1.2002 sind geringfügig entlohnte Beschäftigte in den Geltungsbereich der Tarifverträge des öffentlichen Dienstes aufgenommen worden. Von der Zusatzversorgung waren sie jedoch aufgrund einer entsprechenden tarifvertraglichen Regelung bis zum 31.12.2002 ausgeschlossen. Kurzfristig beschäftigte Arbeitnehmer

Wer ist zur Zusatzversorgung anzumelden?

sind hingegen vom Geltungsbereich des TVöD ausgenommen (§ 1 Abs. 2 Buchst. m TVöD).

Ab 1.1.2003 gilt für die Versicherungspflicht in der Zusatzversorgung Folgendes:

1.5.1 Geringfügig entlohnte Beschäftigte

Geringfügig entlohnte Beschäftigte i. S. d. § 8 Abs. 1 Nr. 1 SGB IV sind zu versichern, wenn die sonstigen Voraussetzungen zur Pflichtversicherung erfüllt sind. Für geringfügig entlohnte Minijobs zahlen Arbeitgeber Pauschalbeiträge in Höhe von maximal 30,1 Prozent des Verdienstes. Das sind neben 15 Prozent zur Renten- und 13 Prozent zur Krankenversicherung noch die einheitliche Pauschalsteuer von zwei Prozent (sofern nicht per Lohnsteuerkarte abgerechnet wird) sowie 0,1 Prozent Umlagen zum Ausgleich der Arbeitgeberaufwendungen bei Krankheit und Mutterschaft. Für Minijobber, die privat oder gar nicht krankenversichert sind, zahlen Arbeitgeber keinen Pauschalbeitrag zur Krankenversicherung.

Die Versicherungspflicht in der Zusatzversorgung knüpft immer an den Tatbestand der geringfügigen Beschäftigung in der Sozialversicherung an. Es besteht nur dann keine Versicherungspflicht, wenn eine sog. kurzfristige Beschäftigung vorliegt (vgl. nachfolgend Nr. 1.5.2). Für die Frage der Versicherungspflicht ist es unerheblich, ob im Rahmen der geringfügigen Beschäftigung vom Arbeitgeber nur die pauschalen Beiträge in Höhe von 15 % in die gesetzliche Rentenversicherung gezahlt werden oder der Beschäftigte auf die Sozialversicherungsfreiheit verzichtet und die pauschalen Beiträge zu einem vollen Rentenversicherungsbeitrag aufstockt.

Beispiel:

Sachverhalt: Der Arbeitnehmer ist bei einem Mitglied der Zusatzversorgungskasse in einem Dauerarbeitsverhältnis beschäftigt. Das monatliche Arbeitsentgelt beträgt nicht mehr als 400 €. Der Arbeitgeber leistet von dem monatlichen Arbeitsentgelt Pauschalabgaben (Steuern, Beiträge zur Krankenversicherung und Beiträge zur Rentenversicherung).

Lösung: Der Arbeitnehmer ist im Sinne des § 8 Abs. 1 Nr. 1 SGB IV geringfügig beschäftigt. Er ist in der Zusatzversorgung versicherungspflichtig, weil er nicht kurzfristig beschäftigt ist (§ 19 Abs. 1 Buchst. i d. S.).

1.5.2 Kurzfristig Beschäftigte

Ein kurzfristiger Minijob liegt vor, wenn die Beschäftigung im Voraus auf zwei Monate oder insgesamt 50 Arbeitstage in einem Kalenderjahr befris-

Wer ist zur Zusatzversorgung anzumelden?

tet ist und nicht berufsmäßig ausgeübt wird (§ 8 Abs. 1 Nr. 2 SGB IV). Kurzfristige Minijobs sind sozialversicherungsfrei. Das bedeutet, dass der Beschäftigte keine Sozialversicherungsbeiträge zahlen muss. Zudem ist diese Beschäftigungsart in der Regel beitragsfrei für den Arbeitgeber.

Eine kurzfristige Beschäftigung führt – unabhängig von der Höhe des Arbeitsentgelts – weder zur Versicherungspflicht in der gesetzlichen Rentenversicherung, noch zur Versicherungspflicht in der Zusatzversorgung (§ 19 Abs. 1 Buchst. i d. S.). Zu beachten ist jedoch, dass auch bei einer kurzfristigen Beschäftigungsdauer Versicherungspflicht in der Sozialversicherung und Zusatzversorgung dann eintritt, wenn die Beschäftigung berufsmäßig ausgeübt wird und der (anteilige) Verdienst die 400-€-Grenze überschreitet. Eine Berufsmäßigkeit liegt beispielsweise vor, wenn der Beschäftigte Leistungen nach dem SGB III (z. B. Arbeitslosengeld) bezieht oder bei der Agentur für Arbeit für eine mehr als kurzfristige Beschäftigung als Arbeitsuchender gemeldet ist. Gleiches gilt auch für Beschäftigungen, die während einer Elternzeit oder eines unbezahlten Urlaubs ausgeübt werden. Die 400-€-Grenze muss dabei auf das befristete Arbeitsverhältnis zeitanteilig begrenzt werden. Ob eine berufsmäßige Beschäftigung ausgeübt wird, prüft der zuständige Sozialversicherungsträger.

Beispiel:

Sachverhalt: Der Beschäftigte ist als arbeitsuchend bei der Agentur für Arbeit gemeldet. Zudem wird er bei einem Mitglied der Zusatzversorgungskasse befristet für 3 Tage mit einem Verdienst von insgesamt 150 € beschäftigt.

Lösung: Wegen der vorliegenden Arbeitslosigkeit liegt eine berufsmäßige Beschäftigung vor. Die 400-€-Grenze wird auf die zeitliche Befristung der Beschäftigung – also auf 3/30, das sind 40 € – begrenzt. Da die Beschäftigung berufsmäßig ist und die (anteilige) 400-€-Grenze überschritten wird, liegt keine kurzfristige Beschäftigung i. S. d. § 8 Abs. 1 Nr. 2 SGB IV vor. Der Beschäftigte ist in der Sozialversicherung und damit auch in der Zusatzversorgung versicherungspflichtig.

1.6 Probezeit

Wenn im Rahmen eines Arbeitsverhältnisses eine Probezeit abgeleistet wird, ist das Arbeitsverhältnis von Anfang an versicherungspflichtig, wenn die sonstigen Voraussetzungen zur Versicherungspflicht erfüllt sind.

Wer ist zur Zusatzversorgung anzumelden?

1.7 Veränderungen in der Versicherungspflicht

1.7.1 Wegfall der 12-Monats-Regelung

Bis zum 31.12.2002 waren Beschäftigte von der Versicherungspflicht ausgeschlossen, wenn das Arbeitsverhältnis für weniger als 12 Monate vereinbart und der Beschäftigte zuvor noch nie bei einer Zusatzversorgungskasse des öffentlichen oder kirchlichen Dienstes versichert war. Seit dem 1.1.2003 sind auch auf weniger als 12 Monate befristet Beschäftigte grundsätzlich zu versichern. Ausgeschlossen bleiben nunmehr nur noch kurzfristig Beschäftigte i. S. d. §8 Abs. 1 Nr. 2 SGB IV (vgl. Teil B 1.5.2).

Bis zum 31.12.2002 war damit die bisherige Regelung unverändert anzuwenden. War somit ein Arbeitsverhältnis zunächst auf weniger als 12 Monate befristet, lag bis zum 31.12.2002 keine Versicherungspflicht vor. Bestand das Arbeitsverhältnis jedoch auch im Jahr 2003 noch fort, musste der Beschäftigte unabhängig davon, wie lange das Arbeitsverhältnis noch dauerte, ab dem 1.1.2003 versichert werden, wenn die allgemeinen Voraussetzungen für die Versicherungspflicht erfüllt waren. Wurde das zunächst auf bis 12 Monate befristete Arbeitsverhältnis im Jahr 2003 auf über 12 Monate hinaus verlängert, war eine rückwirkende Anmeldung vom Beginn des Arbeitsverhältnisses im Jahr 2002 an vorzunehmen.

Beispiel:

Sachverhalt: Ein vom 1.7.2002 bis 31.3.2003 befristeter Arbeitsvertrag wurde im März 2003 in ein Dauerarbeitsverhältnis umgewandelt.

Lösung: Versicherungspflicht tritt zunächst am 1.1.2003 ein. Mit der Umwandlung in ein Dauerarbeitsverhältnis war rückwirkend zum 1.7.2002 die Anmeldung und Nachmeldung bei der Zusatzversorgungskasse vorzunehmen.

1.7.2 Nachversicherung von teilzeitbeschäftigten Arbeitnehmern, die tariflich bis zum 31.3.1991 nicht zu versichern waren (unterhälftig beschäftigte Arbeitnehmer)

Bis zum 31.3.1991 bestand Versicherungspflicht in der Zusatzversorgung nur dann, wenn im Arbeitsverhältnis eine wöchentliche Arbeitszeit von mindestens 18 Stunden vereinbart wurde. Vor dem 1.1.1988 war ein Arbeitnehmer nur versicherungspflichtig, wenn seine arbeitsvertraglich vereinbarte durchschnittliche regelmäßige wöchentliche Arbeitszeit mindestens die Hälfte der regelmäßigen Arbeitszeit eines entsprechend vollbeschäftigten Arbeitnehmers betrug.

Was ist in folgenden Sonderfällen zu beachten?

Das Bundesarbeitsgericht (BAG) hat in mehreren Urteilen Arbeitgeber verpflichtet, teilzeitbeschäftigte Arbeitnehmer, die wegen der mit ihnen vereinbarten Arbeitszeit vor dem 1.4.1991 nicht in der Zusatzversorgung zu versichern waren, so zu stellen, als ob sie seit Beginn des Arbeitsverhältnisses in der Zusatzversorgung versichert gewesen wären, da der Ausschluss von der Versicherungspflicht infolge der vereinbarten Arbeitszeit gegen Art. 3 GG verstoße. Entsprechendes gilt für weitere Arbeitnehmergruppen, z. B. nebenberuflich Beschäftigte bis 31.12.1997, Saisonarbeitnehmer, Waldarbeiter und teilzeitbeschäftigte Angestellte in der Fleischuntersuchung.

Zur Entlastung der Arbeitgeber hatten sich die Zusatzversorgungskassen bereit erklärt, diese Zeit in einer Teilzeitbeschäftigung vor dem 1.4.1991 aufgrund der Rechtsprechung des BAG im Wege der Nachentrichtung von Umlagen und Beiträgen als versorgungswirksam anzuerkennen, wenn die sonstigen Voraussetzungen zur Versicherungspflicht (z. B. keine geringfügige Beschäftigung) erfüllt waren.

Der Arbeitgeber hat auch die Möglichkeit, mit dem ehemaligen Beschäftigten zu vereinbaren, dass der Anspruch auf Zusatzversorgung aus den nicht versicherten Zeiten einer unterhältigen Beschäftigung durch eine einmalige Zahlung des Arbeitgebers abgegolten wird. Diesbezüglich hat das Bundessozialgericht mit Urteil vom 7.3.2007 entschieden, dass Zahlungen zur Abgeltung eines Anspruchs auf Zusatzversorgungsleistungen für Zeiten nach der Beendigung des Beschäftigungsverhältnisses kein beitragspflichtiges Entgelt im Sinne des SGB sind.

2. Was ist in folgenden Sonderfällen zu beachten?

2.1 Auszubildende, Schüler, Praktikanten, Volontäre, Arzt im Praktikum, Medizinalassistenten, Trainees, Umschüler, Studierende

2.1.1 Auszubildende, Schüler, Praktikanten, Volontäre

Auszubildende, die unter die Tarifverträge für Auszubildende des öffentlichen Dienstes (TVAöD) fallen oder fallen würden, wenn dieser Tarifvertrag angewandt würde, sind versicherungspflichtig (§ 22 d. S.).

Vom Geltungsbereiche des TVAöD erfasst und versicherungspflichtig sind:

▶ alle Personen, die in einem staatlich anerkannten oder als staatlich anerkannt geltenden Ausbildungsberuf ausgebildet werden,

Was ist in folgenden Sonderfällen zu beachten?

- Schüler in der Gesundheits- und Krankenpflege, Gesundheits- und Kinderkrankenpflege, Entbindungspflege, die in Verwaltungen und Betrieben, die unter den Geltungsbereich des TVöD fallen, ausgebildet werden,
- Schüler in der Altenpflege ab 1.7.2007 (Aufnahme in den Geltungsbereich des TVAöD),
- Auszubildende in Betrieben oder Betriebsteilen, auf deren Arbeitnehmer der TV-V oder der TV-WW/NW Anwendung findet,
- Auszubildende in Betrieben oder Betriebsteilen, auf deren Arbeitnehmer ein TV-N Anwendung findet, soweit und solange nicht eine anderweitige landesbezirkliche Regelung getroffen wurde.

Vom Geltungsbereich des TVAöD ausgenommen und damit versicherungsfrei sind:

- Schüler in der Krankenpflegehilfe und Altenpflegehilfe,
- Praktikanten und Volontäre,
- Auszubildende, die in Ausbildungsberufen der Landwirtschaft, des Weinbaues oder der Forstwirtschaft ausgebildet werden,
- körperlich, geistig oder seelisch behinderte Personen, die aufgrund ihrer Behinderung in besonderen Ausbildungswerkstätten, Berufsförderungswerkstätten oder in Lebenshilfeeinrichtungen ausgebildet werden.

Versicherungsfrei sind zudem:

- Berufe im Anerkennungsjahr (z. B. Erzieherinnen im Anerkennungsjahr),
- Heilerziehungspflegeschüler,
- Schüler für den Beruf einer/eines operationstechnischen Assistenten (OTA).

Wird für diesen Personenkreis jedoch ein Arbeitsvertrag vereinbart, auf den ein öffentlicher Tarifvertrag (z. B. TVöD, AVR) in vollem Umfang Anwendung findet, so ist die Zusatzversorgung zwischen Arbeitgeber und Arbeitnehmer vereinbart und es tritt Versicherungspflicht ein. Gleiches gilt auch dann, wenn die Zusatzversorgung einzelvertraglich vereinbart wird.

2.1.2 Arzt im Praktikum

Die Ausbildung „Arzt im Praktikum" ist zum 30.9.2004 abgeschafft worden. Bis dahin waren Ärzte im Praktikum in der Zusatzversorgung zu versichern.

Was ist in folgenden Sonderfällen zu beachten?

2.1.3 Medizinalassistent

Eine Beschäftigung als Medizinalassistent war in der Zusatzversorgung versicherungsfrei, weil die Tätigkeit als Medizinalassistent keine Ausbildung im Sinne der Satzung war (§ 22 d. S. alte und neue Fassung). Zudem lag ggf. auch deswegen keine Versicherungspflicht vor, weil die Beschäftigung weniger als 12 Monate dauerte (vgl. Teil B 1.7.1).

2.1.4 Trainee

Ein Trainee ist in der Zusatzversorgung zu versichern, wenn die allgemeinen Voraussetzungen erfüllt sind.

Ein Trainee wird in der Regel nach einem abgeschlossenen Studium befristet eingestellt. Während der Volontär meist ohne oder nur gegen ein geringes Entgelt beschäftigt ist, hat der Trainee in aller Regel ein im Vergleich höheres monatliches Entgelt.

Ein Trainee ist kein Auszubildender nach dem TVAöD, sondern Arbeitnehmer. Er wird in einem regulären, befristeten Arbeitsverhältnis beschäftigt. Nach § 14 Abs. 1 Nr. 2 Gesetz über Teilzeitarbeit und befristete Arbeitsverträge (TzBfG) handelt sich um eine zulässige Befristung des Arbeitsverhältnisses im Anschluss an ein Studium oder an eine Ausbildung. Ein Trainee ist daher hinsichtlich der Zusatzversorgung wie jedes andere befristete Beschäftigungsverhältnis zu bewerten und zu versichern. Eine Ausnahme vom Geltungsbereich des TVöD ist nicht gegeben.

2.1.5 Umschüler

Umschüler unterliegen der Versicherungspflicht, wenn sie mit dem ausbildenden Arbeitgeber einen Ausbildungsvertrag (Umschulungsvertrag) abgeschlossen haben und der Arbeitgeber eine Ausbildungsvergütung zahlt (vgl. Teil E 2.19).

2.2 Studierende, Studienförderungsvertrag

2.2.1 Studierende

Seit 1.1.1998 sind Studierende nicht mehr vom BAT bzw. TVöD ausgeschlossen. Damit sind seit diesem Zeitpunkt auch alle Studierenden, soweit sie die sonstigen Voraussetzungen der §§ 18 u. 19 d. S. erfüllen, in der Zusatzversorgung versicherungspflichtig.

Von der Versicherungspflicht ausgeschlossen sind lediglich die Studierenden, die während der Dauer eines Studiums als ordentliche Studierende einer Fachschule oder Hochschule ein Praktikum ableisten, das in ihrer Studien- oder Prüfungsordnung vorgeschrieben ist.

Was ist in folgenden Sonderfällen zu beachten?

Bis zum 30.9.1996 waren von der Versicherungspflicht in der Zusatzversorgung alle Personen ausgenommen, die während der Dauer ihres Studiums als ordentliche Studierende einer Hochschule oder einer der fachlichen Ausbildung dienenden Schule gegen Arbeitsentgelt beschäftigt und in der gesetzlichen Rentenversicherung versicherungsfrei waren. Dies war regelmäßig dann der Fall, wenn die wöchentliche Arbeitszeit 20 Stunden nicht überschritten hatte.

In der Zeit vom 1.10.1996 bis 31.12.1997 waren Studierende grundsätzlich in der Zusatzversorgung versicherungsfrei. Eine Anmeldung zur Zusatzversorgung kam allerdings dann in Betracht, wenn im Arbeitsvertrag die Teilnahme an der Zusatzversorgung – z. B. durch Vereinbarung des § 46 BAT – vereinbart wurde.

 Hinweis:

Studierende, die bereits am 1.10.1996 in einer Beschäftigung oder selbstständigen Tätigkeit in der gesetzlichen Rentenversicherung versicherungsfrei waren und nach § 230 Abs. 4 SGB VI in dieser Beschäftigung versicherungsfrei blieben, blieben auch in der Zusatzversorgung bis längstens 31.12.2002 versicherungsfrei. Hintergrund für den Ausschluss von der Versicherungspflicht war die fehlende Grundversorgung im seinerzeit geltenden Gesamtversorgungssystem. Eine Teilnahmevereinbarung an der Zusatzversorgung kam in diesen Fällen nicht in Betracht. Ab 1.1.2003 sind in der gesetzlichen Rentenversicherung ggf. noch versicherungsfreie Studenten in der Zusatzversorgung zu versichern.

2.2.2 Studienförderungsvertrag

Schließt ein Arbeitgeber mit einem Studenten einen sog. Studienförderungsvertrag ab, besteht in der Zusatzversorgung keine Versicherungspflicht. Grundvoraussetzung für die Versicherungspflicht in der Zusatzversorgung ist, dass ein Beschäftigungsverhältnis als Arbeitnehmer vorliegt. Dies ist bei einem Studienförderungsvertrag nicht gegeben. Zudem muss als weitere Voraussetzung für die Versicherungspflicht in der Zusatzversorgung der Geltungsbereich der Tarifverträge des öffentlichen Dienstes (z. B. TVöD, TV-V oder TVAöD) eröffnet sein. Diese Voraussetzung ist bei einem Studienförderungsvertrag ebenfalls nicht erfüllt.

2.3 Beschäftigte mit ausländischer Grundversorgung

Beschäftigte, die wegen der Zugehörigkeit zu einem ausländischen System der sozialen Sicherung nicht der Pflichtversicherung in der gesetzlichen Rentenversicherung unterliegen und sich dort auch nicht freiwillig versichert haben oder ihre Rentenanwartschaften auf ein Versorgungssystem der Europäischen Gemeinschaft übertragen haben, sind in der Zusatzversorgung versicherungsfrei (§ 19 Abs. 1 Buchst. g und h d. S.).

Was ist in folgenden Sonderfällen zu beachten?

Wird für diesen Personenkreis jedoch ein Arbeitsvertrag vereinbart, auf den ein öffentlicher Tarifvertrag (z. B. TVöD, AVR) in vollem Umfang Anwendung findet, so ist die Zusatzversorgung zwischen Arbeitgeber und Arbeitnehmer vereinbart und es tritt Versicherungspflicht ein. Gleiches gilt auch dann, wenn die Zusatzversorgung einzelvertraglich vereinbart wird.

Abweichend von dieser Regelung besteht im Geltungsbereich des ATV – also der Beschäftigten im Bereich des Bundes und der Länder – Versicherungspflicht. Insoweit weicht der ATV-K vom ATV ab.

Ausländische Beschäftigte, die in der Deutschen Rentenversicherung versichert sind, sind versicherungspflichtig, wenn sie die allgemeinen Voraussetzungen zur Pflichtversicherung erfüllen (vgl. Teil B 1.).

2.4 Teilzeitbeschäftigte Arbeitnehmer (Besonderheiten bei Altersteilzeit, Altersrente als Teilrente, Arbeit auf Abruf, Erziehungsurlaub)

Teilzeitbeschäftigte Arbeitnehmer sind versicherungspflichtig, wenn sie die allgemeinen Voraussetzungen (vgl. Teil B 1.) erfüllen.

Beschäftigte, die eine Altersteilzeitarbeit ausüben, sind ebenfalls versicherungspflichtig. Gleichgültig welches Modell für die Altersteilzeit ausgewählt wurde, fallen Umlagen und Beiträge für den gesamten Zeitraum der vereinbarten Altersteilzeit an, also auch während der Freizeitphase im Blockmodell (vgl. Teil E 2.3).

Versicherungspflicht besteht auch bei einer Teilzeitbeschäftigung wegen Inanspruchnahme einer Altersrente als Teilrente in der gesetzlichen Rentenversicherung (vgl. Teil B 3.5.1). Versicherungsfrei ist hingegen ein Beschäftigter, der zunächst eine Altersrente als Vollrente bezieht, diese anschließend in eine Altersrente als Teilrente umgewandelt wird und während des Bezugs der Teilrente eine Teilzeitbeschäftigung ausübt.

Wenn in einem bestehendem Beschäftigungsverhältnis aufgrund eines Rahmenarbeitsvertrages zeitweise kein zusatzversorgungspflichtiges Entgelt anfällt (z. B. Arbeit nach Anfall, Arbeit auf Abruf) wird die Fehlzeit mit dem Buchungsschlüssel 01 40 00 gemeldet. Versicherungsabschnitte für Zeiträume mit Fehlzeiten, die weniger als einen Kalendermonat betragen, sind nicht zu melden. Bei einer Unterbrechung der Arbeit ist keine Abmeldung und Wiederanmeldung vorzunehmen.

Ab 1.9.1994 sind auch Teilzeitbeschäftigungen während des Erziehungsurlaubs versicherungspflichtig, wenn die sonstigen Voraussetzungen für die Versicherungspflicht erfüllt sind. Bis zum 31.8.1994 war dagegen eine

Was ist in folgenden Sonderfällen zu beachten?

Teilzeitbeschäftigung bis zu 19 Stunden während eines Erziehungsurlaubs nach dem Bundeserziehungsgeldgesetz versicherungsfrei. Bei einer Beschäftigung während der Elternzeit ist darauf zu achten, dass während der Elternzeit keine soziale Komponente mehr zusteht (vgl. Teil A 5.5.2).

2.5 Saisonarbeitnehmer

Saisonarbeitnehmer leisten Arbeit nur in bestimmten Abschnitten eines Kalenderjahres, in denen durch den jahreszeitlichen Ablauf die Voraussetzungen und das Bedürfnis für eine zeitbegrenzte Arbeitsleistung bestehen.

Saisonarbeitnehmer mit unbefristetem Arbeitsverhältnis waren immer schon ab Beginn ihres Arbeitsverhältnisses in der Zusatzversorgung zu versichern.

Seit dem 1.1.2001 sind auch Saisonarbeitnehmer mit einem für die Dauer der Saison befristeten Arbeitsverhältnis vom Beginn des Arbeitsverhältnisses an – also ab Beginn der ersten Saison – zu versichern, sofern die allgemeinen Voraussetzungen für eine Versicherungspflicht erfüllt sind. Bis zum 31.12.2000 waren diese Saisonarbeitnehmer erst zum Beginn des zweiten Beschäftigungsjahres versicherungspflichtig.

Saisonarbeitnehmer mit befristeten Arbeitsverhältnissen gelten hinsichtlich der Verteilung von Bonuspunkten auch dann als pflichtversichert, wenn die Saison geendet hat und sie bei Beginn der nächsten Saison voraussichtlich wieder eingestellt werden. Damit werden diese Beschäftigten, soweit sie als pflichtversichert gelten, in die Verteilung von Bonuspunkten mit einbezogen, da sie am Ende des laufenden Geschäftsjahrs als pflichtversichert anzusehen sind (§ 66 Abs. 3 d. S.).

Damit diese Beschäftigten für die Dauer der saisonbedingten Arbeitsunterbrechung als pflichtversichert gelten, ist bei der Abmeldung über Datenträger oder Formular der Abmeldegrund 27 anzugeben. Bei Wiederaufnahme der Beschäftigung muss der Beschäftigte neu angemeldet werden (vgl. Teil E 2.15.2). Wird die Beschäftigung nicht wieder aufgenommen, werden sie in den folgenden Geschäftsjahren nur dann in die Verteilung von Bonuspunkten einbezogen, wenn sie bereits 120 Beitrags-/Umlagemonate zurückgelegt haben.

Saisonarbeitnehmer mit unbefristetem Arbeitsverhältnis werden stets in die Verteilung von Bonuspunkten einbezogen, da ihr Arbeitsverhältnis und damit auch die Pflichtversicherung durchgehend besteht.

Was ist in folgenden Sonderfällen zu beachten?

Die Besonderheiten, die sich bei Beendigung der Pflichtversicherung zum Ende der Saison ergeben, sind im Teil C 5.4 dargestellt.

2.6 Waldarbeiter

Waldarbeiter sind nach § 18 Abs. 3 Buchst. a d. S. versicherungspflichtig, wenn

- auf ihre Arbeitsverhältnisse aufgrund Tarifvertrages oder aufgrund eines durch Arbeitsvertrag für anwendbar erklärten Tarifvertrages die Pflicht zur Versicherung besteht und
- die allgemeinen Voraussetzungen für die Versicherungspflicht von Waldarbeitern (vgl. Teil B 1.) erfüllt sind.

Bei einem Saisonwaldarbeiter mit einem auf die Dauer der jeweiligen Saison befristeten Arbeitsvertrag sind die oben dargestellten Ausführungen für Saisonarbeitnehmer zu beachten (vgl. Teil E 2.22).

Die Besonderheiten, die sich bei Unterbrechung der Pflichtversicherung ergeben, sind im Teil C 5.3 dargestellt.

2.7 Amtliche Tierärzte und Fleischkontrolleure

Beschäftigte, die unter die Tarifverträge über die Regelung der Rechtsverhältnisse der nicht vollbeschäftigten amtlichen Tierärzte und Fleischkontrolleure **in öffentlichen Schlachthöfen** und in Einfuhruntersuchungsstellen (TV Ang iöS oder TV Ang-O iöS) fallen, sind in der Zusatzversorgung versicherungspflichtig, weil sie vom Geltungsbereich des ATV/ATV-K erfasst werden (siehe Anlage 1 zum ATV/ATV-K und § 18 Abs. 3 Buchst. b d. S.). Ab 1.1.2003 sind sie auch dann versicherungspflichtig, wenn sie geringfügig beschäftigt sind.

Nachdem die Tarifverträge für die Angestellten in der Fleischuntersuchung **außerhalb öffentlicher Schlachthöfe** (TV Ang aöS) gekündigt worden sind, erstreckt sich die Nachwirkung der Tarifverträge nur auf die zum Zeitpunkt der Kündigung der Tarifverträge bereits in einem Arbeitsverhältnis stehenden Angestellten. Diese Beschäftigten sind in der Zusatzversorgung versicherungsfrei, weil dieser Personenkreis vom ATV-K (Altersvorsorge-Tarifvertrag) ausgenommen ist. Die Zusatzversorgung kann jedoch arbeitsvertraglich vereinbart werden. Nach der Kündigung der Tarifverträge kann mit jedem **neu einzustellenden** Angestellten außerhalb öffentlicher Schlachthöfe statt einer Stückvergütung arbeitsvertraglich die Zahlung einer Stundenvergütung vereinbart werden. Dies kann zu einer Versicherungspflicht in der Zusatzversorgung führen.

Was ist in folgenden Sonderfällen zu beachten?

Nach einem Urteil des Bundesarbeitsgerichts vom 4.4.2000 ist der Ausschluss der nach dem TV Ang aöS beschäftigten Angestellten aus der Zusatzversorgung im Vergleich zu den nach dem TV Ang iöS Beschäftigten kein Verstoß gegen den Gleichheitsgrundsatz (Art. 3 GG). Die Möglichkeit, aufgrund der Stückvergütung höhere Verdienste je Arbeitsstunde zu erzielen, sei ein Ausgleich für die fehlende Versorgungszusage.

Werden amtliche Tierärzte und Fleischkontrolleure außerhalb öffentlicher Schlachthöfe jedoch ausschließlich oder überwiegend durch Stundenvergütung bezahlt, besteht ein Anspruch auf Gleichstellung mit den Beschäftigten innerhalb öffentlicher Schlachthöfe. Damit ist in diesen Fällen ein Anspruch auf Zusatzversorgung gegeben.

In den Tarifverhandlungen für die Beschäftigten in der Fleischuntersuchung außerhalb öffentlicher Schlachthöfe bestand Mitte 2008 Einvernehmen, dass in Großbetrieben künftig Stundenvergütung statt bisher Stückvergütung gezahlt wird. Dies würde zur Versicherungspflicht dieser Beschäftigten in der Zusatzversorgung führen. Die Tarifverhandlungen waren zum Zeitpunkt des Redaktionsschlusses dieses Handbuchs allerdings noch nicht abgeschlossen.

Hinweis:

Für nicht vollbeschäftigte amtliche Tierärzte und Fleischkontrolleure **in öffentlichen Schlachthöfen** waren in der Vergangenheit folgende Regelungen maßgeblich:

Vom 9.10.1998 bis 31.12.2002 bestand Versicherungspflicht in der Zusatzversorgung, wenn sie mehr als geringfügig im Sinne von § 8 Abs. 1 SGB IV – ohne Berücksichtigung des § 8 Abs. 2 Satz 1 SGB IV – beschäftigt waren.

Vor dem 9.10.1998 waren diese Arbeitnehmer nur dann versicherungspflichtig, wenn und solange sie in dem jeweils vorangegangenen Kalenderjahr Stundenvergütungen für mindestens 1000 Stunden erhalten hatten.

2.8 Vorstandsmitglieder

Vorstandsmitglieder und sonstige Beschäftigte in Organfunktionen sind keine Arbeitnehmer. Sie erbringen in dieser Funktion ihre Dienstleistung in unabhängiger Stellung.

Vertretungsberechtigte Organmitglieder können trotz der fehlenden Arbeitnehmereigenschaft in der Zusatzversorgung versichert werden, wenn

▶ die Beschäftigungsbedingungen nach dem für die ausgeübte Organfunktion maßgeblichen Recht durch einen privatrechtlichen Dienstvertrag gestaltet werden können und

▶ im Dienstvertrag die Teilnahme an der Zusatzversorgung vereinbart ist.

Was ist in folgenden Sonderfällen zu beachten?

Im Vorfeld der Vereinbarung wird empfohlen, mit der jeweiligen Zusatzversorgungskasse zu klären, ob alternative Versicherungsmöglichkeiten bestehen (z. B. freiwillige Versicherung) und welche Versicherung für den Beschäftigten zu empfehlen ist (vgl. Erläuterungen zu leitenden Angestellten im Teil B 3.3).

2.9 Ordensmitglieder, Pastoralassistenten, Organisten

Ordensmitglieder gehören aufgrund ihrer Zugehörigkeit zu einer Ordensgemeinschaft nicht zum zusatzversorgungspflichtigen Personenkreis.

Sie erbringen ihre Dienste in der Regel aufgrund eines Gestellungsvertrages.

Eine Versicherung in der Zusatzversorgung kommt allerdings in Betracht, wenn neben der Eigenschaft als Ordensmitglied ein Arbeitsvertrag im arbeitsrechtlichen Sinne abgeschlossen worden ist.

Gleiches gilt für Mitglieder einer Schwesterngemeinschaft.

Pastoral- und Gemeindeassistenten im Vorbereitungsdienst sind keine Arbeitnehmer, da ihr Beschäftigungsverhältnis überwiegend Ausbildungszwecken dient. Eine Versicherung ist jedoch ausnahmsweise dann möglich, wenn diese arbeitsvertraglich vereinbart wird.

Organisten sind, sofern eine abhängige Beschäftigung vorliegt, sowohl in der Sozialversicherung als auch in der Zusatzversorgung versicherungspflichtig. Als geringfügig Beschäftigte waren sie jedoch vor dem 1.1.2003 von der Versicherungspflicht in der Zusatzversorgung ausgenommen (vgl. Teil B 1.5). Soweit die Regelung des § 3 Nr. 26 EStG (vgl. Übungsleiter Teil B 1.1.3.1) Anwendung findet, sind Organisten in der Zusatzversorgung zu versichern, wenn das Entgelt den Freibetrag nach § 3 Nr. 26 EStG überschreitet. Zusatzversorgungspflichtiges Entgelt ist dabei das über dem Freibetrag – 2100 € im Jahr bzw. 175 € im Monat – liegende Entgelt.

Wird der Freibetrag nicht monatlich überschritten, so ist eine bereits erfolgte Anmeldung in der Zusatzversorgung aufrecht zu erhalten. Lediglich in der Jahresmeldung sind dann Zeiträume ohne zusatzversorgungspflichtiges Entgelt, die mehr als einen Kalendermonat dauern, mit dem Buchungsschlüssel 01 40 00 zu melden.

2.10 Wechsel zu einem Arbeitgeber, der nicht Mitglied einer Zusatzversorgungskasse ist

Ausnahmsweise kann für **einzelne** Beschäftigte eine bestehende Pflichtversicherung auch dann fortgeführt werden, wenn diese Beschäftigten zu einem Arbeitgeber wechseln, der nicht Mitglied einer Zusatzversorgungs-

Wer ist von der Versicherungspflicht ausgenommen oder befreit?

kasse des öffentlichen oder kirchlichen Dienstes ist (§ 18 Abs. 2 d. S.). Dies setzt allerdings voraus, dass

▶ die Fortführung der Pflichtversicherung arbeitsvertraglich vereinbart wird und

▶ der Arbeitgeber, bei dem die Pflichtversicherung begründet wurde und der Mitglied der Zusatzversorgungskasse ist, an dem neuen Arbeitgeber, zu dem der Beschäftigte wechselt, unmittelbar oder über ein verbundenes Unternehmen beteiligt ist.

Die Vereinbarung bedarf der Zustimmung der Zusatzversorgungskasse (vgl. Teil C 5.2).

 Hinweis:

Eine Fortführung der Versicherung kann nur in Einzelfällen erfolgen, nicht im Rahmen eines Betriebsübergangs oder einer sonstigen organisatorischen Veränderung. Eventuelle Auswirkungen einer geplanten strukturellen Veränderung sollten vom Mitglied frühzeitig mit der Kasse abgeklärt werden.

3. Wer ist von der Versicherungspflicht in der Zusatzversorgung ausgenommen oder befreit?

3.1 Beschäftigte mit bestehender Betriebsrentenzusage bei Mitgliedschaftsbeginn

Beschäftigte, die bei Beginn der Mitgliedschaft ihres Arbeitgebers bereits einen Anspruch oder eine Anwartschaft auf eine betriebliche Altersversorgung nach einer Ruhelohnordnung oder einer entsprechenden Bestimmung durch diesen Arbeitgeber haben, sind versicherungsfrei (§ 19 Abs. 1 Buchst. a d. S.). Mit diesem Ausschluss soll verhindert werden, dass die Beschäftigten des Mitglieds aus einem Beschäftigungsverhältnis zwei Anwartschaften/Ansprüche auf Betriebsrente erwerben. Hat ein Beschäftigter eine Anwartschaft oder einen Anspruch auf eine betriebliche Altersversorgung gegenüber einem anderen Arbeitgeber aus einem früheren Arbeitsverhältnis erworben, so ist dies unerheblich.

3.2 Beschäftigte mit Anwartschaft/Anspruch auf beamtenrechtliche Versorgung

Beschäftigte, die eine Anwartschaft oder einen Anspruch auf eine Versorgung nach beamten- oder soldatenrechtlichen Vorschriften oder Grundsätzen oder entsprechenden kirchenrechtlichen Regelungen mindestens in Höhe der beamtenrechtlichen Mindestversorgungsbezüge (§ 14 Beamtenversorgungsgesetz) haben und denen Hinterbliebenenversorgung ge-

Wer ist von der Versicherungspflicht ausgenommen oder befreit?

währleistet ist, sind versicherungsfrei (§ 19 Abs. 1 Buchst. b d. S.). Bei einer nach den Grundsätzen der beamtenrechtlichen Versorgung ausgestalteten Versorgungszusage müssen die Bestimmungsgrößen der ruhegehaltsfähigen Zeit und des ruhegehaltsfähigen Dienstbezuges sowie ihre Zusammenführung zu einem Versorgungssatz in einer dem Beamtenrecht vergleichbaren Weise ausgestaltet sein. Es ist jedoch nicht erforderlich, dass die Höhe der Versorgungszusage der des Beamtenversorgungsrechts genau entspricht. Eine Versorgung nach beamtenrechtlichen Grundsätzen ist z. B. die Versorgung der Bundestagsabgeordneten, der Abgeordneten der Landesparlamente, des Europäischen Parlaments, der hauptamtlichen Bürgermeister und auch die Versorgung der Dienstordnungsangestellten (DO-Angestellten).

Diese Regelung gilt insbesondere für Ruhestandsbeamte und beurlaubte Beamte, die zudem als Arbeitnehmer beschäftigt werden. Sie gilt allerdings auch für Beamte, die einer Nebenbeschäftigung oder Teilzeitbeschäftigung nachgehen, die sozialversicherungspflichtig ist.

Auch **Zeitsoldaten** haben Anspruch auf eine Versorgung nach soldatenrechtlichen Vorschriften und sind somit nicht versicherungspflichtig. Versicherungspflicht in der Zusatzversorgung kann erst eintreten, wenn der Anspruch auf die Versorgung nach soldatenrechtlichen Vorschriften weggefallen ist. Beginnt der Zeitsoldat noch während der Soldatenzeit eine Ausbildung bei einem Mitglied, bleibt er für die Dauer des Soldatenverhältnisses von der Zusatzversorgung ausgeschlossen. Dieser Ausschluss soll verhindern, dass bei Eintritt eines Versicherungsfalls (z. B. Erwerbsminderungsrente) sowohl aus dem Soldatenverhältnis (Soldatenversorgungsgesetz) als auch aus der Zusatzversorgung Renten gezahlt werden. Wird nach Beendigung des Soldatenverhältnisses für eine gewisse Zeit Übergangsgeld/Übergangsgebührnisse gezahlt, so ist ein zeitgleiches Beschäftigungsverhältnis versicherungspflichtig.

3.3 Leitende Angestellte, Chefärzte und sonstige vom Geltungsbereich des TVöD ausgenommene Beschäftigte

Beschäftigte, die von den Tarifverträgen des öffentlichen Dienstes ausgenommen sind (z. B. nach § 1 Abs. 2 TVöD), sind in der Zusatzversorgung nicht versicherungspflichtig. Allerdings kann die Teilnahme an der Zusatzversorgung arbeitsvertraglich vereinbart werden (§ 19 Abs. 1 Buchst. k d.S.).

Zu diesem Personenkreis gehören insbesondere:

- leitende Angestellte i. S. des § 5 Abs. 3 BetrVG, wenn ihre Arbeitsbedingungen einzelvertraglich besonders vereinbart sind,
- Chefärztinnen und Chefärzte,

Wer ist von der Versicherungspflicht ausgenommen oder befreit?

▶ Beschäftigte, die ein über das Tabellenentgelt der Entgeltgruppe 15 hinausgehendes regelmäßiges Entgelt erhalten. Beschäftigte in Entgeltgruppe 15 Ü sind nicht außertariflich.

Bei diesen Beschäftigten besteht also keine Pflicht zur Versicherung. Die Versicherung in der Zusatzversorgung kann jedoch arbeitsvertraglich vereinbart werden. Den Arbeitsvertragsparteien ist es dabei freigestellt, statt die Pflichtversicherung fortzusetzen oder neu zu begründen, mit Zustimmung der jeweiligen Zusatzversorgungskasse eine Versicherung im Rahmen der freiwilligen Versicherung zu wählen.

Die Wahl zwischen Pflichtversicherung und freiwilliger Versicherung birgt sowohl für den Arbeitgeber als auch für die Beschäftigten eine Reihe von Möglichkeiten, Beiträge zu sparen bzw. die Versorgung zu optimieren – aber auch Risiken. Damit alle Chancen und Risiken wirklich sehr sorgfältig abgewogen werden können, sollte eine Entscheidung zwischen Pflicht- und freiwilliger Versicherung nur nach vorheriger Beratung durch die Zusatzversorgungskasse erfolgen. Dies gilt insbesondere dann, wenn ein Ausstieg aus der Pflichtversicherung beabsichtigt ist, weil dies im Einzelfall zu erheblichen versorgungsrechtlichen Nachteilen führen kann. Die Pflichtversicherung in der durch den Arbeitgeber finanzierten Zusatzversorgung beruht auf einer tariflichen oder arbeitsvertraglichen Grundlage, mit der eine bestimmte Versorgung zugesagt wurde. Wird diese Zusage verändert, muss der Betroffene über alle Vor- und Nachteile informiert sein, um einen späteren Haftungsanspruch gegen den Arbeitgeber auszuschließen.

3.4 Beschäftigte in Arbeitsbeschaffungsmaßnahmen, Leistungen zur Eingliederung in Arbeit (§ 16 Abs. 1 SGB II), Ein-Euro-Jobs (§ 16 Abs. 3 SGB II), Beschäftigungszuschuss bei erwerbsfähigen Bedürftigen mit Vermittlungshindernissen (Förderung nach § 16a SGB II)

3.4.1 Beschäftigte in Arbeitsbeschaffungsmaßnahmen, Leistungen zur Eingliederung in Arbeit (§ 16 Abs. 1 SGB II)

Bei Beschäftigten, die durch die Agentur für Arbeit gefördert werden, muss der Arbeitgeber prüfen, ob Versicherungspflicht in der Zusatzversorgung vorliegt. Eine Versicherungspflicht ist ausgeschlossen, wenn durch die geförderte Maßnahme der Beschäftigte vom TVöD ausgenommen ist. Solche Beschäftigten haben keinen Anspruch auf Zusatzversorgung (§ 19 Abs. 1 Buchst. k der Satzung).

Diese Prüfung anhand des Geltungsbereichs des TVöD gilt auch für Arbeitgeber, die nicht an den TVöD gebunden sind und ggf. einen ande-

Wer ist von der Versicherungspflicht ausgenommen oder befreit?

ren Tarifvertrag anwenden. Nach § 1 Abs. 2 Buchst. i und k TVöD sind folgende Beschäftigte vom Geltungsbereich dieses Tarifvertrages – und damit von der Zusatzversorgung – ausgenommen:

- ▶ Beschäftigte, für die Eingliederungszuschüsse nach §§ 217 ff. SGB III gewährt werden und
- ▶ Beschäftigte, die Arbeiten nach §§ 260 ff. SGB III verrichten.

Diese Aufzählung ist abschließend und kann nicht auf andere staatlich geförderte Maßnahmen ausgeweitet werden.

Versicherungsfreiheit liegt auch dann vor, wenn die genannten Maßnahmen und Zuschüsse nach § 16 Abs. 1 SGB II i. V. m. den jeweiligen Vorschriften des SGB III erbracht werden.

Für den Geltungsbereich des Tarifvertrags Versorgungsbetriebe (TV-V) gilt dies nach § 1 Abs. 3 Buchst. c TV-V entsprechend.

Ausnahmsweise ist eine Anmeldung zur Zusatzversorgung dann möglich, wenn bei Beginn des Arbeitsverhältnisses die Teilnahme an der Zusatzversorgung im Arbeitsvertrag vereinbart ist und die sonstigen Voraussetzungen der §§ 18 und 19 d. S. vorliegen. Die Teilnahme an der Zusatzversorgung ist z. B. arbeitsvertraglich dann vereinbart, wenn § 25 TVöD Anwendung findet.

Damit sind jedoch alle anderen von staatlichen Stellen (z. B. Agentur für Arbeit) zugewiesenen Beschäftigten in der Zusatzversorgung **versicherungspflichtig,** weil sie nicht vom Geltungsbereich des TVöD ausgenommen sind (§ 1 Abs. 2 TVöD).

Versicherungspflichtig sind bzw. waren insbesondere Beschäftigte,

- ▶ für die der Arbeitgeber von der Agentur für Arbeit Förderleistungen zur Schaffung von Zusatzjobs nach § 16 Abs. 3 Satz 1 SGB II erhält. Es handelt sich hier – im Gegensatz zu den sog. Ein-Euro-Jobs (§ 16 Abs. 3 Satz 2 SGB II) – um reguläre Arbeitsverhältnisse. Diese Beschäftigungsverhältnisse sind auch in der Sozialversicherung versicherungspflichtig.
- ▶ die über einen Träger einer Strukturanpassungsmaßnahme einen Zuschuss zu den Lohnkosten erhalten (§ 272 SGB III). Strukturanpassungsmaßnahmen sind seit 1.1.2004 mit den Arbeitsbeschaffungsmaßnahmen in § 260 SGB III zusammengeführt worden. Diese Maßnahmen sind seither versicherungsfrei, sofern sie nach den Regelungen der §§ 260 ff. SGB III oder §§ 217 ff. SGB III gefördert werden.
- ▶ nach dem „Sofortprogramm für Langzeitarbeitslose",

Wer ist von der Versicherungspflicht ausgenommen oder befreit?

- ► für die ein Einstellungszuschuss bei einer Neugründung eines Arbeitgebers nach § 225 SGB III geleistet wird,
- ► mit denen ein Eingliederungsvertrag nach § 229 SGB III abgeschlossen wurde,
- ► die einen Zuschuss zur Ausbildungsvergütung nach § 235 SGB III erhalten,
- ► die über einen Träger einer Berufsausbildung einen Zuschuss zur Berufsausbildung nach den §§ 240 bis 247 SGB III erhalten,
- ► die einen Lohnkostenzuschuss für arbeitslose Jugendliche im Rahmen des Sofortprogramms zum Abbau der Jugendarbeitslosigkeit erhalten,
- ► die als Behinderte einen Zuschuss zur Ausbildungsvergütung nach § 236 SGB III erhalten.

In diesen Fällen bestand auch vor dem 1.1.2003 bereits Versicherungspflicht, wobei eine Versicherung allenfalls dann nicht zu erfolgen hatte, wenn die Beschäftigung auf nicht mehr als 12 Monate vereinbart war und keine Vorversicherungszeiten vorlagen. Durch den Wegfall der Befristung ab 1.1.2003 sind diese Arbeitnehmer somit ab Beginn der Beschäftigung anzumelden, wenn sie die allgemeinen Voraussetzungen der Versicherungspflicht erfüllen.

3.4.2 Ein-Euro-Jobs (§ 16 Abs. 3 Satz 2 SGB II)

In § 16 Abs. 3 Satz 2 SGB II ist geregelt, dass die so genannten Ein-Euro-Jobs keine Arbeitsverhältnisse im Sinne des Arbeitsrechts sind. Diese Vertragsverhältnisse sind nicht vom Geltungsbereich des Manteltarifrechts (z. B. TVöD) erfasst, weil es sich nicht um eine Tätigkeit als Arbeitnehmer handelt. Damit sind sie auch von der Anwendung des ATV-K/ATV ausgeschlossen und können nicht in der Zusatzversorgung versichert werden. Zudem wäre die nach § 16 Abs. 3 Satz 2 SGB II gezahlte Entschädigung für Mehraufwendungen kein zusatzversorgungspflichtiges Entgelt (§ 62 Abs. 2 Satz 1 Buchst. r d. S.).

3.4.3 Beschäftigungszuschuss bei erwerbsfähigen Bedürftigen mit Vermittlungshindernissen (Förderung nach § 16a SGB II)

Beschäftigte mit einer Förderung nach § 16a SGB II (Beschäftigungszuschuss bei erwerbsfähigen Bedürftigen mit Vermittlungshindernissen) sind für sich betrachtet nicht vom Geltungsbereich des TVöD ausgenommen, so dass sie in der Zusatzversorgung grundsätzlich versicherungspflichtig sind. Die Regelung des § 16a SGB II setzt jedoch in bestimmten Fällen voraus, dass eine Fördermaßnahme nach § 260 SGB III vorliegen muss, damit eine Förderung nach § 16a SGB II erfolgen kann.

Wer ist von der Versicherungspflicht ausgenommen oder befreit?

Für die Frage, ob Versicherungspflicht in der Zusatzversorgung gegeben ist oder nicht, gilt damit Folgendes:

- Liegt keine Fördermaßnahme nach §§ 260 SGB III vor, so ist das Beschäftigungsverhältnis nicht vom TVöD ausgenommen und es besteht Versicherungspflicht. Der Beschäftigte muss in der Zusatzversorgung angemeldet werden.
- Verrichtet der Beschäftigte Arbeiten nach §§ 260 ff. SGB III und erfolgt eine Förderung nach § 16a SGB II, ist eine solche Beschäftigung vom Geltungsbereich des TVöD ausgenommen. Ein Anspruch auf Versicherung in der Zusatzversorgung besteht nicht. Die Teilnahme an der Zusatzversorgung kann aber arbeitsvertraglich vereinbart werden (§ 19 Abs. 1 Buchst. k letzter Halbsatz der Satzung). Dies betraf insbesondere die Fälle der Förderung bis zum 31.3.2008, denn nach § 71 Abs. 1 SGB II war § 16a SGB II bis zu diesem Tag mit der Maßgabe anzuwenden, dass als Arbeitgeber nur Träger i. S. d. § 21 SGB III und nur Arbeiten i. S. d. § 260 Abs. 1 Nr. 2 und 3 SGB III gefördert werden konnten.

Dem Arbeitgeber wird ggf. empfohlen, sich von der Agentur für Arbeit, schriftlich bestätigen zu lassen, ob es sich bei den nach § 16a SGB II geförderten Arbeitsverhältnissen um solche handelt, denen Arbeiten nach §§ 260 ff. SGB III zugrunde liegen.

3.5 Beschäftigte mit Rentenbezug

3.5.1 Bezug einer Altersrente

Beschäftigte, die eine Altersrente aus der gesetzlichen Rentenversicherung als Vollrente erhalten oder erhalten haben, sind stets versicherungsfrei (§ 19 Abs. 1 Buchst. e d. S.).

Altersrente ist dabei jede Rente, die ab dem 60. Lebensjahr oder danach gewährt wurde (außer einer Erwerbsminderungsrente oder fortbestehender Berufs- oder Erwerbsunfähigkeitsrente). Vollrente bedeutet, dass die Rente im vollen Umfang (also nicht lediglich als Teilrente im Umfang von ⅔, ½ oder ⅓) bezogen wird. Um eine Vollrente handelt es sich auch dann, wenn die gesetzliche Rente wegen vorzeitiger Inanspruchnahme mit Abschlägen belegt ist.

Wird das Arbeitsverhältnis bei Bezug einer Altersrente als Teilrente als Teilzeitbeschäftigung fortgesetzt, so ist es dagegen versicherungspflichtig, wenn die sonstigen Voraussetzungen hierfür vorliegen. In diesem Fall endet weder das Arbeitsverhältnis, noch besteht Anspruch auf eine Betriebsrente aus der Zusatzversorgung. Wird jedoch zunächst eine Altersrente als Vollrente aus der gesetzlichen Rentenversicherung bezo-

Wer ist von der Versicherungspflicht ausgenommen oder befreit?

gen und diese zu einem späteren Zeitpunkt in eine Altersrente als Teilrente umgewandelt, so besteht während des Teilrentenbezugs weiter Versicherungsfreiheit. Hintergrund hierfür ist, dass im Punktemodell ab Beginn einer Altersrente als Vollrente keine weiteren Anwartschaften mehr aufgebaut werden sollen. Aus der Zusatzversorgung wird die Betriebsrente entsprechend der Zahlung der gesetzlichen Rentenversicherung voll oder anteilig gezahlt.

3.5.2 Bezug einer Erwerbsminderungsrente

Beschäftigte, die eine Erwerbsminderungsrente, Berufs- oder Erwerbsunfähigkeitsrente aus der gesetzlichen Rentenversicherung oder Zusatzversorgung beziehen, sind versicherungspflichtig, wenn sie ein Arbeitsverhältnis aufnehmen oder fortführen, das die sonstigen Voraussetzungen für die Versicherungspflicht erfüllt. Die sich während der Erwerbsminderungsrente aus der versicherungspflichtigen Beschäftigung ergebenden Versorgungspunkte werden bei Eintritt eines neuen Versicherungsfalls (z. B. Beginn einer Altersrente) berücksichtigt. Dabei erfolgt jedoch eine Verrechnung mit Versorgungspunkten für Zurechnungszeiten, die in der bisherigen Erwerbsminderungsrente enthalten sind.

3.6 Beschäftigte mit einer wissenschaftlichen Tätigkeit an Hochschulen oder Forschungseinrichtungen

Beschäftigte mit einer wissenschaftlichen Tätigkeit an Hochschulen oder Forschungseinrichtungen, die bisher nicht in der Zusatzversorgung pflichtversichert waren und in einem Arbeitsverhältnis befristet eingestellt werden, in dem die Wartezeit nicht erfüllt werden kann, sind auf ihren schriftlichen Antrag beim Arbeitgeber von der Pflicht zur Versicherung zu befreien (§ 19 Abs. 1 Buchst. m d. S.). Der Antrag kann nur innerhalb von zwei Monaten nach Beginn des Arbeitsverhältnisses gestellt werden (§ 2 Abs. 2 Satz 2 ATV/ATV-K). Wird das Arbeitsverhältnis verlängert oder fortgesetzt, beginnt die Pflichtversicherung mit dem Ersten des Monats, in dem die Verlängerung oder Fortsetzung des Arbeitsverhältnisses über fünf Jahre hinaus vereinbart wurde (§ 19 Abs. 2 d. S.). Eine rückwirkende Pflichtversicherung von Beginn des Arbeitsverhältnisses an ist ausgeschlossen. Wird eine Befreiung ausgesprochen, muss der Arbeitgeber anstatt der Pflichtversicherung eine freiwillige Versicherung für den Beschäftigten abschließen und einen Beitrag in Höhe des Umlagesatzes/Beitragssatzes, aber maximal 4 % des zusatzversorgungspflichtigen Entgelts einzahlen (§ 2 Abs. 2 Satz 3 ATV/ATV-K).

Diese Befreiungsmöglichkeit besteht nur für Arbeitsverhältnisse, die nach dem 31. Dezember 2002 begründet werden.

Wer ist von der Versicherungspflicht ausgenommen oder befreit?

Da die freiwillige Versicherung an die Stelle der Pflichtversicherung tritt, sind die gleichen Risiken wie in der Pflichtversicherung versichert (Altersrente, Erwerbsminderungsrente, Hinterbliebenenrente). Das Risiko der Erwerbsminderung und/oder der Hinterbliebenenrente kann daher nicht ausgeschlossen werden.

In der freiwilligen Versicherung ist im Unterschied zur Pflichtversicherung die Erfüllung der Wartezeit von 60 Umlage- bzw. Beitragsmonaten für eine spätere Rentenleistung nicht erforderlich. Hier reicht der Eintritt des Versicherungsfalls für den Bezug einer Rente aus. Daher können wissenschaftliche Beschäftigte, die für ein auf nicht mehr als fünf Jahre befristetes Arbeitsverhältnis eingestellt werden und damit die Wartezeit in der Pflichtversicherung nicht erfüllen können, in der freiwilligen Versicherung unverfallbare Betriebsrentenanwartschaften erwerben.

Der Arbeitgeber sollte die in Frage kommenden Beschäftigten deshalb auf die Möglichkeit der freiwilligen Versicherung hinweisen. Der Beschäftigte ist zudem entweder von seiner Zusatzversorgungskasse oder vom Arbeitgeber über die Unterschiede zwischen der Pflichtversicherung und der freiwilligen Versicherung zu informieren.

3.7 Mitglieder bei anderen Versorgungseinrichtungen

3.7.1 Versorgungswerk der Presse

Ein Beschäftigter wird von der Versicherungspflicht in der Zusatzversorgung auf seinen schriftlichen Antrag hin befreit, solange er freiwillig Mitglied des Versorgungswerks der Presse ist (§ 19 Abs. 1 Buchst. I d. S.). Wird der Antrag auf Befreiung innerhalb von 12 Monaten nach Beginn der Pflichtversicherung gestellt, gilt die Pflichtversicherung als nicht entstanden. Wird der Antrag erst nach Ablauf von 12 Monaten nach Beginn der Pflichtversicherung gestellt, wirkt die Befreiung nur für die Zukunft und zwar ab dem Tag des Eingangs des Befreiungsantrags bei dem Arbeitgeber. Endet die freiwillige Mitgliedschaft im Versorgungswerk der Presse, so entsteht unter den üblichen Voraussetzungen Versicherungspflicht in der Zusatzversorgung.

Beschäftigte, die freiwilliges Mitglied des Versorgungswerkes der Presse sind, und die von der Pflicht zur Versicherung in einer Zusatzversorgungseinrichtung befreit wurden, erhalten auf ihren Antrag einen zweckgebundenen Zuschuss zu ihren Beiträgen zur Versicherung im Versorgungswerk der Presse. Der Zuschuss beträgt die Hälfte des Beitrages, höchstens jedoch vier v. H. des zusatzversorgungspflichtigen Entgelts (§ 25 Abs. 1 Satz 3 und 4 ATV/ATV-K).

Wer ist von der Versicherungspflicht ausgenommen oder befreit?

3.7.2 Berufsständische Versorgungseinrichtungen

Beschäftigte, die Mitglied einer berufsständischen Versorgungseinrichtung sind, sind grundsätzlich versicherungspflichtig in der Zusatzversorgung, wenn sie die üblichen Voraussetzungen hierfür erfüllen.

Zu den berufsständischen Versorgungseinrichtungen gehören z. B.

- ▶ Ärzteversorgungen,
- ▶ Apothekerversorgungen,
- ▶ Rechtsanwalts- und Steuerberaterversorgungen,
- ▶ Architektenversorgungen,
- ▶ Versorgung der Ingenieure-Bau.

Diese Beschäftigten sind ausnahmsweise dann versicherungsfrei, wenn sie wegen ihrer Mitgliedschaft bei einer öffentlich-rechtlichen Versicherungs- oder Versorgungseinrichtung im Sinne des ehemaligen § 7 Abs. 2 AVG bis zum 31.12.1984 von der Versicherungspflicht in der Zusatzversorgung befreit worden sind und bis 30.6.1985 schriftlich die Fortdauer der Befreiung beantragt hatten (§ 19 Abs. 1 Buchst. j d. S.).

3.7.3 Versorgungsanstalt der deutschen Bühnen/ Versorgungsanstalt der deutschen Kulturorchester/ Bundesbahn-Versicherungsanstalt Abteilung B

Ist ein Beschäftigter in einer der genannten Versorgungsanstalten **pflichtversichert,** so ist er in der Zusatzversorgung versicherungsfrei (§ 19 Abs. 1 Buchst. c d. S.). Dabei ist ohne Bedeutung, ob die Pflicht zur Versicherung bei diesen Versorgungsanstalten aufgrund gesetzlicher, tariflicher oder vertraglicher Vorschrift besteht.

Ein Beschäftigter ist in der Zusatzversorgung versicherungsfrei, wenn er bei der Versorgungsanstalt der deutschen Bühnen oder bei der Versorgungsanstalt der deutschen Kulturorchester **freiwillig weiter versichert** ist (§ 19 Abs. 1 Buchst. d d. S.). Dies gilt auch dann, wenn die freiwillige Weiterversicherung bei einer dieser Versorgungsanstalten später als drei Monate nach Aufnahme des Arbeitsverhältnisses bei einem Mitglied der Zusatzversorgungskasse beendet wird. Endet die freiwillige Versicherung zu einem späteren Zeitpunkt, so bleibt der Beschäftigte in der Zusatzversorgung weiterhin versicherungsfrei. Die Regelung des § 19 Abs. 1 Buchst. d d. S. gilt nicht für eine freiwillige Versicherung bei der Bundesbahn-Versicherungsanstalt Abteilung B.

Der betreffende Beschäftigte sollte zur Vermeidung von Versorgungsnachteilen bei seiner Einstellung durch den Arbeitgeber auf diese Auswirkungen hingewiesen werden.

Wer ist von der Versicherungspflicht ausgenommen oder befreit?

3.8 Lebensversicherung

3.8.1 Lebensversicherung anstelle der Pflichtversicherung

Nach § 19 Abs. 4 d. S. sind Beschäftigte in der Zusatzversorgung versicherungsfrei, wenn bis zum Erwerb der Mitgliedschaft des Arbeitgebers bei einer Zusatzversorgungskasse die Zusatzversorgung im Wege der Versicherung bei einem Lebensversicherungsunternehmen durchgeführt wurde. Sie können innerhalb von 6 Monaten ab Beginn der Mitgliedschaft die Versicherungspflicht in der Zusatzversorgung beantragen. Diese Vorschrift ist damit nur dann von Bedeutung, wenn ein Arbeitgeber neues Mitglied in einer Zusatzversorgungskasse wird.

3.8.2 Lebensversicherung im Tarifgebiet Ost anstelle der Pflichtversicherung (vor dem 4.5.1995)

Beschäftigte, für die eine betriebliche Altersversorgung vor der Einführung der Zusatzversorgung im Tarifgebiet Ost zum 1.1.1997 durch eine Lebensversicherung durchgeführt wurde, sind in der Zusatzversorgung versicherungsfrei, sofern sie nicht die Teilnahme an der Zusatzversorgung vereinbart hatten (§ 56a VersTV-G). Eine Versicherung in der Zusatzversorgung war danach für Beschäftigte, für die vor dem 4.5.1995 unter Beteiligung des Arbeitgebers ein Lebensversicherungsvertrag abgeschlossen oder ein Bezugsrecht aus einem Gruppenversicherungsvertrag begründet wurde, nur dann möglich, wenn der Beschäftigte die Versicherung in der Zusatzversorgung beantragt hatte. Dabei musste der Beschäftigte auch auf die Beteiligung oder Leistung des Arbeitgebers am Lebensversicherungsvertrag ausdrücklich verzichten.

Das Wahlrecht bestand nur dann, wenn der Beschäftigte am 31.12.1996 schon und am 1.1.1997 noch bei einem Arbeitgeber im Tarifgebiet Ost in einem Arbeitsverhältnis stand und ergänzend dazu sich der Arbeitgeber an einem Lebensversicherungsvertrag beteiligte, der vor dem 4.5.1995 abgeschlossen wurde. Der Antrag des Beschäftigten gegenüber dem Arbeitgeber auf Versicherung in der Zusatzversorgung konnte nur bis zum 31.1.1997 gestellt werden.

Beschäftigte für die der Arbeitgeber am 4.5.1995 und später sich an einem Lebensversicherungsvertrag beteiligt oder ein Bezugsrecht aus einem Gruppenversicherungsvertrag begründet hat, sind – sofern sie die sonstigen Voraussetzungen der Versicherungspflicht nach §§ 18 und 19 d. S. erfüllen – in der Zusatzversorgung versicherungspflichtig und müssen vom Arbeitgeber angemeldet werden.

3.9 Beschäftigte mit Übergangszahlung/Übergangsversorgung im Justizvollzug und bei der Feuerwehr

Durch die Einführung des TVöD haben sich auch die Regelungen für die Beschäftigten im kommunalen feuerwehrtechnischen Dienst und im Justizvollzug geändert. Anstelle einer Übergangsversorgung (SR 2x BAT) tritt eine Übergangszahlung nach § 46 Nr. 4 TVöD BT-V (VKA) oder § 47 Nr. 3 TV-L. Das Arbeitsverhältnis dieser Beschäftigten endet aufgrund gesetzlicher oder tarifvertraglicher Vorschriften mit dem Erreichen eines bestimmten Lebensalters vor Erreichen der sonst allgemein üblichen Altersgrenze. Der Beschäftigte erhält eine Übergangszahlung in Höhe von 45 v. H. des monatlichen Tabellenentgelts der Entgeltgruppe 6 Stufe 6, höchstens das 35-fache dieses Betrages. Die Übergangszahlung wird vom Arbeitgeber ermittelt und in einer Summe mit dem Ausscheiden des Beschäftigten ausgezahlt.

Beschäftigte, die eine Übergangszahlung beziehungsweise eine Übergangsversorgung nach den tarifvertraglichen Vorgängerregelungen (z. B. Nr. 4 der BAT-Sonderregelung 2 x) erhalten, sind in der Zusatzversorgung versicherungsfrei (§ 19 Abs. 1 Buchst. f d. S.). Der Ausschluss von der Versicherungspflicht erfolgt, weil die Übergangszahlung – ebenso wie die Vorgängerregelung – dazu dient, den Zeitraum vom Ende des Arbeitsverhältnisses bis zum Rentenbeginn finanziell mit zu überbrücken.

Wird nach dem Ausscheiden aus dem kommunalen feuerwehrtechnischen Dienst eine andere Beschäftigung bei einem Mitglied einer Zusatzversorgungskasse ausgeübt, kann keine Pflichtversicherung in der Zusatzversorgung entstehen (vgl. Teil C 5.1).

4. Überleitungen bei Wechsel der Zusatzversorgungskasse

Zwischen den Zusatzversorgungseinrichtungen – sowohl im kommunalen als auch kirchlichen Bereich, sowie mit der Versorgungsanstalt des Bundes und der Länder – ist vereinbart, dass ein Wechsel des Arbeitsverhältnisses, der zu einem Wechsel zu einer anderen Zusatzversorgungseinrichtung führt, keinen Nachteil in der späteren Altersversorgung des Beschäftigten bewirken soll. Eine Überleitungsvereinbarung besteht zwischen den in Teil A 17. aufgeführten Zusatzversorgungskassen.

Daher muss ein Arbeitgeber bei Beginn eines Arbeitsverhältnisses den neu anzumeldenden Beschäftigten danach fragen, ob er bereits bei einer Zusatzversorgungseinrichtung versichert gewesen ist. Wird diese Frage bejaht und bestand die Versicherung bei einer anderen Kasse als der, bei

Überleitungen bei Wechsel der Zusatzversorgungskasse

der nunmehr die neue Versicherung begründet wird, ist mit der Anmeldung zugleich auch ein Antrag auf Überleitung zu stellen. Der Antrag auf Überleitung ist dabei durch den Versicherten selbst (nicht durch den Arbeitgeber) bei der neu zuständigen Kasse zu stellen. Nur so ist sichergestellt, dass die bei der früheren Kasse erreichte Rentenanwartschaft künftig an der Überschussverteilung durch Bonuspunkte (§ 66 d. S.) teilnimmt.

Die Rechtsfolgen, die eine Überleitung hat, sind unterschiedlich geregelt, je nachdem, ob die Überleitung zwischen kommunalen und/oder kirchlichen Zusatzversorgungseinrichtungen stattfindet oder mit der Versorgungsanstalt des Bundes und der Länder.

4.1 Überleitung zwischen den kommunalen und kirchlichen Zusatzversorgungskassen

Bei Überleitungen zwischen in der Arbeitsgemeinschaft kommunale und kirchliche Altersversorgung (AKA) e. V. zusammengeschlossenen Kassen erfolgt im Rahmen der Pflichtversicherung eine komplette Übertragung der bei der abgebenden Kasse bestehenden Versicherung an die neue Kasse. Es wird also sowohl der gesamte bisherige Versicherungsverlauf – unter Anerkennung aller bisherigen Versicherungszeiten – als auch die bisher bestehende Anwartschaft auf Betriebsrente übernommen. Im Rahmen der Pflichtversicherung werden dabei die bereits erworbenen Versorgungspunkte übertragen. Damit bleibt die bereits bestehende Anwartschaft in vollem Umfang erhalten (1 Versorgungspunkt = 4 € Anwartschaft).

Im Rahmen der freiwilligen Versicherung besteht keine Verpflichtung zur Überleitung. Ist ein Antrag auf Überleitung für die freiwillige Versicherung gestellt, kann der Versicherte innerhalb von 4 Wochen durch Erklärung gegenüber der annehmenden Kasse – also der Kasse, bei der nunmehr die Pflichtversicherung besteht – von der Überleitung der freiwilligen Versicherung wieder zurücktreten. Soweit bei einer freiwilligen Versicherung eine Überleitung beantragt wird, wird der versicherungsmathematische Barwert (also nicht die Versorgungspunkte) übertragen. Dieser übertragene Barwert wird von der annehmenden Kasse wertgleich in Versorgungspunkte umgerechnet.

4.2 Überleitung mit der Versorgungsanstalt des Bundes und der Länder (VBL)

Mit der Versorgungsanstalt des Bundes und der Länder (VBL) wurde eine getrennte Vereinbarung geschlossen. Hier erfolgt keine Übertragung von Versicherungszeiten und Versorgungspunkten. Es erfolgt eine gegenseitige Anerkennung von Versicherungszeiten (z. B. für die Wartezeit von

Überleitungen bei Wechsel der Zusatzversorgungskasse

60 Monaten und die Wartezeit für die Vergabe von Bonuspunkten). Die erreichten Rentenanwartschaften bleiben jedoch bei der jeweiligen Kasse bestehen. Hat also ein Versicherter z. B. bei der VBL 40 Umlagemonate zurückgelegt und erwirbt anschließend bei einer anderen Kasse weitere 20 Umlagemonate, so ist bei beiden Kassen die Wartezeit von 60 Monaten erfüllt. Bei Beginn einer Rente werden dann von beiden Zusatzversorgungseinrichtungen aus den jeweils bestehenden Versicherungsverhältnissen Leistungen errechnet und ausgezahlt. Damit muss der Versicherte bei Rentenbeginn bei beiden Kassen jeweils einen Antrag auf Betriebsrente stellen.

4.3 Gruppenüberleitungen

Wechselt nicht ein einzelner Beschäftigter das Arbeitsverhältnis und damit die Zuständigkeit einer Zusatzversorgungseinrichtung, sondern erfolgt durch einen Betriebsübergang oder eine andere Art der Übertragung ein Wechsel einer Gruppe von Beschäftigten von einer Kasse zur anderen, gibt es keine verbindlichen Regelungen, wie ein Ausgleich zwischen den betroffenen Kassen – ggf. auch durch das ausscheidende Mitglied – zu erfolgen hat. Vielmehr müssen sich alle Beteiligten, d. h. die betroffenen Arbeitgeber und Kassen auf einen Weg einigen, wobei sowohl die Interessen der beteiligten Arbeitgeber als auch das der Solidargemeinschaft (Gesamtheit der Mitglieder eines Abrechnungsverbandes) zu beachten sind.

Deshalb ist es stets anzuraten, bereits im Vorfeld einer in Aussicht stehenden Übertragung von Beschäftigten, die rechtlichen Folgen im Hinblick auf die Zusatzversorgung mit den beteiligten Kassen abzuklären.

4.4 Kassenwechsel des Arbeitgebers

Wechselt ein Arbeitgeber die Zusatzversorgungseinrichtung, so dass die Pflichtversicherungen bei der einen Kasse beendet und bei der anderen neu begründet werden, finden die Regelungen zur Überleitung keine Anwendung. Hier ist in jedem Fall durch das ausscheidende Mitglied ein Ausgleichsbetrag an die Kasse, bei der die Pflichtversicherungen beendet wurden, zu zahlen (§ 15 d. S.).

Eine Überleitung findet nicht statt, da ein solcher Wechsel nichts mit der Mobilität der Beschäftigten zu tun hat, sondern allein auf der Entscheidung des Arbeitgebers beruht. Damit werden in einem solchen Fall bei der neuen Kasse neue Versicherungsverhältnisse begründet, ohne dass die bisherigen Versicherungszeiten oder Rentenanwartschaften bei der bisherigen Kasse berücksichtigt werden.

Welche zusatzversorgungsrechtlichen Folgen ergeben sich?

Teil C Ende des Arbeitsverhältnisses/ Wegfall der Versicherungspflicht/Abmeldung

1. Wann endet die Versicherungspflicht?

Grundlegende Voraussetzung für die Pflichtversicherung ist das Bestehen eines Arbeitsverhältnisses mit einem Arbeitgeber, der Mitglied oder Beteiligter einer Zusatzversorgungskasse ist. Wird das Arbeitsverhältnis beendet, endet die Pflichtversicherung.

Die Versicherungspflicht endet, wenn ihre Voraussetzungen nicht mehr erfüllt sind (vgl. Teil B 1.), insbesondere wenn

▶ das Arbeitsverhältnis wegen Kündigung, Auflösungsvertrag, Ablauf der Befristung usw. endet,

▶ der Beschäftigte in ein öffentlich-rechtliches Dienstverhältnis als Beamter übernommen wird,

▶ das Arbeitsverhältnis wegen Eintritt des Versicherungsfalles endet (vgl. Teil C 6.),

▶ der Versicherte verstorben ist,

▶ ein Aufgabenübergang an einen anderen Arbeitgeber vorliegt, der nicht Mitglied einer Zusatzversorgungskasse ist,

▶ der Arbeitgeber als Mitglied bei der Zusatzversorgungskasse ausscheidet.

Der Beschäftigte ist umgehend bei der Kasse abzumelden.

2. Welche zusatzversorgungsrechtlichen Folgen ergeben sich, wenn das Beschäftigungsverhältnis oder die Pflichtversicherung vor Rentenbeginn endet?

Scheidet der pflichtversicherte Beschäftigte aus seinem Arbeitsverhältnis aus oder entfällt die Versicherungspflicht aus sonstigen Gründen, bevor der Beschäftigte aus der gesetzlichen Rentenversicherung eine Erwerbsminderungsrente bzw. eine Altersrente als Vollrente erhält (Eintritt des

Welche zusatzversorgungsrechtlichen Folgen ergeben sich?

Versicherungsfalles), so wird das bestehende Versicherungsverhältnis als beitragsfreie Pflichtversicherung fortgeführt (§ 21 Abs. 1 d. S.). Die bis zum Ausscheiden erreichte Anwartschaft auf Betriebsrente bleibt in jedem Fall erhalten.

Anders war es in dem bis 31.12.2001 geltenden Recht der Gesamtversorgung. Hier war es von entscheidender Bedeutung, ob der Beginn der Rente sich unmittelbar an das Ende des Arbeitsverhältnisses anschloss, der Beschäftigte also direkt aus dem Arbeitsverhältnis in die Rente überwechselte. Nur in diesem Fall hatte er nämlich Anspruch auf die beamtenähnliche Versorgungsrente. War dagegen eine zeitliche Lücke zwischen Ende Arbeitsverhältnis und Beginn der Rente, so erlangte der Versicherte nur einen Anspruch auf eine statische Versicherungsrente, die in der Regel erheblich geringer als die Versorgungsrente war.

In dem seit 1.1.2002 geltenden Recht der Betriebsrente gibt es diese Unterscheidung zwischen Versorgungs- und Versicherungsrente nicht mehr. Die zum Zeitpunkt der Beendigung des Arbeitsverhältnisses erworbene Rentenanwartschaft ist garantiert und wird – sofern die Wartezeit erfüllt ist – unabhängig davon gezahlt, ob sich gleich an das Ende des Arbeitsverhältnisses der Rentenbeginn anschließt oder nicht. Minderungen können sich nur noch durch Abschläge infolge eines vorzeitigen Rentenbeginns oder aufgrund eines Versorgungsausgleichsverfahrens ergeben.

Das Ende der Pflichtversicherung kann jedoch Auswirkungen auf die Verteilung von Bonuspunkten und für die Verteilung von Versorgungspunkten für Zurechnungszeiten bei einer Erwerbsminderungs- oder Hinterbliebenenrente haben.

2.1 Auswirkung auf Bonuspunkte (§ 66 d. S.)

Sofern Bonuspunkte aus Überschüssen der Zusatzversorgungskasse verteilt werden, erhalten diese alle Beschäftigten, die in der Zusatzversorgung pflichtversichert sind (vgl. Teil A 5.4). Wenn das Beschäftigungsverhältnis beendet wird, nimmt die erreichte Anwartschaft auf Betriebsrente bis zum Beginn einer erneuten Pflichtversicherung bzw. bis zum Rentenbeginn nur dann noch an der Verteilung von Bonuspunkten teil, wenn eine Wartezeit von 120 Umlage-/Beitragsmonaten erfüllt ist. Dann werden auch – obwohl kein Arbeitsverhältnis im öffentlichen oder kirchlichen Dienst mehr besteht – Bonuspunkte gutgeschrieben, so dass die Rentenanwartschaft noch während der beitragsfreien Versicherung weiter ansteigen kann. Sollte eine erneute Pflichtversicherung bei einer anderen Zusatzversorgungseinrichtung des öffentlichen oder kirchlichen Dienstes

Welche zusatzversorgungsrechtlichen Folgen ergeben sich?

entstehen, nimmt die bisher erworbene Anwartschaft auch bei weniger als 120 Umlage-/Beitragsmonaten an der Verteilung von Bonuspunkten teil, wenn die bisherige Anwartschaft auf Betriebsrente an die neue Zusatzversorgungseinrichtung übergeleitet wird (vgl. Teil B 4.). Die Überleitung muss vom Versicherten bei der neuen Zusatzversorgungseinrichtung beantragt werden. Sonderregelungen gelten für Saisonarbeitnehmer und für Waldarbeiter (vgl. Teil C 5.3 und C 5.4).

2.2 Auswirkung auf Erwerbsminderungsrenten und Hinterbliebenenrenten (§ 35 Abs. 2 d. S.)

Im Falle einer Erwerbsminderung oder bei Tod eines pflichtversicherten Beschäftigten werden bei der Rentenberechnung zusätzliche Zeiten vom Rentenbeginn bis zur Vollendung des 60. Lebensjahres berücksichtigt. Für diese so genannten Zurechnungszeiten werden Versorgungspunkte errechnet, die sich rentensteigernd auswirken (vgl. Teil A 5.5.1). Eine solche Berücksichtigung von zusätzlichen Versorgungspunkten für Zurechnungszeiten erfolgt jedoch nur, wenn bei Eintritt des Versicherungsfalls der Erwerbsminderung oder zum Zeitpunkt des Todes des Versicherten eine Pflichtversicherung bestand. War das Arbeitsverhältnis bzw. die Pflichtversicherung zum Zeitpunkt des Versicherungsfalls bereits beendet, so werden bei der Berechnung der Erwerbsminderungsrente bzw. der Hinterbliebenenrente keine zusätzlichen Versorgungspunkte für Zurechnungszeiten berücksichtigt. Die Rente wird in diesem Fall nur aus den bis zum Rentenbeginn tatsächlich erreichten Versorgungspunkten errechnet.

Deshalb sollten alle Beschäftigte, die ihr Arbeitsverhältnis – insbesondere durch Auflösungsvertrag – beenden wollen,

▶ bevor über ihren Antrag auf Zahlung einer Erwerbsminderungsrente aus der gesetzlichen Rentenversicherung entschieden ist,
▶ weil sie nicht mehr bis zum Zeitpunkt des Beginns einer Altersrente im Arbeitsverhältnis bleiben wollen,

durch den Arbeitgeber über die hiermit verbundenen Folgen (keine zusätzlichen Versorgungspunkte für Zurechnungszeiten im Falle einer Erwerbsminderungs- oder Hinterbliebenenrente) aufgeklärt werden. Unterlässt der Arbeitgeber eine solche Aufklärung, macht er sich ggf. schadensersatzpflichtig.

2.3 Auswirkungen auf eine freiwillige Versicherung (§ 23 d. S.)

Versicherte können, bevor sie aus der Zusatzversorgung ausscheiden – also solange noch das Beschäftigungsverhältnis im öffentlichen oder

Die Abmeldung

kirchlichen Dienst besteht – in der Zusatzversorgung eine freiwillige Versicherung begründen. Diese kann der Versicherte nach dem Ausscheiden aus dem öffentlichen oder kirchlichen Dienst weiterführen. Die Absicht, die Versicherung fortzusetzen, muss der Versicherte der Kasse innerhalb von drei Monaten nach Beendigung des Beschäftigungsverhältnisses mitteilen. Nach dem Ende des Arbeitsverhältnisses kann eine freiwillige Versicherung nicht erstmalig abgeschlossen werden.

3. Die Abmeldung

Die Kasse benötigt in allen Fällen, in denen die Pflichtversicherung endet, eine Abmeldung. Nur mit der Abmeldung durch den Arbeitgeber kann die Versicherung beendet werden. Insbesondere dann, wenn das Arbeitsverhältnis wegen des Beginns einer Rente endet, ist eine Abmeldung zeitnah erforderlich, da die Kasse sonst die Rente nicht berechnen kann. Erst mit der Abmeldung erhält die Kasse die noch nicht mit einer Jahresmeldung mitgeteilten Daten, die sie für die endgültige Berechnung der Betriebsrente benötigt (vgl. Teil C 6.).

3.1 Ende der Pflichtversicherung (§ 20 d. S.)

Der Beschäftigte ist bei der Kasse abzumelden, wenn das Arbeitsverhältnis endet oder die Versicherungspflicht aus sonstigen Gründen weggefallen ist.

Die Besonderheiten bei der Erwerbsminderungsrente auf Zeit sind im Teil C 6.2.2 dargestellt.

Will ein Beschäftigter eine Altersrente als Vollrente aus der gesetzlichen Rentenversicherung vor dem Beginn der Regelaltersrente in Anspruch nehmen, wird das Arbeitsverhältnis in der Regel durch Auflösungsvertrag beendet. Damit endet gleichzeitig auch die Pflichtversicherung.

Die Pflichtversicherung endet nicht mehr automatisch mit Ablauf des Monats, in dem der Versicherte die Regelaltersgrenze erreicht. Vielmehr endet sie in diesen Fällen nur dann, wenn der Versicherte auch eine Altersrente als Vollrente bezieht. Beantragt er eine solche Rente nicht und arbeitet er über das Erreichen der Regelaltersgrenze hinaus weiter, so bleibt auch die Pflichtversicherung bestehen.

3.2 Beitragsfreie Pflichtversicherung (§ 21 d. S.)

Endet die Pflichtversicherung, ohne dass ein Rentenanspruch entsteht, so wird die Versicherung als beitragsfreie Pflichtversicherung fortgeführt.

Der typische Fall für das Entstehen einer beitragsfreien Pflichtversicherung ist also das Ausscheiden aus einem Arbeitsverhältnis. Mit der Abmeldung des Versicherten entsteht die beitragsfreie Pflichtversicherung.

Die bei Beendigung der Pflichtversicherung vorhandene Anwartschaft auf Betriebsrente bleibt in der beitragsfreien Pflichtversicherung bestehen (vgl. Teil C 2.).

Tritt während einer beitragsfreien Pflichtversicherung eine Erwerbsminderung oder der Tod des Versicherten ein, werden keine zusätzlichen Versorgungspunkte für Zurechnungszeiten berücksichtigt (vgl. Teil C 2.2).

4. Wie ist abzumelden?

Die Abmeldung kann mit Formular oder durch Datenträger erfolgen.

Mitzuteilen ist u. a. das Datum, zu dem die Pflichtversicherung geendet hat, sowie der Grund der Abmeldung.

Darüber hinaus sind alle Versicherungsabschnitte, die seit der letzten Jahresmeldung angefallen sind, mit den entsprechenden Buchungsschlüsseln (vgl. Teil E 1.) zu melden.

In der Abmeldung sind folgende Daten zu melden:
▶ Art der Meldung
▶ Persönliche Daten des Versicherten
▶ Abmeldegrund
▶ Datum des Endes der Versicherungspflicht
▶ Versicherungsabschnitte seit der letzten Jahresmeldung
▶ Buchungsschlüssel
▶ das zusatzversorgungspflichtige Entgelt für die Umlage, Zusatzbeitrag, Sanierungsgeld usw.
▶ die Höhe der gezahlten Umlage und ab 1.1.2003 des gezahlten Zusatzbeitrages (nur bei einzelnen Kassen)
▶ ggf. das den Grenzwert des § 76 d. S. überschreitende Entgelt mit der zusätzlichen Umlage von 9 %
▶ ggf. die für die Elternzeit relevante Kinderzahl.

Für den Abmeldegrund sind folgende Kennzahlen vorgesehen:

03 = Rente wegen Alters
04 = Teilweise Erwerbsminderungsrente ohne Beendigung des Arbeitsverhältnisses

Ausscheiden aus dem Arbeitsverhältnis in Sonderfällen

05 = Teilweise Erwerbsminderungsrente mit Beendigung des Arbeitsverhältnisses
06 = Volle Erwerbsminderungsrente ohne Beendigung des Arbeitsverhältnisses
07 = Volle Erwerbsminderungsrente mit Beendigung des Arbeitsverhältnisses
11 = Tod des Versicherten
13 = Ende des Arbeitsverhältnisses ohne Versicherungsfall (z. B. Kündigung)
16 = Befreiung von der Pflichtversicherung aufgrund Antrages wegen einer Mitgliedschaft beim Versorgungswerk der Presse (§ 19 Abs. 1 Buchst. l d. S.)
20 = Abrechnung unter einer neuen Mitgliedsnummer, ohne dass der Arbeitgeber gewechselt wurde
21 = Ausscheiden des Arbeitgebers aus der Mitgliedschaft (§ 14 Abs. 1 d. S.)
23 = Ende der Versicherung wegen Aufgabenübergangs an einen anderen Arbeitgeber
27 = Ende der Versicherung für Waldarbeiter, sonstiger Beschäftigter oder Saisonarbeitnehmer mit Anspruch auf Wiedereinstellung
29 = Ende der Versicherung aus sonstigen Gründen (wenn keine der vorgenannten Kennziffern zutrifft).

5. Ausscheiden aus dem Arbeitsverhältnis in Sonderfällen

In den nachfolgend dargestellten Fällen sind bei der Beendigung des Arbeitsverhältnisses ggf. Besonderheiten zu beachten.

5.1 Übergangszahlung bzw. Übergangsversorgung (Feuerwehrtechnischer Einsatzdienst, Flugsicherungsdienst, Justizvollzugsdienst)

Hauptamtliche Beschäftigte im kommunalen feuerwehrtechnischen Dienst und Beschäftigte im Justizvollzugsdienst der Länder dürfen aufgrund gesetzlicher oder tarifvertraglicher Regelungen nicht bis zur üblichen Altersgrenze beschäftigt werden. Nach der Beendigung des Arbeitsverhältnisses erhält der Beschäftigte eine einmalige Übergangszahlung nach § 46 Nr. 4 TVöD BT-V (VKA) bzw. § 47 Nr. 3 TV-L. Die Pflichtversicherung endet mit dem Ende des Arbeitsverhältnisses. Der Ausschluss von der Versicherungspflicht erfolgt, weil die Übergangszahlung dazu dient, den Zeitraum vom Ende des Arbeitsverhältnisses bis zum Rentenbeginn zu überbrücken. Die Übergangszahlung selbst ist nicht zusatzversorgungspflichtig (§ 62 Abs. 2 Satz 1 Buchst. d d. S.). Die Abmeldung erfolgt mit dem Abmeldegrund 13 (= Ende des Arbeitsverhältnisses ohne Versicherungsfall). Wird nach dem Ausscheiden aus dem kommunalen feuerwehrtechnischen Dienst eine andere Beschäftigung bei einem Mitglied einer Zusatzversorgungskasse ausgeübt, so ist diese nach § 19 Abs. 1 Buchst. f d. S. versicherungsfrei (vgl. Teil B 3.9).

5.2 Wechsel zu einem Arbeitgeber, an dem der frühere Arbeitgeber beteiligt ist

Wechselt ein Pflichtversicherter zu einem Arbeitgeber, der nicht Mitglied einer Zusatzversorgungseinrichtung ist, an dem aber sein früherer Arbeitgeber unmittelbar oder über ein verbundenes Unternehmen beteiligt ist, kann die Pflichtversicherung durch den früheren Arbeitgeber fortgeführt werden (§ 18 Abs. 2 d. S.; vgl. Teil B 2.10).

Bei einer auf diese Art fortgeführten Versicherung gilt der frühere Arbeitgeber – im Hinblick auf die Zusatzversorgung – weiterhin als Arbeitgeber. Die Fortführung der Pflichtversicherung muss arbeitsvertraglich vereinbart werden und bedarf der Zustimmung der Kasse. Die Zustimmung kann mit Auflagen versehen werden.

Hinweis:

Eine Fortführung der Versicherung kann nur in Einzelfällen erfolgen, nicht jedoch im Rahmen eines Betriebsübergangs oder einer sonstigen organisatorischen Veränderung. Eventuelle Auswirkungen einer geplanten strukturellen Veränderung sollten vom Mitglied frühzeitig mit der Kasse abgeklärt werden.

5.3 Unterbrechung der Pflichtversicherung bei Waldarbeitern

Bei Waldarbeitern, für die aufgrund Tarifvertrages oder aufgrund eines durch Arbeitsvertrag für anwendbar erklärten Tarifvertrages die Pflicht zur Versicherung besteht, und sonstigen Beschäftigten mit witterungsabhängigen Arbeitsverhältnissen wird das Arbeitsverhältnis bei schlechtem Wetter bzw. im Winter nach tariflichen Vorschriften regelmäßig unterbrochen (vgl. Teil B 2.6).

Hat ein solcher Beschäftigter bei Wiederbeginn der Arbeit einen Anspruch auf Wiedereinstellung, gilt Folgendes:

Die Pflichtversicherung endet jeweils mit dem Ende des Arbeitsverhältnisses und beginnt erneut bei Wiederaufnahme der Tätigkeit.

Ausscheiden aus dem Arbeitsverhältnis in Sonderfällen

Waldarbeiter gelten hinsichtlich der Verteilung von Bonuspunkten weiter als pflichtversichert, wenn das Arbeitsverhältnis in Folge von Witterungseinflüssen oder wegen anderer Naturereignisse nach besonderen tarifvertraglichen Vorschriften geendet hat und sie bei Wiederaufnahme der Arbeit Anspruch auf Wiedereinstellung haben (§ 66 Abs. 3 Satz 3 d. S.). Tritt nach dem Ende des Arbeitsverhältnisses jedoch ein Versicherungsfall der Erwerbsminderung ein, so werden keine zusätzlichen Versorgungspunkte für Zurechnungszeiten bis zum 60. Lebensjahr berechnet (vgl. Teil C 2.2).

Damit diese Beschäftigten für die Dauer der witterungsbedingten Arbeitsunterbrechung als pflichtversichert gelten, ist bei der Abmeldung über Datenträger oder Formular der Abmeldegrund 27 anzugeben. Bei Wiederaufnahme der Beschäftigung ist der Beschäftigte neu anzumelden.

Beispiel:

Sachverhalt: Das Arbeitsverhältnis des Waldarbeiters endet nach tarifvertraglichen Vorschriften infolge von Witterungseinflüssen am 15.11.2008.

Es besteht Anspruch auf Wiedereinstellung.

Wiederaufnahme der Tätigkeit am 16.3.2009. Ende des Arbeitsverhältnisses infolge von Witterungseinflüssen am 15.12.2009.

Lösung: Der Beschäftigte ist zum 16.3.2009 anzumelden und zum 15.12.2009 mit dem Abmeldegrund 27 abzumelden.

Meldung der Versicherungsabschnitte: In der beschäftigungslosen Zeit werden keine Versicherungsabschnitte an die Zusatzversorgungskasse gemeldet.

Wird die Beschäftigung nicht wieder aufgenommen, werden sie in den folgenden Geschäftsjahren nur dann in die Verteilung von Bonuspunkten einbezogen, wenn sie bereits 120 Beitrags-/Umlagemonate zurückgelegt haben.

Weitere Beispiele zur Meldung der Versicherungsabschnitte bei Waldarbeitern enthält Teil E 2.22.

5.4 Beendigung der Pflichtversicherung bei Saisonarbeitnehmern

Wird mit Saisonarbeitnehmern für jeden Beschäftigungsabschnitt ein neuer Arbeitsvertrag begründet, endet die Pflichtversicherung zum Ende des Arbeitsverhältnisses und beginnt erneut bei Wiederaufnahme der Beschäftigung (vgl. Teil B 2.5).

Ausscheiden aus dem Arbeitsverhältnis in Sonderfällen

Für die Meldung ist Folgendes zu beachten:

Jeweils zum Ende der Saison ist eine Abmeldung und bei Wiedereinstellung eine Anmeldung vorzunehmen.

Saisonarbeitnehmer gelten hinsichtlich der Verteilung von Bonuspunkten als pflichtversichert, wenn die Saison geendet hat und sie bei Beginn der nächsten Saison voraussichtlich wieder eingestellt werden (§ 66 Abs. 3 Satz 3 d. S.). Tritt nach dem Ende des Arbeitsverhältnisses jedoch ein Versicherungsfall der Erwerbsminderung ein, so werden keine zusätzlichen Versorgungspunkte für Zurechnungszeiten bis zum 60. Lebensjahr berechnet (vgl. Teil C 2.2).

Damit diese Beschäftigten für die Dauer der saisonbedingten Arbeitsunterbrechung als pflichtversichert gelten, ist bei der Abmeldung über Datenträger oder Formular der Abmeldegrund 27 anzugeben. Bei Wiederaufnahme der Beschäftigung ist der Beschäftigte neu anmelden.

Beispiel:

Sachverhalt: Beginn der Saison am 1.4.2008

Ende der Saison am 30.11.2008

Es ist beabsichtigt, ihn in der nächsten Saison wieder einzustellen.

Lösung: Zum 1.4.2008 ist eine Anmeldung und zum 30.11.2008 eine Abmeldung vorzunehmen.

In der Abmeldung ist der Abmeldegrund 27 anzugeben.

Wird die Beschäftigung nicht wieder aufgenommen, werden sie in den folgenden Geschäftsjahren nur dann in die Verteilung von Bonuspunkten einbezogen, wenn sie bereits 120 Beitrags-/Umlagemonate zurückgelegt haben.

Wird mit einem Saisonarbeitnehmer ein unbefristeter Arbeitsvertrag abgeschlossen, bleibt die Pflichtversicherung während der beschäftigungslosen Zeit aufrechterhalten. Für diese Zeit ist ein Versicherungsabschnitt mit dem Buchungsschlüssel 01 40 00 zu melden. Eine Abmeldung von der Versicherungspflicht am Ende der Saison sowie eine Wiederanmeldung zur Pflichtversicherung bei Beginn der nächsten Saison entfällt daher.

Weitere Beispiele zur Meldung der Versicherungsabschnitte bei Saisonarbeitnehmern enthält Teil E 2.15.

Beendigung bzw. Ruhen des Arbeitsverhältnisses

6. Beendigung bzw. Ruhen des Arbeitsverhältnisses wegen Bezugs einer Rente

Bis zum Versicherungsfall (z. B. Beginn einer Altersrente als Vollrente oder einer Erwerbsminderungsrente) muss die Wartezeit von 60 Umlage-/Beitragsmonaten (§ 32 d. S.) erfüllt sein, damit eine Betriebsrente aus der Zusatzversorgung bezogen werden kann.

Die Betriebsrente beginnt generell mit dem Beginn der Rente aus der gesetzlichen Rentenversicherung. Sie errechnet sich aus der Summe der bis zum Rentenbeginn erworbenen Versorgungspunkte.

6.1 Altersrenten

6.1.1 Regelaltersrente

Nach den tariflichen Vorschriften (z. B. § 33 Abs. 1 Buchst. a TVöD) endet das Arbeitsverhältnis, ohne dass es einer Kündigung bedarf, mit Ablauf des Monats, in dem der Beschäftigte das 65. Lebensjahr vollendet bzw. die Regelaltersrente ohne Abschläge beziehen kann. Mit der Beendigung des Arbeitsverhältnisses endet auch die Pflichtversicherung (§ 20 Abs. 1 d. S.).

Der Beschäftigte ist zu diesem Zeitpunkt bei der Zusatzversorgungskasse abzumelden.

Etwas anderes gilt nur, wenn der Beschäftigte trotz Vollendung des 65. Lebensjahres bzw. Erreichens der gesetzlichen Altersgrenze für die abschlagsfreie Regelaltersrente keine gesetzliche Rente beantragt und über diesen Zeitpunkt hinaus weiter beschäftigt wird. Die Pflichtversicherung besteht fort, wenn keine Altersrente als Vollrente bezogen wird (§ 19 Abs. 1 Buchst. e d. S.).

Bei **Lehrern** endet das Arbeitsverhältnis erst mit Ablauf des Schulhalbjahres in dem das 65. Lebensjahr vollendet bzw. die gesetzliche Altersgrenze für die abschlagsfreie Regelaltersrente erreicht wird.

6.1.2 Sonstige Altersrenten

Der Versicherungsfall tritt bei einem Versicherten, der in der gesetzlichen Rentenversicherung versichert ist, an dem Tag ein, an dem aufgrund des Bescheides des Rentenversicherungsträgers die Rente wegen Alters als Vollrente beginnt.

Bei Versicherten, die nicht in der gesetzlichen Rentenversicherung versichert sind (z. B. berufsständische Versicherte) oder die die Voraussetzungen für den Bezug einer Rente aus der gesetzlichen Rentenversicherung

Beendigung bzw. Ruhen des Arbeitsverhältnisses

nicht erfüllen, tritt der Versicherungsfall auf Antrag nur unter besonderen Voraussetzungen ein (§ 43 d. S.). Zum Zeitpunkt des beantragten Rentenbeginns müssen die Voraussetzungen (z. B. Wartezeiten), die für eine Rente aus der gesetzlichen Rentenversicherung erforderlich sind, in der Pflichtversicherung der Zusatzversorgung erfüllt sein. Für die Berechnung der erforderlichen Wartezeiten werden dabei die Pflichtversicherungszeiten aus der Zusatzversorgung zugrunde gelegt. Die Rente aus dem berufsständischen Versorgungswerk löst in der Zusatzversorgung keinen Versicherungsfall aus (vgl. Teil A 7.2.2).

Der Versicherte ist mit Ende des Arbeitsverhältnisses bzw. mit dem Beginn der Altersrente als Vollrente abzumelden (§ 19 Abs. 1 Buchst. e d. S.).

6.2 Erwerbsminderungsrenten

Die Erwerbsminderungsrente errechnet sich aus der Summe der bis zum Rentenbeginn erworbenen Versorgungspunkte sowie aus Versorgungspunkten für Zurechnungszeiten. Die bis zum Rentenbeginn versicherten zusatzversorgungspflichtigen Entgelte müssen daher bei der Berechnung der Betriebsrente wegen Erwerbsminderung mit berücksichtigt werden. Aus diesem Grund benötigt die Zusatzversorgungskasse eine Meldung mit dem bis zum Rentenbeginn erzielten zusatzversorgungspflichtigen Entgelt. Dies gilt auch dann, wenn die Erwerbsminderungsrente nur auf Zeit bewilligt wurde und das Beschäftigungsverhältnis fortbesteht.

Bei Bezug einer Rente wegen Erwerbsminderung benötigt die Zusatzversorgungskasse immer eine Abmeldung mit einem zum Rentenbeginn abgegrenzten Versicherungsabschnitt. Sofern das Arbeitsverhältnis fortbesteht, ist der Abmeldegrund „04" oder „06" anzugeben. In diesen Fällen erfolgt dann eine automatische Wiederanmeldung durch die Kasse zum darauf folgenden Tag. In der Jahresmeldung sind dann nur noch die Versicherungsabschnitte, die sich im Anschluss an den Rentenbeginn individuell noch ergeben haben, zu melden.

Ist der Beschäftigte nicht in der gesetzlichen Rentenversicherung versichert (z. B. berufsständische Versicherte), so muss die volle oder teilweise Erwerbsminderung durch ein Gutachten eines von der Kasse zu bestimmenden Facharztes festgestellt werden (§ 43 d. S.). Das Arbeitsverhältnis kann durch Auflösungsvertrag (z. B. § 33 Abs. 1 Buchst. b TVöD) beendet werden oder endet nach Ablauf der Kündigungsfrist bzw. der tarifvertraglichen Fristen (z. B. § 33 Abs. 2-4 TVöD, § 18 AVR). Mit Ende des Arbeitsverhältnisses endet zugleich die Versicherungspflicht. Der Beschäftigte ist zu diesem Zeitpunkt abzumelden.

Beendigung bzw. Ruhen des Arbeitsverhältnisses

6.2.1 Erwerbsminderungsrenten auf Dauer

Wird durch den Bescheid eines Rentenversicherungsträgers eine **volle Erwerbsminderungsrente auf Dauer** bewilligt, so endet – bei tarifgebundenen Arbeitsverhältnissen bzw. wenn der TVöD/TV-L oder die AVR etc. arbeitsvertraglich vereinbart sind – sowohl das Arbeitsverhältnis als auch die Versicherungspflicht mit Ablauf des Monats, in dem der Bescheid des Rentenversicherungsträgers zugestellt wird (z. B. § 33 Abs. 2 Satz 1 TVöD, § 18 AVR). Dabei ist allerdings zu beachten, dass § 33 Abs. 2 TVöD/TV-L die Beendigung des Arbeitsverhältnisses infolge einer auflösenden Bedingung regelt, womit die einschlägigen Regelungen des Teilzeit- und Befristungsgesetzes (TzBfG) zur Anwendung kommen. Somit endet das Arbeitsverhältnis zwei Wochen nach Zugang der Unterrichtung des Beschäftigten durch den Arbeitgeber über den Zeitpunkt des Eintritts der auflösenden Bedingung (§§ 21, 15 Abs. 2 TzBfG).

Beispiel

> Ein Rentenbescheid wird am 20.10.2008 an den Beschäftigten zugestellt. Der Beschäftigte informiert seinen Arbeitgeber darüber am 24.10.2008. Der Arbeitgeber teilt dem Beschäftigten am 31.10.2008 mit, dass das Arbeitsverhältnis wegen Eintritt der auflösenden Bedingung der Rentenbewilligung beendet worden ist. Das Arbeitsverhältnis endet damit am 14.11.2008 (§§ 21, 15 Abs. 2 TzBfG).

Bei nicht tarifgebundenen Arbeitsverhältnissen, bzw. wenn der TVöD oder die AVR nicht vereinbart sind, endet das Arbeitsverhältnis, wenn es im Zusammenhang mit der Erwerbsminderung beendet wird. Wird das Arbeitsverhältnis fortgeführt, so besteht auch die Versicherungspflicht fort.

Beginnt die gesetzliche Rente wegen voller Erwerbsminderung erst nach der Zustellung des Rentenbescheids, so endet das Arbeitsverhältnis – und damit die Versicherungspflicht – mit Ablauf des dem Rentenbeginn vorangehenden Tages (§ 33 Abs. 2 Satz 3 TVöD).

Wird durch den Bescheid der gesetzlichen Rentenversicherung rückwirkend eine volle Erwerbsminderungsrente bewilligt, so endet auch in diesen Fällen das Arbeitsverhältnis – und die Versicherungspflicht – erst mit Ablauf des Monats, in dem der Rentenbescheid zugestellt worden ist.

Bei einer **teilweisen Erwerbsminderung auf Dauer** endet das Arbeitsverhältnis nicht, wenn der Beschäftigte auf einem geeigneten und freien Arbeitsplatz weiter beschäftigt werden kann und dringende dienstliche bzw. betriebliche Gründe nicht entgegenstehen. Die Weiterbeschäftigung muss vom Beschäftigten innerhalb von 2 Wochen ab Zugang des Rentenbescheides schriftlich beantragt werden (§ 33 Abs. 3 TVöD).

Beendigung bzw. Ruhen des Arbeitsverhältnisses

Bei Versicherten, die nicht in der gesetzlichen Rentenversicherung versichert sind, tritt an die Stelle des Rentenbescheides das Gutachten eines Amtsarztes oder eines nach § 3 Abs. 4 Satz 2 TVöD bestimmten Arztes (§ 33 Abs. 4 TVöD).

6.2.2 Erwerbsminderungsrenten auf Zeit

Wird durch die gesetzliche Rentenversicherung eine **volle Erwerbsminderungsrente auf Zeit** gewährt, so endet das Arbeitsverhältnis nicht. In diesen Fällen ruht das Arbeitsverhältnis von dem Tag an, an dem das Arbeitsverhältnis bei Bezug einer vollen Erwerbsminderungsrente auf Dauer (vgl. Teil C 6.2.1) enden würde (§ 33 Abs. 2 Satz 5 und 6 TVöD, § 18 Abs. 4 AVR).

Obwohl bei einer Erwerbsminderungsrente auf Zeit das Arbeitsverhältnis nicht endet, sondern ruht und somit die Pflichtversicherung fortbesteht, ist dennoch eine Abmeldung erforderlich. Mit der Abmeldung muss der Arbeitgeber der Kasse alle Daten mitteilen, die bisher noch nicht im Rahmen der Jahresmeldung übermittelt wurden. Nur unter Berücksichtigung dieser Daten kann die Erwerbsminderungsrente berechnet werden.

Abmeldegrund ist in diesen Fällen „04" für die teilweise Erwerbsminderungsrente und „06" für die volle Erwerbsminderungsrente.

In der Jahresmeldung ist für die Dauer der Zeitrente ein Versicherungsabschnitt mit dem Buchungsschlüssel 01 41 00 zu melden (vgl. Teil E 2.24).

Erhält der Versicherte nach Ablauf der Zeitrente eine Erwerbsminderungsrente auf Dauer, ist er endgültig abzumelden. Abmeldegrund ist in diesen Fällen „05" für die teilweise Erwerbsminderungsrente und „07" für die volle Erwerbsminderungsrente.

Bei einer **teilweisen Erwerbsminderung** ruht das Arbeitsverhältnis nicht, wenn der Beschäftigte auf einem geeigneten und freien Arbeitsplatz weiter beschäftigt werden kann und dringende dienstliche bzw. betriebliche Gründe nicht entgegenstehen. Die Weiterbeschäftigung muss vom Beschäftigten innerhalb von 2 Wochen ab Zugang des Rentenbescheides schriftlich beantragt werden (§ 33 Abs. 3 TVöD).

Teil D Laufendes Arbeitsverhältnis/ Finanzierung der Zusatzversorgung, Steuer- und Sozialversicherungspflicht[1])

1. Was ist nach einer Anmeldung zu beachten?

Nach der Anmeldung eines Beschäftigten muss der Arbeitgeber der Zusatzversorgungskasse alle Umstände und Verhältnisse mitteilen, die für die späteren Rentenleistungen von Bedeutung sind und die Umlagen/Beiträge rechtzeitig abführen. Der Arbeitgeber ist insbesondere verpflichtet

- im Rahmen der Jahres-, Berichtigungs- und Nachmeldung Angaben über das zusatzversorgungspflichtige Entgelt zu machen,
- einen Beschäftigten bei Wegfall der Versicherungspflicht abzumelden (§ 13 Abs. 3 Buchst. a d. S.).

Für die Meldung dieser Daten sind die von der Zusatzversorgungskasse herausgegebenen Formblätter zu verwenden (§ 13 Abs. 3 Buchst. e d. S.). Die Meldung sollte in der Regel im Wege der automatisierten Datenübermittlung erfolgen.

In den Meldungen sind die zusatzversorgungspflichtigen Entgelte und Beschäftigungszeiten in Versicherungsabschnitte zu gliedern (zum Begriff des Versicherungsabschnittes vgl. Teil D 6. und Teil E).

Während eines Kalenderjahres sind Meldungen über vorgenommene Zahlungen oder Änderungen der zusatzversorgungspflichtigen Entgelte nicht erforderlich. Die Zusatzversorgungskasse entnimmt die entsprechenden Angaben der jeweiligen Jahresmeldung nach Ablauf des Kalenderjahres.

Nur bei einer Abmeldung während eines Kalenderjahres sind die Daten für noch nicht abgerechnete Versicherungsabschnitte im Kalenderjahr des Ausscheidens mit dem von der Zusatzversorgungskasse herausgegebenen Formblatt zur Abmeldung mitzuteilen.

---

1) Für die Zusatzversorgung bei der VBL sind die Richtlinien für das Melde- und Abrechnungsverfahren (RIMA) zu beachten.

2. Was ist zusatzversorgungspflichtiges Entgelt?

2.1 Begriff

Zusatzversorgungspflichtiges Entgelt ist grundsätzlich der steuerpflichtige Arbeitslohn. Dies sind die ihrer Art nach der Einkommensteuer und damit auch der Lohnsteuer unterliegenden Einkünfte aus nicht selbstständiger Arbeit. Steuerfreie Lohnbestandteile (§ 3 EStG) gehören – mit Ausnahme von Entgeltbestandteilen, die aufgrund einer Entgeltumwandlung das steuerpflichtige Entgelt mindern – damit nicht zum zusatzversorgungspflichtigen Entgelt.

Entgeltbestandteile, die aufgrund einer Entgeltumwandlung als Beitrag zu einer Altersversorgung aufgewendet werden und deshalb das steuerpflichtige Entgelt mindern, gelten im zusatzversorgungsrechtlichen Sinn als steuerpflichtiger und somit als zusatzversorgungspflichtiger Arbeitslohn (§ 62 Abs. 2 Satz 8 d. S.).

Maßgeblich ist nicht der tatsächlich zu versteuernde Arbeitslohn. Lohnsteuerfreibeträge, die auf der Lohnsteuerkarte eingetragen sind, sonstige für die Ermittlung des zu versteuernden Einkommens abzuziehende Beträge und die in der Lohnsteuertabelle eingearbeiteten Freibeträge mindern daher das zusatzversorgungspflichtige Entgelt nicht.

Das zusatzversorgungspflichtige Entgelt bestimmt einerseits die Höhe der späteren Rentenleistungen, andererseits dient es als Bemessungsgrundlage für die vom Arbeitgeber zu zahlenden Umlagen und Beiträge zur Finanzierung der Rentenleistungen. Daher ist für jeden angemeldeten Beschäftigten ein zusatzversorgungspflichtiges Entgelt zu ermitteln.

2.1.1 Steuerpflichtige, aber nicht zusatzversorgungspflichtige Entgelte

Bestimmte Entgeltbestandteile sind kein zusatzversorgungspflichtiges Entgelt, obwohl sie lohnsteuerpflichtig sind. Sie sind in § 62 Abs. 2 d. S. abschließend aufgeführt.

Besonders wichtige Beispiele sind

- Jubiläumszuwendungen,
- vermögenswirksame Leistungen,
- Krankengeldzuschüsse,[1)]

---

1) Während des Zeitraums, für den Anspruch auf Krankengeldzuschuss besteht, ist ein fiktives Entgelt nach § 21 TVöD als zusatzversorgungspflichtiges Entgelt zu melden (vgl. Teil E 2.11.2).

Was ist zusatzversorgungspflichtiges Entgelt?

▶ Aufwandsentschädigungen,
▶ Zulagen, Zuschläge, Zuschüsse und Zuwendungen der verschiedensten Art.

Weitere Beispiele sind in der Entgeltliste (vgl. Teil G 1.) enthalten.

Für die Ermittlung des zusatzversorgungspflichtigen Entgelts empfiehlt es sich daher, bei allen Entgeltbestandteilen, die zusätzlich zum Tariflohn gezahlt werden, die Entgeltliste heranzuziehen. Soweit darin einzelne, besondere Entgeltarten nicht aufgeführt sein sollten, wird im Zweifel eine Rückfrage bei der zuständigen Zusatzversorgungskasse angeraten.

2.1.2 Höchstgrenze für das zusatzversorgungspflichtige Entgelt

Das zusatzversorgungspflichtige Entgelt ist nicht nur der Art, sondern auch der Höhe nach begrenzt. So ist der Teil des steuerpflichtigen Arbeitslohnes kein zusatzversorgungspflichtiges Entgelt, der den 2,5-fachen Wert der monatlichen Beitragsbemessungsgrenze in der gesetzlichen Rentenversicherung übersteigt (§ 62 Abs. 2 Satz 3 d. S.).

Es ist jedoch darauf zu achten, dass die Versicherungspflicht in der Zusatzversorgung bereits zu überprüfen ist, sobald das zusatzversorgungspflichtige Entgelt den Vergütungsrahmen des TVöD in der Endstufe übersteigt (vgl. Tabellen Teil G), da Beschäftigte, deren Vergütung den Vergütungsrahmen des TVöD übersteigt, nicht mehr versicherungspflichtig sind (vgl. Teil B 3.3).

2.1.2.1 Monatsgrenze

Bis zum 2,5-fachen Wert der Beitragsbemessungsgrenze in der gesetzlichen Rentenversicherung können aus dem Entgelt monatlich Umlagen und Beiträge für einen versicherten Beschäftigten entrichtet werden. Diese Grenze ist eine Monatsgrenze. Übersteigt das steuerpflichtige Entgelt diesen Grenzbetrag nur während eines Teils des Jahres, dürfen die Monate, in denen der Grenzbetrag nicht erreicht wird, nicht mit überschießenden Entgeltsbeträgen bis zu diesem Grenzbetrag aufgefüllt werden. Ein Ausgleich während eines Jahres ist insoweit nicht zulässig.

Im Zuflussprinzip ist bei rückwirkenden Zahlungen für Vorjahre, die dem Zuflussjahr zugeordnet werden, der Grenzbetrag entsprechend dem Nachzahlungszeitraum zu erhöhen.

Was ist zusatzversorgungspflichtiges Entgelt?

Beispiel 1 Rückwirkende Anmeldung in das Vorjahr
Entgeltnachzahlung im laufenden Jahr
2,5-fache Beitragsbemessungsgrenze

Sachverhalt	Der Beschäftigte wird rückwirkend zum 1.3.2007 angemeldet. Das Entgelt für März 2007 bis April 2008 fließt dem Beschäftigten erst im April 2008 zu.
	Jahresentgelt 2007 = 24 700,00 € (einschl. 2 200,00 € Jahressonderzahlung) Jahresentgelt 2008 = 50 000,00 € Grenzwert 2007: 13 125,00 € monatlich Grenzwert 2008: 13 250,00 € monatlich Es handelt sich um eine Neuzusage.
Lösung	Da das Entgelt für 2007 erst in 2008 zufließt, sind für 3/2007 bis 12/2007 10 Umlagemonate zu berücksichtigen. Im April 2008 ist die 2,5-fache monatliche Beitragsbemessungsgrenze mit der Anzahl der Monate zu multiplizieren, für die insgesamt zugeflossenes Entgelt gemeldet wurde. In diesem Fall ist für 10 Monate in 2007 und 4 Monate in 2008 die Beitragsbemessungsgrenze für 2008 zu berücksichtigen, die monatliche Höchstgrenze wird dadurch im Monat des Entgeltzuflusses nicht überschritten.

Meldung der Versicherungsabschnitte

Versicherungsabschnitte		Buchungsschlüssel			ZV-Entgelt		Umlage/Beitrag		Elternzeitbezogene Kinderzahl
Beginn	Ende	Einzahler	Versicherungsmerkmal	Versteuerungsmerkmal	€	Cent	€	Cent	
				Jahresmeldung 2007					
1.3.2007	31.12.2007	01	49	00	0,00		0,00		
				Jahresmeldung 2008					
1.1.2008	31.12.2008	01	10	10	74 700,00		3 548,25		
1.1.2008	31.12.2008	01	20	01	74 700,00		2 988,00		

Was ist zusatzversorgungspflichtiges Entgelt?

Beispiel 2 Rückforderung aus dem Vorjahr
2,5-fache Beitragsbemessungsgrenze

Sachverhalt	Der Beschäftigte ist im Jahr 2007 durchgehend pflichtversichert. Sein Einkommen liegt monatlich bei 15 000,00 €. Er erhält keine Jahressonderzahlung. Im Februar 2008 wird das Dezembergehalt 2007, das irrtümlich ausgezahlt wurde, zurückgefordert. Grenzwert 2007: 13 125,00 € Grenzwert 2008: 13 250,00 €
Lösung	Im Dezember 2007 wurde das zusatzversorgungspflichtige Entgelt auf 13 125,00 € begrenzt. Im Rückrechnungsmonat 2008 ist die Rückforderung jedoch auf den Grenzbetrag im Jahre 2008, also auf 13 250,00 €, zu begrenzen. Da im Monat Dezember 2007 zusatzversorgungspflichtiges Entgelt zugeflossen ist, aber der Anspruch darauf rückwirkend weggefallen ist, ist kein Umlagemonat entstanden. Daher ist im Dezember 2007 das Versicherungsmerkmal 47 zu melden.

Meldung der Versicherungsabschnitte

Versicherungsabschnitte		Buchungsschlüssel			ZV-Entgelt		Umlage/Beitrag		Elternzeit-bezogene Kinderzahl
Beginn	Ende	Ein-zahler	Versicherungs-merkmal	Versteuerungs-merkmal	€	Cent	€	Cent	
				Jahresmeldung 2007					
1.1.2007	30.11.2007	01	10	10	144 375,00		6 857,81		
1.1.2007	30.11.2007	01	20	01	63 000,00		2 520,00		
1.1.2007	30.11.2007	01	20	03	81 375,00		3 255,00		
1.12.2007	31.12.2007	01	47	10	13 125,00		623,44		
1.12.2007	31.12.2007	01	20	03	13 125,00		525,00		
				Jahresmeldung 2008					
1.1.2008	31.12.2008	01	10	10	145 750,00		6 923,13		
1.1.2008	31.12.2008	01	20	01	63 600,00		2 544,00		
1.1.2008	31.12.2008	01	20	03	82 150,00		3 286,00		

Was ist zusatzversorgungspflichtiges Entgelt?

2.1.2.2 Grenzbetrag im Monat der Zahlung einer Zuwendung

Einmal jährlich wird der Grenzbetrag in dem Monat, in dem die Jahressonderzahlung gezahlt wird, verdoppelt (vgl. Teil G 4.). Dies gilt jedoch nur dann, wenn der Versicherte tatsächlich eine zusatzversorgungspflichtige Jahressonderzahlung erhält. Eine nicht zusatzversorgungspflichtige Jahressonderzahlung (§ 62 Abs. 2 Buchst. d und e d. S.) eröffnet diese Möglichkeit also nicht. Die Erhöhung darf dagegen auch dann vorgenommen werden, wenn lediglich ein Teil der dem versicherten Beschäftigten gezahlten Jahressonderzahlung zusatzversorgungspflichtig ist.

▶ **Besonderheiten:**

Ausscheiden im Laufe eines Kalenderjahres

Scheidet der Beschäftigte mit Billigung – Einverständnis – seines Arbeitgebers aus dem Arbeitsverhältnis aus und wechselt zu einem Arbeitgeber, der auch Mitglied einer Zusatzversorgungskasse des öffentlichen und kirchlichen Dienstes ist und erhält er aus diesem Anlass eine zusatzversorgungspflichtige Teilzuwendung (Jahressonderzahlung), darf der Grenzbetrag nur anteilig unter Zugrundelegung der Umlagemonate, die bis zum Ausscheiden angefallen sind, erhöht werden.

Zusatzversorgungspflichtiges Entgelt einschließlich der Jahressonderzahlung fällt somit nur bis zu dem so ermittelten anteiligen Grenzbetrag an.

Beispiel

Sachverhalt: Der Beschäftigte scheidet mit Billigung des Arbeitgebers zum 30. Juni des Jahres aus dem Arbeitsverhältnis aus.

Lösung: Der Grenzbetrag für den Monat Juni setzt sich wie folgt zusammen: Der 2,5-fache Wert der Beitragsbemessungsgrenze in der gesetzlichen Rentenversicherung zuzüglich $6/12$ aus dem Verdopplungsbetrag.

Teilvergütung

Steht dem Beschäftigten während eines Monats nur eine Teilvergütung zu (z. B. weil der Zeitraum endet, für den wegen Krankheit die Vergütung weitergezahlt wurde), ist der Grenzbetrag tageweise aufzuteilen. Die Teilvergütung ist bis zu dem Teil des Grenzbetrages zusatzversorgungspflichtig, der dem Verhältnis der angefallenen Kalendertage zu den Tagen des vollen Monats entspricht.

Was ist zusatzversorgungspflichtiges Entgelt?

Beispiel

Sachverhalt: Der Beschäftigte erhält vom 16. Juni bis 24. August des Jahres keine Bezüge.

Lösung: Ein zusatzversorgungspflichtiges Entgelt kann im Monat
- Juni höchstens in Höhe von $^{15}/_{30}$
- August höchstens in Höhe von $^{7}/_{31}$

des 2,5-fachen Wertes der Beitragsbemessungsgrenze in der gesetzlichen Rentenversicherung anfallen.

Da für den Monat Juli keine Bezüge angefallen sind, kann im Monat der Zahlung der Jahressonderzahlung der Grenzbetrag anteilig nur um $^{11}/_{12}$ aus dem Verdopplungsbetrag erhöht werden.

2.2 Zuflussprinzip

Das zusatzversorgungspflichtige Entgelt ist – unabhängig davon, ob es sich um laufendes Arbeitsentgelt, einmalige Zahlungen oder Nachzahlungen handelt – für Meldungen ab dem 1.1.2004 in dem Jahr zu melden, in dem es dem Beschäftigten zugeflossen ist.

Im Rahmen des Zuflussprinzips ist also nicht der Zeitpunkt ausschlaggebend, in dem die Umlage bzw. der Beitrag der Zusatzversorgungskasse zugegangen ist, sondern der Zeitpunkt, an dem die Entgeltzahlung dem Beschäftigten zugegangen ist bzw. an dem sie dem Beschäftigten verrechnet wurde.

Sozialversicherungsrechtlich jedoch ist laufendes Arbeitsentgelt dem Zeitraum zuzuordnen, für den es gezahlt wird. Einmalig gezahltes Arbeitsentgelt ist dem Zeitraum zuzuordnen in dem es gezahlt wird. Nachzahlungen aufgrund rückwirkender Höhergruppierung oder rückwirkender Tarifverträge stellen kein einmalig gezahltes Entgelt dar und müssen auf die Entgeltabrechnungszeiträume verteilt werden, für die sie bestimmt sind (vgl. § 23a SGB IV). In der Zusatzversorgung wären sie in dem Zeitraum zu melden, in dem diese Nachzahlungen gezahlt werden.

2.2.1 Zuordnung im laufenden Jahr

Laufende Entgeltzahlungen, einmalige Zahlungen und Nachzahlungen müssen dem Jahr zugeordnet werden, in dem diese dem Beschäftigten zugeflossen sind. Sie sind also mit den zusatzversorgungspflichtigen Entgelten des laufenden Abrechnungsjahres zu verrechnen bzw. diesen zuzuschlagen. Dabei müssen für die Berechnung der Umlage und Beiträge dieser Zahlungen der Umlage- bzw. Beitragssatz des laufendes Abrechnungsjahres zugrunde gelegt werden.

Was ist zusatzversorgungspflichtiges Entgelt?

Zusatzversorgungspflichtige Einmalzahlungen, die in der Zeit vom 1. Januar bis 31. März des laufenden Jahres gezahlt werden und sozialversicherungsrechtlich dem Vorjahr zuzuordnen sind (§ 23a SGB IV – „März-Klausel" –), müssen dennoch dem Jahr zugeordnet werden, in dem sie dem Beschäftigten zufließen.

Bei ins Vorjahr reichenden Entgeltkürzungen muss das zusatzversorgungspflichtige Entgelt des Abrechnungsjahres um die auf das Vorjahr entfallenden Kürzungsbeträge gemindert werden. Entstehen hierbei negative Entgeltbeträge, sind diese in der Meldung mit einem Minusvorzeichen zu kennzeichnen.

Bei den Entgeltnachzahlungen bzw. -verrechnungen im laufenden Jahr ist jedoch darauf zu achten, dass sich durch die Nachzahlung bzw. Entgeltkürzung die Anzahl der Umlagemonate nicht verändert.

Beispiel 1 Nachzahlung

Sachverhalt	Der Beschäftigte ist im Jahr 2008 durchgehend pflichtversichert. Er erhält im Monat März 2008 eine Nachzahlung in Höhe von 1 000,00 Euro für das Jahr 2007. zusatzversorgungspflichtiges Jahresentgelt 2007 = 50 000,00 € zusatzversorgungspflichtiges Jahresentgelt 2008 = 51 750,50 € (ohne Berücksichtigung der Nachzahlung)
Lösung	Es ist keine Berichtigungsmeldung der Vorjahresmeldung im Monat der Nachzahlung erforderlich, da die Nachzahlung in der Jahresmeldung 2008 berücksichtigt werden kann. Die Jahresmeldung 2007 bleibt unverändert.

Meldung der Versicherungsabschnitte

Versicherungsabschnitte		Buchungsschlüssel			ZV-Entgelt		Umlage/Beitrag		Elternzeitbezogene Kinderzahl
Beginn	Ende	Einzahler	Versicherungsmerkmal	Versteuerungsmerkmal	€	Cent	€	Cent	
			Jahresmeldung 2007						
1.1.2007	31.12.2007	01	10	10	50 000,00		2 375,00		
1.1.2007	31.12.2007	01	20	01	50 000,00		2 000,00		
			Jahresmeldung 2008						
1.1.2008	31.12.2008	01	10	10	52 750,50		2 505,65		
1.1.2008	31.12.2008	01	20	01	52 750,50		2 110,02		

Was ist zusatzversorgungspflichtiges Entgelt?

Beispiel 2 Verrechnung im laufenden Jahr
kein laufendes zusatzversorgungspflichtiges Entgelt

Sachverhalt	Die Beschäftigte ist im Jahr 2008 wegen Fehlzeit und Elternzeit durchgehend ohne laufendes zusatzversorgungspflichtiges Entgelt pflichtversichert. Es erfolgt im März 2008 eine Rückrechnung für 2007 in Höhe von 1 000,00 €. zusatzversorgungspflichtiges Jahresentgelt 2007 = 50 000,00 € Kein zusatzversorgungspflichtiges Entgelt im Jahr 2008
Lösung	Es ist keine gesonderte Meldung im Monat der Rückrechnung erforderlich, da diese in der Jahresmeldung 2008 berücksichtigt werden kann. Die Jahresmeldung 2007 bleibt unverändert. Das Versicherungsmerkmal 48 ist parallel dem Versicherungsabschnitt zuzuordnen, in dem der Monat liegt, in dem die Rückrechnung erfolgte. Bei Abschnittswechsel im Rückrechnungsmonat besteht Wahlrecht, welchem Versicherungsabschnitt das Versicherungsmerkmal 48 zugeordnet wird.

Meldung der Versicherungsabschnitte

Versicherungsabschnitte		Buchungsschlüssel			ZV-Entgelt		Umlage/Beitrag		Elternzeit-bezogene Kinderzahl
Beginn	Ende	Ein-zahler	Versiche-rungs-merkmal	Versteue-rungs-merkmal	€	Cent	€	Cent	
			Jahresmeldung 2007						
1.1.2007	26.11.2007	01	10	10	50 000,00		2 375,00		
1.1.2007	26.11.2007	01	20	01	50 000,00		2 000,00		
27.11.2007	31.12.2007	01	40	00	0,00		0,00		
			Jahresmeldung 2008						
1.1.2008	5.1.2008	01	40	00	0,00		0,00		
6.1.2008	31.12.2008	01	28	00	0,00		0,00		01
6.1.2008	31.12.2008	01	48	10	−1 000,00		−47,50		
6.1.2008	31.12.2008	01	20	01	−1 000,00		−40,00		

Was ist zusatzversorgungspflichtiges Entgelt?

Beispiel 3 Nachzahlung im laufenden Jahr
Aufteilung der Nachzahlung

Sachverhalt	Der Beschäftigte ist im Jahr 2008 durchgehend pflichtversichert. Ab 1.12.2007 beginnt die Altersteilzeit (ATZ). Er erhält während der ATZ im März 2008 eine Nachzahlung sowohl für Zeiten vor Beginn als auch während der ATZ. Die Nachzahlung beträgt 1 000,00 €, davon für die Zeit bis November 2007 (vor ATZ) 750,00 € und für Dezember 2007 (während ATZ) 250,00 €. Die Altersteilzeit wurde vor dem 1.1.2003 vereinbart. zusatzversorgungspflichtiges Entgelt Januar bis November 2007 = 45 000,00 € zusatzversorgungspflichtiges Entgelt im Dezember 2007 (ATZ) = 2 500,00 € zusatzversorgungspflichtiges Jahresentgelt 2008 (ATZ) = 26 300,00 €
Lösung	Es ist keine Meldung im Monat der Nachzahlung erforderlich, da die Nachzahlung in der Jahresmeldung 2008 berücksichtigt werden kann. Die Jahresmeldung 2007 bleibt unverändert. Die Nachzahlung ist aufzuteilen. Da 750,00 € für Zeiten vor Beginn der Altersteilzeit gezahlt werden, ist dies mit dem Versicherungsmerkmal 10 zu melden. Die Nachzahlung in Höhe von 250,00 € ist während der Altersteilzeit zu erfassen und ist somit im Versicherungsabschnitt mit dem Versicherungsmerkmal 22 zu melden.

Meldung der Versicherungsabschnitte

Versicherungsabschnitte		Buchungsschlüssel			ZV-Entgelt		Umlage/Beitrag		Elternzeitbezogene Kinderzahl
Beginn	Ende	Einzahler	Versicherungsmerkmal	Versteuerungsmerkmal	€	Cent	€	Cent	
Jahresmeldung 2007									
1.1.2007	30.11.2007	01	10	10	45 000,00		2 137,50		
1.1.2007	30.11.2007	01	20	01	45 000,00		1 800,00		
1.12.2007	31.12.2007	01	22	10	2 500,00		118,75		
1.12.2007	31.12.2007	01	25	01	2 500,00		100,00		
Jahresmeldung 2008									
1.1.2008	31.12.2008	01	10	10	750,00		35,63		
1.1.2008	31.12.2008	01	20	01	750,00		30,00		
1.1.2008	31.12.2008	01	22	10	26 550,00		1 261,13		
1.1.2008	31.12.2008	01	25	01	26 550,00		1 062,00		

Was ist zusatzversorgungspflichtiges Entgelt?

Beispiel 4 Einmalzahlungen während entgeltlosen Zeiten im laufenden Jahr

Sachverhalt	Die Beschäftigte ist im Jahr 2008 durchgehend pflichtversichert. Am 3.2.2008 beginnt die „Mutterschutz-Zeit" und mit der Geburt des Kindes am 24.3.2008 die „Elternzeit".
	Im Monat September 2008 erhält sie eine zusatzversorgungspflichtige Einmalzahlung aus Januar 2008 und im Monat November 2008 als zusatzversorgungspflichtige Einmalzahlung die anteilige Jahressonderzahlung.
Lösung	Die Elternzeit wird durch Einmalzahlungen nicht unterbrochen, weil Einmalzahlungen das ruhende Arbeitsverhältnis nicht unterbrechen (vgl. § 35 Abs. 1 d. S.). Es fällt in den Monaten September und November 2008 jeweils ein Umlagemonat an. Für die „vollen" Monate April bis Dezember 2008 wird die soziale Komponente wegen Elternzeit gewährt (zuzüglich zu den Versorgungspunkten aus den Einmalzahlungen).
	Die Umlagen sind nach § 3 Nr. 56 EStG steuerfrei, da der Grenzwert (2008: 636,00 €) nicht durch die Zusatzbeiträge nach § 3 Nr. 63 EStG aufgezehrt wurde.

Meldung der Versicherungsabschnitte

Versicherungsabschnitte		Buchungsschlüssel			ZV-Entgelt		Umlage/Beitrag		Elternzeit-bezogene Kinderzahl
Beginn	Ende	Ein-zahler	Versiche-rungs-merkmal	Versteue-rungs-merkmal	€	Cent	€	Cent	
				Jahresmeldung 2008					
1.1.2008	2.2.2008	01	10	01	1 500,00		71,25		
1.1.2008	2.2.2008	01	20	01	1 500,00		60,00		
3.2.2008	23.3.2008	01	40	00	0,00		0,00		
24.3.2008	31.12.2008	01	28	00	0,00		0,00		01
1.9.2008	30.9.2008	01	10	01	50,00		2,38		
1.9.2008	30.9.2008	01	20	01	50,00		2,00		
1.11.2008	30.11.2008	01	10	01	100,00		4,75		
1.11.2008	30.11.2008	01	20	01	100,00		4,00		

Was ist zusatzversorgungspflichtiges Entgelt?

2.2.2 Berichtigungsmeldungen im Zuflussprinzip

Berichtigungsmeldungen von bereits abgerechneten Vorjahren sind im Zuflussprinzip lediglich dann notwendig, wenn sich durch Nachzahlungen oder Entgeltverrechnungen die Anzahl der Umlagemonate in den Vorjahren verändert. Hierbei ist zu berücksichtigen, dass ein Monat dann als belegter Umlagemonat gilt, wenn mindestens für einen Tag Aufwendungen aus der Pflichtversicherung nach § 61 Buchst. a d. S. erbracht wurden.

Bei Berichtigungen des Krankengeldzuschusses (fiktive Entgeltzahlung) ist für die Meldung zu beachten, dass nicht das steuerrechtliche Zuflussprinzip, sondern ausnahmsweise das sozialversicherungsrechtliche Aufrollprinzip anzuwenden ist. Dies gilt auch unabhängig von einem Versicherungsfall.

Beispiel 1 Nachzahlung im laufenden Jahr
Rückwirkende Anmeldung ins Vorjahr

Sachverhalt	Der Beschäftigte wird im März 2008 rückwirkend zum 1.12.2007 angemeldet. Das Entgelt für Dezember 2007 fließt steuerrechtlich erst im März 2008 zu.
	zusatzversorgungspflichtiges Entgelt für Dezember 2007 = 2 100,00 € zusatzversorgungspflichtiges Jahresentgelt 2008 = 50 000,00 €
Lösung	Da das Entgelt für 2007 steuerrechtlich erst in 2008 zufließt, wird es auch in 2008 verpunktet. Im Jahr 2007 wird für den Monat Dezember ein Umlagemonat berücksichtigt. Die Monatsmeldung 3/2008 enthält neben der rückwirkenden Anmeldung auch die „Nachmeldung" des Versicherungsabschnittes für Dezember 2007. Das Entgelt für Dezember 2007, das ja steuerrechtlich erst im März 2008 zufließt, wird in der Jahresmeldung 2008 berücksichtigt.

Meldung der Versicherungsabschnitte

Versicherungsabschnitte		Buchungsschlüssel			ZV-Entgelt		Umlage/Beitrag		Elternzeit-bezogene Kinderzahl
Beginn	Ende	Ein-zahler	Versiche-rungs-merkmal	Versteue-rungs-merkmal	€	Cent	€	Cent	
		Rückwirkende Anmeldung und Nachmeldung 2007							
1.12.2007	31.12.2007	01	49	00	0,00		0,00		
		Jahresmeldung 2008							
1.1.2008	31.12.2008	01	10	10	52 100,00		2 474,85		
1.1.2008	31.12.2008	01	20	01	52 100,00		2 084,00		

Was ist zusatzversorgungspflichtiges Entgelt?

Beispiel 2 Rückwirkende Anmeldung
Entgeltzufluss im Vorjahr

Sachverhalt	Der Beschäftigte wird im März 2008 rückwirkend zum 1.6.2007 angemeldet. Das Arbeitsentgelt ist laufend im Jahr 2007 zugeflossen, die Anmeldung ist aber bisher unterblieben. Die Umlage und der Zusatzbeitrag wurden im März 2008 überwiesen. zusatzversorgungspflichtiges Jahresentgelt 2007 = 15 500,00 € zusatzversorgungspflichtiges Jahresentgelt 2008 = 35 000,00 €
Lösung	Die Meldung 3/2008 enthält neben der rückwirkenden Anmeldung auch die „Nachmeldung" der Versicherungsabschnitte für 2007. Es werden Zinsen berechnet.

Meldung der Versicherungsabschnitte

Versicherungsabschnitte		Buchungsschlüssel			ZV-Entgelt	Umlage/ Beitrag	Elternzeitbezogene Kinderzahl	Jahr des Zuflusses
Beginn	Ende	Einzahler	Versicherungsmerkmal	Versteuerungsmerkmal	€ Cent	€ Cent		
			Rückwirkende Anmeldung und Nachmeldung 2007					
1.6.2007	31.12.2007	01	10	10	15 500,00	736,25		2007
1.6.2007	31.12.2007	01	20	01	15 500,00	620,00		2007
			Jahresmeldung 2008					
1.1.2008	31.12.2008	01	10	10	35 000,00	1 662,50		2008
1.1.2008	31.12.2008	01	20	01	35 000,00	1 400,00		2008

Was ist zusatzversorgungspflichtiges Entgelt?

Beispiel 3 Verrechnung im laufenden Jahr
Wegfall von Umlagemonaten im Vorjahr

Sachverhalt	Der Beschäftigte ist im Jahr 2008 durchgehend pflichtversichert. Für die Zeit vom 16.5.2007 bis 18.8.2007 entfallen rückwirkend die gesamten Entgelte in Höhe von 4 000,00 € (Wegfall von 2 Umlagemonaten für Juni und Juli 2007). Die Verrechnung der überzahlten Entgelte 2007 erfolgt im Februar 2008. zusatzversorgungspflichtiges Jahresentgelt 2008 = 35 000,00 € ./. 4 000,00 € (Rückrechnung) = 31 000,00 €
Lösung	Die Rückrechnung im Folgejahr schließt eine Veränderung der Beitrags-/Umlagemonate ein. Der wegfallende Entgeltzeitraum ist in der Monatsmeldung 2/2008 mit Versicherungsmerkmal 47 zu melden; die wegfallenden Entgelte sind diesem Abschnitt zuzuordnen und im Jahr des Zuflusses als zusatzversorgungspflichtiges Entgelt weiterhin auszuweisen. Die Entgeltsumme 2007 darf nicht geändert werden. Der Wegfall der Entgelte ist in der Jahresmeldung 2008 berücksichtigt.

Meldung der Versicherungsabschnitte

Versicherungsabschnitte		Buchungsschlüssel			ZV-Entgelt		Umlage/Beitrag		Elternzeit-bezogene Kinderzahl
Beginn	Ende	Ein-zahler	Versiche-rungs-merkmal	Versteue-rungs-merkmal	€	Cent	€	Cent	
				Jahresmeldung 2007					
1.1.2007	31.12.2007	01	10	10	34 756,29		1 650,92		
1.1.2007	31.12.2007	01	20	01	34 756,29		1 390,25		
				Berichtigungsmeldung 2008					
1.1.2007	15.5.2007	01	10	10	20 756,29		985,92		
1.1.2007	15.5.2007	01	20	01	20 756,29		830,25		
16.5.2007	18.8.2007	01	47	10	4 000,00		190,00		
16.5.2007	18.8.2007	01	20	01	4 000,00		160,00		
19.8.2007	31.12.2007	01	10	10	10 000,00		475,00		
19.8.2007	31.12.2007	01	20	01	10 000,00		400,00		
				Jahresmeldung 2008					
1.1.2008	31.12.2008	01	10	10	31 000,00		1 472,50		
1.1.2008	31.12.2008	01	20	01	31 000,00		1 240,00		

Was ist zusatzversorgungspflichtiges Entgelt?

2.2.3 Zusatzversorgungspflichtige Entgelte nach Beendigung des Arbeitsverhältnisses

Einmalige Zahlungen, die aus Anlass der Beendigung des Arbeitsverhältnisses gezahlt werden, gelten nicht als zusatzversorgungspflichtiges Arbeitsentgelt.

Entgelte, die nicht aus Anlass der Beendigung, jedoch nach Beendigung des Arbeitsverhältnisses gezahlt werden, sind steuerrechtlich grundsätzlich dem letzten Entgeltabschnitt zuzuordnen, wenn die Zahlung

- ▶ im Jahr des Ausscheidens oder
- ▶ innerhalb von drei Wochen nach dem Jahreswechsel (also bis zum 21. Januar) erfolgt.

Diese Zahlungen gelten als im letzten Monat der Beschäftigung und damit während der Pflichtversicherung als zugeflossen und sind aus diesem Grund zusatzversorgungspflichtiges Entgelt.

Hierbei ist es ohne Bedeutung, ob ein Versicherungsfall eingetreten ist oder nicht.

Beispiel 1 Ausscheiden zum 30.6.2008

Sachverhalt: Ein Beschäftigter scheidet zum 30.6.2008 aus dem Arbeitsverhältnis aus. Zu diesem Zeitpunkt endet auch die Pflichtversicherung in der Zusatzversorgung. Im Monat Juli 2008 erhält er noch eine Nachzahlung.

Lösung: Da das Entgelt im Jahr des Ausscheidens gezahlt wird, ist es steuerrechtlich dem letzten Monat des Arbeitsverhältnisses zuzuordnen und gilt damit als im Juni 2008 zugeflossen. Der Zufluss fällt damit noch in die Pflichtversicherung, so dass es sich um zusatzversorgungspflichtiges Entgelt handelt. Das Entgelt ist in dem den Monat Juni 2008 enthaltenden Versicherungsabschnitt mit den Versicherungsmerkmalen 10 und 20 zu melden.

Beispiel 2 Ausscheiden zum 31.10.2007

Sachverhalt: Ein Beschäftigter scheidet am 31.10.2007 aus dem Arbeitsverhältnis aus. Zu diesem Zeitpunkt endet auch die Pflichtversicherung in der Zusatzversorgung. Am 19.1.2008 erhält er noch eine Nachzahlung.

Lösung: Da die Nachzahlung des Entgelts bis zum 21.1.2008 erfolgt ist – also innerhalb der ersten drei Wochen des Folgejahres – ist das Entgelt steuerrechtlich dem letzten Monat des Arbeitsverhältnisses zuzuordnen und gilt damit als im Oktober 2007 zugeflossen. Der Zufluss fällt damit noch in die Pflichtversicherung. Das Entgelt ist in dem den Monat Oktober 2007 enthaltenden Versicherungsabschnitt mit den Versicherungsmerkmalen 10 und 20 zu melden.

Was ist zusatzversorgungspflichtiges Entgelt?

Beispiel 3 Ausscheiden zum 31.10.2007

Sachverhalt: Ein Beschäftigter scheidet am 31.10.2007 aus dem Arbeitsverhältnis aus. Zu diesem Zeitpunkt endet auch die Pflichtversicherung in der Zusatzversorgung. Am 23.1.2008 werden ihm noch nachträglich Überstunden aus den Monaten September und Oktober 2007 ausgezahlt.

Lösung: Da das Entgelt nach Ablauf der Dreiwochenfrist (also nach dem 21.1.2008) gezahlt wurde, ist ein steuerrechtliches Aufrollen in das Vorjahr nicht mehr möglich.

Ein steuerrechtlicher Zufluss im Jahr 2007 ist somit nicht mehr gegeben, so dass das Entgelt nicht zusatzversorgungspflichtig ist.

2.2.4 Zusatzversorgungspflichtige Entgelte und Erwerbsminderungsrente auf Zeit

Bei einer Erwerbsminderungsrente auf Zeit ruht in der Regel das Arbeitsverhältnis, so dass Nachzahlungen bzw. Verrechnungen im laufenden Jahr – auch nach Rentenbeginn – zu berücksichtigen sind (vgl. auch Teil E 2.24).

Was ist zusatzversorgungspflichtiges Entgelt?

Beispiel 1 Nachzahlung im laufenden Jahr Ruhen des Arbeitsverhältnisses wegen Erwerbsminderung auf Zeit

Sachverhalt	Der Beschäftigte bezieht ab 1.5.2008 Rente wegen Erwerbsminderung auf Zeit. Er erhält im Juni 2008 eine Nachzahlung in Höhe von 212,00 €. zusatzversorgungspflichtiges Jahresentgelt 2007 = 35 000,00 € zusatzversorgungspflichtiges Entgelt 2008 (1.1.–30.4.) = 10 800,00 €
Lösung	Nachgezahlter Arbeitslohn, der dem Beschäftigten nach Eintritt des Versicherungsfalles bei fortgesetztem Beschäftigungsverhältnis zufließt, ist der Zusatzversorgungskasse zu melden. Die Versorgungspunkte aus diesem Entgelt dürfen in die Rentenberechnung des bereits eingetretenen Versicherungsfalles nicht einfließen. Die Umlage im Jahr 2008 ist in Höhe von 195,52 € nach § 3 Nr. 56 EStG steuerfrei, da vom dem Grenzwert (2008: 636,00 €) nur Zusatzbeiträge nach § 3 Nr. 63 EStG in Höhe von 440,48 € abgezogen werden.

Meldung der Versicherungsabschnitte

Versicherungsabschnitte		Buchungsschlüssel			ZV-Entgelt	Umlage/Beitrag	Elternzeit-bezogene Kinderzahl
Beginn	Ende	Ein-zahler	Versiche-rungs-merkmal	Versteue-rungs-merkmal	€ Cent	€ Cent	
			Jahresmeldung 2007				
1.1.2007	31.12.2007	01	10	10	35 000,00	1 662,50	
1.1.2007	31.12.2007	01	20	01	35 000,00	1 400,00	
			Abmeldung in der Monatsmeldung 2008				
1.1.2008	30.4.2008	01	10	10	6 683,79	317,48	
1.1.2008	30.4.2008	01	10	01	4 116,21	195,52	
1.1.2008	30.4.2008	01	20	01	10 800,00	432,00	
			Jahresmeldung 2008				
1.5.2008	31.5.2008	01	41	00	0,00	0,00	
1.6.2008	30.6.2008	01	10	10	212,00	10,07	
1.6.2008	30.6.2008	01	20	01	212,00	8,48	
1.7.2008	31.12.2008	01	41	00	0,00	0,00	

2.2.5 Nachteilsausgleich

Im Rahmen des Zuflussprinzips werden Nachzahlungen für Vorjahre im Jahr der Auszahlung der Zusatzversorgungskasse gemeldet. Diese gemeldeten Entgelte werden bei der Rentenberechnung in Versorgungspunkte umgerechnet. Bei der Ermittlung der Versorgungspunkte im kapitalfinanzierten Punktesystem werden die gemeldeten Entgelte durch ein gleich bleibendes Referenzentgelt dividiert und mit einem Altersfaktor, der in dem jeweiligen Jahr gilt, multipliziert.

Wie werden Umlagen und Beiträge errechnet?

Diese Altersfaktoren sinken in der Regel, je älter ein Versicherter in dem Jahr der Umrechnung der gemeldeten Entgelte in Versorgungspunkte ist.

Der Beschäftigte könnte somit durch die spätere Berücksichtigung der Nachzahlung einen Nachteil erleiden.

Die Tarifvertragsparteien sehen hier einen sogenannten Nachteilsausgleich zwischen Arbeitnehmer und Arbeitgeber vor.

Bitte wenden Sie sich gegebenenfalls an Ihre zuständige Zusatzversorgungskasse.

3. Wie werden Umlagen und Beiträge errechnet?

Was ist eine Umlage?

In einem umlagefinanzierten Altersversorgungssystem werden mit den laufenden Einnahmen im Wesentlichen auch die laufenden Rentenleistungen gezahlt. Die von den Arbeitgebern eingezahlten Umlagen werden also nicht für zukünftig zu leistende Renten angespart, sondern zum Großteil für die aktuellen Rentner ausgegeben. Das bis zum 31.12.2001 bestehende beamtenähnliche Gesamtversorgungssystem war umlagefinanziert. Die Umlage ist mit Versicherungsmerkmal 10 zu melden.

Was ist ein Beitrag?

In ein kapitalfinanziertes Altersversorgungssystem zahlt der Arbeitgeber Beiträge ein, die dann für die später zu leistenden Renten angespart werden. Durch Beiträge werden also nicht die aktuellen Leistungen der Rentner finanziert. Im Rahmen der Zusatzversorgung liegt ein (Pflicht-)Beitrag vor, wenn dieser nach der vollständigen Umstellung auf das Kapitaldeckungsverfahren erhoben wird. Dies ist dann der Fall, wenn sowohl die alten Anwartschaften und Leistungen aus dem Gesamtversorgungssystem als auch die aus dem neuen Punktesystem entstehenden Anrechte ausfinanziert sind. Er ist mit dem Versicherungsmerkmal 15 zu melden.

Was ist ein Zusatzbeitrag?

Der Zusatzbeitrag richtet sich nach § 3 Nr. 63 EStG und dient nach § 64 d. S. zum Aufbau eines Kapitalstocks zur schrittweisen Umstellung des Finanzierungsverfahrens auf eine Kapitaldeckung. Er ist mit dem Versicherungsmerkmal 20 zu melden.

Was ist ein Sanierungsgeld?

Mit einem Sanierungsgeld soll der zusätzliche Finanzbedarf abgedeckt werden, der infolge der Schließung des Gesamtversorgungssystems und des Wechsels in das Punktmodell entstanden ist. Sanierungsgelder

Wie werden Umlagen und Beiträge errechnet?

kommen in Betracht, wenn der zum 1.11.2001 maßgebende Umlagesatz weiterhin erhoben wird, aber die Umlage zur Deckung der entstehenden Leistungsverpflichtungen nicht ausreicht. Sanierungsgelder dienen nicht zur Finanzierung von Leistungen, sondern dienen zur Finanzierung des durch die Systemumstellung entstandenen Sanierungsbedarfs der Kasse.

Damit ist das Sanierungsgeld weder in der Anwartschaftsphase noch in der Leistungsphase zu besteuern. Es ist mit dem Versicherungsmerkmal 19 zu melden.

Was ist eine Eigenbeteiligung?

Eine Eigenbeteiligung des Beschäftigten an den Kosten zur Zusatzversorgung kann – je nach Tarifgebundenheit des Arbeitgebers – per Tarifvertrag, Betriebsvereinbarung oder per Einzelarbeitsvertrag vereinbart werden.
Bei einer Eigenbeteiligung des Beschäftigten handelt es sich immer um einen Nettoabzug vom Lohn oder Gehalt des Beschäftigten.
Der Arbeitgeber ist gegenüber der Zusatzversorgungskasse Schuldner der Eigenbeteiligung eines Beschäftigten.

Zusatzbeiträge, Sanierungsgelder und evtl. Eigenbeteiligungen treten neben die Zahlungen der Umlagen bzw. der Beiträge.

3.1 Berechnung von Umlagen und Beiträgen

Der Arbeitgeber hat zur Deckung des Versorgungsaufwandes Umlagen, Sanierungsgelder, Eigenbeteiligungen der Beschäftigten und/oder Beiträge/Zusatzbeiträge an die Zusatzversorgungskasse zu entrichten. Bemessungsgrundlage für die jeweiligen Zahlungen ist das zusatzversorgungspflichtige Entgelt des einzelnen Versicherten (vgl. Teil D 2.). Der zu zahlende Betrag ergibt sich aus der Multiplikation des zusatzversorgungspflichtigen Entgelts mit dem aktuellen Umlagesatz, dem geltenden Beitragssatz, dem Prozentsatz der Eigenbeteiligung oder dem maßgebenden Prozentsatz des Sanierungsgeldes der jeweiligen Zusatzversorgungskasse.

Zusatzversorgungspflichtiges Entgelt × Umlagesatz = Umlage
Zusatzversorgungspflichtiges Entgelt × Beitragssatz = Beitrag
Zusatzversorgungspflichtiges Entgelt × Prozentsatz Sanierungsgeld = Sanierungsgeld
Zusatzversorgungspflichtiges Entgelt × Prozentsatz der Eigenbeteiligung = Eigenbeteiligung

Wie werden Umlagen und Beiträge errechnet?

3.2 Zusätzliche Umlage

Nach der Systemumstellung durch die Tarifvertragsparteien zum 1.1.2002 fällt lediglich für die Versicherten weiterhin eine zusätzliche Umlage an, für die schon im Dezember 2001 und im Januar 2002 diese zusätzliche Umlage vom Arbeitgeber gezahlt wurde. Ist in einem der beiden Monate oder in beiden Monaten keine zusätzliche Umlage gezahlt worden, oder ist der Versicherte erst nach dem 1.1.2002 zur Zusatzversorgung angemeldet oder nach einem Arbeitgeberwechsel wieder angemeldet worden, so fällt zukünftig keine zusätzliche Umlage mehr an.

Muss für einen Versicherten nach den oben genannten Regelungen eine zusätzliche Umlage weiterhin entrichtet werden und übersteigt das monatliche zusatzversorgungspflichtige Entgelt den Grenzbetrag aus dem 1,133-fachen der Entgeltgruppe 15 in der Endstufe, so ist aus dem diesen Grenzbetrag (vgl. Teil G 3.) übersteigenden monatlichen Entgelt neben der regelmäßigen Umlage eine zusätzliche Umlage zu entrichten. Die zusätzliche Umlage beträgt 9 v. H. des den Grenzbetrag übersteigenden monatlichen zusatzversorgungspflichtigen Entgelts. Der Grenzbetrag ist ein Monatsbetrag.

Die zusätzliche Umlage ist in einer gesonderten Zeile zu dem für das normale zusatzversorgungspflichtige Entgelt maßgebenden Versicherungsabschnitt mit dem Buchungsschlüssel 01 17 10 (vgl. Teil E 2.27) anzugeben. Bei kapitalgedeckten Zusatzversorgungskassen, bzw. in dem kapitalgedeckten Abrechnungsverband II handelt es sich um einen zusätzlichen Beitrag in Höhe von 9 v. H., für den die Steuermerkmale 01 bis 03 maßgebend sind.

Beispiel 1 Tarifgebiet West

Sachverhalt: Der Beschäftigte erhält im Monat Juni 2008 ein zusatzversorgungspflichtiges Entgelt in Höhe von 6500,00 €. Für den Beschäftigten wurde bereits im Dezember 2001 und im Januar 2002 eine zusätzliche Umlage entrichtet.

Lösung: Für den Monat Juni
- ▶ ist die reguläre Umlage aus 6500,00 € und
- ▶ eine zusätzliche Umlage von 9 v. H. aus 565,94 € (6500,00 € ./. 5934,06 €/Grenzbetrag für Juni 2008) = 50,93 € zu zahlen.

Wie werden Umlagen und Beiträge errechnet?

Beispiel 2 Tarifgebiet Ost

Sachverhalt: Der Beschäftigte erhält im Monat Juni 2008 ein zusatzversorgungspflichtiges Entgelt in Höhe von 5900,00 €. Für den Beschäftigten wurde bereits im Dezember 2001 und im Januar 2002 eine zusätzliche Umlage entrichtet.

Lösung: Für den Monat Juni
▶ ist die reguläre Umlage aus 5900,00 € und
▶ eine zusätzliche Umlage von 9 v. H. aus 143,95 € (5900,00 €./.
5756,05 €/Grenzbetrag für Juni 2008) = 12,96 € zu zahlen.

Bei der Berechnung der zusätzlichen Umlage können je nach Lage des Einzelfalls folgende Besonderheiten zu beachten sein:

Gelegentliches Überschreiten des Grenzbetrages

Übersteigt das zusatzversorgungspflichtige Entgelt den Grenzbetrag nur in einigen Monaten des Jahres, so ist die zusätzliche Umlage für diese Monate jeweils gesondert zu ermitteln. Ein Ausgleich durch die Bildung eines jährlichen Monatsdurchschnittsbetrages ist nicht zulässig.

Beispiel 1 Tarifgebiet West

Sachverhalt: Der Beschäftigte leistet im Monat Mai 2008 Überstunden. Die Überstundenvergütung wird im Monat Juli fällig und ausbezahlt. Mit der laufenden Vergütung und der Überstundenvergütung wird der Grenzbetrag überschritten. Für den Beschäftigten wurde bereits im Dezember 2001 und im Januar 2002 eine zusätzliche Umlage entrichtet.

Lösung: Da der Grenzbetrag im Juli überschritten wird, fällt im Juli eine zusätzliche Umlage an. Ein Ausgleich auf Vormonate darf nicht vorgenommen werden.

Teilvergütung

Erhält der Versicherte eine zusatzversorgungspflichtige Teilvergütung, ist der Grenzbetrag nicht auf die entsprechenden Tage umzurechnen. Eine zusätzliche Umlage fällt daher nur dann an, wenn die Teilvergütung den monatlichen Grenzbetrag übersteigt.

Beispiel 1 Tarifgebiet West

Sachverhalt: Der Beschäftigte erhält wegen Sonderurlaub vom 5. April bis 19. April eine Teilvergütung in Höhe von ($^{15}/_{30}$ aus 6000,00 €) 3000,00 €.
Für den Beschäftigten wurde bereits im Dezember 2001 und im Januar 2002 eine zusätzliche Umlage entrichtet.

Lösung: Da der Grenzbetrag (für April 2008: 5934,06 €) nicht auf die Tage, für die Anspruch auf laufende Vergütung besteht, aufzuteilen ist, wird der Grenzbetrag nicht überschritten. Eine zusätzliche Umlage fällt deshalb im Monat April nicht an. Für die anderen Monate des Kalenderjahres darf kein Ausgleich vorgenommen werden.

Wie werden Umlagen und Beiträge errechnet?

Beispiel 2 Tarifgebiet Ost

Sachverhalt: Der Beschäftigte erhält wegen Sonderurlaub vom 5. April bis 19. April eine Teilvergütung in Höhe von ($^{15}/_{30}$ aus 5460,00 €) 2730,00 €.

Für den Beschäftigten wurde bereits im Dezember 2001 und im Januar 2002 eine zusätzliche Umlage entrichtet.

Lösung: Da der Grenzbetrag (für April 2008: 5527,91 €) nicht auf die Tage, für die Anspruch auf laufende Vergütung besteht, aufzuteilen ist, wird der Grenzbetrag nicht überschritten. Eine zusätzliche Umlage fällt deshalb im Monat April nicht an. Für die anderen Monate des Kalenderjahres darf kein Ausgleich vorgenommen werden.

Jahressonderzahlung

Im Monat der Zahlung der Jahressonderzahlung kann der Grenzbetrag erhöht werden. Dies gilt jedoch nur dann, wenn der Versicherte tatsächlich eine zusatzversorgungspflichtige Jahressonderzahlung erhält. Selbst wenn lediglich ein Teil der Jahressonderzahlung zusatzversorgungspflichtig ist (§ 62 Abs. 2 Satz 1 Buchst. d und Buchst. e d. S.), darf der Grenzbetrag um die tarifvertragliche Jahressonderzahlung (z. B. nach TVöD für 2008 = 60,00 v. H) erhöht werden (vgl. Teil G 3.).

Beispiel 1

Sachverhalt: Die Beschäftigte war in der Zeit ab 1. Januar bis 20. April in Mutterschutz und erhält ab 21. April durchgehend
- ein laufendes zusatzversorgungspflichtiges Entgelt in Höhe von 3750,00 €,
- eine Jahressonderzahlung von 3562,50 €.

Für die Beschäftigte wurde bereits im Dezember 2001 und im Januar 2002 eine zusätzliche Umlage entrichtet.

Lösung: Von der Jahressonderzahlung sind nur $^{9}/_{12}$ zusatzversorgungspflichtig, weil in den Monaten Januar bis März keine Umlagen angefallen sind (§ 62 Abs. 2 Satz 1 Buchst. e d. S.). Da die Jahressonderzahlung zusatzversorgungspflichtig ist, darf der Grenzbetrag um die Jahressonderzahlung erhöht werden.

Eine zusätzliche Umlage fällt nicht an, weil der erhöhte Grenzbetrag nicht überschritten wird.

Ausscheiden während eines Kalenderjahres

Scheidet ein Versicherter während eines Kalenderjahres zum Monatsende aus dem Arbeitsverhältnis aus und übersteigt das zusatzversorgungspflichtige Entgelt im Monat des Ausscheidens den Grenzwert, so erhöht sich dieser nur dann, wenn der Versicherte eine zusatzversorgungspflichtige Jahressonderzahlung – Teilzuwendung – erhält.

Wie werden Umlagen und Beiträge errechnet?

Ausscheiden während eines Monats

Scheidet ein Versicherter während eines Monats aus dem Arbeitsverhältnis aus und erhält der Versicherte eine Teilvergütung, ist der Grenzbetrag (ggf. der erhöhte Grenzbetrag) nicht auf die entsprechenden Tage umzurechnen, für die Anspruch auf Vergütung besteht.

Beispiel

Sachverhalt: Der Beschäftigte scheidet zum 15. Juni aus dem Arbeitsverhältnis aus und beginnt am 1. Juli bei einem neuen Arbeitgeber im öffentlichen Dienst.

Die Vergütung für die Zeit vom 1. Juni bis 15. Juni beträgt 2000,00 € ($^{15}/_{30}$ aus 4000,00 €). Außerdem wird Überstundenvergütung in Höhe von 800,00 € für die in den Monaten April und Mai geleisteten Überstunden gewährt.

Für den Beschäftigten wurde bereits im Dezember 2001 und im Januar 2002 eine zusätzliche Umlage entrichtet.

Lösung: Da der Grenzbetrag (für Juni 2008: 5934,06 €, im Beitrittsgebiet: 5756,05 €) nicht auf die Tage 1. bis 15. Juni aufzuteilen ist, wird der Grenzbetrag nicht überschritten. Eine zusätzliche Umlage fällt somit nicht an.

Auch in der Zukunft ist keine zusätzliche Umlage zu zahlen, da nach einem Arbeitgeberwechsel keine zusätzliche Umlage mehr anfällt.

3.3 Fälligkeit der Umlagen, Beiträge und Sanierungsgelder

Umlagen, Beiträge, Eigenbeteiligungen und Sanierungsgelder müssen gleichzeitig mit der Auszahlung des zusatzversorgungspflichtigen Entgelts an den versicherten Beschäftigten bei der Zusatzversorgungseinrichtung eingehen (Fälligkeit gemäß § 65 d. S.).

Umlagen, Beiträge, Eigenbeteiligungen und Sanierungsgelder, die nicht bis zum Ende des Kalendermonats der Fälligkeit bei der Zusatzversorgungskasse eingehen, sind ab diesem Zeitpunkt zu verzinsen (§ 65 d. S.). Es ist daher dringend anzuraten, die fälligen Zahlungen rechtzeitig zu überweisen.

Dies gilt auch nach der Änderung des § 36 BAT und des § 26a BMT-G II (jetzt § 24 TVöD), wonach der Zahlungstermin der Gehälter und Löhne ab Dezember 2003 verschoben wird. Demnach werden Gehälter und Löhne nicht mehr am 15. des laufenden Monats, sondern erst am letzten Tag des jeweiligen Monats gezahlt.

Dies bedeutet, dass gleichzeitig mit der Zahlung des Gehalts auch die Zahlung an die Zusatzversorgungskasse zu erfolgen hat.

Wie werden Umlagen und Beiträge errechnet?

Entrichtet der Arbeitgeber die Umlagen, Beiträge, Eigenbeteiligungen und Sanierungsgelder erst nach der Fälligkeit, erfolgt vom ersten Tag des folgenden Kalendermonats an eine Verzinsung (§ 65 d. S.); unerheblich ist hierbei, ob den Arbeitgeber an der verspäteten Zahlung ein Verschulden trifft. Dies hängt damit zusammen, dass finanzierungstechnisch betrachtet die Verzinsung den Nachteil der verspäteten Kapitalanlage durch die Zusatzversorgungskasse ausgleichen soll.

Aus Gründen der Rechnungsabgrenzung sollten alle im Kalenderjahr fälligen Zahlungen unbedingt bis 31. Dezember des Kalenderjahres überwiesen sein.

Die nachfolgenden Ausführungen gelten nicht für alle Zusatzversorgungskassen. Die Überweisungsmodalitäten sind bei den einzelnen Zusatzversorgungskassen zu erfragen.

Bei der Zusatzversorgungskasse der bayerischen Gemeinden werden die Einzahlungen aufgrund der Angaben im Verwendungszweck automatisch auf das Konto des Arbeitgebers verbucht. Hierzu ist es notwendig, dass der Arbeitgeber fest vorgegebene Buchungsschlüssel bei der Überweisung in dem jeweiligen Verwendungszweck angibt.

Der Verwendungszweck muss bei der Überweisung von Umlagen und Zusatzbeiträgen folgende Informationen enthalten:

- Mitgliedsnummer oder Abrechnungsstellennummer
- Vertragsart: bei Zahlungen der Abrechnungsstelle ist dies immer „AS"
- das Kürzel „BS" für Buchungsschlüssel
- den sechsstelligen Buchungsschlüssel zur Zuordnung der Zahlung (siehe unten)

Die Informationen sind jeweils durch einen Bindestrich zu trennen; Leerzeichen dürfen nicht enthalten sein.

Daraus ergibt sich folgendes Muster:

123456-AS-BS-111020

Der Arbeitgeber darf keine weiteren Angaben oder Erläuterungen im Verwendungszweck machen, da diese aufgrund der automatischen Verarbeitung nicht beachtet werden können.

Aus folgender Aufstellung kann der entsprechende Buchungsschlüssel entnommen werden:

Einzelzahlungen:

Eine Einzelzahlung ist die „normale" Überweisung durch ein Mitglied, wobei nur eine Mitgliedsnummer/Abrechnungsnummer verwendet wird, sowie ein Buchungsschlüssel (jeweils für die getrennte Überweisungen von Umlagen bzw. Zusatzbeiträgen).

Wie werden Umlagen und Beiträge errechnet?

Buchungs-schlüssel	Art der Zahlung
111020	Umlage – Zahlung für das laufende Jahr
111021	Umlage – Zahlung für das Vorjahr
111022	Umlage – Einzahlung der Abrechnungsschuld
112020	Zusatzbeitrag – Zahlung für das laufende Jahr
112021	Zusatzbeitrag – Zahlung für das Vorjahr
112022	Zusatzbeitrag – Einzahlung der Abrechnungsschuld
113020	Pflichtbeitrag (Beitrag Abrechnungsverband II) – Zahlung für das laufende Jahr
113021	Pflichtbeitrag – Zahlung für das Vorjahr
113022	Pflichtbeitrag – Einzahlung der Abrechnungsschuld

Sammelzahlungen:

Eine Sammelzahlung liegt nur dann vor, wenn eine Gehaltsabrechnungsstelle Beträge für mehrere Abrechnungsstellen/Mitglieder überweisen.

Buchungs-schlüssel	Art der Zahlung
111030	Umlage – Sammeleinzahlung
112030	Zusatzbeitrag – Sammeleinzahlung
113030	Pflichtbeitrag (Beitrag Abrechnungsverband II) – Sammeleinzahlung

Zusätzlich muss der Arbeitgeber in diesen Fällen je Überweisung per Avis mitteilen, welche Einzelzahlungen für welche Abrechnungsstellen im Überweisungsbetrag enthalten sind. Mögliche Buchungsschlüssel sind hier:

Buchungs-schlüssel	Art der Zahlung
111035	Umlage – Zahlung für das laufende Jahr
111036	Umlage – Zahlung für das Vorjahr
111037	Umlage – Einzahlung der Abrechnungsschuld
112035	Zusatzbeitrag – Zahlung für das laufende Jahr

Wie werden Umlagen und Beiträge errechnet?

Buchungs-schlüssel	Art der Zahlung
112036	Zusatzbeitrag – Zahlung für das Vorjahr
112037	Zusatzbeitrag – Einzahlung der Abrechnungsschuld
113035	Pflichtbeitrag (Beitrag Abrechnungsverband II) – Zahlung für das laufende Jahr
113036	Pflichtbeitrag – Zahlung für das Vorjahr
113037	Pflichtbeitrag – Einzahlung der Abrechnungsschuld

Andere Zahlungen als die Vorgenannten dürfen nicht in Sammelzahlungen enthalten sein, sondern müssen entsprechend dem jeweiligen Anforderungsschreiben gesondert als Einzelüberweisung erfolgen.

Die einzelnen Einträge in den Avismeldungen sollten analog zum Verwendungszweck die nötigen Angaben in der Reihenfolge „Partnernummer – Buchungsschlüssel – Betrag" enthalten. Partnernummer ist dabei die Mitgliedsnummer oder Abrechnungsstellennummer.

Buchungstag

Zu beachten ist bei der Wahl des richtigen Buchungsschlüssels, dass er zum Buchungstag des Geldeingangs bei der Zusatzversorgungskasse passen muss.

Beispiel:

Wird die Überweisung am 30.12.2007 mit dem Schlüssel 111020 (= Umlage für das laufende Jahr) veranlasst (da sie für das Jahr 2007 gelten soll), aber erst mit Buchungstag 2.1.2008 der ZVK gutgeschrieben, dann gilt sie lt. Buchungsschlüssel für das Jahr 2008 (= das dem Buchungstag entsprechende „laufende Jahr"). Es wäre also der Schlüssel 112021 zu wählen, da die Buchung erst im Jahr 2008 erfolgt, die Zahlung jedoch noch dem Jahr 2007 zugeordnet werden soll.

Rückforderung von Fehlüberweisungen

Hat der Arbeitgeber Buchungen vorgenommen, die fehlerhaft sind, so können diese Zahlungen jederzeit bei der Zusatzversorgungskasse per Mail, Brief oder Anruf zurückgefordert werden.

3.4 Eigenbeteiligung

Die Finanzierung der Zusatzversorgungskassen ist sehr unterschiedlich. So müssen sich bei einigen Zusatzversorgungskassen die Beschäftigten aufgrund tarifvertraglicher oder arbeitsvertraglicher Regelungen an den Kosten zur Zusatzversorgung beteiligen. Ist eine Beteiligung der Beschäftigten an der Finanzierung tarifvertraglich nicht vorgesehen, können tarif-

Wie werden Umlagen und Beiträge errechnet?

gebundene Arbeitgeber eine solche Beteiligung ihrer Beschäftigten auch nicht arbeitsrechtlich vereinbaren.

Soweit Arbeitgeber nicht tarifgebunden sind, kann allerdings eine Eigenbeteiligung arbeitsvertraglich vereinbart werden. Schuldner der Umlagen- und Beitragszahlungen gegenüber der Zusatzversorgungskasse bleibt der Arbeitgeber; intern – also innerhalb des Beschäftigungsverhältnisses – kann jedoch eine Beteiligung der Beschäftigten an der Finanzierung erfolgen.

3.4.1 Eigenbeteiligung an der Umlage

Soweit die Eigenbeteiligung an der Umlage erfolgt, ist der Anteil, den die Beschäftigten selbst getragen haben, individuell zu versteuern. In der Meldung zur Zusatzversorgung erscheint damit der gesamte Umlagenbetrag (Arbeitgeber- und Arbeitnehmeranteil) in einer Summe und wird mit folgenden Buchungsschlüssel gemeldet:

Einzahler	Versicherungsmerkmal	Versteuerungsmerkmal
01	10	10 oder 01

Einzahler 01	= Arbeitgeber
Versicherungsmerkmal 10	= Umlage aus zusatzversorgungspflichtigem Entgelt
Versteuerungsmerkmal 10	= Mischversteuerung zwischen Pauschalversteuerung nach § 40b EStG und individueller Versteuerung der Umlage
Versteuerungsmerkmal 01	= Sofern eine vom Arbeitgeber gezahlte Umlage nach § 3 Nr. 56 EStG steuerfrei ist

Die Beschäftigten erwerben durch die Eigenbeteiligung an der Umlage keinen zusätzlichen Rentenanspruch. Wird die Wartezeit nicht erfüllt, so erhalten die Beschäftigten keine Rente – auch nicht aus dem von ihnen selbst getragenen Umlagenanteil. Eine Riester-Förderung bei Eigenbeteiligung an der Umlage ist ebenfalls nicht möglich, da diese Förderung Einzahlungen in ein kapitalgedecktes System voraussetzt.

3.4.2 Eigenbeteiligung am Beitrag

Soweit eine Eigenbeteiligung am Zusatzbeitrag erfolgt, muss der von den Beschäftigten zu tragende Teil nach Ansicht der Finanzverwaltung individuell versteuert werden. Die Steuerfreiheit des Zusatzbeitrages nach § 3 Nr. 63 EStG gilt nicht für den Beitrag der Beschäftigten. Damit liegen bei einem (versteuerten) Zusatzbeitrag, den die Beschäftigten finanzieren,

Wie werden Umlagen und Beiträge errechnet?

versteuerte Beiträge in eine kapitalgedeckte Altersversorgung vor und die Beschäftigten können insoweit die staatliche Riester-Förderung beanspruchen.

Die Versicherten erwerben aus dem von ihnen finanzierten Anteil eine sofort unverfallbare Anwartschaft. Sofern die Versicherten bei Eintritt des Versicherungsfalls die allgemeine Wartezeit (60 Monate mit Aufwendungen) nicht erfüllt haben, hat dies zur Folge, dass sie insoweit einen anteiligen Rentenanspruch für die Anwartschaften aus dieser Eigenbeteiligung und eventuellen Riester-Zulagen erhalten können.

Dabei gilt Folgendes:

▶ Im Falle einer Erwerbsminderungsrente – ohne erfüllte Wartezeit von 60 Umlage-/Beitragsmonaten – ist dann ein anteiliger Rentenanspruch gegeben, wenn zwischen dem Beginn des Beschäftigungsverhältnisses, für das ein Arbeitnehmerbeitrag entrichtet wurde, und dem Beginn der Betriebsrente mindestens 60 Kalendermonate liegen. Hier ist also der reine Zeitablauf von 60 Monaten ausreichend, während für die allgemeine Wartezeiterfüllung 60 Monate mit Umlagen-/Beitragszahlungen vorliegen müssen. Die Rentenleistung erfolgt dann aus den zu verrentenden eigenen Beiträgen der Beschäftigten.

▶ Ist im Falle einer Altersrente die allgemeine Wartezeit (60 Umlage-/Beitragsmonate) nicht erfüllt, entsteht ohne weitere Voraussetzung aus dem von den Beschäftigten selbst getragenen Finanzierungsaufwand ein anteiliger Rentenanspruch.

Soweit daher eine Eigenbeteiligung am Zusatzbeitrag bereits vorliegt oder in Zukunft vereinbart werden sollte, muss dies in den Meldungen zur Zusatzversorgung erkennbar werden. Daher ist in den Meldungen danach zu unterscheiden, wer Einzahler ist (Arbeitgeber oder Beschäftigte) und ob der Zusatzbeitrag steuerfrei einbezahlt oder versteuert wurde.

Damit gelten in der Regel folgende Meldeschlüssel:

Einzahler	Versicherungsmerkmal	Versteuerungsmerkmal
01	20	01
03	20	03

Einzahler 01 = Arbeitgeber
Einzahler 03 = Beschäftigter mit Eigenbeteiligung
Versicherungsmerkmal 20 = Zusatzbeitrag

Meldebeispiele für untersch. finanz. Zusatzversorgungseinrichtungen

Versteuerungsmerkmal 01 = nach § 3 Nr. 63 EStG steuerfrei gezahlter Beitrag

Versteuerungsmerkmal 03 = nach §§ 2 und 19 EStG individuell versteuerter Beitrag

Das zusatzversorgungspflichtige Entgelt ist im Fall einer Eigenbeteiligung am Zusatzbeitrag aufzuteilen.

▶ **Beispiel:**

Jahreseinkommen 40 000 €

Zusatzbeitrag 4 v. H., davon trägt der Arbeitgeber 3 v. H. und der Beschäftigte 1 v. H.

Einzahler	Versicherungsmerkmal	Versteuerungsmerkmal	ZV-Entgelt	Umlage/Beitrag
01	10	10	40 000 €	1 900 €
01	20	01	30 000 €	1 200 €
03	20	03	10 000 €	400 €

4. Meldebeispiele für unterschiedlich finanzierte Zusatzversorgungseinrichtungen

In den in Teil E dargestellten Meldebeispielen handelt es sich um Meldungen, die an eine mischfinanzierte Zusatzversorgungseinrichtung im Tarifgebiet West abgegeben werden. Nachdem es nicht möglich ist, für jedes Meldebeispiel alle Fallvarianten der unterschiedlich finanzierten Zusatzversorgungseinrichtungen darzustellen, sind in den folgenden Punkten exemplarische Darstellungen zusammengefasst.

Meldebeispiele für untersch. finanz. Zusatzversorgungseinrichtungen

4.1 Rein umlagefinanzierte Zusatzversorgungseinrichtungen (evtl. mit Eigenbeteiligung an der Umlage und Sanierungsgeld)

Beispiel Umlagefinanzierte Zusatzversorgungseinrichtung

Sachverhalt	Der zusatzversorgungspflichtige Verdienst eines Beschäftigten beträgt im Jahr 2008 25 000,00 €. Der Umlagesatz beträgt 6,45 v. H. Das Sanierungsgeld beträgt 2 v. H. Die Eigenbeteiligung an der Umlage beträgt 1,41 v. H.
Lösung	Die Zeit der Beschäftigung ist mit dem Buchungsschlüssel 01 10 10 bzw. 01 10 01 zu melden. Für jeden Versicherungsabschnitt mit dem Versicherungsmerkmal 10 muss auch ein weiterer Versicherungsabschnitt mit dem Buchungsschlüssel 01 19 10 gebildet werden. Die Eigenbeteiligung wird nicht gemeldet.

Meldung der Versicherungsabschnitte

Versicherungsabschnitte		Buchungsschlüssel			ZV-Entgelt		Umlage/Beitrag		Elternzeit-bezogene Kinderzahl
Beginn	Ende	Ein-zahler	Versiche-rungs-merkmal	Versteue-rungs-merkmal	€	Cent	€	Cent	
				Jahresmeldung 2008					
1.1.2008	31.12.2008	01	10	10	15 139,53		976,50		
1.1.2008	31.12.2008	01	10	01	9 860,47		636,00		
1.1.2008	31.12.2008	01	19	10	25 000,00		500,00		

Hinweis:

Bei einzelnen Zusatzversorgungseinrichtungen ist der Versicherungsabschnitt mit dem Sanierungsgeld (01 19 10) nicht zu melden, da dieser von der Zusatzversorgungseinrichtung selbst ermittelt wird. Setzen Sie sich deswegen mit Ihrer zuständigen Zusatzversorgungseinrichtung in Verbindung.

Meldebeispiele für untersch. finanz. Zusatzversorgungseinrichtungen

4.2 Rein kapitalfinanzierte Zusatzversorgungseinrichtungen

Beispiel 1 kapitalfinanzierte Zusatzversorgungseinrichtung

Sachverhalt	Der zusatzversorgungspflichtige Verdienst eines Beschäftigten beträgt im Jahr 2008 25 000,00 €. Der Beitragssatz beträgt 4 v. H.
Lösung	Die Zeit der Beschäftigung ist mit dem Buchungsschlüssel 01 15 01 zu melden, sofern der Beitrag nach § 3 Nr. 63 EStG steuerfrei gezahlt werden kann. Über diesen Grenzwert hinaus gezahlte Beiträge können pauschal versteuert werden (Buchungsschlüssel 01 15 02) oder individuell versteuert werden (Buchungsschlüssel 01 15 03). Nach dem Alterseinkünftegesetz ist eine Pauschalversteuerung von Beiträgen nach § 40b EStG nur für vor dem 31.12.2004 erteilte Versorgungszusagen möglich.

Meldung der Versicherungsabschnitte

Versicherungsabschnitte		Buchungsschlüssel			ZV-Entgelt		Umlage/Beitrag		Elternzeitbezogene Kinderzahl
Beginn	Ende	Einzahler	Versicherungsmerkmal	Versteuerungsmerkmal	€	Cent	€	Cent	
1.1.2008	31.12.2008	01	15	01	25 000,00		1 000,00		

4.3 Mischfinanzierte Zusatzversorgungseinrichtungen

Beispiel 1 mischfinanzierte Zusatzversorgungseinrichtung mit Eigenbeteiligung an der Umlage

Sachverhalt	Der zusatzversorgungspflichtige Verdienst eines Beschäftigten beträgt im Jahr 2008 25 000,00 €. Der Umlagesatz beträgt 4,75 v. H. Der Zusatzbeitrag beträgt 4 v. H.
Lösung	Die Zeit der Beschäftigung ist mit dem Buchungsschlüssel 01 10 10 zu melden. Ein nach § 3 Nr. 56 EStG steuerfreier Teil der Umlage müsste mit dem Buchungsschlüssel 01 10 01 gemeldet werden. Für jeden Versicherungsabschnitt mit dem Versicherungsmerkmal 10 muss auch ein weiterer Versicherungsabschnitt mit dem Buchungsschlüssel 01 20 01 gebildet werden, sofern der Zusatzbeitrag nach § 3 Nr. 63 EStG steuerfrei eingezahlt werden kann. Ein nach § 40b EStG pauschal versteuerter Zusatzbeitrag wäre mit Buchungsschlüssel 01 20 02, ein individuell versteuerter Zusatzbeitrag wäre mit Buchungsschlüssel 01 20 03 zu melden. Eine ggf. anfallende Eigenbeteiligung an der Umlage wird nicht gemeldet.

Meldung der Versicherungsabschnitte

Versicherungsabschnitte		Buchungsschlüssel			ZV-Entgelt		Umlage/Beitrag		Elternzeitbezogene Kinderzahl
Beginn	Ende	Einzahler	Versicherungsmerkmal	Versteuerungsmerkmal	€	Cent	€	Cent	
1.1.2008	31.12.2008	01	10	10	25 000,00		1 187,50		
1.1.2008	31.12.2008	01	20	01	25 000,00		1 000,00		

Meldebeispiele für untersch. finanz. Zusatzversorgungseinrichtungen

Beispiel 2 mischfinanzierte Zusatzversorgungseinrichtung mit Eigenbeteiligung am Zusatzbeitrag

Sachverhalt	Der zusatzversorgungspflichtige Verdienst eines Beschäftigten beträgt im Jahr 2008 25 000,00 €. Der Umlagesatz beträgt 4,75 v. H. Der Zusatzbeitrag beträgt 4 v. H., davon trägt der Arbeitgeber 3 v. H., der Beschäftigte 1 v. H.
Lösung	Die Zeit der Beschäftigung ist mit dem Buchungsschlüssel 01 10 10 zu melden. Ein nach §3 Nr. 56 EStG steuerfreier Teil der Umlage müsste mit dem Buchungsschlüssel 01 10 01 gemeldet werden. Für jeden Versicherungsabschnitt mit dem Versicherungsmerkmal 10 muss auch ein weiterer Versicherungsabschnitt mit dem Buchungsschlüssel 01 20 01 gebildet werden, sofern der Zusatzbeitrag nach §3 Nr. 63 EStG steuerfrei eingezahlt werden kann. Ein nach §40b EStG pauschal versteuerter Zusatzbeitrag wäre mit Buchungsschlüssel 01 20 02, ein individuell versteuerter Zusatzbeitrag wäre mit Buchungsschlüssel 01 20 03 zu melden. Eine ggf. anfallende Eigenbeteiligung an der Umlage wird nicht gemeldet. Die Eigenbeteiligung am Zusatzbeitrag ist mit dem Buchungsschlüssel 03 20 03 zu melden.

Meldung der Versicherungsabschnitte

Versicherungsabschnitte		Buchungsschlüssel			ZV-Entgelt		Umlage/Beitrag		Elternzeitbezogene Kinderzahl
Beginn	Ende	Einzahler	Versicherungsmerkmal	Versteuerungsmerkmal	€	Cent	€	Cent	
1.1.2008	31.12.2008	01	10	10	25 000,00		1 187,50		
1.1.2008	31.12.2008	01	20	01	18 750,00		750,00		
1.1.2008	31.12.2008	03	20	03	6 250,00		250,00		

5. Wie werden Umlagen und Beiträge steuerrechtlich und sozialversicherungsrechtlich behandelt?

5.1 Steuerrechtliche Behandlung

5.1.1 Umlagen

Umlagen sind Aufwendungen des Arbeitgebers für die Zukunftssicherung des Beschäftigten i. S. d. Steuerrechts. Sie sind daher lohnsteuerpflichtiger Bezug. Grundlagen für die steuerrechtliche Behandlung der Umlage sind §§ 40b, 3 Nr. 56 EStG und § 3 Nr. 62 EStG.

Werden Umlagen aufgrund einer gesetzlichen Vorschrift gezahlt, so besteht für diese nach § 3 Nr. 62 EStG Steuerfreiheit. So besteht zum Beispiel für die während eines Wehr- oder Zivildienstes weiter zu entrichtenden Umlagen Steuerfreiheit, da diese aufgrund des Arbeitsplatzschutzgesetzes bzw. Zivildienstgesetzes gezahlt werden müssen.

Eine Steuerfreistellung der Umlage ab 2008 nach § 3 Nr. 56 EStG oder eine Pauschalversteuerung von Umlagen nach § 40b EStG kann ansonsten nur im ersten Dienstverhältnis erfolgen, also nicht, wenn ein Arbeitsverhältnis z. B. mit der Lohnsteuerklasse VI abgerechnet wird. Wird ein Arbeitsverhältnis mit Lohnsteuerklasse VI abgerechnet, so ist die Umlage individuell zu versteuern.

Für geringfügig Beschäftigte oder Minijobs kann evtl. nach § 40a Abs. 2 EStG eine besondere Form der Pauschalversteuerung in Höhe von 2 v. H. angewendet werden.

Die Umlage ist nach § 3 Nr. 56 EStG ab dem 1.1.2008 mit 1 v. H. der Beitragsbemessungsgrenze, ab 2014 2 v. H., ab 2020 3 v. H. und ab 2025 4 v. H. der Beitragsbemessungsgrenze in einem ersten Dienstverhältnis pro Jahr steuerfrei zu stellen. Der Grenzwert nach § 3 Nr. 56 EStG ist jedoch um steuerfreie Beiträge nach § 3 Nr. 63 EStG zu vermindern. Bei Beiträgen nach § 3 Nr. 63 EStG könnte es sich zum Beispiel um Zusatzbeiträge oder um Beiträge zu einer Entgeltumwandlung in den Durchführungswegen Pensionskasse, Pensionsfonds oder Direktversicherung handeln.

Übersteigen im Laufe eines Kalenderjahres die Beiträge nach § 3 Nr. 63 EStG den Grenzwert nach § 3 Nr. 56 EStG, so müssen eventuell steuerfrei belassene Umlagen rückwirkend versteuert werden.

Der Grenzbetrag nach § 3 Nr. 56 EStG ist ein Jahresbetrag und kann dabei auf 12 gleiche Monatsteile (Verteilmodell) aufgeteilt werden, oder die Umlage kann solange in voller Höhe steuerfrei gestellt werden, bis der Grenzbetrag nach § 3 Nr. 56 EStG aufgebraucht ist (Aufzehrmodell).

Wie werden Umlagen und Beiträge behandelt?

Ebenso gilt er in voller Höhe pro Arbeitsverhältnis, d. h. bei einem Arbeitgeberwechsel muss er in dem alten Arbeitsverhältnis (sofern genug Umlagen vorhanden waren) in voller Höhe verbraucht sein und muss in dem neuen Arbeitsverhältnis wieder neu voll angewendet werden.

Nicht steuerfrei zu stellende Umlagen können nach § 40b EStG pauschal versteuert werden.

Ein tarifgebundener Arbeitgeber hat die Umlage bis zu einem Betrag von monatlich 89,48 € pauschal zu versteuern (§ 16 Abs. 2 ATV-K). Für den Versichertenbereich der Versorgungsanstalt des Bundes und der Länder gilt ein pauschal zu versteuernder Betrag vom monatlich 92,03 €.

Der Steuersatz für die Pauschalbesteuerung beträgt 20 v. H. Aus dieser Pauschalsteuer sind zudem noch eine pauschale Kirchensteuer und ein pauschaler Solidaritätszuschlag zu entrichten. Den über den Höchstbetrag von 89,48 € bzw. 92,03 € hinausgehenden Betrag an Umlagen muss der Beschäftigte individuell versteuern.

Ein nicht tarifgebundener Arbeitgeber kann den Jahresgrenzbetrag zur Pauschalversteuerung nach § 40b EStG in Höhe von 1752,00 € voll ausschöpfen. Dabei ist es unerheblich, ob dieser Jahresbetrag in 12 gleiche Monatsteile à 146,00 € aufgeteilt wird, oder ob die gesamte Umlage so lange pauschal versteuert wird, bis der Jahresbetrag aufgebraucht ist.

Nicht tarifgebundene Arbeitgeber können zudem bei der Pauschalierung der Lohnsteuer nach § 40b EStG für die Umlagen ein Durchschnittsberechnungsverfahren anwenden. Bei Gruppenversicherungsverträgen kann ein Durchschnittswert aller Beschäftigter zugrundegelegt werden, wobei Beschäftigte, für die der Arbeitgeber mehr als 2148,00 € **pauschal zu versteuernde Umlagen** im Jahr zahlt, nicht berücksichtigt werden dürfen.

Steuerfreie Beiträge nach § 3 Nr. 63 EStG sind bei der Durchschnittsberechnung nicht heranzuziehen.

Übersteigt die Summe aller pauschal zu versteuernden Umlagen nach Anwendung des § 3 Nr. 56 EStG (max. jedoch 2.148,00 € pro Beschäftigten) geteilt durch die Anzahl der Beschäftigten nicht den Wert von 1.752,00 €, so ist diese jeweilige Umlage für jeden Arbeitnehmer der Pauschalbesteuerung zugrunde zu legen.

Wie werden Umlagen und Beiträge behandelt?

Beispiel:

Ein Arbeitgeber zahlt nach Steuerfreistellung der Umlage gemäß § 3 Nr. 56 EStG noch für

15 Beschäftigte eine Umlage von 1 100,00 € im Jahr
3 Beschäftigte eine Umlage von 2 000,00 € im Jahr und
1 Beschäftigten von 2 200,00 € im Jahr.

Lösung:
Der Beschäftigte mit 2 200,00 € Umlagen im Jahr darf zur Durchschnittsberechnung nicht herangezogen werden, da der Umlagenwert über 2 148,00 € liegt. Für alle anderen Beschäftigten ergibt sich folgender Durchschnitt:

15 × 1 100,00 €   = 16 500,00 €
3 × 2 000,00 €   = 6 000,00 €
Summe   22 500,00 € : 18 Beschäftigte = 1 250,00 €

Nachdem der Durchschnittswert unter 1 752,00 € liegt, können die Umlagen der Beschäftigten mit 2 000,00 € Umlagenaufkommen pauschal versteuert werden.

Das Alterseinkünftegesetz bringt für umlagefinanzierte und mischfinanzierte Zusatzversorgungseinrichtungen keine Änderungen, d. h. die Umlage wird ab dem 1.1.2005 auch weiterhin im Rahmen des § 40b EStG n. F. pauschal versteuert.

Nach Berücksichtigung des steuerfreien Teils der Umlage nach § 3 Nr. 56 EStG und je nach Höhe des Umlagesatzes ergibt sich für den Beschäftigten damit ein Grenzbetrag, ab dem er einen Teil der Umlage selbst zu versteuern hat.

Der Grenzbetrag errechnet sich wie folgt:

Summe aus steuerfreier und pauschal versteuerter Umlage : Umlagesatz v. H. = Grenzbetrag

Der jeweilige monatliche Pauschalbesteuerungsbetrag gilt für jeden Monat des Kalenderjahres, unabhängig davon, ob

▶ im Laufe eines Kalenderjahres alle Monate mit zusatzversorgungspflichtigem Entgelt belegt sind,
▶ sich das zusatzversorgungspflichtige Entgelt im Laufe des Kalenderjahres ändert,
▶ zum laufenden zusatzversorgungspflichtigen Entgelt eine Jahressonderzahlung gezahlt wird.

Werden Umlagen nachentrichtet, sind diese im Monat der Nachentrichtung (Zuflussprinzip) steuerpflichtig. Es verbleibt beim jeweiligen monatlichen Pauschalbesteuerungsbetrag.

Wie werden Umlagen und Beiträge behandelt?

Beispiel 1 Umlagen steuerfrei und pauschal versteuert

Sachverhalt: Ein Beschäftigter bezieht im Monat Januar 2008 ein zusatzversorgungspflichtiges Entgelt von 1500,00 €.
Der Grenzwert nach § 3 Nr. 56 EStG (2008: 636,00 €) wird auf 12 gleiche Monatsteile (2008: 53,00 €) aufgeteilt.
Bei einem Umlagesatz von z. B. 4,75 v. H. ergibt sich eine Umlage von 71,25 €.
Pauschalversteuerungsgrenze: 89,48 € monatlich

Lösung: Von der Umlage in Höhe von 71,25 € sind 53,00 € steuerfrei. Der restliche Umlagebetrag in Höhe von 18,25 € kann pauschal versteuert werden, da der monatliche Grenzbetrag zur Pauschalversteuerung von 89,48 € nicht überschritten wird.

Beispiel 2 Umlagen steuerfrei, pauschal und individuell versteuert

Sachverhalt: Ein Beschäftigter bezieht im Monat Januar 2008 ein zusatzversorgungspflichtiges Entgelt von 3500,00 €.
Der Grenzwert nach § 3 Nr. 56 EStG (2008: 636,00 €) wird auf 12 gleiche Monatsteile (2008: 53,00 €) aufgeteilt.
Bei einem Umlagesatz von z. B. 4,75 v. H. ergibt sich eine Umlage von 166,25 €.
Pauschalversteuerungsgrenze: 89,48 € monatlich

Lösung: Von der Umlage in Höhe von 166,25 € sind 53,00 € steuerfrei. Es verbleiben 113,25 €, die bis zu 89,48 € pauschal versteuert werden können. Die restliche Umlage in Höhe von 23,77 € (166,25 € ./. 53,00 € ./. 89,48 €) ist individuell zu versteuern.

Beispiel 3 Umlagen und zusätzliche Umlagen

Sachverhalt: Ein Beschäftigter bezieht im Monat Juni 2008 ein zusatzversorgungspflichtiges Entgelt von 6500,00 €.
Der Grenzwert nach § 3 Nr. 56 EStG (2008: 636,00 €) wird auf 12 gleiche Monatsteile (2008: 53,00 €) aufgeteilt.
Pauschalversteuerungsgrenze: 89,48 € monatlich
Bei einem Betrag von 6500,00 € ergibt sich bei einem Umlagesatz von z. B. 4,75 v. H.
a) eine Umlage von 308,75 €
und
b) eine zusätzliche Umlage von 9 v. H. aus (6500,00 € ./. 5934,06[1]) =) 565,94 €, somit 50,93 €
insgesamt 359,68 €.

Lösung: Von der Umlage in Höhe von 359,68 € sind 53,00 € steuerfrei. Es verbleiben 306,68 €, die bis zu 89,48 € pauschal versteuert werden können. Die restliche Umlage in Höhe von 217,20 € (359,68 € ./. 53,00 € ./. 89,48 €) ist individuell zu versteuern.

---

1) Grenzwert: 1,133 × Entgeltgruppe 15 Endstufe für Juni 2008.

Wie werden Umlagen und Beiträge behandelt?

Beispiel 4 Umlagen (steuerfrei und pauschal versteuert) und Zusatzbeitrag

Sachverhalt: Ein Beschäftigter bezieht im Monat Januar 2008 ein zusatzversorgungspflichtiges Entgelt von 1000,00 €.

Der Grenzwert nach § 3 Nr. 56 EStG (2008: 636,00 €) wird auf 12 gleiche Monatsteile (2008: 53,00 €) aufgeteilt.

Bei einem Umlagesatz von z. B. 4,75 v. H. ergibt sich eine Umlage von 47,50 €.

Bei einem Zusatzbeitragssatz von 4,00 v. H. ergibt sich ein Zusatzbeitrag von 40,00 €.

Pauschalversteuerungsgrenze: 89,48 € monatlich

Lösung: Von dem Grenzbetrag nach § 3 Nr. 56 EStG (53,00 €) sind Beiträge nach § 3 Nr. 63 EStG (40,00 €) abzuziehen. Von der Umlage in Höhe von 47,50 € sind 13,00 € steuerfrei. Der restliche Umlagebetrag in Höhe von 34,50 € kann pauschal versteuert werden, da der monatliche Grenzbetrag zur Pauschalversteuerung von 89,48 € nicht überschritten wird.

Beispiel 5 Umlagen (steuerfrei, pauschal und individuell versteuert) und Zusatzbeitrag

Sachverhalt: Ein Beschäftigter bezieht im Monat Januar 2008 ein zusatzversorgungspflichtiges Entgelt von 3500,00 €.

Der Grenzwert nach § 3 Nr. 56 EStG (2008: 636,00 €) wird auf 12 gleiche Monatsteile (2008: 53,00 €) aufgeteilt.

Bei einem Umlagesatz von z. B. 4,75 v. H. ergibt sich eine Umlage von 166,25 €.

Bei einem Zusatzbeitragssatz von 4,00 v. H. ergibt sich ein Zusatzbeitrag von 140,00 €.

Pauschalversteuerungsgrenze: 89,48 € monatlich

Lösung: Von dem Grenzbetrag nach § 3 Nr. 56 EStG (53,00 €) sind Beiträge nach § 3 Nr. 63 EStG (140,00 €) abzuziehen. Von der Umlage in Höhe von 166,25 € sind 0,00 € steuerfrei. Der Umlagebetrag in Höhe von 166,25 € kann bis zu 89,48 € pauschal versteuert werden. Die restliche Umlage in Höhe von 76,77 € ist individuell zu versteuern.

Wie werden Umlagen und Beiträge behandelt?

Beispiel 6 Umlagen, zusätzliche Umlagen und Zusatzbeitrag

Sachverhalt: Ein Beschäftigter bezieht im Monat Juni 2008 ein zusatzversorgungspflichtiges Entgelt von 6500,00 €.
Der Grenzwert nach § 3 Nr. 56 EStG (2008: 636,00 €) wird auf 12 gleiche Monatsteile (2008: 53,00 €) aufgeteilt.
Pauschalversteuerungsgrenze: 89,48 € monatlich.
Es handelt sich um eine Neuzusage.
Bei einem Betrag von 6500,00 € ergibt sich bei einem Umlagesatz von z. B. 4,75 v. H.

a) eine Umlage von 308,75 €
und
b) eine zusätzliche Umlage von 9 v. H. aus
(6500,00 € ./. 5934,06[1]) =) 565,94 €, somit 50,93 €
insgesamt 359,68 €.

Bei einem Betrag von 6500,00 € ergibt sich bei einem Zusatzbeitragssatz von z. B. 4,00 v. H.
ein Zusatzbeitrag in Höhe von 260,00 €

Lösung: Von dem Grenzbetrag nach § 3 Nr. 56 EStG (53,00 €) sind Beiträge nach § 3 Nr. 63 EStG (260,00 €) abzuziehen. Von der Umlage in Höhe von 359,68 € sind 0,00 € steuerfrei. Der Umlagebetrag in Höhe von 359,68 € kann bis zu 89,48 € pauschal versteuert werden. Die restliche Umlage in Höhe von 270,20 € ist individuell zu versteuern.

5.1.2 Zusatzbeiträge

Zusatzbeiträge sind Aufwendungen des Arbeitgebers für die Zukunftssicherung des Beschäftigten i. S. d. Steuerrechts.

Ein gegebenenfalls nach § 3 Nr. 63 EStG zu zahlender Zusatzbeitrag kann in einem ersten Dienstverhältnis bis zu 4 v. H. der Beitragsbemessungsgrenze in der gesetzlichen Rentenversicherung steuerfrei und sozialversicherungsfrei eingezahlt werden.

Dabei ist ab dem 1.1.2005 zu beachten, dass der Grenzbetrag nach § 3 Nr. 63 EStG steuerrechtlich und sozialversicherungsrechtlich pro Arbeitsverhältnis (nicht mit Steuerklasse VI) angewandt werden kann.

Kapitalfinanzierte Zusatzversorgungseinrichtungen können für neue Versorgungszusagen ab dem 1.1.2005 den Grenzbetrag nach § 3 Nr. 63 EStG um 1800,00 € erhöhen. Diese Erhöhung ist steuerfrei, unterliegt jedoch der Sozialversicherungspflicht. Für am 1.1.2005 bereits beste-

---
1) Grenzwert: 1,133 × Entgeltgruppe 15 Endstufe für Juni 2008.

Wie werden Umlagen und Beiträge behandelt?

hende Versorgungszusagen kann der Beitrag – wie bisher – bis zu 4 v. H. der Beitragsbemessungsgrenze in der gesetzlichen Rentenversicherung steuerfrei und sozialversicherungsfrei eingezahlt werden. Für Beiträge, die über diesen Grenzwert hinausgehen, kann § 40b EStG alter Fassung weiter angewendet werden.

Ist eine Steuerfreistellung nach § 3 Nr. 63 EStG und eine Pauschalversteuerung nach § 40b EStG oder § 40a EStG (bei geringfügiger Beschäftigung) nicht möglich, so ist der Zusatzbeitrag individuell durch den Beschäftigten zu versteuern.

Beispiel 1 Zusatzbeitrag

Sachverhalt	Der Beschäftigte ist im Jahr 2008 durchgehend ohne Fehlzeiten pflichtversichert. Aufgrund der Höhe des zusatzversorgungspflichtigen Entgelts übersteigt der Zusatzbeitrag den maximal steuerfreien Betrag nach § 3 Nr. 63 EStG von 2544,00 Euro im Jahr 2008. Die Grenze der Vergütungsgruppe I BAT wurde sowohl im Monat Dezember 2001 als auch im Monat Januar 2002 überschritten. Es liegt seit Ende 2001 kein Arbeitgeberwechsel vor. Dem Beschäftigten wird im Monat November die Jahressonderzahlung ausgezahlt.
Lösung	Für den die Grenze des 1,133-fachen der Entgeltgruppe 15 TVöD Endstufe übersteigenden Betrag (55 230,84 €) ist nach § 76 d. S. eine zusätzliche Umlage in Höhe von 9 v. H. zu entrichten. Als Grenze des 1,133-fachen der Entgeltgruppe 15 Endstufe wird im Jahr 2008 (bei Anspruch auf eine Jahressonderzahlung) 74 769,16 € unterstellt. Der Zusatzbeitrag (Versicherungsmerkmal 20) ist im Jahr 2008 nur bis 2544,00 € steuerfrei. Der Zusatzbeitrag ist daher in der Meldung in einen steuerfrei gezahlten Teil (Steuermerkmal 01) und einen individuell versteuerten Teil (Steuermerkmal 03) aufzuteilen.

Meldung der Versicherungsabschnitte

Versicherungsabschnitte		Buchungsschlüssel			ZV-Entgelt		Umlage/Beitrag		Elternzeitbezogene Kinderzahl
Beginn	Ende	Einzahler	Versicherungsmerkmal	Versteuerungsmerkmal	€	Cent	€	Cent	
Jahresmeldung 2008									
1.1.2008	31.12.2008	01	10	10	130 000,00		6 175,00		
1.1.2008	31.12.2008	01	17	10	55 230,84		4 970,78		
1.1.2008	31.12.2008	01	20	01	63 600,00		2 544,00		
1.1.2008	31.12.2008	01	20	03	66 400,00		2 656,00		

5.1.3 Sanierungsgelder

Sanierungsgelder sind generell steuerfrei, da sie zur Finanzierung des durch den Systemwechsel entstandenen Sanierungsbedarfs der Zusatzversorgungskassen und nicht zur Finanzierung der Leistung des einzelnen Versicherten dienen.

Wie werden Umlagen und Beiträge behandelt?

5.1.4 Eigenbeteiligung

Bei einer Beteiligung des Beschäftigten an den Kosten zur Zusatzversorgung handelt es sich nach der Ansicht der Finanzverwaltung immer um einen Nettoabzug, also um individuell versteuerte Beiträge, da der Beschäftigte nicht eine steuerliche Vergünstigung im Rahmen der §§ 3 Nr. 56, 40b EStG oder des § 3 Nr. 63 EStG für diese Beiträge in Anspruch nehmen kann.

5.2 Sozialversicherungsrechtliche Behandlung

Umlagen, die vom Beschäftigten **individuell** zu versteuern sind, gehören, soweit sie monatlich den pauschal zu versteuernden Betrag übersteigen, im Rahmen der Beitragsbemessungsgrenze zum sozialversicherungspflichtigen Entgelt.

Die Umlagen sind – soweit sie nach § 3 Nr. 56 EStG steuerfrei gestellt wurden oder nach § 40b EStG vom Arbeitgeber pauschal versteuert werden – dem sozialversicherungspflichtigen Entgelt nicht hinzuzurechnen.

Zu beachten ist jedoch, dass das Entgelt, aus dem die Umlagen steuerfrei gestellt oder pauschal versteuert wurden, jedoch maximal aus 100 €, mit 2,5 v. H. multipliziert und dieser Wert dann um 13,30 € vermindert werden muss (vgl. § 1 Abs. 1 Satz 2 bis 4 der Sozialversicherungsentgeltverordnung)[1]. Das Ergebnis ist ebenso dem sozialversicherungspflichtigen Bruttoentgelt hinzuzurechnen.

Steuerfreie und pauschal versteuerte Umlagen, die monatlich über 100 € liegen, sind ebenso dem sozialversicherungspflichtigen Bruttoentgelt hinzuzurechnen.

Steuerfrei gezahlte Zusatzbeiträge und Sanierungsgelder gehören nicht zum Arbeitsentgelt im Sinne der Sozialversicherungsentgeltverordnung (vgl. § 1 Abs. 1 Nr. 9 SvEV) und sind somit nicht dem sozialversicherungspflichtigen Entgelt hinzuzurechnen.

---

1) Hinweis: Im Tarifgebiet Ost ist nicht von 2,5 v. H., sondern von der Höhe der jeweiligen Umlage auszugehen, soweit diese unter 2,5 v. H. liegt.

Wie werden Umlagen und Beiträge behandelt?

5.2.1 Tarifgebiet West

Beispiel 1 Umlagen steuerfrei und pauschal versteuert

Sachverhalt: Ein Beschäftigter bezieht im Monat Januar 2008 ein zusatzversorgungspflichtiges Entgelt von 1500,00 €.

Der Grenzwert nach § 3 Nr. 56 EStG (2008: 636,00 €) wird auf 12 gleiche Monatsteile (2008: 53,00 €) aufgeteilt.

Bei einem Umlagesatz von z. B. 4,75 v. H. ergibt sich eine Umlage von 71,25 €.

Pauschalversteuerungsgrenze: 89,48 € monatlich

Lösung: Von der Umlage in Höhe von 71,25 € sind 53,00 € steuerfrei. Der restliche Umlagebetrag in Höhe von 18,25 € kann pauschal versteuert werden, da der monatliche Grenzbetrag zur Pauschalversteuerung von 89,48 € nicht überschritten wird.

Summe aus steuerfreien und pauschal versteuerten Umlagen = 53,00 € + 18,25 € = 71,25 €

71,25 € dividiert durch den Umlagesatz (4,75 v. H.) =	1500,00 €
1500,00 € × 2,5 v. H. (§ 1 Abs. 1 Satz 3 SvEV) =	37,50 €
abzüglich 13,30 € =	24,20 €

Nachdem keine Umlage individuell versteuert wurde und die Summe aus steuerfreien Umlagen und pauschal versteuerten Umlagen unter 100,00 € liegt, sind dem sozialversicherungspflichtigen Bruttoentgelt lediglich 24,20 € hinzuzurechnen.

Wie werden Umlagen und Beiträge behandelt?

Beispiel 2 Umlagen steuerfrei, pauschal und individuell versteuert

Sachverhalt: Ein Beschäftigter bezieht im Monat Januar 2008 ein zusatzversorgungspflichtiges Entgelt von 3500,00 €.

Der Grenzwert nach § 3 Nr. 56 EStG (2008: 636,00 €) wird auf 12 gleiche Monatsteile (2008: 53,00 €) aufgeteilt.

Bei einem Umlagesatz von z. B. 4,75 v. H. ergibt sich eine Umlage von 166,25 €.

Pauschalversteuerungsgrenze: 89,48 € monatlich

Lösung: Von der Umlage in Höhe von 166,25 € sind 53,00 € steuerfrei. Es verbleiben 113,25 €, die bis zu 89,48 € pauschal versteuert werden können. Die restliche Umlage in Höhe von 23,77 € (166,25 € ./. 53,00 € ./. 89,48 €) ist individuell zu versteuern.

Summe aus steuerfreien und pauschal versteuerten Umlagen = 53,00 € + 89,48 € = 142,48 €

142,48 € sind auf 100,00 € zu begrenzen
(§ 1 Abs. 1 Satz 3 SvEV) =   100,00 €
100,00 € dividiert durch den Umlagesatz (4,75 v. H.) =   2105,26 €
2.105,26 € × 2,5 v. H. (§ 1 Abs. 1 Satz 3 SvEV) =   52,63 €
abzüglich 13,30 € =   39,33 €

Dem sozialversicherungspflichtigen Bruttoentgelt sind 23,77 € (individuell versteuerte Umlage), 42,48 € (100,00 € nach § 1 Abs. 1 Satz 4 SvEV übersteigende Summe aus steuerfreien und pauschal versteuerten Umlagen) und 39,33 € (pauschale Berechnung aus 100,00 € nach § 1 Abs. 1 Satz 3 SvEV) = 105,58 € hinzuzurechnen.

Wie werden Umlagen und Beiträge behandelt?

Beispiel 3 Umlagen und zusätzliche Umlagen

Sachverhalt: Ein Beschäftigter bezieht im Monat Juni 2008 ein zusatzversorgungspflichtiges Entgelt von 6500,00 €.
Der Grenzwert nach § 3 Nr. 56 EStG (2008: 636,00 €) wird auf 12 gleiche Monatsteile (2008: 53,00 €) aufgeteilt.
Pauschalversteuerungsgrenze: 89,48 € monatlich
Bei einem Betrag von 6500,00 € ergibt sich bei einem Umlagesatz von z. B. 4,75 v. H.

a) eine Umlage von 308,75 €
und
b) eine zusätzliche Umlage von 9 v. H. aus
(6500,00 € ./. 5934,06[1] =) 565,94 €, somit 50,93 €
insgesamt 359,68 €.

Lösung: Von der Umlage in Höhe von 359,68 € sind 53,00 € steuerfrei. Es verbleiben 306,68 €, die bis zu 89,48 € pauschal versteuert werden können. Die restliche Umlage in Höhe von 217,20 € (359,68 € ./. 53,00 € ./. 89,48 €) ist individuell zu versteuern.

Summe aus steuerfreien und pauschal versteuerten Umlagen =
53,00 € + 89,48 € = 142,48 €
142,48 € sind auf 100,00 € zu begrenzen (§ 1 Abs. 1 Satz 3 SvEV)
= 100,00 €
100,00 € dividiert durch den Umlagesatz (4,75 v. H.) = 2105,26 €
2105,26 € × 2,5 v. H. (§ 1 Abs. 1 Satz 3 SvEV) = 52,63 €
abzüglich 13,30 € = 39,33 €

Dem sozialversicherungspflichtigen Bruttoentgelt sind 217,20 € (individuell versteuerte Umlage), 42,48 € (100,00 € nach § 1 Abs. 1 Satz 4 SvEV übersteigende Summe aus steuerfreien und pauschal versteuerten Umlagen) und 39,33 € (pauschale Berechnung aus 100,00 € nach § 1 Abs. 1 Satz 3 SvEV) = 299,01 € hinzuzurechnen.

---

1) Grenzwert: 1,133 × Entgeltgruppe 15 Endstufe für Juni 2008.

Wie werden Umlagen und Beiträge behandelt?

Beispiel 4 Umlagen (steuerfrei und pauschal versteuert) und Zusatzbeitrag

Sachverhalt: Ein Beschäftigter bezieht im Monat Januar 2008 ein zusatzversorgungspflichtiges Entgelt von 1000,00 €.
Der Grenzwert nach § 3 Nr. 56 EStG (2008: 636,00 €) wird auf 12 gleiche Monatsteile (2008: 53,00 €) aufgeteilt.
Bei einem Umlagesatz von z. B. 4,75 v. H. ergibt sich eine Umlage von 47,50 €.
Bei einem Zusatzbeitragssatz von 4,00 v. H. ergibt sich ein Zusatzbeitrag von 40,00 €.
Pauschalversteuerungsgrenze: 89,48 € monatlich

Lösung: Von dem Grenzbetrag nach § 3 Nr. 56 EStG (53,00 €) sind Beiträge nach § 3 Nr. 63 EStG (40,00 €) abzuziehen. Von der Umlage in Höhe von 47,50 € sind 13,00 € steuerfrei. Der restliche Umlagebetrag in Höhe von 34,50 € kann pauschal versteuert werden, da der monatliche Grenzbetrag zur Pauschalversteuerung von 89,48 € nicht überschritten wird.

Summe aus steuerfreien und pauschal versteuerten Umlagen = 13,00 € + 34,50 € = 47,50 €

47,50 € dividiert durch den Umlagesatz (4,75 v. H.) = 1000,00 €
1000,00 € × 2,5 v. H. (§ 1 Abs. 1 Satz 3 SvEV) = 25,00 €
abzüglich 13,30 € = 11,70 €

Nachdem keine Umlage individuell versteuert wurde und die Summe aus steuerfreien Umlagen und pauschal versteuerten Umlagen unter 100,00 € liegt, sind dem sozialversicherungspflichtigen Bruttoentgelt lediglich 11,70 € hinzuzurechnen.

Wie werden Umlagen und Beiträge behandelt?

Beispiel 5 Umlagen (steuerfrei, pauschal und individuell versteuert) und Zusatzbeitrag

Sachverhalt: Ein Beschäftigter bezieht im Monat Januar 2008 ein zusatzversorgungspflichtiges Entgelt von 3500,00 €.

Der Grenzwert nach § 3 Nr. 56 EStG (2008: 636,00 €) wird auf 12 gleiche Monatsteile (2008: 53,00 €) aufgeteilt.

Bei einem Umlagesatz von z. B. 4,75 v. H. ergibt sich eine Umlage von 166,25 €.

Bei einem Zusatzbeitragssatz von 4,00 v. H. ergibt sich ein Zusatzbeitrag von 140,00 €.

Pauschalversteuerungsgrenze: 89,48 € monatlich

Lösung: Von dem Grenzbetrag nach § 3 Nr. 56 EStG (53,00 €) sind Beiträge nach § 3 Nr. 63 EStG (140,00 €) abzuziehen. Von der Umlage in Höhe von 166,25 € sind 0,00 € steuerfrei. Der Umlagebetrag in Höhe von 166,25 € kann bis zu 89,48 € pauschal versteuert werden. Die restliche Umlage in Höhe von 76,77 € ist individuell zu versteuern.

Summe aus steuerfreien und pauschal versteuerten Umlagen = 0,00 € + 89,48 € = 89,48 €

89,48 € dividiert durch den Umlagesatz (4,75 v. H.) =   1883,79 €

1883,79 € × 2,5 v. H. (§ 1 Abs. 1 Satz 3 SvEV) =   47,09 €

abzüglich 13,30 € =   33,79 €

Dem sozialversicherungspflichtigen Bruttoentgelt sind 76,77 € (individuell versteuerte Umlage) und 33,79 € (pauschale Berechnung aus 89,48 € nach § 1 Abs. 1 Satz 3 SvEV) = 110,56 € hinzuzurechnen.

Wie werden Umlagen und Beiträge behandelt?

Beispiel 6 Umlagen, zusätzliche Umlagen und Zusatzbeitrag

Sachverhalt: Ein Beschäftigter bezieht im Monat Juni 2008 ein zusatzversorgungspflichtiges Entgelt von 6500,00 €.
Der Grenzwert nach § 3 Nr. 56 EStG (2008: 636,00 €) wird auf 12 gleiche Monatsteile (2008: 53,00 €) aufgeteilt.
Pauschalversteuerungsgrenze: 89,48 € monatlich.
Es handelt sich um eine Neuzusage.
Bei einem Betrag von 6500,00 € ergibt sich bei einem Umlagesatz von z. B. 4,75 v. H

a) eine Umlage von 308,75 €
und
b) eine zusätzliche Umlage von 9 v. H. aus (6500,00 € ./. 5934,06 =) 565,94 €, somit 50,93 €
insgesamt 359,68 €.

Bei einem Betrag von 6500,00 € ergibt sich bei einem Zusatzbeitragssatz von z. B. 4,00 v. H. ein Zusatzbeitrag in Höhe von 260,00 €

Lösung: Von dem Grenzbetrag nach § 3 Nr. 56 EStG (53,00 €) sind Beiträge nach § 3 Nr. 63 EStG (260,00 €) abzuziehen. Von der Umlage in Höhe von 359,68 € sind 0,00 € steuerfrei. Der Umlagebetrag in Höhe von 359,68 € kann bis zu 89,48 € pauschal versteuert werden. Die restliche Umlage in Höhe von 270,20 € ist individuell zu versteuern.

Summe aus steuerfreien und pauschal versteuerten Umlagen = 0,00 € + 89,48 € = 89,48 €
89,48 € dividiert durch den Umlagesatz (4,75 v. H.) = 1883,79 €
1883,79 € × 2,5 v. H. (§ 1 Abs. 1 Satz 3 SvEV) = 47,09 €
abzüglich 13,30 € = 33,79 €

Dem sozialversicherungspflichtigen Bruttoentgelt sind 270,20 € (individuell versteuerte Umlage) und 33,79 € (pauschale Berechnung aus 89,48 € nach § 1 Abs. 1 Satz 3 SvEV) = 303,99 € hinzuzurechnen.

Wie werden Umlagen und Beiträge behandelt?

5.2.2 Tarifgebiet Ost

Beispiel 1 Umlagen (pauschal versteuert) und Zusatzbeitrag

Sachverhalt: Ein Beschäftigter bezieht im Monat Januar 2008 ein zusatzversorgungspflichtiges Entgelt von 1500,00 €.
Daraus ist bei einem Umlagesatz von z. B. 1,7 v. H. ein Betrag von 25,50 €
und ein Zusatzbeitrag in Höhe von z. B. 4 v. H. 60,00 €
zu zahlen.
Der Grenzwert nach § 3 Nr. 56 EStG (2008: 636,00 €) wird auf 12 gleiche Monatsteile (2008: 53,00 €) aufgeteilt.
Pauschalversteuerungsgrenze: 89,48 € monatlich.

Lösung: Von dem Grenzbetrag nach § 3 Nr. 56 EStG (53,00 €) sind Beiträge nach § 3 Nr. 63 EStG (60,00 €) abzuziehen. Von der Umlage in Höhe von 25,50 € sind 0,00 € steuerfrei. Der restliche Umlagebetrag in Höhe von 25,50 € kann pauschal versteuert werden, da der monatliche Grenzbetrag zur Pauschalversteuerung von 89,48 € nicht überschritten wird.

Summe aus steuerfreien und pauschal versteuerten Umlagen = 0,00 € + 25,50 € = 25,50 €

25,50 € dividiert durch den Umlagesatz (1,7 v. H.) =   1500,00 €
1500,00 € × 1,7 v. H. (§ 1 Abs. 1 Satz 3 SvEV) =   25,50 €
abzüglich 13,30 € =   12,20 €

Nachdem keine Umlage individuell versteuert wurde und die Summe aus steuerfreien Umlagen und pauschal versteuerten Umlagen unter 100,00 € liegt, sind dem sozialversicherungspflichtigen Bruttoentgelt lediglich 12,20 € hinzuzurechnen.

Wie werden Umlagen und Beiträge behandelt?

Beispiel 2 Umlagen (pauschal und individuell versteuert) und Zusatzbeitrag

Sachverhalt: Ein Beschäftigter bezieht im Monat April 2008 ein zusatzversorgungspflichtiges Entgelt – einschließlich Überstundenvergütung – von 7000,00 €.
Daraus ist bei einem Umlagesatz von z. B. 1,7 v. H. ein Betrag von 119,00 €
und ein Zusatzbeitrag in Höhe von z. B. 4 v. H. 280,00 €
zu zahlen.
Der Grenzwert nach § 3 Nr. 56 EStG (2008: 636,00 €) wird auf 12 gleiche Monatsteile (2008: 53,00 €) aufgeteilt.
Pauschalversteuerungsgrenze: 89,48 € monatlich.
Es handelt sich um eine Neuzusage.

Lösung: Von dem Grenzbetrag nach § 3 Nr. 56 EStG (53,00 €) sind Beiträge nach § 3 Nr. 63 EStG (280,00 €) abzuziehen. Von der Umlage in Höhe von 119,00 € sind 0,00 € steuerfrei. Der Umlagebetrag in Höhe von 119,00 € kann bis zu 89,48 € pauschal versteuert werden. Die restliche Umlage in Höhe von 29,52 € ist individuell zu versteuern.

Summe aus steuerfreien und pauschal versteuerten Umlagen = 0,00 € + 89,48 € = 89,48 €
89,48 € dividiert durch den Umlagesatz (1,7 v. H.) = 5263,53 €
5263,53 € × 1,7 v. H. (§ 1 Abs. 1 Satz 3 SvEV) = 89,48 €
abzüglich 13,30 € = 76,18 €
Dem sozialversicherungspflichtigen Bruttoentgelt sind 29,52 € (individuell versteuerte Umlage) und 76,18 € (pauschale Berechnung aus 89,48 € nach § 1 Abs. 1 Satz 3 SvEV) = 105,70 € hinzuzurechnen.

Beispiele für die steuer- und sozialversicherungsrechtliche Behandlung der Umlage bei geringfügig Beschäftigten vgl. Teil E 2.10.

6. Wie sind zusatzversorgungspflichtiges Entgelt und Umlagen/Beiträge den Zusatzversorgungskassen zu melden?

Das zusatzversorgungspflichtige Entgelt sowie die sich daraus errechnenden Umlagen, Beiträge, Eigenbeteiligungen und Sanierungsgelder müssen mit den von den Zusatzversorgungskassen ausgelegten Vordrucken für die Abmeldung, Nachmeldung, Berichtigungsmeldung und Jahresmeldung gemeldet werden. Ebenso ist eine Meldung im Weg des automatisierten Datenträgeraustauschs möglich.

Die Meldung der zusatzversorgungspflichtigen Entgelte, der Umlagen, Beiträge, Eigenbeteiligungen und Sanierungsgelder erfolgt in Versicherungsabschnitten.

Dabei ist stets zu beachten, dass Umlagen, Beiträge, Eigenbeteiligungen und Sanierungsgelder nicht allein, sondern nur zusammen mit dem zusatzversorgungspflichtigen Entgelt gemeldet werden können.

Bei einzelnen Zusatzversorgungseinrichtungen sind Sanierungsgelder und/oder Eigenbeteiligungen nicht zu melden, da diese programmtechnisch ermittelt werden.

6.1 Versicherungsabschnitte

Der Arbeitgeber hat die erforderlichen Daten in Versicherungsabschnitten zu melden (§ 13 Abs. 5 d. S.).

Versicherungsabschnitt ist grundsätzlich das Kalenderjahr. Mit Beginn eines neuen Kalenderjahres beginnt daher stets ein neuer Versicherungsabschnitt.

Wird innerhalb eines Kalenderjahres die Zahlung von laufendem zusatzversorgungspflichtigen Entgelt, z. B. wegen Wegfall der Vergütung im Krankheitsfall, unterbrochen, ist ein neuer Versicherungsabschnitt zu bilden. Werden nach dem Ende der Unterbrechungszeit erneut Umlagen für laufendes zusatzversorgungspflichtiges Entgelt gezahlt, beginnt wieder ein neuer Versicherungsabschnitt.

Ausnahmsweise ist dann kein neuer Versicherungsabschnitt aufzubauen, wenn die Unterbrechung keinen vollen Kalendermonat beträgt. Als Unterbrechungszeit sind unter anderem auch der Mutterschutz, unbezahlter Urlaub und keine Gehaltszahlung bei bestehenden Arbeitsverhältnis (z. B. Wegfall der Krankenbezüge) zu melden, sofern die Unterbrechungszeit einen Kalendermonat und länger dauert.

Wie sind zusatzversorgungspflichtiges Entgelt u. Umlagen zu melden?

6.2 Meldung des zusatzversorgungspflichtigen Entgelts und der Umlagen/Beiträge bei einem laufenden Arbeitsverhältnis mit ununterbrochener Entgeltzahlung

Während einer Pflichtversicherung können:
- zusatzversorgungspflichtige Entgelte
- zusätzliche Umlagen
- Zusatzbeiträge
- Sanierungsgelder
- Eigenbeteiligungen

anfallen. Die Meldung ist in Versicherungsabschnitten vorzunehmen.

Beispiel 1 Zusatzversorgungspflichtiges Entgelt

Sachverhalt	Für den Beschäftigten wurden ununterbrochen Umlagen und Zusatzbeiträge entrichtet.
Lösung	Es ist ein Versicherungsabschnitt für die Umlage mit dem Buchungsschlüssel 01 10 10 und ein weiterer Versicherungsabschnitt für den Zusatzbeitrag mit dem Buchungsschlüssel 01 20 01 zu melden.

Meldung der Versicherungsabschnitte

Versicherungsabschnitte		Buchungsschlüssel			ZV-Entgelt		Umlage/Beitrag		Elternzeitbezogene Kinderzahl
Beginn	Ende	Einzahler	Versicherungsmerkmal	Versteuerungsmerkmal	€	Cent	€	Cent	
				Jahresmeldung 2008					
1.1.2008	31.12.2008	01	10	10	32 345	22	1 536	40	
1.1.2008	31.12.2008	01	20	01	32 345	22	1 293	81	

Was ist nach Ablauf eines Kalenderjahres zu beachten?

Beispiel 2 Zusatzversorgungspflichtiges Entgelt
Zusätzliche Umlage

Sachverhalt	Für den Beschäftigten wurden ununterbrochen Umlagen, Zusatzbeiträge und eine zusätzliche Umlage, weil in einem Monat der Grenzbetrag des 1,133-fachen der Entgeltgruppe 15 TVöD Endstufe überschritten wurde, entrichtet.
Lösung	Es ist ein Versicherungsabschnitt mit dem Buchungsschlüssel 01 10 10 und ein weiterer Versicherungsabschnitt für den Zusatzbeitrag mit dem Buchungsschlüssel 01 20 01 zu melden. Die zusätzliche Umlage mit dem Buchungsschlüssel 01 17 10 ist in einem Versicherungsabschnitt zu melden, unabhängig, in welchen Monaten sie tatsächlich angefallen ist. Hinweis: Beginn und Ende des Versicherungsabschnittes mit dem Buchungsschlüssel 01 17 10 müssen mit dem dazugehörigen Versicherungsabschnitt mit dem Buchungsschlüssel 01 10 10 übereinstimmen.

Meldung der Versicherungsabschnitte

Versicherungsabschnitte		Buchungsschlüssel			ZV-Entgelt		Umlage/Beitrag		Elternzeitbezogene Kinderzahl
Beginn	Ende	Einzahler	Versicherungsmerkmal	Versteuerungsmerkmal	€	Cent	€	Cent	
				Jahresmeldung 2008					
1.1.2008	31.12.2008	01	10	10	80 000,00		3 800,00		
1.1.2008	31.12.2008	01	17	10	5 230,84		470,78		
1.1.2008	31.12.2008	01	20	01	80 000,00		3 200,00		

Bei bereits kapitalfinanzierten Zusatzversorgungseinrichtungen ist das zusatzversorgungspflichtige Entgelt mit dem Versicherungsmerkmal 15 und dem dazugehörigen Steuermerkmal zu melden (z. B. 01 15 01).

Wird von einer Zusatzversorgungskasse anstatt eines Zusatzbeitrages ein Sanierungsgeld erhoben, so ist dieses mit dem Buchungsschlüssel 01 19 10 zu melden.

7. Was ist nach Ablauf eines Kalenderjahres zu beachten?

Nach Ablauf eines Kalenderjahres hat der Arbeitgeber der Zusatzversorgungskasse für jeden pflichtversicherten Beschäftigten eine Jahresmeldung zu übersenden. Die Jahresmeldung ist in allen Angaben nach Versicherungsabschnitten zu gliedern (§ 13 Abs. 5 d. S.).

7.1 Manuelle Jahresmeldung

Bei Arbeitgebern, die die Jahresmeldung im manuellen Verfahren durchführen, ist für jeden im Kalenderjahr angemeldeten versicherten Beschäftigten eine Jahresmeldung mit Vordruck zu erstellen.

Gemeldete Daten vom Arbeitgeber berichtigen oder nachmelden

7.2 Jahresmeldung im Datenträgeraustausch

Die im Rahmen der Jahresmeldungen an die Zusatzversorgungskasse übermittelten Daten werden von den Rechenzentren auch dem Arbeitgeber mitgeteilt. In diesem Fall sollten die Arbeitgeber im Interesse einer korrekten Jahresmeldung die gemeldeten Daten mit den Lohn- und Gehaltsunterlagen vergleichen und evtl. erforderliche Änderungen umgehend mit den hierfür vorgesehenen Berichtigungsformularen der Kasse mitteilen.

Der Arbeitgeber ist für die Richtigkeit der übermittelten Jahresmeldungen sowie für deren rechtzeitige Vorlage verantwortlich (§ 13 Abs. 5 und 6 d. S.) und zwar auch dann, wenn die Jahresmeldung vom Rechenzentrum an die Zusatzversorgungskasse übermittelt wird.

Soweit Arbeitgeber, die am automatisierten Datenübermittlungsverfahren teilnehmen, die Jahresdaten für einzelne Versicherte nicht auf Datenträger melden können, ist für diese Versicherten – wie im manuellen Abrechnungsverfahren – ein Vordruck „Jahresmeldung" zu erstellen.

8. Wie sind bereits gemeldete Daten vom Arbeitgeber zu berichtigen oder nachzumelden?

8.1 Berichtigungen und Namensänderungen

Eine Namens- bzw Adressänderung kann über eine berichtigte An- oder Abmeldung erfolgen. Innerhalb der Jahresmeldung kann nur die Adresse geändert werden, jedoch nicht der Name.

Die Jahresmeldung ist insbesondere dann zu berichtigen, wenn bereits abgerechnete Versicherungsabschnitte für Vorjahre berichtigt werden müssen, z. B. bei Berichtigung

▶ des zusatzversorgungspflichtigen Entgelts,
▶ der zusätzlichen Umlage,
▶ des Zeitraums des jeweiligen Buchungsschlüssels.

Zu melden sind jeweils nur die neuen berichtigten Daten bzw. Versicherungsabschnitte.

Hinweis!
Es ist jedoch darauf zu achten, dass im Rahmen des steuerlichen Zuflussprinzips eine Berichtigung des zusatzversorgungspflichtigen Entgelts des Vorjahres nur dann möglich ist, wenn das Entgelt dem Beschäftigten auch im Vorjahr zugeflossen ist.

8.2 Nachmeldungen

Eine Nachmeldung fällt an, wenn bei einem Versicherten für bereits abgerechnete Geschäftsjahre zusatzversorgungspflichtige Entgelte nachzumelden sind. Dies ist z. B. der Fall, wenn das Mitglied die Anmeldung nicht rechtzeitig vorgenommen hat und deshalb zusatzversorgungspflichtige Entgelte gemeldet werden müssen, die dem Beschäftigten bereits im Vorjahr zugeflossen sind, oder wenn die Meldung zusatzversorgungspflichtiger Entgelte bisher unterlassen wurde. Ist ein Jahr noch nicht abgerechnet, so ist eine Nachmeldung nicht möglich.

9. Jahresabrechnung

Nach Abschluss der Prüfungsarbeiten und Durchführung etwa erforderlicher Berichtigungen erhalten die Arbeitgeber von der Zusatzversorgungskasse eine Abrechnungsmitteilung für das abgerechnete Geschäftsjahr.

Soweit in der Abrechnungsmitteilung eine Schuld festgestellt ist, die nicht durch eine Überweisung bis zum 31.12. (§ 65 d. S.) des abzurechnenden Geschäftsjahres beglichen wurde, sind für diesen Betrag für die Zeit vom 1. Januar des Folgejahres bis zum Zeitpunkt des Zahlungseingangs Zinsen nach § 65 d. S. zu zahlen.

Ob eine Schuld oder ein Guthaben im Rahmen der Jahresabrechnung zu Recht besteht, kann erst festgestellt werden, wenn alle Umlagen, Zusatzbeiträge, evtl. Eigenbeteiligungen oder Sanierungsgelder von dem Mitglied mitgeteilt wurden und von der Zusatzversorgungskasse für das abzurechnende Geschäftsjahr in Rechnung gestellt werden konnten.

Wurden z. B. Umlagen, Zusatzbeiträge, Eigenbeteiligungen oder Sanierungsgelder für einen Versicherten durch die Zusatzversorgungskasse nicht in Rechnung gestellt, weil eine Jahresmeldung nicht verarbeitet werden konnte, das Mitglied aber diese Umlagen, Zusatzbeiträge oder Sanierungsgelder bereits überwiesen hat, so entsteht in der Jahresabrechnung ein Guthaben, das jedoch zu Unrecht besteht, da sich dieses Guthaben verrechnet, sobald die entsprechenden Umlagen, Zusatzbeiträge, Eigenbeteiligungen oder Sanierungsgelder von der Zusatzversorgungskasse in Rechnung gestellt werden.

Ebenso kann eine in der Jahresabrechnung ausgewiesene Schuld nicht zu Recht bestehen, wenn eine Zahlung des Mitglieds z. B. im Folgejahr erfolgte, aber für das abzurechnende Jahr zu berücksichtigen gewesen wäre.

Es empfiehlt sich, das jeweilige Abrechnungsschreiben nach Erhalt durchzusehen und Unstimmigkeiten mit der Zusatzversorgungskasse abzustimmen.

Teil E Versicherungsabschnitte, Meldungen in Beispielen von A–Z

1. Auszug aus dem Buchungsschlüsselverzeichnis

Ab dem 1.1.2002 werden die Versicherungsabschnitte mit den sogenannten sechsstelligen Buchungsschlüsseln gemeldet. Dieser Buchungsschlüssel teilt sich in drei Teile auf.

In den Stellen 1 bis 2 des Buchungsschlüssels wird der Einzahler der Umlage bzw. des Beitrages angegeben.

In den Stellen 3 bis 4 des Buchungsschlüssels wird das Versicherungsmerkmal, also die Art der eingezahlten Umlage bzw. des Beitrages angegeben.

In den Stellen 5 bis 6 des Buchungsschlüssels wird die Versteuerung der eingezahlten Umlage bzw. des Beitrages angegeben.

Eine detaillierte Beschreibung der einzelnen Buchungsschlüssel finden Sie in Teil G.

Das vollständige Buchungsschlüsselverzeichnis finden Sie in der DATÜV-ZVE.

Stellen 1 bis 2		Stellen 3 bis 4		Stellen 5 bis 6	
	Einzahler		Versicherungsmerkmal		Versteuerungsmerkmal
01	Arbeitgeber	10	Zusatzversorgungspflichtiges Entgelt und **Umlage** bei einer ganz oder teilweise umlagefinanzierten Zusatzversorgungseinrichtung	00	Versicherungsabschnitte ohne zusatzversorgungs-pflichtiges Entgelt (z. B. Versicherungsmerkmal 28, 40, 41, 45, 49)
03	Arbeitgeber Eigenbeteiligung der Beschäftigten	15	Zusatzversorgungspflichtiges Entgelt und **Beitrag** bei einer kapitalfinanzierten Zusatzversorgungseinrichtung	01	Nach § 3 Nr. 63 EStG oder § 3 Nr. 56 EStG steuerfrei gezahlter Beitrag oder Umlage (z. B. Versicherungsmerkmal 20)
		17	9 %ige zusätzliche Umlage/Beitrag für Versicherte, für die im Dezember 2001 und im Januar 2002 diese zusätzliche Umlage gezahlt wurde	02	Nach § 40b EStG a. F. oder nach § 40a EStG pauschal versteuerter Beitrag

Auszug aus dem Buchungsschlüsselverzeichnis

Stellen 1 bis 2	Stellen 3 bis 4		Stellen 5 bis 6	
Einzahler	Versicherungsmerkmal		Versteuerungsmerkmal	
19	Sanierungsgeld (Bei einzelnen Zusatzversorgungskassen ist dieser Abschnitt nicht zu melden)		03	Nach §§ 2 und 19 EStG individuell versteuerter Beitrag
	20	Zusatzbeitrag	10	Mischversteuerung zwischen Pauschalversteuerung nach § 40b EStG n. F. und individueller Versteuerung der Umlage
	22	Altersteilzeit vor dem 1.1.2003 vereinbart (es ist lediglich das hälftige zusatzversorgungspflichtige Entgelt zu melden)		
	23	Altersteilzeit nach dem 31.12.2002 vereinbart (das zusatzversorgungspflichtige Entgelt ist mit dem Faktor 1,8 zu multiplizieren)		
	24	Altersteilzeit in Sonderfällen		
	25	Zusatzbeitrag bei Altersteilzeit, die vor dem 1.1.2003 vereinbart wurde		
	26	Zusatzbeitrag bei Altersteilzeit in Sonderfällen		
	28	Elternzeit (ab Geburt des Kindes zu melden)		
	40	Fehlzeit (Nur zu melden, wenn der Versicherungsabschnitt einen Kalendermonat oder länger dauert)		
	41	Zeitrentenbezug bei ruhendem Arbeitsverhältnis		
	45	Zeit als Abgeordneter		

Meldebeispiele von A–Z

Stellen 1 bis 2 Einzahler	Stellen 3 bis 4 Versicherungsmerkmal		Stellen 5 bis 6 Versteuerungsmerkmal
	47	Wegfall von Umlagemonaten aufgrund nachträglichen Wegfalls von zusatzversorgungspflichtigem Entgelt	
	48	Nach- oder Rückzahlung ohne Auswirkung auf die Anzahl der Umlagemonate	
	49	Umlagemonat ohne laufende Entgeltzahlung aufgrund späteren Entgeltzuflusses	
	65	Beitrag für wissenschaftliche Beschäftigte (gem. § 19 Abs. 2 Mustersatzung)	
	66	Beitrag für Entgeltbestandteile über dem 1,181-fachen der Entgeltgruppe 15 Endstufe	

2. Meldebeispiele von A–Z

2.1 Abgeordneter

Während einer Mitgliedschaft im Deutschen Bundestag, Europäischen Parlament oder in einem Parlament eines deutschen Bundeslandes ruht das Arbeitsverhältnis. Die Pflichtversicherung in der Zusatzversorgung des öffentlichen Dienstes bleibt aufrechterhalten. Umlagen fallen nicht an, somit kann auch kein zusatzversorgungspflichtiges Entgelt gemeldet werden. Ab dem Beginn der Mitgliedschaft im Parlament ist ein neuer Versicherungsabschnitt mit dem Buchungsschlüssel 01 45 00 zu melden.

Die Zeiten der Mitgliedschaft in einem Parlament, während derer das Arbeitsverhältnis ruht, werden für die Erfüllung der Wartezeit mit angerechnet (§ 32 Abs. 3 d. S.).

Meldebeispiele von A–Z

▶ **Beispiel Das Arbeitsverhältnis ruht**

Sachverhalt	Das Arbeitsverhältnis ruht wegen Mitgliedschaft in einem Parlament ab dem 1.7.2008. Die Jahressonderzahlung wurde in Höhe von $^{6}/_{12}$ Ende November 2008 gezahlt.
Lösung	Die Pflichtversicherung bleibt ab 1.7.2008 bei der Kasse aufrechterhalten.
	Ab dem 1.7.2008 ist der Buchungsschlüssel 01 45 00 zu melden.
	Die Jahressonderzahlung in Höhe von $^{6}/_{12}$ ist in diesem Fall wegen Ruhens des Arbeitsverhältnisses nicht zusatzversorgungspflichtig (§ 62 Abs. 2 Buchst. d d. S.).

Meldung der Versicherungsabschnitte

Versicherungsabschnitte		Buchungsschlüssel			ZV-Entgelt		Umlage/Beitrag		Elternzeit-bezogene Kinderzahl
Beginn	Ende	Ein-zahler	Versiche-rungs-merkmal	Versteue-rungs-merkmal	€	Cent	€	Cent	
1.1.2008	30.6.2008	01	10	10	21 000,00[1])		997,50		
1.1.2008	30.6.2008	01	20	01	21 000,00		840,00		
1.7.2008	31.12.2008	01	45	00	0,00		0,00		

 Hinweis:

Die Pflichtversicherung endet nach § 19 Abs. 1 Buchst. b d. S., sobald aus dem Abgeordnetenverhältnis eine unverfallbare lebenslängliche Anwartschaft auf Versorgung besteht.

2.2 Änderung der Arbeitszeit

Die Höhe der Betriebsrente in dem Punktemodell ist bis auf wenige Ausnahmen (bei Elternzeit, Bonuspunkten und Zurechnungszeiten bei Erwerbsminderungs- bzw. Hinterbliebenenrenten) von der Höhe der zusatzversorgungspflichtigen Entgelte abhängig.

Die tarifvertraglichen bzw. die arbeitsvertraglich vereinbarten Arbeitszeiten sind ab dem 1.1.2002 nicht mehr zu melden.

---

1) Ohne Jahressonderzahlung.

Meldebeispiele von A–Z

▶ **Beispiel Änderung der Arbeitszeit**

Sachverhalt	Vereinbarte Wochenarbeitszeit: Vollbeschäftigung Änderung der Arbeitszeit in Halbtagsbeschäftigung ab 16.3.2008.
Lösung	Es ist ein Versicherungsabschnitt mit dem gesamten zusatzversorgungspflichtigen Entgelt des Jahres zu bilden.

Meldung der Versicherungsabschnitte

Versicherungsabschnitte		Buchungsschlüssel			ZV-Entgelt	Umlage/Beitrag	Elternzeit-bezogene Kinderzahl
Beginn	Ende	Ein-zahler	Versiche-rungs-merkmal	Versteue-rungs-merkmal	€ Cent	€ Cent	
1.1.2008	31.12.2008	01	10	10	18 995,36	902,28	
1.1.2008	31.12.2008	01	20	01	18 995,36	759,81	

2.3 Altersteilzeit

Wird mit einem Beschäftigten Altersteilzeitarbeit vereinbart, bleibt die Pflichtversicherung während dieser Zeit bei der Zusatzversorgungseinrichtung aufrechterhalten.

Altersteilzeit wird in der Regel nach folgenden zwei Modellen ausgeübt:

▶ Der Beschäftigte ist während des gesamten Zeitraumes mit der Hälfte der bisherigen Arbeitszeit beschäftigt („Teilzeitmodell").
▶ Der Beschäftigte ist für die Hälfte der vereinbarten Altersteilzeit mit der bisherigen Arbeitszeit beschäftigt und für die andere Hälfte des Zeitraumes von der Arbeit freigestellt („Blockmodell").

Unabhängig davon, ob die Altersteilzeit für die Dauer der vereinbarten Zeit im Teilzeitmodell ausgeübt wird oder im Blockmodell, ist in beiden Fällen das Arbeitsverhältnis als eine auf die Hälfte reduzierte Beschäftigung zu behandeln. Aufgrund der neuen Arbeitszeit ergibt sich das für die Altersteilzeit geltende Brutto-Entgelt. Dieses Entgelt wird nach dem Tarifvertrag zur Regelung der Altersteilzeit (TV ATZ) auf bis zu 83% des ursprünglichen Nettoentgelts aufgestockt (Aufstockungsbetrag). Als Beitrag zur gesetzlichen Rentenversicherung sind Beiträge in Höhe von 90 % aus dem Entgelt der vor Beginn der Altersteilzeit bestehenden Beschäftigung zu zahlen. Auch in der Zusatzversorgung entstehen während der Altersteilzeit Rentenanwartschaften in Höhe von 90 % einer Vollbeschäftigung.

Zusatzversorgungspflichtiges Entgelt ist der steuerpflichtige Arbeitslohn (§ 62 Abs. 2 d. S.), der sich aus der vertraglich vereinbarten Arbeitszeit während der Altersteilzeit ergibt (also Hälfte der bisherigen Arbeitszeit).

Meldebeispiele von A–Z

Der Aufstockungsbetrag ist nicht steuerpflichtig und damit nicht zusatzversorgungsfähig.

Die Höhe des während der Altersteilzeit zu meldenden zusatzversorgungspflichtigen Entgelts und die daraus zu zahlenden Umlagen und Beiträge sind abhängig von dem Zeitpunkt, wann diese Altersteilzeit vereinbart wurde.

2.3.1 Altersteilzeit vor dem 1.1.2003 vereinbart

Wurde die Altersteilzeit vor dem 1.1.2003 vereinbart, so ist zusatzversorgungspflichtiges Entgelt das während der Altersteilzeit tatsächlich vereinbarte (halbe) Arbeitsentgelt. Umlagen sind mit Versicherungsmerkmal 22, der Zusatzbeitrag mit Versicherungsmerkmal 25 zu melden. Zur Ermittlung der Versorgungspunkte wird das während der Altersteilzeit gemeldete zusatzversorgungspflichtige Entgelt von der Zusatzversorgungskasse mit dem Faktor 1,8 multipliziert und so auf 90% des ursprünglichen Vollzeitentgelts hochgerechnet (§ 34 Abs. 2 Satz 2 d. S.). Entgeltbestandteile, die während dieser Altersteilzeit in vollem Umfang ausgezahlt werden (z. B. Überstunden, Erschwerniszuschläge etc.) sind gesondert in einem Versicherungsabschnitt mit Versicherungsmerkmal 10 bzw. 20 zu melden. Dies ist erforderlich, weil es sich bereits um 100%iges Entgelt handelt und dieses Entgelt damit nicht mehr mit dem Faktor 1,8 multipliziert werden darf.

Meldebeispiele von A–Z

Beispiel Vereinbarung der Altersteilzeit vor dem 1.1.2003 mit Überstunden

Sachverhalt	Die Altersteilzeit wurde im Dezember 2002 vereinbart vom 1.8.2003 bis 31.7.2005. Die Arbeitsphase endet am 31.7.2004. Das monatliche Arbeitsentgelt aus Vollzeitbeschäftigung betrug 3 000,00 €. Jahressonderzahlung 2003 und 2004: 1 500,00 € Vom 1.8.2003 bis zum 31.12.2003 wurden monatlich 50,00 € Überstunden ausgezahlt. Umlagesatz 2003 bis 2004: 4,75% Zusatzbeitrag: 2003: 2%; 2004: 2,5%
Lösung	Weil die Altersteilzeit vor 2003 vereinbart worden ist, ist ab Beginn der Altersteilzeit das tatsächliche (halbe) Entgelt zu melden, also 1 500,00 € monatlich. Hieraus sind Umlagen (Versicherungsmerkmal 22) und ein Zusatzbeitrag (Versicherungsmerkmal 25) zu zahlen. Bei der Ermittlung der Versorgungspunkte wird das während der Altersteilzeit gemeldete Entgelt von der Zusatzversorgungskasse mit dem Faktor 1,8 berücksichtigt. Das Entgelt für die Überstunden ist in einem separaten Versicherungsabschnitt mit dem Versicherungsmerkmal 10 und 20 zu melden, da es bereits voll ausgezahlt wurde. Es darf von der Zusatzversorgungskasse nicht hochgerechnet werden.

Meldung der Versicherungsabschnitte

Versicherungsabschnitte		Buchungsschlüssel			ZV-Entgelt		Umlage/Beitrag		Elternzeit-bezogene Kinderzahl
Beginn	Ende	Ein-zahler	Versiche-rungs-merkmal	Versteue-rungs-merkmal	€	Cent	€	Cent	
1.1.2003	31.7.2003	01	10	10	21 000,00		997,50		
1.1.2003	31.7.2003	01	20	01	21 000,00		420,00		
1.8.2003	31.12.2003	01	10	10	250,00		11,88		
1.8.2003	31.12.2003	01	20	01	250,00		5,00		
1.8.2003	31.12.2003	01	22	10	9 000,00		427,50		
1.8.2003	31.12.2003	01	25	01	9 000,00		180,00		
1.1.2004	31.12.2004	01	22	10	19 500,00		926,25		
1.1.2004	31.12.2004	01	25	01	19 500,00		487,50		

2.3.2 Altersteilzeit nach dem 31.12.2002 vereinbart

Wurde die Altersteilzeit nach dem 31.12.2002 vereinbart, so ist das zusatzversorgungspflichtige Entgelt, das sich aus der während der Altersteilzeit vereinbarten Arbeitszeit ergibt (also der Hälfte der bisherigen Arbeitszeit) vom Arbeitgeber mit dem Faktor 1,8 zu multiplizieren (§ 62 Abs. 3 Satz 1 d. S.). Umlagen sind mit Versicherungsmerkmal 23 zu melden, Zusatzbeiträge mit Versicherungsmerkmal 20. Entgeltbestandteile, die während dieser Altersteilzeit in vollem Umfang ausgezahlt werden (z. B. Überstunden, Erschwerniszuschläge etc.) sind nicht hochzurechnen, da sie bereits in vollem Umfang bezahlt wurden. Sie sind in die Meldungen mit Versicherungsmerkmal 23 und 20 zu integrieren.

Meldebeispiele von A–Z

Beispiel 1 Vereinbarung der Altersteilzeit nach dem 31.12.2002 ohne Überstunden

Sachverhalt	Die Altersteilzeit wurde im Januar 2008 vereinbart vom 1.8.2008 bis 31.7.2010. Die Arbeitsphase endet am 31.7.2009. Das monatliche Arbeitsentgelt aus Vollzeitbeschäftigung betrug 3 000,00 €. Jahressonderzahlung 2008: 1 500,00 € (= reines ATZ-Entgelt; Besonderheiten s. Teil E 2.3.3) Umlagesatz 2008 4,75%; Zusatzbeitrag: 2008 4%
Lösung	Das tatsächliche Entgelt während der ab 2008 vereinbarten Altersteilzeit ist vom Arbeitgeber mit dem Faktor 1,8 hochzurechnen und entsprechend zu melden. Das Entgelt für die Überstunden ist nicht hochzurechnen, da es bereits voll ausgezahlt wurde. Es ist dem hochgerechneten Entgelt der Altersteilzeitbeschäftigung hinzuzurechnen. 1 500 € × 5 (Monate) = 7 500 € × 1,8 = 13 500 € Jahressonderzahlung 1 500 € × 1,8 = 2 700 € **16 200 €**

Meldung der Versicherungsabschnitte

Versicherungsabschnitte		Buchungsschlüssel			ZV-Entgelt		Umlage/Beitrag		Elternzeitbezogene Kinderzahl
Beginn	Ende	Einzahler	Versicherungsmerkmal	Versteuerungsmerkmal	€	Cent	€	Cent	
1.1.2008	31.7.2008	01	10	10	21 000,00		997,50		
1.1.2008	31.7.2008	01	20	01	21 000,00		840,00		
1.8.2008	31.12.2008	01	23	10	16 200,00		769,50		
1.8.2008	31.12.2008	01	20	01	16 200,00		648,00		

Meldebeispiele von A–Z

Beispiel 2 Vereinbarung der Altersteilzeit nach dem 31.12.2002 mit Überstunden

Sachverhalt	Die Altersteilzeit wurde im Januar 2008 vereinbart vom 1.8.2008 bis 31.7.2010. Die Arbeitsphase endet am 31.7.2009. Das monatliche Arbeitsentgelt aus Vollzeitbeschäftigung betrug 3 000,00 €. Vom 1.8.2008 bis zum 31.12.2008 wurden monatlich 50,00 € Überstunden ausgezahlt. Jahressonderzahlung 2008: 1 500,00 € (= reines ATZ-Entgelt; Besonderheiten s. Teil E 2.3.3) Umlagesatz 2008 4,75%; Zusatzbeitrag: 2008 4%;
Lösung	Das tatsächliche Entgelt während der ab 2008 vereinbarten Altersteilzeit ist vom Arbeitgeber mit dem Faktor 1,8 hochzurechnen und entsprechend zu melden. Das Entgelt für die Überstunden ist nicht hochzurechnen, da es bereits voll ausgezahlt wurde. Es ist dem hochgerechneten Entgelt der Altersteilzeitbeschäftigung hinzuzurechnen.

1 500 € × 5 (Monate) = 7 500 € × 1,8 =   13 500 €
Jahressonderzahlung 1 500 € × 1,8 =   2 700 €
Überstunden   250 €
                                           16 450 €

Meldung der Versicherungsabschnitte

Versicherungsabschnitte		Buchungsschlüssel			ZV-Entgelt	Umlage/Beitrag		Elternzeitbezogene Kinderzahl
Beginn	Ende	Einzahler	Versicherungsmerkmal	Versteuerungsmerkmal	€ Cent	€	Cent	
1.1.2008	31.7.2008	01	10	10	21 000,00		997,50	
1.1.2008	31.7.2008	01	20	01	21 000,00		840,00	
1.8.2008	31.12.2008	01	23	10	16 450,00		781,38	
1.8.2008	31.12.2008	01	20	01	16 450,00		658,00	

2.3.3 Jahressonderzahlung bei Beginn der Altersteilzeit ab dem Jahr 2007

Ab dem Jahr 2007 wird die Jahressonderzahlung nach § 20 TVöD auf der Basis des in den Monaten Juli, August und September durchschnittlich gezahlten monatlichen Entgelts berechnet.

Für die Meldung der Höhe der zusatzversorgungspflichtigen Jahressonderzahlung für Beschäftigte in Altersteilzeit gilt Folgendes:

2.3.3.1 Beginn der Altersteilzeit bis einschließlich 1. Juli

In diesen Fällen liegen der Berechnung der Jahressonderzahlung aus den Monaten Juli, August und September ausschließlich Altersteilzeitentgelte – halbe Entgelte – zu Grunde. Wird die Jahressonderzahlung also im November gezahlt, ist sie wie „normales Entgelt" zu behandeln, also

Meldebeispiele von A–Z

- bei vereinbarter Altersteilzeit vor 1.1.2003 als halbes Entgelt (= so wie gezahlt) zu melden,
- bei vereinbarter Altersteilzeit nach dem 31.12.2002 als halbes Entgelt × 1,8 zu melden.

2.3.3.2 Beginn der Altersteilzeit ab Oktober eines Jahres

In diesen Fällen liegen der Berechnung der Jahressonderzahlung aus den Monaten Juli, August und September ausschließlich volle Entgelte zu Grunde. Wird die Jahressonderzuwendung also im November gezahlt, ist sie

- bei vereinbarter Altersteilzeit vor dem 1.1.2003 in einem gesonderten Versicherungsabschnitt (parallel zur Meldung der Altersteilzeit) mit Versicherungsmerkmal 10 und 20 zu melden,
- bei vereinbarter Altersteilzeit nach 31.12.2002 in die Meldung der Altersteilzeit mit Versicherungsmerkmal 23 und 20 zu integrieren.

2.3.3.3 Beginn der Altersteilzeit im August oder September

In diesen Fällen liegen der Berechnung der Jahressonderzahlung teilweise volle und teilweise (halbe) Altersteilzeitentgelte zu Grunde. Bei Ermittlung der Jahressonderzahlung als zusatzversorgungspflichtiges Entgelt ist dabei der Anteil der Entgelte, die für die Berechnung der Jahressonderzahlung benötigt werden und aus einer Altersteilzeitarbeit stammen, mit dem Faktor 1,8 zu erhöhen.

Beispiel 1 Berechnung der zusatzversorgungspflichtigen Jahressonderzahlung

Sachverhalt	Am 1.9.2007 beginnt eine Altersteilzeitarbeit. Im Monat Juli und August 2007 betrug das zusatzversorgungspflichtige Entgelt 3.000 €, ab September 2007 ergab sich ein Altersteilzeitentgelt von 1 500 €. Entsprechend § 20 Abs. 2 Satz 1 TVöD hat der Beschäftigte Anspruch auf eine Jahressonderzahlung von 80 % (Entgeltgruppen 9 bis 12).
Lösung	3 000 € (Juli) + 3 000 € (August) + (1 500 € × 1,8 für September) = 8 700 € 8 700 € : 3 = 2 900 € 2 900 € × 80 % (Faktor der Jahressonderzahlung) = 2 320 € Die zusatzversorgungspflichtige Jahressonderzahlung beträgt also 2 320 €.

Meldebeispiele von A–Z

Beispiel 2 Meldung bei Altersteilzeit vor 1.1.2003 vereinbart

Die Jahressonderzahlung ist aufzuteilen:

▶ Der Teil der Jahressonderzahlung, der aus den „vollen" Entgelten aus den Monaten Juli und August stammt, ist gesondert mit Versicherungsmerkmal 10 und 20 zu melden.

▶ Der Teil der Jahressonderzahlung aus dem Monat September ist in die Meldung mit Versicherungsmerkmal 22 und 25 zu integrieren.

Für Juli und August: 3 000 € × ⅓ × 80% = 800 € × 2 (Monate) = 1 600 €

Für September: 1 500 € × ⅓ × 80 % = 400 € (wird von der Kasse mit 1,8 multipliziert)

Entgelt von September bis Dezember: 1 500 € × 4 = 6 000 € + 400 € = 6 400 €

Meldung der Versicherungsabschnitte									
Versicherungsabschnitte		Buchungsschlüssel			ZV-Entgelt		Umlage/Beitrag		Elternzeit-bezogene Kinderzahl
Beginn	Ende	Ein-zahler	Versiche-rungs-merkmal	Versteue-rungs-merkmal	€	Cent	€	Cent	
1.1.2007	31.8.2007	01	10	10	24 000,00		1 140,00		
1.1.2007	31.8.2007	01	20	01	24 000,00		960,00		
1.9.2007	31.12.2007	01	10	10	1 600,00		76,00		
1.9.2007	31.12.2007	01	20	01	1 600,00		64,00		
1.9.2007	31.12.2007	01	22	10	6 400,00		304,00		
1.9.2007	31.12.2007	01	25	01	6 400,00		256,00		

Meldebeispiele von A–Z

Beispiel 3 Meldung bei Altersteilzeit nach 31.12.2002 vereinbart

Die Jahressonderzahlung ist in der berechneten Höhe von 2 320 € mit Versicherungsmerkmal 23 und 20 zu melden.

1 500 € × 4 (Monate) × 1,8 = 10 800 € + 2 320 € (Jahressonderzahlung) = 13 120,00 €

Meldung der Versicherungsabschnitte								
Versicherungsabschnitte		Buchungsschlüssel			ZV-Entgelt		Umlage/Beitrag		Elternzeit-bezogene Kinderzahl
Beginn	Ende	Ein-zahler	Versiche-rungs-merkmal	Versteue-rungs-merkmal	€	Cent	€	Cent	
1.1.2007	31.8.2007	01	10	10	24 000,00		1 140,00		
1.1.2007	31.8.2007	01	20	01	24 000,00		960,00		
1.9.2007	31.12.2007	01	23	10	13 120,00		623,20		
1.9.2007	31.12.2007	01	20	01	13 120,00		524,80		

2.3.4 Krankheit während einer Altersteilzeit

Erkrankt ein Beschäftigter während einer Altersteilzeit, so erhält er zunächst für 6 Wochen Entgeltfortzahlung (§ 21 TVöD) und hat danach Anspruch auf Krankengeldzuschuss (§ 22 TVöD). Während der Entgeltfortzahlung und des Anspruchs auf Krankengeldzuschuss werden weiterhin Aufstockungsbeträge nach § 5 Abs. 1 und 2 TV ATZ erbracht. Nach Ablauf der 6 Wochen Entgeltfortzahlung werden jedoch keine (auf 90%) erhöhten Beiträge zur gesetzlichen Rentenversicherung gezahlt.

In der Zusatzversorgung ist während der gesamten Bezugszeit von Krankenbezügen – also sowohl während der Entgeltfortzahlung als auch während des Bezugs von Krankengeldzuschuss – ein mit dem Faktor 1,8 erhöhtes Entgelt zu berücksichtigen. Während eines Anspruchs auf Krankengeldzuschuss ist in der Zusatzversorgung eine fiktive Entgeltfortzahlung zu unterstellen und zu melden (§ 62 Abs. 2 Satz 4 der Satzung). Der daraus resultierende Betrag ist also ebenso mit 1,8 zu multiplizieren.

Dabei ist zu unterscheiden:

2.3.4.1 Krankheit und Altersteilzeit vor 1.1.2003 vereinbart

Es ist das Entgelt während der Altersteilzeit, also die Entgeltfortzahlung und die fiktive Entgeltfortzahlung für die Dauer des Anspruchs auf Krankengeldzuschuss zu melden (= halbes Entgelt, vgl. Teil E 2.3.1). Die Erhöhung mit dem Faktor 1,8 wird durch die Zusatzversorgungskasse vorgenommen.

Damit sind hier die Versicherungsmerkmale 22 und 25 zu verwenden.

2.3.4.2 Krankheit und Altersteilzeit nach 31.12.2002 vereinbart

Hier ist das halbe Entgelt während der Entgeltfortzahlung, sowie die (halbe) fiktive Entgeltfortzahlung vom Arbeitgeber mit dem Faktor 1,8 zu multiplizieren (vgl. Teil E 2.3.2).
Damit sind hier die Versicherungsmerkmale 23 und 20 zu verwenden.

2.3.5 Störfall bzw. Stornierung der Altersteilzeit

Unter Störfall versteht man eine vorzeitige Beendigung des Altersteilzeitverhältnisses z. B. aufgrund von Tod oder des Eintritts einer Erwerbsminderung.

2.3.5.1 Regelfall: Wertguthaben

Endet bei einem Beschäftigten, der Altersteilzeit im Blockmodell vereinbart hat, das Arbeitsverhältnis vorzeitig, hat er Anspruch auf eine etwaige Differenz zwischen den erhaltenen Bezügen und Aufstockungsleistungen und den Bezügen für den Zeitraum seiner tatsächlichen Beschäftigung, die er ohne Eintritt in die Altersteilzeit erzielt hätte (Wertguthaben nach § 9 Abs. 3 TV ATZ). Dieses Wertguthaben ist kein zusatzversorgungspflichtiges Entgelt, da es aus Anlass der Beendigung des Arbeitsverhältnisses gezahlt wird (§ 62 Abs. 2 Satz 2 Buchst. d d. S.). Es verbleibt bei der Meldung der Altersteilzeit bis zum Zeitpunkt der Beendigung des Arbeitsverhältnisses.

2.3.5.2 Sonderfall: Rückabwicklung

Wird aufgrund einer gesonderten Vereinbarung zwischen Beschäftigtem und Arbeitgeber die Altersteilzeitvereinbarung storniert, so wird die gesamte Beschäftigung so behandelt, als habe keine Altersteilzeit bestanden.

Meldebeispiele von A–Z

▶ **Beispiel**

Sachverhalt	Ein Beschäftigter hatte ursprünglich Altersteilzeit im Blockmodell ab dem 1.8.2006 ausgeübt. Im Februar 2008 wurde die Altersteilzeitvereinbarung storniert. Da der Beschäftigte bisher nur in der „Arbeitsphase" gewesen war, hatte er weiter vollzeitig gearbeitet. In die gesetzliche Rentenversicherung wurden die Beiträge (erhöht von bisher 90 % auf 100 %) für die vergangenen Monate nachgezahlt und der Beschäftigte daran zur Hälfte beteiligt. Im Februar 2008 wurde dem Beschäftigten noch der fehlende Betrag zum „vollen Entgelt" ausgezahlt (Zufluss also im Februar 2008).
Lösung	Da keine Altersteilzeit zu melden ist, sind die bisher während der Altersteilzeit gemeldeten Versicherungsmerkmale (22/25 oder 23/20) in Versicherungsmerkmale 10 und 20 zu ändern. Es sind also durchgehend die Versicherungsmerkmale 10/20 zu melden (auch im Jahr des ursprünglichen Beginns der Altersteilzeit). Das bis zum 31.12.2007 gemeldete Altersteilzeitentgelt bleibt bei den Versicherungsmerkmalen 22/25 in den Jahren 2006 und 2007 betragsmäßig unverändert bestehen. Bei den Versicherungsmerkmalen 23/20 muss das wegen der Altersteilzeit um den Faktor 1,8 erhöhte Entgelt vom Arbeitgeber um den Faktor 1,8 vermindert und mit den Versicherungsmerkmalen 10/20 gemeldet werden. Die Nachzahlung des Arbeitsentgelts im Februar 2008 ist in der Jahresmeldung 2008 zu melden, da es erst in diesem Jahr dem Beschäftigten steuerrechtlich zugeflossen ist.

2.3.6 Zusammenfassende Darstellung der Meldungen bei Altersteilzeit

Altersteilzeit	vereinbart vor 1.1.2003	vereinbart nach 31.12.2002
Zusatzversorgungspflichtiges Entgelt	Zu melden ist das für die ATZ vereinbarte Entgelt (halber Arbeitslohn)	Zu melden ist das auf 90 % hochgerechnete tatsächliche (halbe) Entgelt (also Entgelt × 1,8)
Versicherungsmerkmal Umlage	22	23
Versicherungsmerkmal Zusatzbeitrag	25	20
Entgeltbestandteile in vollem Umfang (z. B. Überstunden)	Sind in gesondertem Versicherungsabschnitt mit Versicherungsmerkmalen 10 und 20 parallel zur Altersteilzeitbeschäftigung zu melden	Sind nicht mit 1,8 zu multiplizieren und in die Versicherungsabschnitte mit Versicherungsmerkmal 23 und 20 zu integrieren
Jahressonderzahlung bei laufender Altersteilzeit	So zu melden, wie sie gezahlt wurde	Mit 1,8 zu multiplizieren
Jahressonderzahlung bei Beginn ATZ ab 2007		
a) Beginn ATZ bis 1. Juli	a) wie berechnet (halbe Entgelte)	a) wie berechnet × 1,8
b) Beginn ATZ ab Oktober	b) wie berechnet (volle Entgelte) eigener Versicherungsabschnitt mit VM 10/20 melden	b) wie berechnet in Meldung mit VM 23/20 integrieren
c) Beginn ATZ im August oder September	c) Aufteilung der Jahressonderzahlung (vgl. Teil E 2.3.3)	c) Meldung wie berechnet mit VM 23/20

Meldebeispiele von A–Z

Altersteilzeit	vereinbart vor 1.1.2003	vereinbart nach 31.12.2002
Entgelte bei Krankheit während Altersteilzeit	Entgeltfortzahlung + fiktive Entgeltfortzahlung wie aus vereinbarter Arbeitszeit (halbes Entgelt)	Entgeltfortzahlung + fiktive Entgeltfortzahlung wie aus vereinbarter Arbeitszeit (halbes Entgelt) × 1,8
Berechnung der Leistung	Der gemeldete (halbe) Arbeitslohn wird von der Kasse mit 1,8 multipliziert (also auf 90% hochgerechnet)	Das halbe Arbeitsentgelt wurde vom Arbeitgeber mit 1,8 multipliziert (also auf 90% hochgerechnet)

2.3.7 Altersteilzeit in Sonderfällen (Aufstockung auf 95 %)

Wird auf Grund einer Einzelregelung ein Beitrag in die gesetzliche Rentenversicherung gezahlt, der den Mindestbeitrag von 90 % des Entgelts, das der Bemessung des Altersteilzeitentgelts zu Grunde liegt, übersteigt, ist das zusatzversorgungspflichtige Entgelt so zu erhöhen, dass entsprechend mehr Versorgungspunkte auch in der Zusatzversorgung erworben werden. Bei einer Aufstockung auf beispielsweise 95 % ist das zusatzversorgungspflichtige Entgelt um den Faktor $^{95}/_{90}$ zu erhöhen. Von diesem erhöhten Entgelt sind Umlagen zu entrichten.

Ist die Altersteilzeit **vor dem 1.1.2003** vereinbart worden, wird das um den Faktor $^{95}/_{90}$ erhöhte Entgelt vor der Umrechnung in Versorgungspunkte von der Zusatzversorgungseinrichtung mit dem Faktor 1,8 multipliziert (vgl. Beispiel 1).

Bei einer Altersteilzeitvereinbarung **nach dem 31.12.2002** muss der Arbeitgeber das um den Faktor $^{95}/_{90}$ erhöhte zusatzversorgungspflichtige Entgelt mit dem Faktor 1,8 multiplizieren und aus diesem erhöhten Entgelt Umlagen und Zusatzbeiträge abführen (vgl. Beispiel 2).

Unabhängig vom Zeitpunkt der Vereinbarung der Altersteilzeitbeschäftigung ist zu beachten, dass Aufstockungsbeträge zum Arbeitsentgelt kein zusatzversorgungspflichtiges Entgelt darstellen, da diese nicht steuerpflichtig sind.

Meldebeispiele von A–Z

Beispiel 1 Vereinbarung der Altersteilzeit vor dem 1.1.2003 mit Beitrag über 90 % in der gesetzlichen Rentenversicherung

Sachverhalt	Die Altersteilzeit wurde im Dezember 2002 vereinbart vom 1.8.2003 bis 31.7.2005. Die Arbeitsphase endet am 31.7.2004. Das monatliche Arbeitsentgelt aus Vollzeitbeschäftigung betrug 3 000,00 €. Mit dem Beschäftigten wurde vereinbart, dass 95 % Beitrag in die gesetzliche Rentenversicherung während der Altersteilzeitbeschäftigung eingezahlt werden. Die Jahressonderzahlung beträgt jeweils 1 500,00 €.

Lösung	Ab Beginn der Altersteilzeit ist das tatsächliche (halbe) Entgelt, also 1 500,00 € monatlich, um den Faktor $^{95}/_{90}$ zu erhöhen. Hieraus sind Umlagen (Versicherungsmerkmal 24) und ein Zusatzbeitrag (Versicherungsmerkmal 26) zu zahlen. Bei der Ermittlung der Versorgungspunkte wird das während der Altersteilzeit gemeldete Entgelt von der Zusatzversorgungskasse mit dem Faktor 1,8 berücksichtigt. Eventuell anfallende Entgelte, die voll ausgezahlt wurden, sind in einem separaten Versicherungsabschnitt mit dem Versicherungsmerkmal 10 und 20 zu melden. Diese Entgelte dürfen von der Zusatzversorgungskasse nicht hochgerechnet werden.
	1.8.2003 bis 31.12.2003
	1 500 € × 5 Monate = 7 500 €
	7 500 € × $^{95}/_{90}$ = 7 916,67 €
	Jahressonderzahlung 1 500 € × $^{95}/_{90}$ = 1 583,33 €
	                                                       9 500,00 €
	
	2004
	1 500 € × 12 Monate = 18 000 €
	18 000 € × $^{95}/_{90}$ = 19 000,00 €
	Jahressonderzahlung 1 500 € × $^{95}/_{90}$ = 1 583,33 €
	                                                     20 583,33 €

Meldung der Versicherungsabschnitte

Versicherungsabschnitte		Buchungsschlüssel			ZV-Entgelt		Umlage/Beitrag		Elternzeitbezogene Kinderzahl
Beginn	Ende	Einzahler	Versicherungsmerkmal	Versteuerungsmerkmal	€	Cent	€	Cent	
1.1.2003	31.7.2003	01	10	10	21 000,00		997,50		
1.1.2003	31.7.2003	01	20	01	21 000,00		420,00		
1.8.2003	31.12.2003	01	24	10	9 500,00		451,25		
1.8.2003	31.12.2003	01	26	01	9 500,00		190,00		
1.1.2004	31.12.2004	01	24	10	20 583,33		977,71		
1.1.2004	31.12.2004	01	26	01	20 583,33		514,58		
1.1.2005	31.7.2005	01	24	10	11 083,33		526,46		
1.1.2005	31.7.2005	01	26	01	11 083,33		332,50		

Meldebeispiele von A–Z

 Hinweis:

Entgeltbestandteile, die während der Altersteilzeit zu 100 % angefallen sind (z. B. Überstunden, Erschwerniszuschläge etc.), müssen in einem gesonderten Versicherungsabschnitt parallel zu dem Versicherungsabschnitt mit Altersteilzeit mit den Versicherungsmerkmalen 10 und 20 gemeldet werden.

Beispiel 2 Vereinbarung der Altersteilzeit nach dem 31.12.2002 mit Beitrag über 90 % in der gesetzlichen Rentenversicherung

Sachverhalt	Die Altersteilzeit wurde im Januar 2006 vereinbart vom 1.8.2006 bis 31.7.2008. Die Arbeitsphase endet am 31.7.2007. Das monatliche Arbeitsentgelt aus Vollzeitbeschäftigung betrug 3 000,00 €. Mit dem Beschäftigten wurde vereinbart, dass 95 % Beitrag in die gesetzliche Rentenversicherung während der Altersteilzeitbeschäftigung eingezahlt werden. Die Jahressonderzahlung beträgt jeweils 1 500,00 €.

Lösung	Ab Beginn der Altersteilzeit ist das tatsächliche (halbe) Entgelt, also 1 500,00 € monatlich, um die Faktoren 1,8 und um den Faktor $^{95}/_{90}$ zu erhöhen. Hieraus sind Umlagen (Versicherungsmerkmal 23) und ein Zusatzbeitrag (Versicherungsmerkmal 20) zu zahlen. Bei der Ermittlung der Versorgungspunkte wird das während der Altersteilzeit gemeldete Entgelt nicht mehr von der Zusatzversorgungskasse hochgerechnet. Eventuell anfallende Entgelte, die voll ausgezahlt wurden, sind dem gemeldeten Entgelt zuzuschlagen.
	1.8.2006 bis 31.12.2006
	1 500 € × 5 Monate = 7 500 € × 1,8 = 13 500 €
	13 500 € × $^{95}/_{90}$ = 14 250 €
	Jahressonderzahlung 1 500 € × 1,8 × $^{95}/_{90}$ = 2 850 €
	                                                  17 100 €
	2007
	1 500 € × 12 Monate = 18 000 € × 1,8 = 32 400 €
	32 400 € × $^{95}/_{90}$ = 34 200 €
	Jahressonderzahlung 1 500 € × 1,8 × $^{95}/_{90}$ = 2 850 €
	                                                  37 050 €

Meldung der Versicherungsabschnitte

Versicherungsabschnitte		Buchungsschlüssel			ZV-Entgelt	Umlage/Beitrag	Elternzeitbezogene Kinderzahl
Beginn	Ende	Einzahler	Versicherungsmerkmal	Versteuerungsmerkmal	€ Cent	€ Cent	
1.1.2006	31.7.2006	01	10	10	21 000,00	997,50	
1.1.2006	31.7.2006	01	20	01	21 000,00	735,00	
1.8.2006	31.12.2006	01	23	10	17 100,00	812,25	
1.8.2006	31.12.2006	01	20	01	17 100,00	598,50	
1.1.2007	31.12.2007	01	23	10	37 050,00	1759,88	
1.1.2007	31.12.2007	01	20	01	37 050,00	1482,00	
1.1.2008	31.7.2008	01	23	10	19 950,00	947,63	
1.1.2008	31.7.2008	01	20	01	19 950,00	798,00	

Hinweis:
Entgeltbestandteile, die während der Altersteilzeit zu 100 % angefallen sind (z. B. Überstunden, Erschwerniszuschläge etc.), müssen zu dem Versicherungsabschnitt mit Altersteilzeit hinzuaddiert werden.

2.4 Arbeitsunterbrechung/Arbeit nach Anfall/Beurlaubung ohne Bezüge/Mutterschutz/Sonderurlaub

Fehlzeiten im Sinne der Zusatzversorgung sind Zeiten, in denen trotz eines bestehenden Arbeitsverhältnisses kein laufendes Entgelt anfällt (z. B. unbezahlter Sonderurlaub, Zeiten des Mutterschutzes, Krankheitszeiten nach Ablauf des Krankengeldzuschusses). Für diese Zeiten ist in der Jahresmeldung das Versicherungsmerkmal 40 zu melden – allerdings in aller Regel nur dann, wenn die Fehlzeit mindestens einen gesamten Kalendermonat umfasst hat.

2.4.1 Arbeitsunterbrechung/Fehlzeiten mit gleichem Versicherungsmerkmal

Die Regelung, dass eine Meldung der Fehlzeit nur dann zu erfolgen hat, wenn ein ganzer Kalendermonat ohne Entgelt besteht, gilt aber nur dann, wenn die Meldung der Fehlzeit innerhalb einer Meldung von laufendem Entgelt entsteht. Wird also die Meldung von laufendem Entgelt (Versicherungsmerkmale 10, 15 oder 22 ff. bei Altersteilzeit) von einer Fehlzeit unterbrochen, so ist die Fehlzeit nur dann zu melden, wenn mindestens ein ganzer Kalendermonat ohne Entgelt besteht. Anderenfalls bleibt auch während dieser Zeit die Meldung der Umlage-/Beitragszeit bestehen; lediglich die Entgelte sind verringert.

Meldebeispiele von A–Z

Beispiel 1 Unterbrechung – länger als ein Kalendermonat

Sachverhalt	Der pflichtversicherte Beschäftigte ist ohne zusatzversorgungspflichtiges Entgelt in der Zeit vom 1.5.2008 bis 1.6.2008.
Lösung	Der Zeitraum der Unterbrechung beträgt mehr als ein Kalendermonat. Für die Unterbrechung ist somit ein Versicherungsabschnitt zu bilden.

Meldung der Versicherungsabschnitte

Versicherungsabschnitte		Buchungsschlüssel			ZV-Entgelt		Umlage/Beitrag		Elternzeit-bezogene Kinderzahl
Beginn	Ende	Ein-zahler	Versiche-rungs-merkmal	Versteue-rungs-merkmal	€	Cent	€	Cent	
1.1.2008	30.4.2008	01	10	10	5 794,64		275,25		
1.1.2008	30.4.2008	01	20	01	5 794,64		231,79		
1.5.2008	1.6.2008	01	40	00	0,00		0,00		
2.6.2008	31.12.2008	01	10	10	12 441,43		590,97		
2.6.2008	31.12.2008	01	20	01	12 441,43		497,66		

Beispiel 2 Unterbrechung – kürzer als ein Kalendermonat

Sachverhalt	Der pflichtversicherte Beschäftigte ist ohne zusatzversorgungspflichtiges Entgelt in der Zeit vom 2.4.2008 bis 29.4.2008 und vom 2.5.2008 bis 1.6.2008.
Lösung	Der Zeitraum der Unterbrechung beträgt jeweils weniger als ein Kalendermonat. Für die Unterbrechungen sind somit keine Versicherungsabschnitte zu bilden.

Meldung der Versicherungsabschnitte

Versicherungsabschnitte		Buchungsschlüssel			ZV-Entgelt		Umlage/Beitrag		Elternzeit-bezogene Kinderzahl
Beginn	Ende	Ein-zahler	Versiche-rungs-merkmal	Versteue-rungs-merkmal	€	Cent	€	Cent	
1.1.2008	31.12.2008	01	10	10	18 236,07		866,21		
1.1.2008	31.12.2008	01	20	01	18 236,07		729,44		

Meldebeispiele von A–Z

Beispiel 3 Unterbrechungen – kürzer als ein Kalendermonat und Unterbrechungen – länger als ein Kalendermonat

Sachverhalt	Der pflichtversicherte Beschäftigte ist ohne zusatzversorgungspflichtiges Entgelt in der Zeit vom 2.4.2008 bis 29.4.2008 und vom 2.5.2008 bis 1.6.2008 und vom 1.8.2008 bis 2.9.2008.
Lösung	Die Zeiträume der Unterbrechung, die weniger als ein Kalendermonat betragen, sind nicht zu melden. Für die Unterbrechung, die länger als ein Kalendermonat dauert, ist ein Versicherungsabschnitt zu bilden.

Meldung der Versicherungsabschnitte

Versicherungsabschnitte		Buchungsschlüssel			ZV-Entgelt		Umlage/Beitrag		Elternzeitbezogene Kinderzahl
Beginn	Ende	Einzahler	Versicherungsmerkmal	Versteuerungsmerkmal	€	Cent	€	Cent	
1.1.2008	31.7.2008	01	10	10	10 637,71		505,29		
1.1.2008	31.7.2008	01	20	01	10 637,71		425,51		
1.8.2008	2.9.2008	01	40	00	0,00		0,00		
3.9.2008	31.12.2008	01	10	10	6 078,69		288,74		
3.9.2008	31.12.2008	01	20	01	6 078,69		243,15		

2.4.2 Arbeitsunterbrechung/Fehlzeiten mit unterschiedlichen Versicherungsmerkmalen

Wenn die Fehlzeit nicht innerhalb einer Meldung von laufendem Entgelt (Versicherungsmerkmale 10, 15 bzw. 22 ff.) liegt, sondern auf ein anderes Versicherungsmerkmal für entgeltlose Zeiten folgt oder einem solchen voran geht, muss die entgeltlose Zeit taggenau gemeldet werden.

So sind z. B. Zeiten eines Mutterschutzes, die mangels laufendem Entgelt auch als Fehlzeiten gelten und mit Versicherungsmerkmal 40 zu melden sind, stets taggenau zu melden, selbst wenn nicht ein voller Kalendermonat hiervon erfasst wird.

Meldebeispiele von A–Z

▶ **Beispiel**

Sachverhalt	Beschäftigung mit laufendem Entgelt	1.1.2008 – 2. 5.2008
	Mutterschutz	3.5.2008 – 15. 6.2008
	Elternzeit (ab Geburt des Kindes)	16.6.2008 – 31.12.2008.
Lösung	Da auf die Meldung mit Versicherungsmerkmal 40 nicht das Versicherungsmerkmal 10, 15 bzw. 22 ff. folgt, sondern Versicherungsmerkmal 28 für Elternzeit, ist die Fehlzeit taggenau zu melden. Die Zeit des Mutterschutzes vom 3.5.2008 bis 15.6.2008 ist mit Versicherungsmerkmal 40 zu melden, obwohl kein ganzer Kalendermonat davon umfasst ist.	

Meldung der Versicherungsabschnitte

Versicherungsabschnitte		Buchungsschlüssel			ZV-Entgelt	Umlage/Beitrag	Elternzeitbezogene Kinderzahl
Beginn	Ende	Einzahler	Versicherungsmerkmal	Versteuerungsmerkmal	€ Cent	€ Cent	
1.1.2008	2.5.2008	01	10	10	15 500,00	736,25	
1.1.2008	2.5.2008	01	20	01	15 500,00	620,00	
3.5.2008	15.6.2008	01	40	00	0,00	0,00	
16.6.2008	31.12.2008	01	28	00	0,00	0,00	1
1.11.2008	30.11.2008	01	10	10	1 000,00	47,50	
1.11.2008	30.11.2008	01	20	01	1 000,00	40,00	

2.4.3 Beurlaubung ohne Bezüge/Sonderurlaub

Wenn ein Sonderurlaub aus wichtigem Grund ohne Fortzahlung des Entgelts bewilligt wird (z. B. § 28 TVöD), bleibt die Pflichtversicherung in der Zusatzversorgung bestehen.

Ein wichtiger Grund liegt insbesondere vor bei:

▶ Betreuung eines Kindes bzw. Pflege eines nahen Angehörigen.

▶ Fortbildungs- und Weiterbildungsmaßnahmen.

▶ Alterssonderurlaub und Sonderurlaub entsprechend beamtenrechtlichen Regelungen.

Für Zeiten des Sonderurlaubes ist ein Versicherungsabschnitt mit dem Buchungsschlüssel 01 40 00 in der Jahresmeldung zu bilden. Dauert die Beurlaubung nicht länger als einen Kalendermonat, so ist keine Meldung erforderlich.

Die Pflichtversicherung kann dagegen nicht fortgeführt werden, wenn das Arbeitsverhältnis beendet wird und der Beschäftigte lediglich einen Anspruch auf Wiedereinstellung hat (vgl. Saisonarbeitnehmer Teil E 2.15.2).

Meldebeispiele von A–Z

Beispiel Sonderurlaub zur Betreuung eines Kindes

Sachverhalt	Ende der Elternzeit	30. 6.2008
	Dauer des Kinderbetreuungssonderurlaubs:	1. 7.2008 bis 30.11.2008
	Wiederaufnahme der Tätigkeit	1.12.2008
Lösung	Die Elternzeit ist mit Buchungsschlüssel 01 28 00 zu melden. Der Kinderbetreuungsurlaub ist mit Buchungsschlüssel 01 40 00 zu melden. Die Umlagen sind nach §3 Nr. 56 EStG steuerfrei.	

Meldung der Versicherungsabschnitte

Versicherungsabschnitte		Buchungsschlüssel			ZV-Entgelt		Umlage/Beitrag		Elternzeit-bezogene Kinderzahl
Beginn	Ende	Ein-zahler	Versiche-rungs-merkmal	Versteue-rungs-merkmal	€	Cent	€	Cent	
1.1.2008	30.6.2008	01	28	00	0,00		0,00		1
1.7.2008	30.11.2008	01	40	00	0,00		0,00		
1.12.2008	31.12.2008	01	10	01	2 100,00		99,75		
1.12.2008	31.12.2008	01	20	01	2 100,00		84,00		

2.5 Einmalige Zahlungen

2.5.1 Einmalige Zahlungen, die während eines bestehenden Arbeitsverhältnisses ausgezahlt werden

Einmalzahlungen sind steuerpflichtiger Arbeitslohn und damit grundsätzlich auch zusatzversorgungspflichtig. Einmalzahlungen sind ausnahmsweise dann kein zusatzversorgungspflichtiges Entgelt, wenn dies im Tarifvertrag über die jeweilige Einmalzahlung ausdrücklich vereinbart wurde.

Wird eine zusatzversorgungspflichtige Einmalzahlung in einem Zeitraum ohne laufendes Entgelt (Versicherungsmerkmal 40 und 28) gezahlt, ist ein Versicherungsabschnitt für den gesamten Monat zu bilden, in dem die Einmalzahlung erfolgte. Einmalige Zahlungen sind z. B. die Jahressonderzahlung und die Sparkassensonderzahlung.

Meldebeispiele zu Einmalzahlungen sind dargestellt im Teil E 2.10 (Jahressonderzahlung) und im Teil E 2.17 (Sparkassensonderzahlung).

2.5.2 Einmalige Zahlungen, die bei oder nach der Beendigung bzw. Ruhen des Arbeitsverhältnisses ausgezahlt werden

Aus der Satzung ergeben sich keine Einschränkungen bezüglich der Zusatzversorgungspflicht von Entgelten, die nach Ende des Arbeitsverhältnisses gezahlt werden. Daher sind auch Einmalzahlungen, die nach der Beendigung des Arbeitsverhältnisses gezahlt werden, in der Regel zusatzversorgungspflichtiges Entgelt.

Meldebeispiele von A–Z

In folgenden Fällen ist eine nach dem Ausscheiden gezahlte Einmalzahlung jedoch kein zusatzversorgungspflichtiges Entgelt:

- Einmalzahlungen sind – wie auch andere Entgelte – dann von der Zusatzversorgungspflicht ausgenommen, wenn sie steuerrechtlich nicht mehr einem Zeitraum zuzuordnen sind, in dem noch eine Pflichtversicherung in der Zusatzversorgung bestanden hat. Dies ist dann gegeben, wenn ein Beschäftigter aus dem Arbeitsverhältnis ausscheidet und eine Einmalzahlung nach dem 21. Januar des Folgejahres ausgezahlt wird (vgl. Teil E 2.25.2).

- Einmalige Zahlungen, die aus Anlass der Beendigung oder des Eintritts des Ruhens des Arbeitsverhältnisses gezahlt werden, sind grundsätzlich kein zusatzversorgungspflichtiges Entgelt (§ 62 Abs. 2 Buchst. d d. S.). Dies gilt beispielsweise für eine Überstundenvergütung, die nach Beendigung des Arbeitsverhältnisses in einem Monat ohne laufendes Entgelt gezahlt wird (siehe nachfolgende Beispiele).

Beispiel 1 Ausscheiden 30.6.2008
Nachzahlung im Juli 2008

Sachverhalt	Ein Beschäftigter scheidet zum 30.6.2008 aus dem Arbeitsverhältnis aus. Zu diesem Zeitpunkt endet auch die Pflichtversicherung in der Zusatzversorgung. Im Monat Juli 2008 erhält er noch eine Nachzahlung einer tariflichen zusatzversorgungspflichtigen Einmalzahlung.
Lösung	Da das Entgelt im Jahr des Ausscheidens gezahlt wird, ist es steuerrechtlich dem letzten Monat des Arbeitsverhältnisses zuzuordnen und gilt damit als im Juni 2008 zugeflossen. Der Zufluss fällt damit noch in die Pflichtversicherung, so dass es sich um zusatzversorgungspflichtiges Entgelt handelt. Das Entgelt ist in dem den Monat Juni 2008 enthaltenden Versicherungsabschnitt mit den Versicherungsmerkmalen 10 und 20 zu melden.

Beispiel 2 Ausscheiden 31.10.2008
Nachzahlung am 19.1.2009

Sachverhalt	Ein Beschäftigter scheidet am 31.10.2008 aus dem Arbeitsverhältnis aus. Zu diesem Zeitpunkt endet auch die Pflichtversicherung in der Zusatzversorgung. Am 19.1.2009 erhält er noch eine Nachzahlung einer tariflichen Einmalzahlung.
Lösung	Da die Nachzahlung des Entgelts bis zum 21.1.2009 erfolgt – also innerhalb der ersten drei Wochen des Folgejahres – ist das Entgelt steuerrechtlich dem letzten Monat des Arbeitsverhältnisses zuzuordnen und gilt als im Oktober 2008 zugeflossen. Der Zufluss fällt damit noch in die Pflichtversicherung. Das Entgelt ist in dem den Monat Oktober 2008 enthaltenden Versicherungsabschnitt mit den Versicherungsmerkmalen 10 und 20 zu melden.

Meldebeispiele von A–Z

Beispiel 3 Ausscheiden 31.10.2008
Nachzahlung am 23.1.2009

Sachverhalt	Ein Beschäftigter scheidet am 31.10.2008 aus dem Arbeitsverhältnis aus. Zu diesem Zeitpunkt endet auch die Pflichtversicherung in der Zusatzversorgung. Am 23.1.2009 wird ihm noch eine tarifliche Einmalzahlung ausgezahlt.
Lösung	Da das Entgelt nach Ablauf der Dreiwochenfrist (also nach dem 21.1.2009) gezahlt wurde, ist ein steuerrechtliches Aufrollen in das Vorjahr nicht mehr möglich. Ein steuerrechtlicher Zufluss im Jahr 2008 ist somit nicht mehr gegeben, so dass das Entgelt nicht zusatzversorgungspflichtig ist.

Beispiel 4 Ruhen des Arbeitsverhältnisses wegen Bezugs einer Zeitrente
Anspruch auf Überstundenvergütung

Sachverhalt	Der Beschäftigte erhält ab 1.2.2008 eine volle Erwerbsminderungsrente auf Zeit. Der Rentenbescheid wird im Februar 2008 zugestellt. Der Beschäftigte ► leistete in den Monaten Juni und Juli 2006 Überstunden, ► hat noch Anspruch auf Überstundenvergütung, ► hat seit August 2006 wegen Krankheit keinen Anspruch mehr auf laufende Vergütung
Lösung	Das Arbeitsverhältnis ruht ab 1.3.2008 (vgl. § 33 Abs. 2 Satz 1 TVöD). Die Überstundenvergütung wird bei Beginn des Ruhens ausgezahlt. Die steuerpflichtige Überstundenvergütung ist nicht zusatzversorgungspflichtig, da sie als einmalige Zahlung gilt, die aus Anlass des Eintritts des Ruhens des Arbeitsverhältnisses gezahlt wird (§ 62 Abs. 2 Buchst. d d. S.). Umlagen fallen aus der steuerpflichtigen Überstundenvergütung nicht an.

Beispiel 5 Grundwehrdienst
Anspruch auf Überstundenvergütung

Sachverhalt	Der Beschäftigter ► leistete in den Monaten Mai und Juni 2008 Überstunden, ► hat noch Anspruch auf Überstundenvergütung, ► hat für den Monat Juni 2008 Anspruch auf laufende Vergütung ► wird ab 1.7.2008 zum Grundwehrdienst einberufen.
Lösung	Die Zahlung der Überstundenvergütung ist dem Monat Juni 2008 zuzuordnen, weil der Grundwehrdienst am 1.7.2008 beginnt. Die steuerpflichtige Überstundenvergütung ist dem zusatzversorgungspflichtigen Entgelt für den Monat Juni 2008 zuzuordnen. Umlagen fallen aus der steuerpflichtigen Überstundenvergütung und dem laufenden zusatzversorgungspflichtigen Entgelt für den Monat Juni 2008 an, weil der Arbeitgeber weiterhin Umlagen auch während des Wehrdienstes zahlt. Das laufende zusatzversorgungspflichtige Entgelt und die Überstundenvergütung ist in einem Betrag zu melden.

2.6 Elternzeit

Ruht ein Arbeitsverhältnis wegen einer Elternzeit nach § 15 Bundeselterngeld- und Elternzeitgesetz (BEEG), so werden für jedes Kind, für das ein Anspruch auf Elternzeit besteht, Versorgungspunkte berücksichtigt, die sich bei einem zusatzversorgungspflichtigen Entgelt von 500 € pro Monat ergeben würden. Dabei werden nur volle Monate berücksichtigt (§ 35 Abs. 1 Satz 1 d. S.). Als Kinder, für die ein Anspruch auf Elternzeit besteht, gehören neben dem leiblichen Kind auch:

▶ Kinder, die im Haushalt leben, weil sie mit dem Ziel der Annahme als Kind aufgenommen wurden,
▶ Kinder des Ehegatten, die im Haushalt aufgenommen wurden.

Ruht das Arbeitsverhältnis wegen Elternzeit für diese Kinder, wird also ebenfalls eine soziale Komponente geleistet.

Um diese soziale Komponente berücksichtigen zu können, müssen der Zusatzversorgungskasse durch den Arbeitgeber in der Jahresmeldung die Daten genau gemeldet werden.

2.6.1 Grundsätze zur Elternzeit

▶ Es muss Elternzeit für das Kind, welches in die Meldung einbezogen werden soll, beim Arbeitgeber beantragt sein.
▶ Das Arbeitsverhältnis muss wegen der Elternzeit nach § 15 des Bundeselterngeld- und Elternzeitgesetzes ruhen.
▶ Die Elternzeit kann pro Kind für maximal 36 Monate gemeldet werden.
▶ Die Elternzeit beginnt mit dem Tag der Geburt.
▶ Für die Zeit des Mutterschutzes vor der Geburt des Kindes ist das Versicherungsmerkmal 40 zu melden.
▶ Mutterschutzzeiten nach Geburt des Kindes sind nicht zu melden, da ab Geburt des Kindes Elternzeit zu melden ist.
▶ Sowohl der Wechsel von der Arbeitsphase (z. B. Versicherungsmerkmal 10) in den Mutterschutz (Versicherungsmerkmal 40) sowie der Beginn der Elternzeit (Versicherungsmerkmal 28) bzw. deren Ende sind stets taggenau zu melden.
▶ In der Meldung ist die Anzahl der Kinder anzugeben, für die in dem gemeldeten Zeitraum Elternzeit beantragt wurde.
▶ Bestehen bei Geburt eines Kindes gleichzeitig mehrere zusatzversorgungspflichtige Beschäftigungsverhältnisse, kann die Elternzeit nur in einem Beschäftigungsverhältnis gemeldet werden. Die Versicherte muss gegenüber ihren Arbeitgebern erklären, in welchem Versiche-

rungsverhältnis die Elternzeit gemeldet werden soll (§ 35 Abs. 1 Satz 2 der Satzung). In dem Versicherungsverhältnis, in dem die Elternzeit nicht gemeldet wird, ist für diese Zeit Versicherungsmerkmal 40 (Fehlzeit = entgeltlose Zeit) zu melden.

▶ Zuschüsse des Arbeitgebers zum Mutterschaftsgeld sind kein zusatzversorgungspflichtiges Entgelt, so dass keine Umlagen oder Zusatzbeiträge anfallen.

2.6.2 Einmalzahlungen während der Elternzeit bzw. Mutterschutzzeit

Besteht während der Elternzeit in einem ruhenden Arbeitsverhältnis Anspruch auf eine Einmalzahlung (z. B. Jahressonderzahlung), so ist für den gesamten Monat, in dem die Einmalzahlung erfolgt, ein eigener, zusätzlicher Versicherungsabschnitt (z. B. Versicherungsmerkmal 10) zu melden.

Die Jahressonderzahlung ist dabei aufzuteilen. Sie ist nur insoweit zusatzversorgungspflichtig, als sie für Monate gezahlt wird, für die Umlagen für laufendes zusatzversorgungspflichtiges Entgelt vorliegen (§ 62 Abs. 2 Satz 2 Buchst. e der Satzung). Die Sparkassensonderzahlung ist hingegen in vollem Umfang zusatzversorgungspflichtig (vgl. Teil E 2.17).

Fällt die Jahressonderzahlung in den Zeitraum des Mutterschutzes, so wird das Versicherungsmerkmal 40 im Monat der Zahlung der Zuwendung durch die Einmalzahlung (z. B. Versicherungsmerkmal 10) verdrängt. Die Meldung für die Einmalzahlung endet mit dem Beginn der Elternzeit (vgl. Beispiel 2).

Scheidet die Mutter aus Anlass der Geburt aus dem Arbeitsverhältnis aus, so ist die aus diesem Grund gezahlte (anteilige) Jahressonderzahlung kein zusatzversorgungspflichtiges Entgelt (§ 62 Abs. 2 Satz 2 Buchst. d d. S.).

Meldebeispiele von A–Z

Beispiel 1 Mutterschutz
Elternzeit
Jahressonderzahlung während Elternzeit

Sachverhalt	Beginn des Mutterschutzes 25.8.2008
	Tag der Geburt des Kindes: 6.10.2008
	Anspruch auf Jahressonderzahlung im: November 2008
	Elternzeit wurde beantragt.
	Bis zum Beginn des Mutterschutzes beträgt das Entgelt 12 000,00 €. Die gesamte Jahressonderzahlung ($^{12}/_{12}$) beträgt 1 200 €.
Lösung	Die Elternzeit muss taggenau gemeldet werden. Da nur die Monate Januar bis August (= 8 Monate) mit Umlagen für ein laufendes zusatzversorgungspflichtiges Entgelt belegt sind, ist die Jahressonderzahlung nur zu $^{8}/_{12}$ (800 €) zusatzversorgungspflichtig. Die Meldung über die Zahlung der Jahressonderzahlung ist in einem separaten Versicherungsabschnitt für den gesamten Monat, in dem sie gezahlt wird (1.11.–30.11.2008) zu melden. Sie unterbricht nicht die Meldung der Elternzeit für diesen Zeitraum, sondern tritt parallel daneben. Damit erhält die Versicherte für den Monat November sowohl die soziale Komponente von 500 € als auch die Jahressonderzahlung von 800,00 €, aus denen sich dann insgesamt Versorgungspunkte ergeben. Ein Teil der Umlagen ist nach §3 Nr. 56 EStG steuerfrei. 636 € (Grenzbetrag §3 Nr. 56 EStG) ./. 512 € (Zusatzbeitrag) = 124 € steuerfreie Umlage.

Meldung der Versicherungsabschnitte

Versicherungsabschnitte		Buchungsschlüssel			ZV-Entgelt		Umlage/Beitrag		Elternzeit-bezogene Kinderzahl
Beginn	Ende	Ein-zahler	Versiche-rungs-merkmal	Versteue-rungs-merkmal	€	Cent	€	Cent	
1.1.2008	24.8.2008	01	10	01	2 610,53		124,00		
1.1.2008	24.8.2008	01	10	10	9 389,47		446,00		
1.1.2008	24.8.2008	01	20	01	12 000,00		480,00		
25.8.2008	5.10.2008	01	40	00	0,00		0,00		
6.10.2008	31.12.2008	01	28	00	0,00		0,00		1
1.11.2008	30.11.2008	01	10	10	800,00		38,00		
1.11.2008	30.11.2008	01	20	01	800,00		32,00		

Meldebeispiele von A–Z

Beispiel 2 Mutterschutz
Elternzeit
Jahressonderzahlung während der Mutterschutzzeit

Sachverhalt	Beginn Mutterschutz 8.10.2008 Tag der Geburt des Kindes: 21.11.2008 Elternzeit wurde beantragt: Ende November 2008 wurde eine Jahressonderzahlung ($^{12}/_{12}$) von 2 057,15 € gezahlt.
Lösung	Die Elternzeit muss taggenau gemeldet werden. Die Jahressonderzahlung (Versicherungsmerkmal 10) unterbricht bzw. verdrängt im Monat November die Mutterschutzzeit (Versicherungsmerkmal 40). Die Meldung der Jahressonderzahlung endet am Tag vor Beginn der Elternzeit. Die Elternzeit ist mit dem Buchungsschlüssel 01 28 00 ab dem Tag der Geburt (21.11.2008) zu melden. Von der Jahressonderzahlung sind $^{7}/_{12}$ zusatzversorgungspflichtig (2 057,15 € × $^{7}/_{12}$ = 1 200,00 €). Es liegen keine steuerfreien Umlagen nach § 3 Nr. 56 EStG vor. Der Grenzbetrag des § 3 Nr. 56 EStG von 636,00 € wurde vollständig durch den Zusatzbeitrag ausgeschöpft.

Meldung der Versicherungsabschnitte

Versicherungsabschnitte		Buchungsschlüssel			ZV-Entgelt		Umlage/Beitrag		Elternzeitbezogene Kinderzahl
Beginn	Ende	Einzahler	Versicherungsmerkmal	Versteuerungsmerkmal	€	Cent	€	Cent	
1.1.2008	7.10.2008	01	10	10	22 500,00		1 068,75		
1.1.2008	7.10.2008	01	20	01	22 500,00		900,00		
8.10.2008	31.10.2008	01	40	00	0,00		0,00		
1.11.2008	20.11.2008	01	10	10	1 200,00		57,00		
1.11.2008	20.11.2008	01	20	01	1 200,00		48,00		
21.11.2008	31.12.2008	01	28	00	0,00		0,00		1

2.6.3 Elternzeit für mehrere Kinder und Zwillingsgeburt

Wird während einer Elternzeit ein weiteres Kind geboren und wird für dieses Kind ebenfalls Elternzeit beantragt, so beginnt ab der Geburt des 2. Kindes ein neuer Versicherungsabschnitt mit Versicherungsmerkmal 28 und Anzahl Kinder „2". Nach Ablauf der Elternzeit für das erste Kind, ist ein neuer Versicherungsabschnitt mit Versicherungsmerkmal 28 und Anzahl Kinder „1" zu melden.

Vor Geburt des 2. Kindes ist keine Zeit des Mutterschutzes zu melden, da wegen der bestehenden Elternzeit (für das 1. Kind) kein Mutterschutz für Kind 2 besteht.

Das 2. Kind kann nur dann in die Meldung der Elternzeit mit einbezogen werden, wenn für dieses Kind eine eigene Elternzeit beim Arbeitgeber beantragt wurde.

Wird bei Geburt eines weiteren Kindes während einer bestehenden Elternzeit für dieses weitere Kind (zunächst) keine eigene Elternzeit beantragt, kann dieses Kind nicht in die Meldung der Elternzeit mit einbezogen werden.

Beispiel 1 Mutterschutz
Elternzeit
zweites Kind mit Elternzeit ab Geburt

Sachverhalt	Geburt Kind 1						3.3.2005	
	Elternzeit						3.3.2005–2.3.2008	
	Geburt Kind 2						6.12.2007	
	Elternzeit						6.12.2007–5.12.2010	
Lösung	Die Elternzeit muss taggenau gemeldet werden. Wird während einer Elternzeit ein weiteres Kind geboren, für das auch Elternzeit beantragt wird, so beginnt ab dem Tag der Geburt des zweiten Kindes ein neuer Versicherungsabschnitt mit Versicherungsmerkmal 28 und Anzahl Kinder „2". Nach Ablauf der Elternzeit für das erste Kind ist ein neuer Versicherungsabschnitt mit Versicherungsmerkmal 28 und Anzahl Kinder „1" zu melden.							

Meldung der Versicherungsabschnitte

Versicherungsabschnitte		Buchungsschlüssel			ZV-Entgelt		Umlage/Beitrag		Elternzeit-bezogene Kinderzahl
Beginn	Ende	Ein-zahler	Versiche-rungs-merkmal	Versteue-rungs-merkmal	€	Cent	€	Cent	
3.3.2005	31.12.2005	01	28	00					1
1.1.2006	31.12.2006	01	28	00					1
1.1.2007	5.12.2007	01	28	00					1
6.12.2007	31.12.2007	01	28	00					2
1.1.2008	2.3.2008	01	28	00					2
2.3.2008	31.12.2008	01	28	00					1

Meldebeispiele von A–Z

Beispiel 2 Mutterschutz
Elternzeit
zweites Kind mit Elternzeit im Anschluss an die Elternzeit für das erste Kind

Sachverhalt	Geburt Kind 1			3.3.2005
	Elternzeit			3.3.2005–2.3.2008
	Geburt Kind 2			6.12.2007
	Elternzeit			3.3.2008–2.3.2011
	Zu Beginn der Geburt des 2. Kindes wird keine Elternzeit beantragt, sondern erst ab dem 3.3.2008 (Ablauf der 1. Elternzeit). Die nicht genommene Elternzeit (für die Zeit vom 6.12.2007–2.3.2008) wird im Anschluss an die eigentlich am 5.12.2010 ablaufende Elternzeit angehängt.			
Lösung	Die Elternzeit muss taggenau gemeldet werden. Wird während einer Elternzeit ein weiteres Kind geboren, für das die Elternzeit im Anschluss an die erste Elternzeit beantragt wird, so beginnt ab Beginn der zweiten Elternzeit ein neuer Versicherungsabschnitt mit Versicherungsmerkmal 28 und Anzahl Kinder „1".			

Meldung der Versicherungsabschnitte

Versicherungsabschnitte		Buchungsschlüssel			ZV-Entgelt		Umlage/Beitrag		Elternzeit-bezogene Kinderzahl
Beginn	Ende	Ein-zahler	Versiche-rungs-merkmal	Versteue-rungs-merkmal	€	Cent	€	Cent	
3.3.2005	31.12.2005	01	28	00					1
1.1.2006	31.12.2006	01	28	00					1
1.1.2007	31.12.2007	01	28	00					1
1.1.2008	2.3.2008	01	28	00					1
3.3.2008	31.12.2008	01	28	00					1
1.1.2009	31.12.2009	01	28	00					1

Meldebeispiele von A–Z

Beispiel 3 Mutterschutz und Elternzeit
Zwillingsgeburt

Sachverhalt	Dauer des Mutterschutzes 21.12.2007 bis 30.3.2008 Tag der Geburt der Zwillinge 1.2.2008
	Die Beschäftigte nimmt für ihr Kind A bis zur Vollendung des zweiten Lebensjahres des Kindes, am 31.1.2010, Elternzeit in Anspruch. Mit Zustimmung des Arbeitgebers überträgt sie den verbleibenden Anteil von 12 Monaten auf die Zeit vom 1.2.2011 bis 31.1.2012. Für ihr Kind B überträgt sie mit Zustimmung des Arbeitgebers das erste Jahr der Elternzeit auf die Zeit vom 1.2.2012 bis 31.1.2013 und beansprucht im Anschluss an die erste Elternzeit für das Kind A vom 1.2.2010 bis 31.1.2011 Elternzeit für das dritte Lebensjahr ihres Kindes B.
Lösung	Die Mutterschutzzeit vor der Geburt der Zwillinge ist mit dem Buchungsschlüssel 01 40 00 zu melden. Ab dem Tag der Geburt der Zwillinge ist der Buchungsschlüssel 01 28 00 zu melden. Die Anzahl der Kinder ist vom 1.2.2009 bis 31.1.2010 mit „2" zu melden, da in diesem Abschnitt die Elternzeit für Kind A und B gleichzeitig besteht. Die anderen Zeiten der Elternzeit wurden auf spätere Zeiträume übertragen, so dass jeweils nur für ein Kind Elternzeit genommen wurde.

Meldung der Versicherungsabschnitte

Versicherungsabschnitte		Buchungsschlüssel			ZV-Entgelt	Umlage/Beitrag	Elternzeitbezogene Kinderzahl
Beginn	Ende	Einzahler	Versicherungsmerkmal	Versteuerungsmerkmal	€ Cent	€ Cent	
1.1.2008	31.1.2008	01	40	00	0,00	0,00	
1.2.2008	31.12.2008	01	28	00	0,00	0,00	1
1.1.2009	31.1.2009	01	28	00	0,00	0,00	1
1.2.2009	31.12.2009	01	28	00	0,00	0,00	2
1.1.2010	31.1.2010	01	28	00	0,00	0,00	2
1.2.2010	31.12.2010	01	28	00	0,00	0,00	1
1.1.2011	31.12.2011	01	28	00	0,00	0,00	1
1.1.2012	31.12.2012	01	28	00	0,00	0,00	1
1.1.2013	31.1.2013	01	28	00	0,00	0,00	1
1.2.2013	31.12.2013	01	10	10	18 000,00	855,00	
1.2.2013	31.12.2013	01	20	01	18 000,00	720,00	

2.6.4 Sonderurlaub im Anschluss an eine Elternzeit

Wird nach Ablauf einer Elternzeit ein Sonderurlaub (Sonderurlaub zur Erziehung des Kindes) beantragt, so ist dieser ab dem Tag nach Ende der Elternzeit mit Versicherungsmerkmal 40 zu melden. Der Sonderurlaub wirkt sich auf die Rentenanwartschaft nicht aus – insbesondere entsteht kein versorgungsrechtlicher Nachteil.

Meldebeispiele von A–Z

▶ **Beispiel**

Sachverhalt	Geburt Kind	3.3.2005
	Mutterschutzzeit in 2005	1.1.2005–2.3.2005
	Elternzeit	3.3.2005–2.3.2008
	Sonderurlaub	3.3.2008–31.12.2008
Lösung	Die Elternzeit muss taggenau mit Versicherungsmerkmal 28 und Anzahl Kinder „1" zu melden. Nach Ende der Elternzeit ist der Sonderurlaub mit Versicherungsmerkmal 40 zu melden.	

Meldung der Versicherungsabschnitte

Versicherungsabschnitte		Buchungsschlüssel			ZV-Entgelt		Umlage/Beitrag		Elternzeitbezogene Kinderzahl
Beginn	Ende	Einzahler	Versicherungsmerkmal	Versteuerungsmerkmal	€	Cent	€	Cent	
1.1.2005	2.3.2005	01	40	00					
3.3.2005	31.12.2005	01	28	00					1
1.1.2006	31.12.2006	01	28	00					1
1.1.2007	5.12.2007	01	28	00					1
6.12.2007	31.12.2007	01	28	00					1
1.1.2008	2.3.2008	01	28	00					1
2.3.2008	31.12.2008	01	40	00					

2.6.5 Geburt eines weiteren Kindes während eines Sonderurlaubs

Wird nach Ablauf einer Elternzeit ein Sonderurlaub (Sonderurlaub zur Erziehung des Kindes) beantragt, so ist dieser ab dem Tag nach Ende der Elternzeit mit Versicherungsmerkmal 40 zu melden. Der Sonderurlaub wirkt sich auf die Rentenanwartschaft nicht aus – insbesondere entsteht kein versorgungsrechtlicher Nachteil.

Fällt die Geburt des Kindes in die Zeit eines unbezahlten Sonderurlaubs, so verbleibt es bei der Meldung des Sonderurlaubs (mit Versicherungsmerkmal 40), es sei denn, dass die Beschäftigte den Sonderurlaub mit Einverständnis des Arbeitgebers beendet und Elternzeit beantragt.

Endet der Sonderurlaub und beantragt die Beschäftigte im Anschluss daran (für die noch verbliebene Zeit) Elternzeit, so ist ab diesem Zeitpunkt die Elternzeit zu melden.

Meldebeispiele von A–Z

▶ **Beispiel**

Sachverhalt	Die Beschäftigte befindet sich im Sonderurlaub vom 1.1.2007 bis 31.12.2008.
	Dauer des Mutterschutzes 21.12.2007 bis 30.3.2008
	Tag der Geburt des Kindes 1.2.2008
	Die Beschäftigte beantragt erst zum Ende des Sonderurlaubs Elternzeit.
Lösung	Der Mutterschutz und die Elternzeit bis 31.12.2008 sind nicht zu melden, da der Sonderurlaub vorrangig gemeldet wird. Erst ab dem 1.1.2009 ist die restliche Elternzeit zu melden.
	Lediglich, wenn die Beschäftigte im Einvernehmen mit dem Arbeitgeber den Sonderurlaub abbricht und Elternzeit beantragt, ist Mutterschutz und Elternzeit zu melden.

Meldung der Versicherungsabschnitte

Versicherungsabschnitte		Buchungsschlüssel			ZV-Entgelt		Umlage/Beitrag		Elternzeit-bezogene Kinderzahl
Beginn	Ende	Ein-zahler	Versiche-rungs-merkmal	Versteue-rungs-merkmal	€	Cent	€	Cent	
1.1.2007	31.12.2007	01	40	00		0,00		0,00	
1.1.2008	31.12.2008	01	40	00		0,00		0,00	
1.1.2009	31.12.2009	01	28	00		0,00		0,00	1
1.1.2010	31.12.2010	01	28	00		0,00		0,00	1
1.1.2011	31.1.2011	01	28	00		0,00		0,00	1
1.2.2011	31.12.2011	01	10	10	18 000,00		855,00		
1.2.2011	31.12.2011	01	20	01	18 000,00		720,00		

2.6.6 Wiederaufnahme der Beschäftigung im Anschluss an die Mutterschutzzeit

Wird für ein Kind keine Elternzeit beim Arbeitgeber beantragt, so ist die gesamte Zeit des Mutterschutzes (6 Wochen vor dem voraussichtlichen Zeitpunkt der Geburt, 8 Wochen nach der Geburt) mit Versicherungsmerkmal 40 zu melden. Der Tag der Geburt wirkt sich dabei auf die Meldung nicht aus. Es ist für die gesamte Dauer des Mutterschutzes durchgehend das Versicherungsmerkmal 40 zu melden. Wird nach Ende des Mutterschutzes die Beschäftigung wieder aufgenommen, so erfolgt ab diesem Tag die Meldung mit Versicherungsmerkmalen 10. Wird hingegen Sonderurlaub beantragt (keine Elternzeit), so ist dieser Sonderurlaub weiterhin mit Versicherungsmerkmal 40 zu melden.

Meldebeispiele von A–Z

Sachverhalt	Dauer des Mutterschutzes	13.5.2008 bis 25.8.2008
	Tag der Geburt des Kindes	30.6.2008
	Wiederaufnahme der Tätigkeit	26.8.2008
	Es wurde keine Elternzeit beantragt.	
	Ende November 2008 wurden die Jahressonderzahlung gezahlt.	
Lösung	Die Jahressonderzahlung ($^{12}/_{12}$) ist für 2008 nur zu $^{10}/_{12}$ zusatzversorgungspflichtig, da für die Monate Juni und Juli keine Umlagen für laufendes zusatzversorgungspflichtiges Entgelt angefallen sind. Ab dem Tag der Geburt des Kindes ist kein Versicherungsabschnitt mit Buchungsschlüssel 01 28 00 zu bilden, da keine Elternzeit beantragt wurde.	

Meldung der Versicherungsabschnitte

Versicherungsabschnitte		Buchungsschlüssel			ZV-Entgelt		Umlage/Beitrag		Elternzeit-bezogene Kinderzahl
Beginn	Ende	Ein-zahler	Versiche-rungs-merkmal	Versteue-rungs-merkmal	€	Cent	€	Cent	
1.1.2008	12.5.2008	01	10	10	7 500,00		356,25		
1.1.2008	12.5.2008	01	20	01	7 500,00		300,00		
13.5.2008	25.8.2008	01	40	00	0,00		0,00		
26.8.2008	31.12.2008	01	10	10	9 500,00		451,25		
26.8.2008	31.12.2008	01	20	01	9 500,00		380,00		

2.6.7 Wiederaufnahme der Beschäftigung während der Elternzeit

Wird während einer Elternzeit bei dem Arbeitgeber, bei dem die Beschäftigung wegen Elternzeit ruhte, eine Beschäftigung wieder aufgenommen, endet die Meldung der Elternzeit mit Versicherungsmerkmal 28. Ab Beginn dieser Beschäftigung ist wieder Versicherungsmerkmal 10 und das erzielte Entgelt zu melden. Liegt das Entgelt im Monat unter 500 €, tritt versorgungsrechtlich ein Nachteil ein, da die soziale Komponente 500 € betragen hätte. Die Beschäftigte sollte entsprechend informiert werden.

Die Aufnahme einer Beschäftigung bei einem anderen Arbeitgeber als dem, bei dem das Arbeitsverhältnis wegen Elternzeit ruht, hat dagegen keine Auswirkungen auf die Elternzeit, die fortbesteht. Eine solche Beschäftigung ist im Hinblick auf die soziale Komponente unschädlich.

Meldebeispiele von A–Z

**Beispiel Mutterschutz
Elternzeit
Aufnahme eines Minijob (geringfügige Beschäftigung nach
§ 8 SGB IV)
anteilige Jahressonderzahlung**

Sachverhalt	Tag der Geburt des Kindes: 14.2.2008
	Dauer der Elternzeit: 14.2.2008 bis 13.2.2011
	Im November 2008 wird eine Jahressonderzahlung gezahlt. Davon sind 9/12 bzw. ein Betrag von 100 € zusatzversorgungspflichtig.
	Die Beschäftigte arbeitet ab dem 1.7.2008 bis zum 30.9.2008 mit einem Entgelt von 200,00 € im Monat.
Lösung	Die Mutterschutzzeit ist als Fehlzeit bis zum Tag vor der Geburt des Kindes mit dem Buchungsschlüssel 01 40 00 zu melden. Die Elternzeit muss taggenau mit dem Buchungsschlüssel 01 28 00 gemeldet werden. Die Jahressonderzahlung ist in einem separaten Versicherungsabschnitt für den gesamten Monat, in dem sie gezahlt wird, zu melden. Die Umlagen sind nach § 3 Nr. 56 EStG vollständig steuerfrei. Die Umlagen und Zusatzbeiträge des Jahres 2008 sind insgesamt niedriger als der Grenzbetrag von 636 € (§ 3 Nr. 56 EStG). Der Zusatzbeitrag ist nach § 3 Nr. 63 EStG steuerfrei.

Meldung der Versicherungsabschnitte

Versicherungsabschnitte		Buchungsschlüssel			ZV-Entgelt		Umlage/Beitrag		Elternzeit-bezogene Kinderzahl
Beginn	Ende	Ein-zahler	Versiche-rungs-merkmal	Versteue-rungs-merkmal	€	Cent	€	Cent	
1.1.2008	13.2.2008	01	40	00	0,00		0,00		
14.2.2008	30.6.2008	01	28	00	0,00		0,00		1
1.7.2008	30.9.2008	01	10	01	600,00		28,50		
1.7.2008	30.9.2008	01	20	01	600,00		24,00		
1.10.2008	31.12.2008	01	28	00	0,00		0,00		1
1.11.2008	30.11.2008	01	10	01	100,00		4,75		
1.11.2008	30.11.2008	01	20	01	100,00		4,00		

2.7 Entgeltumwandlung

Im Rahmen der freiwilligen Versicherung kann der Arbeitgeber auf Wunsch des Beschäftigten, neben der Pflichtversicherung in der Zusatzversorgung, eine Entgeltumwandlung abschließen.

Nach § 3 Nr. 63 EStG können im Jahr bis zu 4 v. H. der Beitragsbemessungsgrenze in der gesetzlichen Rentenversicherung steuer- und sozialversicherungsfrei in ein kapitalfinanziertes Altersvorsorgeprodukt eingezahlt werden (vgl. Teil G 5.).

In § 62 Abs. 2 Satz 8 ist geregelt, dass umgewandelte Entgeltbestandteile trotz Steuer- und Sozialversicherungsfreiheit dennoch zusatzversorgungspflichtig sind.

Hat ein Beschäftigter also über seinen Arbeitgeber eine Entgeltumwandlung abgeschlossen, so vermindert sich dadurch nicht sein zusatzversorgungspflichtiges Entgelt.

Es ist zu berücksichtigen, dass der ab 2003 zu zahlende steuer- und sozialversicherungsfreie Zusatzbeitrag auf den Grenzbetrag nach § 3 Nr. 63 EStG angerechnet wird. Dies gilt nicht bei Zusatzversorgungseinrichtungen, die ausschließlich umlagefinanziert sind.

Das Alterseinkünftegesetz hat für umlagefinanzierte und mischfinanzierte Zusatzversorgungseinrichtungen keine Änderungen gebracht, d. h. dass ein ab 2003 zu zahlender steuer- und sozialversicherungsfreier Zusatzbeitrag weiterhin auf den Grenzbetrag nach § 3 Nr. 63 EStG angerechnet wird.

Dabei ist ab dem 1.1.2005 zu beachten, dass der Grenzbetrag nach § 3 Nr. 63 EStG steuerrechtlich und sozialversicherungsrechtlich pro Arbeitsverhältnis (außer bei Steuerklasse VI) angewandt werden kann.

Misch – und kapitalfinanzierte Zusatzversorgungseinrichtungen können für neue Versorgungszusagen ab dem 1.1.2005 den Grenzbetrag nach § 3 Nr. 63 EStG um 1800,00 € erhöhen. Diese Erhöhung ist steuerfrei, unterliegt jedoch der Sozialversicherungspflicht. Für am 1.1.2005 bereits bestehende Versorgungszusagen kann der Beitrag – wie bisher – bis zu 4 v. H. der Beitragsbemessungsgrenze in der gesetzlichen Rentenversicherung steuerfrei und sozialversicherungsfrei eingezahlt werden. Für Beiträge, die über diesen Grenzwert hinausgehen, kann § 40b EStG alter Fassung weiter angewendet werden.

Für die Entgeltumwandlung im Rahmen der freiwilligen Versicherung ist keine Jahresmeldung zu fertigen.

Meldebeispiele von A–Z

Beispiel 1[1]) Entgeltumwandlung 2008

Sachverhalt	Der Beschäftigte hat über seinen Arbeitgeber eine Entgeltumwandlung von monatlich 150,00 € (1800,00 € jährlich) vereinbart. Die Entgeltumwandlung wurde bereits vor 2005 vereinbart (Altzusage). Zusatzversorgungspflichtiger Verdienst 35 000,00 € jährlich
Lösung	Das zusatzversorgungspflichtige Entgelt vermindert sich nicht. Für die Entgeltumwandlung im Rahmen der freiwilligen Versicherung ist keine Jahresmeldung zu fertigen. Der vom Arbeitgeber gezahlte Zusatzbeitrag (4 v. H. aus 35 000,00 €) von 1 400,00 € ist von dem Grenzbetrag 2008 von 2 544,00 € jährlich nach §3 Nr. 63 EStG abzuziehen. Es verbleiben für die Entgeltumwandlung 1.144,00 € steuerfrei. Die Differenz von 656,00 € (1 800,00 € ./. 1 144,00 €) kann über den Arbeitgeber zu Lasten des Beschäftigten pauschal versteuert werden, solange die Pauschalversteuerungsgrenze nach §40b EStG a. F. (1 752,00 € jährlich) nicht bereits aufgebraucht wurde. Bei der Überweisung der Beiträge muss der Arbeitgeber die entsprechenden Steuermerkmale (01 = steuerfrei, 02 = pauschal versteuert, 03 = individuell versteuert) mitteilen.

Meldung der Versicherungsabschnitte

Versicherungsabschnitte		Buchungsschlüssel			ZV-Entgelt		Umlage/Beitrag		Elternzeit-bezogene Kinderzahl
Beginn	Ende	Ein-zahler	Versiche-rungs-merkmal	Versteue-rungs-merkmal	€	Cent	€	Cent	
1.1.2008	31.12.2008	01	10	10	35 000,00		1 662,50		
1.1.2008	31.12.2008	01	20	01	35 000,00		1 400,00		

---

1) Gilt nicht für ausschließlich umlagefinanzierte Zusatzversorgungseinrichtungen. Hier würden die vollen Steuerfreibeträge des §3 Nr. 63 EStG zur Verfügung stehen.

Meldebeispiele von A–Z

Beispiel 2[1]) Entgeltumwandlung 2008

Sachverhalt	Der Beschäftigte hat über seinen Arbeitgeber eine Entgeltumwandlung von monatlich 150,00 € (1800,00 € jährlich) vereinbart. Die Entgeltumwandlung wurde nach 2005 vereinbart (Neuzusage). Zusatzversorgungspflichtiger Verdienst 35 000,00 € jährlich
Lösung	Das zusatzversorgungspflichtige Entgelt vermindert sich nicht. Für die Entgeltumwandlung im Rahmen der freiwilligen Versicherung ist keine Jahresmeldung zu fertigen. Der vom Arbeitgeber gezahlte Zusatzbeitrag (4 v. H. aus 35 000,00 €) von 1 400,00 € ist von dem Grenzbetrag 2008 von 2 544,00 € jährlich zuzüglich eines Erhöhungsbetrages von 1 800,00 € nach § 3 Nr. 63 EStG abzuziehen. Es verbleiben für die Entgeltumwandlung 2 944,00 € steuerfrei, aber nur 1 144,00 € sozialversicherungsfrei. Die Entgeltumwandlung kann komplett steuerfrei, jedoch nur zu 1 144,00 € sozialversicherungsfrei eingezahlt werden. Der Differenzbetrag in Höhe von 656,00 € wäre sozialversicherungspflichtig.

Meldung der Versicherungsabschnitte

Versicherungsabschnitte		Buchungsschlüssel			ZV-Entgelt	Umlage/Beitrag	Elternzeitbezogene Kinderzahl
Beginn	Ende	Einzahler	Versicherungsmerkmal	Versteuerungsmerkmal	€ Cent	€ Cent	
1.1.2008	31.12.2008	01	10	10	35 000,00	1 662,50	
1.1.2008	31.12.2008	01	20	01	35 000,00	1 400,00	

2.8 Entwicklungshelfer

Entwicklungshelfer i. S. d. § 1 Entwicklungshelfergesetz (EhfG) ist, wer

▶ in Entwicklungsländern ohne Erwerbsabsicht Dienst leistet (Entwicklungsdienst),

▶ sich zur Leistung des Entwicklungsdienstes gegenüber einem anerkannten Träger des Entwicklungsdienstes für eine ununterbrochene Zeit von mindestens zwei Jahren vertraglich verpflichtet hat,

▶ für den Entwicklungsdienst nur Leistungen erhält, die das EhfG vorsieht und

▶ das 18. Lebensjahr vollendet hat und Deutscher i. S. d. Art. 116 GG oder Staatsangehöriger eines anderen Mitgliedstaates der Europäischen Gemeinschaft ist.

Beschäftigte des öffentlichen oder kirchlichen Dienstes werden, wenn sie Aufgaben der Entwicklungshilfe übernehmen, dafür ohne Fortzahlung der Bezüge beurlaubt. In der gesetzlichen Rentenversicherung sind sie mit

---
1) Gilt nicht für ausschließlich umlagefinanzierte Zusatzversorgungseinrichtungen. Hier würden die vollen Steuerfreibeträge des § 3 Nr. 63 EStG zur Verfügung stehen.

Meldebeispiele von A–Z

Beitragszahlung pflichtversichert. Da das Arbeitsverhältnis nicht endet, bleibt die Pflichtversicherung bei der Zusatzversorgungskasse bestehen. Umlagen fallen nach Maßgabe des § 62 d. S. an, wenn der Träger der Entwicklungshilfe Umlagen erstattet. In diesem Fall gilt für die Bemessung der Umlage als zusatzversorgungspflichtiges Entgelt das Entgelt, von dem nach § 166 Abs. 1 Nr. 4 SGB VI die Beiträge zur gesetzlichen Rentenversicherung zu berechnen sind.

Die Berechnung der Umlagen ist wie folgt vorzunehmen:

Schritt 1: Das Arbeitsentgelt (evtl. einschließlich der Jahressonderzahlung) der letzten drei Monate vor Aufnahme des Entwicklungshelferdienstes ist zu addieren.

Schritt 2: Die Beträge der monatlichen Beitragsbemessungsgrenze in der gesetzlichen Rentenversicherung für den o. g. Zeitraum sind zu addieren.

Schritt 3: Die Summe der Entgelte ist durch die Summe der Beträge der Beitragsbemessungsgrenze zu teilen. Der sich daraus ergebende Verhältnissatz ist, soweit er unter 0,6667 liegt, mindestens auf diesen Betrag zu erhöhen.

Schritt 4: Die jeweils für die Monate der Beurlaubung gültige Beitragsbemessungsgrenze in der gesetzlichen Rentenversicherung ist mit dem Verhältnissatz zu vervielfältigen.

Schritt 5: Vergleich des tatsächlichen Entgelts mit dem Entgelt, das unter Schritt 4 ermittelt wurde. Das höhere Entgelt ist maßgebend.

Werden Umlagen durch den Träger der Entwicklungshilfe nicht erstattet, gilt die Zeit im Entwicklungsdienst als Beurlaubung; es ist dann der Buchungsschlüssel 01 40 00 zu melden.

Beispiel 1 Entwicklungshelfer – Beurlaubung ab 1. 12. des Jahres

Sachverhalt	Der Beschäftigte wird ab dem 1.12.2007 als Entwicklungshelfer ohne Arbeitsentgelt beurlaubt. Der Träger der Entwicklungshilfe erstattet die Umlagen. Es bestand Vollbeschäftigung und Rentenversicherungspflicht.	
Lösung	Summe der Arbeitsentgelte September 2007	1 600,00 €
	Oktober 2007	1 600,00 €
	November 2007	3 200,00 € (einschließlich Jahressonderzahlung)
	insgesamt:	6 400,00 €
	Summe der monatlichen Beitragsbemessungsgrenzen in der gesetzlichen Rentenversicherung (West)	

Meldebeispiele von A–Z

	September 2007	5 250,00 €
	Oktober 2007	5 250,00 €
	November 2007	5 250,00 €
	insgesamt:	15 750,00 €

Verhältniswert:
6 400,00 € : 15 750,00 € = 0,4063, jedoch mindestens: 0,6667.

Monatliches zusatzversorgungspflichtiges Entgelt für
Dezember 2007   (5 250,00 € × 0,6667 =)   3 500,18 €,
das Jahr 2008   (5 300,00 € × 0,6667 =)   3 533,51 €.

Im Beitrittsgebiet

Summe der monatlichen Beitragsbemessungsgrenzen in der gesetzlichen Rentenversicherung (Ost)

September 2007	4 550,00 €
Oktober 2007	4 550,00 €
November 2007	4 550,00 €
insgesamt:	13 650,00 €

Verhältniswert:
6 400,00 € : 13 650,00 € = 0,4689,
jedoch mindestens: 0,6667.

Monatliches zusatzversorgungspflichtiges Entgelt für
das Jahr 2007   (4 550,00 € × 0,6667 =)   3 033,49 €,
das Jahr 2008   (4 500,00 € × 0,6667 =)   3 000,15 €.

Meldung der Versicherungsabschnitte für das Tarifgebiet West

Versicherungsabschnitte		Buchungsschlüssel			ZV-Entgelt		Umlage/Beitrag		Elternzeit-bezogene Kinderzahl
Beginn	Ende	Ein-zahler	Versiche-rungs-merkmal	Versteue-rungs-merkmal	€	Cent	€	Cent	
1.1.2007	31.12.2007	01	10	10	22 700,18		1 078,26		
1.1.2007	31.12.2007	01	20	01	22 700,18		908,01		
1.1.2008	31.12.2008	01	10	10	42 402,12		2 014,10		
1.1.2008	31.12.2008	01	20	01[1]	42 402,12		1 696,08		

---

[1] Liegt dem Arbeitgeber keine Lohnsteuerkarte vor, so muss der Zusatzbeitrag individuell (Steuermerkmal 03) versteuert werden (gilt nicht für ausschließlich umlagefinanzierte Zusatzversorgungseinrichtungen).

Meldebeispiele von A–Z

Beispiel 2 Entwicklungshelfer – Beurlaubung ab 1.2. des Jahres

Sachverhalt	Wie Sachverhalt Beispiel 1: die Beurlaubung beginnt jedoch am 1.2.2008. Es bestand Vollbeschäftigung und Rentenversicherungspflicht.
Lösung	Summe der Arbeitsentgelte

Summe der Arbeitsentgelte

November 2007	3 600,00 € (kein Anspruch auf Jahressonderzahlung)
Dezember 2007	3 630,00 €
Januar 2008	3 680,45 €
insgesamt:	10 910,45 €

Summe der monatlichen Beitragsbemessungsgrenzen in der gesetzlichen Rentenversicherung (West)

November 2007	5 250,00 €
Dezember 2007	5 250,00 €
Januar 2008	5 300,00 €
insgesamt:	15 800,00 €

Verhältniswert:
10 910,45 € : 15 800 € = 0,6905

Monatliches zusatzversorgungspflichtiges Entgelt für
das Jahr 2008   (5 300,00 € × 0,6905 =)   3 659,65 €.

Im Beitrittsgebiet
Summe der monatlichen Beitragsbemessungsgrenzen in der gesetzlichen Rentenversicherung (Ost)

November 2007	4 550,00 €
Dezember 2007	4 550,00 €
Januar 2008	4 500,00 €
insgesamt:	13 600,00 €

Verhältniswert:
10 910,45 € : 13 600,00 € = 0,8022.

Monatliches zusatzversorgungspflichtiges Entgelt für
das Jahr 2008   (4 500,00 € × 0,8022 =)   3 609,90 €.

Meldung der Versicherungsabschnitte

Versicherungsabschnitte		Buchungsschlüssel			ZV-Entgelt		Umlage/Beitrag		Elternzeitbezogene Kinderzahl
Beginn	Ende	Einzahler	Versicherungsmerkmal	Versteuerungsmerkmal	€	Cent	€	Cent	
1.1.2008	31.12.2008	01	10	10	43 915,80		2 086,00		
1.1.2008	31.12.2008	01	20	01[1]	43 915,80		1 756,63		

1) Liegt dem Arbeitgeber keine Lohnsteuerkarte vor, so muss der Zusatzbeitrag individuell (Steuermerkmal 03) versteuert werden (gilt nicht für ausschließlich umlagefinanzierte Zusatzversorgungseinrichtungen).

Meldebeispiele von A–Z

2.9 Geringfügige Beschäftigung
2.9.1 Voraussetzungen

Nach § 19 Abs. 1 Buchst. i d. S. sind geringfügig Beschäftigte nur insoweit von der Versicherungspflicht in der Zusatzversorgung ausgenommen, als sie geringfügig Beschäftigte im Sinne des § 8 Abs. 1 Nr. 2 SGB IV sind. Dies sind lediglich die kurzfristig beschäftigten Arbeitnehmer (vgl. Teil B 1.5.2).

Geringfügig Beschäftigte im Sinne des § 8 Abs. 1 Nr. 1 SGB IV sind also ab dem 1.1.2003 in der Zusatzversorgung anzumelden, sofern alle anderen Versicherungspflichtvoraussetzungen (z. B. 17. Lebensjahr, kein Beamter etc.) erfüllt sind.

Geringfügig Beschäftigte fallen jedoch dann nicht unter die Versicherungspflicht in der Zusatzversorgung, wenn

- sie das 17. Lebensjahr noch nicht vollendet haben,
- mit ihnen kein Arbeitsverhältnis abgeschlossen wurde (z. B. Freiberufler, Heimarbeitskräfte),
- sie als Praktikanten angestellt sind,
- es sich um Beschäftigte handelt, die bereits eine Versorgungszusage nach soldaten- oder beamtenrechtlichen Grundsätzen haben,
- eine Altersrente als Vollrente aus der gesetzlichen Rentenversicherung oder eine Betriebsrente von einer Zusatzversorgungseinrichtung, mit der ein Überleitungsabkommen besteht, beziehen,
- sie die Wartezeit von 60 Umlagemonaten bis zur Vollendung der Regelaltersgrenze nicht erfüllen können. Vorversicherungszeiten bei einer Zusatzversorgungseinrichtung sind jedoch mit zu berücksichtigen.

 Hinweis:

Steuer- und sozialversicherungsrechtliche Behandlung der Umlage und des Zusatzbeitrags bei geringfügig Beschäftigten:

Für die Prüfung, ob Pauschalabgaben aus einem geringfügigen Arbeitslohn nach § 40a Abs. 2 EStG in Verbindung mit § 168 Abs. 1 Nr. 1b oder 1c SGB VI oder nach § 172 Abs. 3 oder 3a SGB VI vorgenommen werden können, muss zuerst das steuerpflichtige und das sozialversicherungspflichtige Entgelt ermittelt werden. Nach § 19 Abs. 1 Nr. 3 EStG gelten Umlagen und Zusatzbeiträge einkommensteuerrechtlich als steuerpflichtiger Arbeitslohn, die nur in einem ersten Dienstverhältnis (Stkl. I-V) nach § 40b EStG pauschal versteuert (Umlagen) bzw. nach § 3 Nr. 56 EStG (Umlagen) oder § 3 Nr. 63 EStG (Zusatzbeiträge) steuerfrei gestellt werden dürfen. Handelt es sich steuerrechtlich also um ein zweites oder weiteres Dienstverhältnis, so können die Aufwendungen weder pauschal ver-

Meldebeispiele von A–Z

steuert oder steuerfrei gestellt werden, mit der Folge, dass es sich um steuerpflichtigen Arbeitslohn handelt. Steuerpflichtiger Arbeitslohn gilt generell auch als sozialversicherungspflichtiger Arbeitslohn, mit der Folge, dass für die Prüfung, ob ein geringfügiges Arbeitsverhältnis vorliegt, bei steuerrechtlich zweiten oder weiteren Arbeitsverhältnissen die Summe aus Arbeitslohn, Umlagen und Zusatzbeiträgen zu ermitteln ist.

2.9.2 Steuer- und sozialversicherungsrechtliche Behandlung der Umlage bei geringfügig Beschäftigten

Beispiel 1 Einziges Arbeitsverhältnis als geringfügige Beschäftigung

Sachverhalt	Ein Beschäftigter übt nur eine geringfügige Beschäftigung aus.
Lösung	Die Umlagen aus dem geringfügigen Beschäftigungsverhältnis werden nach §3 Nr. 56 EStG steuerfrei gezahlt, der Zusatzbeitrag ist nach §3 Nr. 63 EStG steuer- und sozialversicherungsfrei. Dem steuerpflichtigen und dem sozialversicherungspflichtigen Bruttoentgelt sind keine Beträge hinzuzurechnen.
	Z. B. monatlicher Verdienst 325,00 €
	steuerrechtliche Behandlung der Umlage 2008 (4,75 v. H.) 325,00 € × 4,75 v. H. = 15,44 €
	Die Umlage kann komplett steuerfrei gezahlt werden, da der Grenzbetrag nach §3 Nr. 56 EStG (2008: 636,00 €) nicht ausgeschöpft ist.
	sozialversicherungsrechtliche Behandlung der Umlage 2008 (4,75 v. H.) Die Summe aus steuerfreien und pauschal versteuerten Umlagen, höchstens jedoch 100,00 €, ist durch den Umlagesatz zu teilen. Aus diesem Betrag sind 2,5 v. H. nach der Sozialversicherungsentgeltverordnung (SvEV) zu ermitteln. Das Ergebnis ist um 13,30 € zu vermindern.
	Steuerfreie Umlage: 15,44 € Pauschal versteuerte Umlage: 0,00 € Summe 15,44 € : 4,75 v. H. = 15,44 € (max. 100,00 €) 325,00 € × 2,5 v. H. = 325,00 € 8,13 € ./. 13,30 € = 8,13 € 0,00 € = Hinzurechnungsbetrag

Meldung der Versicherungsabschnitte

Versicherungsabschnitte		Buchungsschlüssel			ZV-Entgelt		Umlage/Beitrag		Elternzeitbezogene Kinderzahl
Beginn	Ende	Einzahler	Versicherungsmerkmal	Versteuerungsmerkmal	€	Cent	€	Cent	
1.1.2008	31.12.2008	01	10	01	3 900,00		185,25		
1.1.2008	31.12.2008	01	20	01	3 900,00		156,00		

Meldebeispiele von A–Z

Beispiel 2 Eine geringfügige Beschäftigung neben einer sozialversicherungspflichtigen Hauptbeschäftigung; Arbeitsentgelt + Umlagen und Beiträge < 400,00 € monatlich

Sachverhalt	Ein Beschäftigter übt neben einer Hauptbeschäftigung eine geringfügige Beschäftigung aus.
Lösung	Da es sich bei dem geringfügigen Beschäftigungsverhältnis nicht um das erste Dienstverhältnis handelt, können die Umlagen aus dem geringfügigen Beschäftigungsverhältnis nicht nach § 3 Nr. 56 EStG steuerfrei gestellt und nicht pauschal nach § 40b EStG versteuert werden. Der Zusatzbeitrag kann ebenfalls nicht nach § 3 Nr. 63 EStG steuer- und sozialversicherungsfrei gestellt werden. Da es sich aber um den ersten geringfügigen Minijob handelt, können das Arbeitsentgelt und die Umlagen und Beiträge mit Pauschalabgaben (2 v. H. Pauschalsteuer, 13 v. H. Krankenversicherung und 15 v. H. Rentenversicherung) nach § 40a Abs. 2 EStG belegt werden, sofern die Summe aus Arbeitsentgelt und Umlagen und Beiträge die monatliche Grenze von 400,00 € nicht übersteigt.

Z. B. monatlicher Verdienst 325,00 €
Daraus Umlagen und Beiträge (2008: 4,75 v. H. + 4 v. H.) 28,44 €
Summe: 325,00 € + 28,44 € = 353,44 €

Die Summe 353,44 € liegt unter 400,00 € monatlich.
Es sind Pauschalabgaben zu entrichten:

353,44 € × 2 v. H. Pauschalsteuer	= 7,07 €
353,44 € × 13 v. H. Krankenversicherung	= 45,95 €
353,44 € × 15 v. H. Rentenversicherung	= 53,02 €

Weil der Zusatzbeitrag pauschal mit 2 v. H. versteuert wurde, ist das Steuermerkmal 02 zu melden. Die daraus resultierende Betriebsrente muss mit dem Ertragsanteil versteuert werden.

Meldung der Versicherungsabschnitte

Versicherungsabschnitte		Buchungsschlüssel			ZV-Entgelt		Umlage/Beitrag		Elternzeitbezogene Kinderzahl
Beginn	Ende	Einzahler	Versicherungsmerkmal	Versteuerungsmerkmal	€	Cent	€	Cent	
1.1.2008	31.12.2008	01	10	10	3 900,00		185,25		
1.1.2008	31.12.2008	01	20	02	3 900,00		156,00		

Meldebeispiele von A–Z

Beispiel 3 Eine geringfügige Beschäftigung neben einer sozialversicherungspflichtigen Hauptbeschäftigung; Arbeitsentgelt + Umlagen und Beiträge > 400,00 € monatlich

Sachverhalt	Ein Beschäftigter übt neben einer Hauptbeschäftigung eine geringfügige Beschäftigung aus.
Lösung	Da es sich bei dem geringfügigen Beschäftigungsverhältnis nicht um das erste Dienstverhältnis handelt, können die Umlagen aus dem geringfügigen Beschäftigungsverhältnis nicht nach § 3 Nr. 56 EStG steuerfrei gestellt und nicht pauschal nach § 40b EStG versteuert werden. Der Zusatzbeitrag kann ebenfalls nicht nach § 3 Nr. 63 EStG steuer- und sozialversicherungsfrei gestellt werden. Da die Summe von Arbeitsentgelt und Umlage und Zusatzbeitrag den monatlichen Grenzwert von 400,00 € übersteigt, können keine Pauschalabgaben (2 v. H. Pauschalsteuer; 13 v. H. Krankenversicherung und 15 v. H. Rentenversicherung) nach § 40a Abs. 2 EStG abgeführt werden. Durch die Hinzurechnung der Umlage und des Zusatzbeitrages entsteht Sozialversicherungspflicht. Die Umlage und der Zusatzbeitrag sind individuell zu versteuern. Z. B. monatlicher Verdienst 380,00 € Daraus Umlagen und Beiträge (2008: 4,75 v. H. + 4 v. H.) 33,25 € Summe: 380,00 € + 33,25 € = 413,25 € Die Summe 413,25 € liegt über 400,00 € monatlich. Es besteht Sozialversicherungspflicht. Die Umlagen und der Zusatzbeitrag sind individuell zu versteuern.

Meldung der Versicherungsabschnitte

Versicherungsabschnitte		Buchungsschlüssel			ZV-Entgelt		Umlage/Beitrag		Elternzeitbezogene Kinderzahl
Beginn	Ende	Einzahler	Versicherungsmerkmal	Versteuerungsmerkmal	€	Cent	€	Cent	
1.1.2008	31.12.2008	01	10	10	4 560,00		216,60		
1.1.2008	31.12.2008	01	20	03	4 560,00		182,40		

Meldebeispiele von A–Z

Beispiel 4 Mehrere geringfügige Beschäftigungen neben einer sozialversicherungspflichtigen Hauptbeschäftigung; Arbeitsentgelt + Umlagen und Beiträge der zeitlich ersten geringfügigen Beschäftigung < 400,00 € monatlich

Sachverhalt	Ein Beschäftigter übt neben einer Hauptbeschäftigung mehrere geringfügige Beschäftigungen aus. Die Summe aus Arbeitslohn, Umlagen und Beiträgen der zeitlich ersten geringfügigen Beschäftigung ist kleiner oder gleich 400,00 €/Monat.
Lösung	Da es sich bei den geringfügigen Beschäftigungsverhältnissen nicht um das erste Dienstverhältnis handelt, können die Umlagen aus dem geringfügigen Beschäftigungsverhältnis nicht nach § 3 Nr. 56 EStG steuerfrei gestellt und nicht pauschal nach § 40b EStG versteuert werden. Der Zusatzbeitrag kann ebenfalls nicht nach § 3 Nr. 63 EStG steuer- und sozialversicherungsfrei gestellt werden. Die Summe aus Arbeitsentgelt, Umlagen und Zusatzbeiträgen der zeitlich ersten geringfügigen Beschäftigung („erster Minijob") kann mit Pauschalbeiträgen (2 v. H. Pauschalsteuer; 13 v. H. Krankenversicherung und 15 v. H. Rentenversicherung) nach § 40a Abs. 2 EStG belegt werden, solange diese bis zu 400,00 € im Monat beträgt. Die Summe aus Arbeitsentgelt, Umlagen und Zusatzbeiträgen der zeitlich weiteren geringfügigen Beschäftigung kann pauschal mit 20 v. H. nach § 40a Abs. 2a EStG versteuert werden, solange diese bis zu 400,00 € im Monat beträgt. z. B. 1. Minijob (Beginn 1.5.2008) monatlicher Verdienst 100,00 € daraus Umlagen und Beiträge (2008: 4,75 v. H. + 4 v. H.) 8,75 € Summe: 100,00 € + 8,75 € = 108,75 € Es sind aus 108,75 € Pauschalabgaben (2 v. H. Pauschalsteuer; 13 v. H. Krankenversicherung und 15 v. H. Rentenversicherung) zu entrichten. 2. Minijob (Beginn 1.6.2008) monatlicher Verdienst 200,00 € daraus Umlagen und Beiträge (2008: 4,75 v. H. + 4 v. H.) 17,50 € Summe: 200,00 € + 17,50 € = 217,50 € Der Betrag von 217,50 € kann nach § 40a Abs. 2a mit 20 v. H. pauschal versteuert werden. Weil der Zusatzbeitrag pauschal mit 2% bzw. 20 % versteuert wurde, ist das Steuermerkmal 02 zu melden. Die daraus resultierende Betriebsrente muss mit dem Ertragsanteil versteuert werden.

Meldung der Versicherungsabschnitte

Versicherungsabschnitte		Buchungsschlüssel			ZV-Entgelt		Umlage/Beitrag		Elternzeitbezogene Kinderzahl
Beginn	Ende	Einzahler	Versicherungsmerkmal	Versteuerungsmerkmal	€	Cent	€	Cent	
				1. Minijob					
1.5.2008	31.12.2008	01	10	10	800,00		38,00		
1.5.2008	31.12.2008	01	20	02	800,00		32,00		
				2. Minijob					
1.6.2008	31.12.2008	01	10	10	1 400,00		66,50		
1.6.2008	31.12.2008	01	20	02	1 400,00		56,00		

Meldebeispiele von A–Z

Beispiel 5 Mehrere geringfügige Beschäftigungen neben einer sozialversicherungspflichtigen Hauptbeschäftigung; Arbeitsentgelt + Umlagen und Beiträge der zeitlich ersten geringfügigen Beschäftigung > 400,00 € monatlich

Sachverhalt	Ein Beschäftigter übt neben einer Hauptbeschäftigung mehrere geringfügige Beschäftigungen aus. Die Summe aus Arbeitslohn, Umlagen und Beiträgen der zeitlich ersten geringfügigen Beschäftigung ist größer 400,00 €/Monat.
Lösung	Da es sich bei den geringfügigen Beschäftigungsverhältnissen nicht um das erste Dienstverhältnis handelt, können die Umlagen aus dem geringfügigen Beschäftigungsverhältnis nicht nach § 3 Nr. 56 EStG steuerfrei gestellt und nicht pauschal nach § 40b EStG versteuert werden. Der Zusatzbeitrag kann ebenfalls nicht nach § 3 Nr. 63 EStG steuer- und sozialversicherungsfrei gestellt werden. Da die Summe aus Arbeitslohn, Umlagen und Beiträgen der zeitlich ersten geringfügigen Beschäftigung größer als 400,00 €/Monat ist, tritt für diese Beschäftigung Sozialversicherungspflicht ein. Die Umlagen und Zusatzbeiträge sind **individuell** zu versteuern. Liegt die Summe aus Arbeitslohn, Umlagen und Beiträgen der weiteren geringfügigen Beschäftigung nicht höher als 400,00 €/Monat, so kann diese als erster Minijob angesehen und mit Pauschalabgaben (2 v. H. Pauschalsteuer; 13 v. H. Krankenversicherung und 15 v. H. Rentenversicherung) belegt werden, da die zeitlich erste geringfügige Beschäftigung durch die Umlagen und Zusatzbeiträge sozialversicherungspflichtig geworden ist. Liegt die Summe aus Arbeitslohn, Umlagen und Beiträgen der weiteren geringfügigen Beschäftigung jedoch über 400,00 €/Monat, so tritt auch hier Sozialversicherungspflicht ein.
	Z.B. 1. Tätigkeit neben Hauptbeschäftigung (Beginn 1.5.2008) monatlicher Verdienst 380,00 € daraus Umlagen und Beiträge (2008: 4,75 v. H. + 4 v. H.) 33,25 € Summe: 380,00 € + 33,25 € = 413,25 € Es tritt Sozialversicherungspflicht ein.
	2. Geringfügige Tätigkeit (Beginn 1.6.2008) monatlicher Verdienst 200,00 € daraus Umlagen und Beiträge (2008: 4,75 v. H. + 4 v. H.) 17,50 € Summe: 200,00 € + 17,50 € = 217,50 € Diese Tätigkeit kann jetzt als erster Minijob angesehen werden und mit Pauschalabgaben nach § 40a Abs. 2 EStG belegt werden.

Meldung der Versicherungsabschnitte

Versicherungsabschnitte		Buchungsschlüssel			ZV-Entgelt		Umlage/Beitrag		Elternzeitbezogene Kinderzahl
Beginn	Ende	Einzahler	Versicherungsmerkmal	Versteuerungsmerkmal	€	Cent	€	Cent	
1. Tätigkeit									
1.5.2008	31.12.2008	01	10	10	3 040,00		144,40		
1.5.2008	31.12.2008	01	20	03	3 040,00		121,60		
2. Geringfügige Tätigkeit									
1.6.2008	31.12.2008	01	10	10	1 400,00		66,50		
1.6.2008	31.12.2008	01	20	02	1 400,00		56,00		

Meldebeispiele von A–Z

Beispiel 6 Mehrere geringfügige Beschäftigungen ohne Hauptbeschäftigung; Summe der geringfügigen Arbeitsentgelte + Umlagen und Beiträge < 400,00 € monatlich

Sachverhalt	Ein Beschäftigter übt mehrere geringfügige Beschäftigungen aus, ohne eine Hauptbeschäftigung zu haben.
Lösung	Die Arbeitsentgelte, Umlagen und Zusatzbeiträge der Beschäftigungen sind zu addieren. Die Umlagen aus dem geringfügigen Beschäftigungsverhältnis können nicht nach § 3 Nr. 56 EStG steuerfrei gestellt und nicht pauschal nach § 40b EStG versteuert werden. Der Zusatzbeitrag kann ebenfalls nicht nach § 3 Nr. 63 EStG steuer- und sozialversicherungsfrei gestellt werden, da es sich bei den geringfügigen Beschäftigungsverhältnissen nicht um das erste Dienstverhältnis handelt. Die Summe der Minijobs können mit Pauschalabgaben (2 v. H. Pauschalsteuer; 13 v. H. Krankenversicherung und 15 v. H. Rentenversicherung) belegt werden, da die Summe von Arbeitsentgelten der geringfügigen Beschäftigungsverhältnisse zuzüglich der Umlage und des Zusatzbeitrages unter 400,00 € monatlich liegen. Z. B. 1. Tätigkeit (Beginn 1.5.2008) monatlicher Verdienst 100,00 € daraus Umlagen und Beiträge (2008: 4,75 v. H. + 4 v. H.) 8,75 € Summe: 100,00 € + 8,75 € = 108,75 € 2. Geringfügige Tätigkeit (Beginn 1.6.2008) monatlicher Verdienst 200,00 € daraus Umlagen und Beiträge (2008: 4,75 v. H. + 4 v. H.) 17,50 € Summe: 200,00 € + 17,50 € = 217,50 € Es sind aus jeder einzelnen Tätigkeit (217,50 € + 108,75 €) Pauschalabgaben (2 v. H. Pauschalsteuer; 13 v. H. Krankenversicherung und 15 v. H. Rentenversicherung) zu entrichten.

Meldung der Versicherungsabschnitte

Versicherungsabschnitte		Buchungsschlüssel			ZV-Entgelt		Umlage/Beitrag		Elternzeitbezogene Kinderzahl
Beginn	Ende	Einzahler	Versicherungsmerkmal	Versteuerungsmerkmal	€	Cent	€	Cent	
			1. Tätigkeit						
1.5.2008	31.12.2008	01	10	10	800,00		38,00		
1.5.2008	31.12.2008	01	20	02	800,00		32,00		
			2. Geringfügige Tätigkeit						
1.6.2008	31.12.2008	01	10	10	1 400,00		66,50		
1.6.2008	31.12.2008	01	20	02	1 400,00		56,00		

Meldebeispiele von A–Z

Beispiel 7 **Mehrere geringfügige Beschäftigungen ohne Hauptbeschäftigung; Summe der geringfügigen Arbeitsentgelte + Umlagen und Beiträge > 400,00 € monatlich**

Sachverhalt	Ein Beschäftigter übt mehrere geringfügige Beschäftigungen aus, ohne eine Hauptbeschäftigung zu haben.
Lösung	Die Arbeitsentgelte, Umlagen und Zusatzbeiträge der Beschäftigungen sind zu addieren. Liegt die Summe über 400,00 € dürfen keine Pauschalabgaben nach § 40a Abs. 2 EStG erhoben werden. Das zuerst begonnene Beschäftigungsverhältnis kann dann zum ersten Dienstverhältnis werden, d. h. in diesem Arbeitsverhältnis können die Umlagen nach § 3 Nr. 56 EStG steuerfrei gestellt und pauschal nach § 40b EStG versteuert werden und der Zusatzbeitrag nach § 3 Nr. 63 EStG steuerfrei gestellt werden, sofern eine Lohnsteuerkarte vorgelegt wird. Die Umlagen und Zusatzbeiträge aus den weiteren Beschäftigungsverhältnissen sind individuell zu versteuern. Z. B. 1. Tätigkeit (Beginn 1.5.2008) monatlicher Verdienst 280,00 € daraus Umlagen und Beiträge (2008: 4,75 v. H. + 4 v. H.) 24,50 € Summe: 280,00 € + 24,50 € = 304,50 € 2. Geringfügige Tätigkeit (Beginn 1.6.2008) monatlicher Verdienst 200,00 € daraus Umlagen und Beiträge (2008: 4,75 v. H. + 4 v. H.) 17,50 € Summe: 304,50 € + 217,50 = 522,00 € Die Summe der Tätigkeiten liegt über 400,00 €/Monat. Die am 1.5. begonnene Tätigkeit kann als erstes Dienstverhältnis gesehen werden, d. h. die Umlagen werden nach § 3 Nr. 56 EStG steuerfrei gestellt und der Zusatzbeitrag wird nach § 3 Nr. 63 EStG steuerfrei gezahlt. Die Umlagen und Zusatzbeiträge des weiteren Arbeitsverhältnisses sind individuell zu versteuern.

Meldung der Versicherungsabschnitte

Versicherungsabschnitte		Buchungsschlüssel			ZV-Entgelt		Umlage/Beitrag		Elternzeitbezogene Kinderzahl
Beginn	Ende	Einzahler	Versicherungsmerkmal	Versteuerungsmerkmal	€	Cent	€	Cent	
				1. Tätigkeit					
1.5.2008	31.12.2008	01	10	01	2 240,00		106,40		
1.5.2008	31.12.2008	01	20	01	2 240,00		89,60		
				2. Tätigkeit					
1.6.2008	31.12.2008	01	10	10	1 400,00		66,50		
1.6.2008	31.12.2008	01	20	03	1 400,00		56,00		

2.10 Jahressonderzahlung

Anspruch auf die Jahressonderzahlung haben Beschäftigte, die am 1. Dezember im Arbeitsverhältnis stehen (§ 20 Abs. 1 TVöD). Die Jahressonderzahlung wird mit dem Tabellenentgelt für den Monat November ausgezahlt (§ 20 Abs. 6 TVöD). Die Jahressonderzahlung ist grundsätzlich

Meldebeispiele von A–Z

zusatzversorgungspflichtiges Entgelt. Dies gilt auch für Entgeltbestandteile, die in die Bemessungsgrundlage der Jahressonderzahlung einfließen, ohne selbst zusatzversorgungspflichtig zu sein (z. B. Nachtarbeitszuschläge). Ein Kindererhöhungsbetrag, der mit der Jahressonderzahlung gezahlt wird, ist stets in vollem Umfang zusatzversorgungspflichtig, auch wenn nur ein Teil der Jahressonderzahlung zusatzversorgungspflichtig ist.

Die Jahressonderzahlung ist allerdings nur insoweit zusatzversorgungspflichtig, als bei der Bemessung dieser einmaligen Zahlung Monate zu berücksichtigen sind, für die Umlagen für laufendes Entgelt anfallen (§ 62 Abs. 2 Buchst. e d. S.). Damit ist nur der Teil der einmaligen Zahlung zusatzversorgungspflichtig, der für Monate – auch Teilmonate – gezahlt wird, für die Umlagen für laufendes zusatzversorgungspflichtiges Entgelt zu entrichten sind. Für die Ermittlung des zusatzversorgungspflichtigen Entgelts ist somit der Betrag der einmaligen Zahlung in so vielen Zwölfteln zusatzversorgungspflichtiges Entgelt, als Umlagemonate angefallen sind.

Wird eine zusatzversorgungspflichtige Einmalzahlung in einem Zeitraum ohne laufendes Entgelt (Versicherungsmerkmal 40 und 28) gezahlt, ist ein Versicherungsabschnitt für den gesamten Monat zu bilden, in dem die Einmalzahlung erfolgte.

Die Jahressonderzahlungen für die Jahre 2006 und 2007 setzten sich zusammen aus einem Teil der früher gezahlten Weihnachtszuwendung und dem früher gezahlten Urlaubsgeld. Der Teil des in der Jahressonderzahlung jeweils enthaltenen Urlaubsgeldes war weiterhin nicht zusatzversorgungspflichtig.

Für Altersteilzeitarbeitsverhältnisse, die bis zum 31.3.2005 vereinbarten wurden, besteht auch dann Anspruch auf die Jahressonderzahlung, wenn das Arbeitsverhältnis vor dem 1. Dezember wegen Rentenbezug endet (§ 20 Abs. 6 d. S.). In diesem Fall ist die Jahressonderzahlung jedoch nicht zusatzversorgungspflichtig, weil sie aus Anlass der Beendigung des Arbeitsverhältnisses gezahlt wird (§ 62 Abs. 2 Buchst. d d. S.).

2.10.1 Jahressonderzahlungen, die dem Beschäftigten während eines bestehenden Arbeitsverhältnisses zufließen

Jahressonderzahlungen, die während eines bestehenden Arbeitsverhältnisses gezahlt werden, sind grundsätzlich zusatzversorgungspflichtiges Entgelt. Dies gilt allerdings nur insoweit, als bei der Bemessung dieser Jahressonderzahlung Monate zu berücksichtigen sind, für die Umlagen für laufendes Entgelt anfallen (§ 62 Abs. 2 Buchst. e d. S.). Damit ist nur

Meldebeispiele von A–Z

der Teil der Jahressonderzahlung zusatzversorgungspflichtig, der für Monate – auch Teilmonate – gezahlt wird, für die Umlagen/Beiträge für laufendes zusatzversorgungspflichtiges Entgelt zu entrichten sind. Für die Ermittlung des zusatzversorgungspflichtigen Entgelts ist somit der Betrag der Jahressonderzahlung in so vielen Zwölfteln zusatzversorgungspflichtiges Entgelt, als Umlagemonate/Beitragsmonate angefallen sind.

Wird eine zusatzversorgungspflichtige Jahressonderzahlung in einem Zeitraum ohne laufendes Entgelt (Versicherungsmerkmal 40 und 28) gezahlt, ist ein gesonderter Versicherungsabschnitt zu bilden.

Die Regelung des § 62 Abs. 2 Buchst. e d. S. gilt nicht für die Sparkassensonderzahlung (vgl. Teil E 2.17) und für Waldarbeiter (vgl. Teil E 2.22).

Beispiel 1 Jahressonderzahlung und Sparkassensonderzahlung (TVöD-BT-S) während des Mutterschutzes

Sachverhalt	Dauer des Mutterschutzes:				13.5.2008 bis 25.8.2008		
	Tag der Geburt des Kindes:					30.6.2008	
	Ende November 2008 wurde die Jahressonderzahlung und der garantierte Teil der Sparkassensonderzahlung gezahlt.						
Lösung	Die Mutterschutzzeit ist bis zum Tag vor der Geburt des Kindes als Fehlzeit zu melden. Von der Jahressonderzahlung in Höhe von 1 200,00 € ($^{12}/_{12}$) sind nur $^{5}/_{12}$ (500,00 €) zusatzversorgungspflichtig. Von der Sparkassensonderzahlung in Höhe von 1 200,00 € ($^{12}/_{12}$) ist der gesamte garantierte Teil zusatzversorgungspflichtig. Der variable Teil der Sparkassensonderzahlung wird erst im April des Folgejahres ausgezahlt. Von der Umlage ist ein Teil nach § 3 Nr. 56 EStG steuerfrei zu stellen.						
Meldung der Versicherungsabschnitte							
Versicherungsabschnitte		Buchungsschlüssel			ZV-Entgelt	Umlage/Beitrag	Elternzeitbezogene Kinderzahl
Beginn	Ende	Einzahler	Versicherungsmerkmal	Versteuerungsmerkmal	€ Cent	€ Cent	
1.1.2008	12.5.2008	01	10	10	1 900,00	90,25	
1.1.2008	12.5.2008	01	10	01	4 700,00	223,25	
1.1.2008	12.5.2008	01	20	01	6 600,00	264,00	
13.5.2008	29.6.2008	01	40	00	0,00	0,00	
30.6.2008	31.12.2008	01	28	00	0,00	0,00	1
1.11.2008	30.11.2008	01	10	01	1 700,00[1]	80,75	
1.11.2008	30.11.2008	01	20	01	1 700,00	68,00	

1) Einschl. Jahressonderzahlung ($^{5}/_{12}$) und Sparkassensonderzahlung.

Meldebeispiele von A–Z

Beispiel 2 Mutterschutz
Elternzeit
Jahressonderzahlung

Sachverhalt	Dauer des Mutterschutzes 14.11.2007 bis 26.2.2008 Tag der Geburt des Kindes 1.1.2008
	Elternzeit wurde beantragt. Ende November 2007 und 2008 wurde die Jahressonderzahlung gezahlt.
Lösung	Für 2007 ist die Jahressonderzahlung nur zu $^{11}/_{12}$ zusatzversorgungspflichtig, weil für Dezember keine Umlagen/Beiträge für laufendes zusatzversorgungspflichtiges Entgelt angefallen sind. Für 2008 ist die Jahressonderzahlung nicht zusatzversorgungspflichtig, weil im Jahr 2008 keine Umlagen/Beiträge angefallen sind.

Meldung der Versicherungsabschnitte

Versicherungsabschnitte		Buchungsschlüssel			ZV-Entgelt		Umlage/Beitrag		Elternzeit-bezogene Kinderzahl
Beginn	Ende	Ein-zahler	Versiche-rungs-merkmal	Versteue-rungs-merkmal	€	Cent	€	Cent	
1.1.2007	13.11.2007	01	10	10	16 003,44		760,16		
1.1.2007	13.11.2007	01	20	01	16 003,44		640,14		
14.11.2007	31.12.2007	01	40	00	0,00		0,00		
1.1.2008	31.12.2008	01	28	00	0,00		0,00		

Beispiel 3 Ablauf der Bezugsfristen für Krankenbezüge
Jahressonderzahlung

Sachverhalt	Der Beschäftigte war bis einschließlich 14.8.2008 arbeitsunfähig erkrankt. Bis 30.6.2008 bestand Anspruch auf Krankenbezüge (§ 22 TVöD). Ab 15.8.2008 hat er wieder die Arbeit aufgenommen. Die Jahressonderzahlung wurde im November 2008 gezahlt.
Lösung	Die Jahressonderzahlung in Höhe von $^{11}/_{12}$ ist zusatzversorgungspflichtig. Die Zeit, für die Arbeitsentgelt und Krankenbezüge angefallen sind, ist mit dem Buchungsschlüssel 01 10 10 bzw. 01 10 01 zu melden. Die Zeit ohne Krankenbezüge ist als Fehlzeit, also mit dem Buchungsschlüssel 01 40 00 zu melden.

Meldung der Versicherungsabschnitte

Versicherungsabschnitte		Buchungsschlüssel			ZV-Entgelt		Umlage/Beitrag		Elternzeit-bezogene Kinderzahl
Beginn	Ende	Ein-zahler	Versiche-rungs-merkmal	Versteue-rungs-merkmal	€	Cent	€	Cent	
1.1.2008	30.6.2008	01	10	10	12 271,01		582,87		
1.1.2008	30.6.2008	01	20	01	12 271,01		490,84		
1.7.2008	14.8.2008	01	40	00	0,00		0,00		
15.8.2008	31.12.2008	01	10	10	13 293,59[1]		631,45		
15.8.2008	31.12.2008	01	20	01	13 293,59		531,74		

1) Einschließlich Jahressonderzahlung $^{11}/_{12}$.

Meldebeispiele von A–Z

**Beispiel 4   17. Lebensjahr
Jahressonderzahlung**

| Sachverhalt | Der Auszubildende wurde eingestellt zum   1.9.2007
Der 17. Geburtstag ist am   16.6.2008
Anmeldung zur Zusatzversorgung erfolgte am 16.6.2008.
Es besteht Anspruch auf Jahressonderzahlung. |
|---|---|
| Lösung | Von der Jahressonderzahlung sind nur $7/12$ zusatzversorgungspflichtig, weil nur in den Monaten Juni bis Dezember Umlagen/Beiträge angefallen sind. Ein Teil der Umlage ist nach § 3 Nr. 56 EStG steuerfrei, da der Grenzbetrag (2008: 636,00 €) nicht ausgeschöpft wurde. |

Meldung der Versicherungsabschnitte

Versicherungsabschnitte		Buchungsschlüssel			ZV-Entgelt		Umlage/Beitrag		Elternzeit-bezogene Kinderzahl
Beginn	Ende	Ein-zahler	Versiche-rungs-merkmal	Versteue-rungs-merkmal	€	Cent	€	Cent	
16.6.2008	31.12.2008	01	10	10	4 623,51[1])		219,62		
16.6.2008	31.12.2008	01	10	01	5 154,95		244,86		
16.6.2008	31.12.2008	01	20	01	9 778,46		391,14		

2.10.2   Jahressonderzahlung, die dem Beschäftigten bei Beendigung bzw. Ruhen des Arbeitsverhältnisses oder nach Beendigung des Arbeitsverhältnisses zufließen

Jahressonderzahlungen, die aus Anlass der Beendigung oder des Eintritts des Ruhens des Arbeitsverhältnisses gezahlt werden, sind grundsätzlich kein zusatzversorgungspflichtiges Entgelt (§ 62 Abs. 2 Buchst. d d. S.).

Ausnahmsweise ist eine Teilzuwendung jedoch dann zusatzversorgungspflichtig, wenn sie gezahlt wird, weil der Beschäftigte mit Billigung des Arbeitgebers zu einem anderen Arbeitgeber wechselt, der Mitglied einer Zusatzversorgungskasse des öffentlichen oder kirchlichen Dienstes ist.

Steuerrechtlich wird eine zusatzversorgungspflichtige Zahlung, die nach der Beendigung des Arbeitsverhältnisses erfolgt, grundsätzlich dem letzten Entgelt zugeordnet, wenn die Zahlung

▶ im Jahr des Ausscheidens oder

▶ innerhalb von drei Wochen nach dem Jahreswechsel (also bis zum 21.1.) erfolgt.

---

1) Einschließlich Jahressonderzahlung $7/12$.

Meldebeispiele von A–Z

Diese Zahlungen gelten als im letzten Monat der Beschäftigung und damit während der Pflichtversicherung als zugeflossen und sind aus diesem Grund zusatzversorgungspflichtiges Entgelt.
Hierbei ist es ohne Bedeutung, ob ein Versicherungsfall eingetreten ist oder nicht.

Beispiel 1 Ausscheiden wegen Geburt

Sachverhalt	Die Beschäftigte ▶ ist in Mutterschutz ab 25.8.2008 ▶ Geburt des Kindes am 6.10.2008 (Elternzeit wurde beantragt) ▶ scheidet aus mit Ablauf des 1.12.2008. Es besteht Anspruch auf die Jahressonderzahlung.
Lösung	Die Jahressonderzahlung wird in voller Höhe gezahlt, weil das Arbeitsverhältnis am 1.12.2008 (noch) bestanden hat. Die Jahressonderzahlung ist grundsätzlich zusatzversorgungspflichtig, da sie nicht aus Anlass der Beendigung des Arbeitsverhältnisses gezahlt wurde. Sie ist jedoch nur in Höhe von $^{8}/_{12}$ zusatzversorgungspflichtig, da nur in den Monaten Januar bis August Umlagen/Beiträge angefallen sind. Für den Monat der Zahlung der Jahressonderzahlung ist ein eigener, zusätzlicher Versicherungsabschnitt zu bilden. Im Rahmen einer Elternzeit beenden Jahressonderzahlungen aus dem ruhenden Arbeitsverhältnis den Versicherungsabschnitt mit Versicherungsmerkmal 28 nicht; sie begründen zusätzlich einen eigenen Versicherungsabschnitt für die Dauer des Monats in dem sie gezahlt werden. Ein Teil der Umlage ist nach § 3 Nr. 56 EStG steuerfrei, da der Grenzbetrag (2008: 636,00 €) nicht durch Beiträge nach § 3 Nr. 63 EStG ausgeschöpft wurde.

Meldung der Versicherungsabschnitte

Versicherungsabschnitte		Buchungsschlüssel			ZV-Entgelt		Umlage/Beitrag		Elternzeitbezogene Kinderzahl
Beginn	Ende	Einzahler	Versicherungsmerkmal	Versteuerungsmerkmal	€	Cent	€	Cent	
1.1.2008	24.8.2008	01	10	10	10 508,00		499,13		
1.1.2008	24.8.2008	01	10	01	1 416,65		67,29		
1.1.2008	24.8.2008	01	20	01	11 924,65		476,99		
25.8.2008	5.10.2008	01	40	00	0,00		0,00		
6.10.2008	1.12.2008	01	28	00	0,00		0,00		1
1.11.2008	30.11.2008	01	10	01	1 048,15		49,79		
1.11.2008	30.11.2008	01	20	01	1 048,15		41,93		

Meldebeispiele von A–Z

Beispiel 2 Ausscheiden wegen Erreichen der Altersgrenze bzw. wegen Erwerbsminderung

Sachverhalt	Der Beschäftigte scheidet mit Ablauf des 30.11.2008 aus. Die Altersteilzeitbeschäftigung wurde vor dem 31.3.2005 vereinbart. Es besteht Anspruch auf die Jahressonderzahlung (§ 20 Abs. 6 TVöD).
Lösung	Die Jahressonderzahlung (Teilzuwendung) ist nicht zusatzversorgungspflichtig, weil sie aus Anlass der Beendigung des Arbeitsverhältnisses gezahlt wird (§ 62 Abs. 2 Buchst. d d. S.). Dem zusatzversorgungspflichtigen Entgelt für die Zeit vom 1.1.2008 bis 30.11.2008 ist sie deshalb nicht hinzuzurechnen.

Meldung der Versicherungsabschnitte

Versicherungsabschnitte		Buchungsschlüssel			ZV-Entgelt		Umlage/Beitrag		Elternzeitbezogene Kinderzahl
Beginn	Ende	Einzahler	Versicherungsmerkmal	Versteuerungsmerkmal	€	Cent	€	Cent	
1.1.2008	30.11.2008	01	23	10	22 496,84		1 068,60		
1.1.2008	30.11.2008	01	20	01	22 496,84		899,87		

Beispiel 3 Ausscheiden wegen Erreichen der Altersgrenze bzw. wegen Erwerbsminderung

Sachverhalt	Der Beschäftigte scheidet mit Ablauf des 31.12.2008 aus. Es besteht Anspruch auf die Jahressonderzahlung.
Lösung	Die Jahressonderzahlung ist zusatzversorgungspflichtig, weil das Arbeitsverhältnis am 1.12.2008 bestanden hat und die Zuwendung daher nicht aus Anlass der Beendigung des Arbeitsverhältnisses gezahlt wurde (es handelt sich hier um keine Teilweihnachtszuwendung). Die Jahressonderzahlung ist dem zusatzversorgungspflichtigen Entgelt hinzuzurechnen.

Meldung der Versicherungsabschnitte

Versicherungsabschnitte		Buchungsschlüssel			ZV-Entgelt		Umlage/Beitrag		Elternzeitbezogene Kinderzahl
Beginn	Ende	Einzahler	Versicherungsmerkmal	Versteuerungsmerkmal	€	Cent	€	Cent	
1.1.2008	31.12.2008	01	10	10	24 277,64		1 153,20		
1.1.2008	31.12.2008	01	20	01	24 277,64		971,11		

2.10.3 Jahressonderzahlung bei Waldarbeitern

Bei Waldarbeitern, auf deren Arbeitsverhältnis der Waldarbeiter-Tarifvertrag (z. B. MTW) Anwendung findet, ist stets die volle Jahressonderzahlung zusatzversorgungspflichtig. Dies gilt auch dann, wenn bei Ihrer Berechnung Zeiten der winterlichen Arbeitsunterbrechung berücksichtigt worden sind.

Meldebeispiele von A–Z

Beispiel Ständiger Waldarbeiter Jahressonderzahlung

Sachverhalt	Auf das Arbeitsverhältnis finden die Regelungen des MTW Anwendung.
	Die Tätigkeit wird am 14.3.2008 wieder aufgenommen.
	Das Arbeitsverhältnis endet am 30.11.2008 (§ 62 MTW). Der Waldarbeiter hat Anspruch auf Jahressonderzahlung.
Lösung	Bei Beginn der Tätigkeit ist eine Anmeldung, bei Ende des Arbeitsverhältnisses eine Abmeldung mit dem Abmeldegrund 27 – sofern ein Anspruch auf Wiedereinstellung besteht – zu fertigen.
	Die Jahressonderzahlung für die Unterbrechungszeit ist zusatzversorgungspflichtig und in dem Betrag von 15 343,97 € enthalten. Die Regelung des § 62 Abs. 2 Buchst. d d. S. greift nicht.

Meldung der Versicherungsabschnitte

Versicherungsabschnitte		Buchungsschlüssel			ZV-Entgelt		Umlage/Beitrag		Elternzeit-bezogene Kinderzahl
Beginn	Ende	Einzahler	Versicherungsmerkmal	Versteuerungsmerkmal	€	Cent	€	Cent	
14.3.2008	30.11.2008	01	10	10	14 875,79[1)		706,60		
14.3.2008	30.11.2008	01	10	01	468,18		22,24		
14.3.2008	30.11.2008	01	20	01	15 343,97		613,76		

2.10.4 Jahressonderzahlung für Monate mit Krankengeldzuschuss und für Zeiten des Wehr- oder Zivildienstes

Für Monate, in denen Anspruch auf Krankengeldzuschuss besteht, ist ein fiktives Entgelt nach § 21 TVöD zu melden. Die Jahressonderzahlung ist für diesen Zeitraum fiktiv zu ermitteln.

Gleiches gilt auch für Zeiten des Wehr- oder Zivildienstes.

---

1) Einschließlich Jahressonderzahlung $^{12}/_{12}$.

Meldebeispiele von A–Z

Beispiel 1 Grundwehrdienst
Jahressonderzahlung

Sachverhalt	Einberufung zum Grundwehrdienst 3.7.2008 Monatliche Vergütung 1 533,87 € Die Jahressonderzahlung für die Zeit vom 1.1. bis 2.7.2008 in Höhe von 850,02 € ($^7/_{12}$) wurde Ende November 2008 gezahlt.
Lösung	Der Arbeitgeber hat für die Zeit des Grundwehrdienstes die Umlagen in der Höhe weiter zu entrichten, in der sie zu entrichten gewesen wären, wenn das Arbeitsverhältnis aus Anlass der Einberufung des Beschäftigten nicht ruhen würde (§ 14a ArbPlSchG). Für die Zeit des Grundwehrdienstes ab dem 3.7.2008 fallen Umlagen aus einem – fiktiven – laufenden zusatzversorgungspflichtigen Entgelt an. Die Jahressonderzahlung, die sich aus der tatsächlich gezahlten Zuwendung in Höhe von 850,02 € und der fiktiv ermittelten Zuwendung in Höhe von 607,16 € (insgesamt 1 457,18 €) zusammensetzt, ist zusatzversorgungspflichtig. Umlagen sind hieraus zu entrichten. Für die Zeit des Grundwehrdienstes ist ein gesonderter Versicherungsabschnitt mit dem Steuermerkmalen 10 für die Umlage und 03 für den Zusatzbeitrag zu bilden.

Meldung der Versicherungsabschnitte

Versicherungsabschnitte		Buchungsschlüssel			ZV-Entgelt		Umlage/Beitrag		Elternzeit-bezogene Kinderzahl
Beginn	Ende	Ein-zahler	Versiche-rungs-merkmal	Versteue-rungs-merkmal	€	Cent	€	Cent	
1.1.2008	2.7.2008	01	10	10	10 053,24[1)]		477,53		
1.1.2008	2.7.2008	01	20	01	10 053,24		402,13		
3.7.2008	31.12.2008	01	10	10	9 810,38[2)]		465,99		
3.7.2008	31.12.2008	01	20	03	9 810,38		392,42		

---

1) Einschl. Jahressonderzahlung 850,02 € ($^7/_{12}$)
2) Einschl. Jahressonderzahlung 607,16 € ($^5/_{12}$)

Meldebeispiele von A–Z

Beispiel 2 Anspruch auf Krankengeldzuschuss Jahressonderzahlung

Sachverhalt	Der Beschäftigte arbeitet in der Zeit vom 1.1.2008 bis 15.3.2008. In der Zeit vom 16.3.2008 bis 13.9.2008 ist er arbeitsunfähig erkrankt. Am 14.9.2008 nimmt er die Arbeit wieder auf.
Lösung	Der Beschäftigte erhält für die Zeit vom 16.3.2008 bis 26.4.2008 Entgeltfortzahlung (6 Wochen).
	In der Zeit vom 27.4.2008 bis 13.9.2008 (20 Wochen) besteht Anspruch auf Krankengeldzuschuss (§ 22 TVöD). In dieser Zeit ist ein fiktives Entgelt nach § 62 Abs. 2 Satz 4 d. S. i. V. m. § 21 TVöD als zusatzversorgungspflichtiges Entgelt zu melden.
	Die Jahressonderzahlung, die auf die Zeit entfällt, für die Anspruch auf Krankengeldzuschuss besteht, ist zusatzversorgungspflichtig, da für diese Zeit ein laufendes – wenn auch fiktives – Entgelt angefallen ist, aus dem Umlagen/Beiträge zu entrichten waren.
	Die Jahressonderzahlung ist damit in voller Höhe ($^{12}/_{12}$) zusatzversorgungspflichtig.

Meldung der Versicherungsabschnitte

Versicherungsabschnitte		Buchungsschlüssel			ZV-Entgelt		Umlage/Beitrag		Elternzeit-bezogene Kinderzahl
Beginn	Ende	Ein-zahler	Versiche-rungs-merkmal	Versteue-rungs-merkmal	€	Cent	€	Cent	
1.1.2008	31.12.2008	01	10	10	20 451,68[1]			971,45	
1.1.2008	31.12.2008	01	20	01	20 451,68			818,07	

2.11 Krankheit

Werden während einer Krankheit Entgeltfortzahlung oder Krankenbezüge geleistet oder besteht ein Anspruch auf Krankengeldzuschuss, ist ein zusatzversorgungspflichtiges Entgelt (Buchungsschlüssel 01 10 10 bzw. 01 10 01) so lange zu melden, bis kein Anspruch auf Krankenbezüge mehr besteht. Bei fortdauernder Krankheit ist eine Fehlzeit mit Buchungsschlüssel 01 40 00 zu melden.

Für die Zeit, in der Anspruch auf Krankengeldzuschuss besteht, ist als zusatzversorgungspflichtiges Entgelt eine fiktive Entgeltzahlung nach § 21 TVöD zu melden (§ 62 Abs. 2 Satz 4 d. S.); aus der fiktiven Entgeltzahlung sind Umlagen und Beiträge zu entrichten.

Die fiktive Entgeltzahlung ist auch dann zu melden, wenn der Krankengeldzuschuss aufgrund der Höhe der Barleistungen des Sozialversicherungsträgers nicht ausgezahlt wird.

---

[1] Einschließlich Jahressonderzahlung $^{12}/_{12}$.

Meldebeispiele von A–Z

 Hinweis:

Steuerrechtliche und sozialversicherungsrechtliche Behandlung der Umlage und des Zusatzbeitrages für das – fiktive – zusatzversorgungspflichtige Entgelt.

Steuerrechtliche Behandlung:

▶ Die Umlage ist in einem ersten Dienstverhältnis nach § 3 Nr. 56 EStG ab 2008 bis zu einem Grenzbetrag (2008: 636,00 €) steuerfrei zu stellen, sofern der Grenzbetrag nicht schon durch Beiträge nach § 3 Nr. 63 EStG aufgezehrt wurde. Darüber hinaus ist die Umlage bis zu einem Betrag von monatlich 89,48 € vom Arbeitgeber pauschal zu versteuern (vgl. Teil D 5.). Übersteigt die Umlage den Betrag von 89,48 € monatlich, ist der übersteigende Betrag dem steuerpflichtigen Entgelt hinzuzurechnen.
Bei Lohnsteuerklasse VI ist die Umlage generell dem steuerpflichtigen Entgelt zuzurechnen.

▶ Der Zusatzbeitrag ist in einem ersten Dienstverhältnis nach § 3 Nr. 63 EStG steuerfrei. Über diesen Grenzwert hinaus entrichtete Umlagen können bei Altzusagen noch nach § 40b EStG alter Fassung pauschal versteuert werden. Darüber hinaus entrichtete Zusatzbeiträge sind dem steuerpflichtigen Entgelt hinzuzurechnen.
Bei Lohnsteuerklasse VI ist der Zusatzbeitrag generell dem steuerpflichtigen Entgelt hinzuzurechnen.

Sozialversicherungsrechtliche Behandlung:

▶ Nach § 23c SGB VI gelten Zuschüsse des Arbeitgebers zum Krankengeld, Verletztengeld, Übergangsgeld oder Krankentagegeld und sonstige Einnahmen aus einer Beschäftigung, die für die Zeit des Bezugs von Krankengeld, Krankentagegeld, Versorgungskrankengeld, Verletztengeld, Übergangsgeld oder Mutterschaftsgeld oder während einer Elternzeit weiter erzielt werden, nicht als beitragspflichtiges Arbeitsentgelt, soweit die Einnahmen zusammen mit den genannten Sozialleistungen das Nettoarbeitsentgelt nicht übersteigen.
Nach Auffassung der Spitzenverbände der Krankenkassen, der Deutschen Rentenversicherung Bund und der Bundesagentur für Arbeit (Rundschreiben zum gemeinsamen Beitragseinzug vom 22.6.2006) ist der Hinzurechnungsbetrag nach § 1 Abs. 1 Satz 3 und 4 SvEV (vgl. Teil D 5) während des Bezugs des fiktiven zusatzversorgungspflichtigen Entgelts kein beitragspflichtiges Entgelt im Sinne der Sozialversicherung. Dies gilt jedoch nicht, wenn neben dem Zuschuss zur Sozialleistung und den Aufwendungen für die Zusatzversorgung weitere arbeitgeberseitige Leistungen (z. B. Sachbezüge) für die Zeit des Bezugs der Sozialleistung gezahlt werden. In diesen Fällen unterliegt der gesamte das Vergleichs-Nettoarbeitsentgelt übersteigende Betrag der Beitragspflicht.

Meldebeispiele von A–Z

2.11.1 Beschäftigte mit Anspruch auf Krankenbezüge (vergleichsweise frühere Regelung § 71 BAT)

Bei Beschäftigten, die bei Krankheit oder bei einer Kurmaßnahme (Arbeitsverhinderung infolge einer Maßnahme der medizinischen Vorsorge oder Rehabilitation) Anspruch auf Krankenbezüge bis zur Dauer von höchstens 26 Wochen haben, sind die Krankenbezüge als zusatzversorgungspflichtiges Entgelt mit dem Buchungsschlüssel 01 10 10 bzw. 01 10 01 zu melden; daraus fallen Umlagen, Zusatzbeiträge und Sanierungsgelder an. Wenn die Krankenbezüge nach Ablauf der Bezugsfrist wegfallen und der Beschäftigte weiterhin arbeitsunfähig erkrankt ist, ist für diese Zeit ein Versicherungsabschnitt mit dem Buchungsschlüssel 01 40 00 zu melden.

Auswirkungen von Krankheitszeiten auf das Versicherungsverhältnis von Angestellten	
bis zu 26 Wochen:	Danach:
Fortzahlung der Krankenbezüge Pflichtversicherung mit lfd. zusatzversorgungspflichtigen Entgelt	Pflichtversicherung ohne lfd. zusatzversorgungspflichtiges Entgelt
zu melden mit Buchungsschlüssel 01 10 10 bzw. 01 10 01	zu melden mit Buchungsschlüssel 01 40 00

Krankenbezüge werden nur bis zum Ende des Arbeitsverhältnisses gezahlt.

Ebenso hat der Beginn einer Rente aus der gesetzlichen Rentenversicherung bzw. ein rentenersetzendes Übergangsgeld zur Folge, dass der Anspruch auf Krankenbezüge entfällt. Dabei ergibt sich Folgendes:

Rentenbeginn in der gesetzlichen Rentenversicherung	
Vor Ablauf der 26 Wochen:	Nach Ablauf der 26. Woche:
Beginnt die gesetzliche Rente vor Ablauf der 26. Woche der Arbeitsunfähigkeit, sind Krankenbezüge bis zum Tag vor Rentenbeginn zu zahlen (sofern ein Anspruch für diese Dauer besteht).	Beginnt die gesetzliche Rente nach Ablauf der 26. Woche der Arbeitsunfähigkeit, sind Krankenbezüge bis zum Ablauf der 26. Woche zu zahlen (sofern ein Anspruch für diese Dauer besteht).
Hinweis: Ansprüche auf Entgeltfortzahlung (Dauer von sechs Wochen) sind hiervon nicht erfasst, sofern zugleich die Anspruchsvoraussetzungen auf Entgeltfortzahlung im Krankheitsfall nach § 3 Entgeltfortzahlungsgesetz vorliegen. In diesen Fällen besteht Anspruch auf Krankenbezüge für volle 6 Wochen.	
Über die Beendigung des Arbeitsverhältnisses hinaus besteht kein Anspruch auf Krankenbezüge.	

Für die Meldung ist Folgendes zu beachten:

- ▶ Zusatzversorgungspflichtiges Entgelt (Meldung mit Buchungsschlüssel 01 10 10 bzw. 01 10 01) fällt nur für Zeiten an, für die Anspruch auf Krankenbezüge besteht.
- ▶ Falls durch einen rückwirkenden Rentenbeginn einer Erwerbsminderungsrente der Anspruch auf Krankenbezüge rückwirkend verkürzt

Meldebeispiele von A–Z

worden ist, sind etwa bereits gemeldete Versicherungsabschnitte entsprechend zu berichtigen. Bei Rückforderung der Krankenbezüge ist das Zuflussprinzip zu beachten. Ab Rentenbeginn ist im Falle der Rückforderung der Buchungsschlüssel 01 40 00 (bei Korrektur von Vorjahren 01 47 00) zu melden.

Beispiel Krankenbezüge vergleichsweise der früheren Regelung nach BAT

Sachverhalt	Der Beschäftigte erhält Krankenbezüge bis 30.6.2008. Er nimmt die Arbeit am 15.8.2008 wieder auf. Die Jahressonderzahlung wird Ende November 2008 gezahlt.
Lösung	Die Zeit, für die Arbeitsentgelt und Krankenbezüge angefallen sind, ist mit dem Buchungsschlüssel 01 10 10 bzw. 01 10 01 zu melden. Die Zeit ohne Krankenbezüge ist mit dem Buchungsschlüssel 01 40 00 zu melden. Die Jahressonderzahlung (in Höhe von $^{11}/_{12}$) ist zusatzversorgungspflichtig.

Meldung der Versicherungsabschnitte

Versicherungsabschnitte		Buchungsschlüssel			ZV-Entgelt		Umlage/Beitrag		Elternzeitbezogene Kinderzahl
Beginn	Ende	Einzahler	Versicherungsmerkmal	Versteuerungsmerkmal	€	Cent	€	Cent	
1.1.2008	30.6.2008	01	10	10	12 000,00		570,00		
1.1.2008	30.6.2008	01	20	01	12 000,00		480,00		
1.7.2008	14.8.2008	01	40	00	0,00		0,00		
15.8.2008	31.12.2008	01	10	10	13 000,00[1])		617,50		
15.8.2008	31.12.2008	01	20		13 000,00		520,00		

2.11.2 Beschäftigte mit Anspruch auf Lohnfortzahlung und Krankengeldzuschuss

Diese Beschäftigten haben im Krankheitsfall einen Anspruch auf Entgeltfortzahlung für die Dauer von 6 Wochen (z. B. § 22 TVöD). Hieraus fallen Umlagen, Zusatzbeiträge und Sanierungsgelder an.

Ist der Beschäftigte nach Ablauf der Entgeltfortzahlung weiterhin krank oder hat er eine Kurmaßnahme (Arbeitsverhinderung infolge einer Maßnahme der medizinischen Vorsorge oder Rehabilitation) angetreten, hat er, wenn er länger als ein Jahr beschäftigt ist, Anspruch auf Krankengeldzuschuss (z. B. § 22 Abs. 3 TVöD). Ein Anspruch auf Krankengeldzuschuss besteht bei einer Beschäftigungszeit von mehr als 3 Jahren längstens bis zur 39. Woche seit Beginn der Arbeitsunfähigkeit.

---

1) Einschließlich Jahressonderzahlung.

Meldebeispiele von A–Z

Soweit ein Anspruch auf Krankengeldzuschuss besteht, sind weiterhin Umlagen, Zusatzbeiträge und Sanierungsgelder an die Zusatzversorgungskasse zu zahlen. Da die Höhe der vom Arbeitgeber geleisteten Krankengeldzuschüsse – je nach Leistung des Sozialversicherungsträgers – sehr unterschiedlich sein kann, sind der Zusatzversorgungskasse nicht die Krankengeldzuschüsse als zusatzversorgungspflichtiges Entgelt zu melden.

Als solches ist vielmehr ein fiktives zusatzversorgungspflichtiges Entgelt zu melden. Fiktives zusatzversorgungspflichtiges Entgelt ist eine fiktive Entgeltzahlung nach § 21 TVöD oder entsprechenden tarifvertraglichen Regelungen (§ 62 Abs. 2 Satz 4 d. S.). Die Umlagen, Zusatzbeiträge und Sanierungsgelder sind damit aus diesem fiktiven Entgelt zu zahlen.

Dies gilt auch dann, wenn der Anspruch auf Krankengeldzuschuss zwar grundsätzlich besteht, der Arbeitgeber aber wegen der Höhe der Barleistungen des Sozialversicherungsträgers selbst keine oder nur geringe Leistungen erbringt.

Der Zeitraum, in dem Entgeltfortzahlung erfolgte bzw. Anspruch auf Krankengeldzuschuss bestand, ist mit dem Buchungsschlüssel 01 10 10 bzw. 01 10 01 zu melden.

Ist der Arbeitnehmer nach Ablauf des Anspruchs auf Entgeltfortzahlung/ Krankengeldzuschuss weiterhin krank, ist ein neuer Versicherungsabschnitt mit dem Buchungsschlüssel 01 40 00 zu melden.

Auswirkungen von Krankheitszeiten auf das Versicherungsverhältnis		
Bis zu 6 Wochen:	Bis zu weiteren 33 Wochen:	Danach:
Entgeltfortzahlung	Anspruch auf Krankengeldzuschuss	
Pflichtversicherung mit lfd. zusatzversorgungspflichtigem Entgelt zu melden mit Buchungsschlüssel 01 10 10	Pflichtversicherung mit fiktiven Entgelt (vgl. § 62 Abs. 2 Satz 4 d. S.) zu melden mit Buchungsschlüssel 01 10 10 bzw. 01 10 01	Pflichtversicherung ohne lfd. zusatzversorgungspflichtiges Entgelt zu melden mit Buchungsschlüssel 01 40 00
Über die Beendigung des Arbeitsverhältnisses hinaus besteht kein Anspruch auf Krankengeldzuschuss.		

Meldebeispiele von A–Z

Krankengeldzuschüsse werden nur bis zum Ende des Arbeitsverhältnisses gezahlt. Ebenso hat der Beginn einer Rente aus der gesetzlichen Rentenversicherung Auswirkungen auf den Anspruch auf Krankengeldzuschuss. Dabei ergibt sich nach § 22 Abs. 4 TVöD Folgendes:

Rentenbeginn in der gesetzlichen Rentenversicherung		
Vor Ablauf der 6 Wochen:	Nach Ablauf der 6. Woche:	Nach Ablauf der 39. Woche:
Beginnt die gesetzliche Rente vor Ablauf der 6. Woche der Arbeitsunfähigkeit, besteht Anspruch auf Krankenbezüge (Entgeltfortzahlung) für 6 Wochen. Der gesetzliche Anspruch kann dabei nicht gekürzt werden.	Beginnt die gesetzliche Rente nach Ablauf der 6. Woche der Arbeitsunfähigkeit, besteht Anspruch auf Krankengeldzuschuss nur bis zum Tag vor Rentenbeginn, sofern ein Anspruch für diese Dauer besteht.	Beginnt die gesetzliche Rente nach Ablauf der 39. Woche der Arbeitsunfähigkeit, besteht Anspruch auf Krankengeldzuschuss bis zum Ablauf der 39. Woche, sofern ein Anspruch für diese Dauer besteht.
Über die Beendigung des Arbeitsverhältnisses hinaus besteht kein Anspruch auf Krankengeldzuschuss.		

Für die Meldung ist Folgendes zu beachten:

▶ Zusatzversorgungspflichtiges Entgelt (Meldung mit Buchungsschlüssel 01 10 10 bzw. 01 10 01) fällt für die Zeit an, für die Anspruch auf Entgeltfortzahlung und Krankengeldzuschuss besteht.

▶ Falls durch einen rückwirkenden Rentenbeginn einer Erwerbsminderungsrente der Anspruch auf Krankengeldzuschuss rückwirkend verkürzt worden ist, sind etwa bereits gemeldete Versicherungsabschnitte (mit fiktivem Entgelt, Buchungsschlüssel 01 10 10) entsprechend zu berichtigen (nunmehr Buchungsschlüssel 01 40 00 ab Rentenbeginn). Das Zuflussprinzip ist in diesen Fällen ausnahmsweise nicht anzuwenden, weil das fiktive Entgelt tatsächlich nicht zugeflossen ist. Es gilt ausnahmsweise das sozialversicherungspflichtige Aufrollprinzip.

Ein Anspruch auf Krankenbezüge/Krankengeldzuschuss besteht nicht, wenn Übergangsgeld gezahlt wird.

Meldebeispiele von A–Z

Beispiel Krankenbezüge nach TVöD bzw. AVR

Sachverhalt	Der Arbeitnehmer hat Anspruch auf Krankenbezüge (§ 22 TVöD). Die Jahressonderzahlung wird Ende November 2008 gezahlt.		
	Zeitraum		Entgelte
	1.1.08–15.1.08	laufendes Entgelt	858,33 €
	16.1.08–26.2.08 (Erkrankung)	Entgeltfortzahlung für sechs Wochen	2 424,31 €
	27.2.08–14.10.08 (Erkrankung)	Ende der Entgeltfortzahlung, aber Anspruch auf Krankengeldzuschuss; somit ist ein **fiktives Entgelt** als zusatzversorgungspflichtiges Entgelt zu melden. Von der Krankenkasse wird Krankengeld gezahlt	(7 030,22 € fikt. Entgelt nach § 21 TVöD, keine Zahlung an Beschäftigten)
	15.10.08–31.12.08 (Erkrankung)	Es bestehen keine tariflichen Ansprüche gegen den Arbeitgeber mehr. Von der Krankenkasse wird Krankengeld bezahlt	0,00 €
	1.11.08–30.11.08	tarifliche Jahressonderzahlung (= $^{10}/_{12}$)	1 502,10 €
Lösung	Da Anspruch auf Krankengeldzuschuss besteht, ist auch für die Zeit vom 27.2.08 bis 14.10.08 zusatzversorgungspflichtiges Entgelt (fiktives Entgelt) angefallen. Die Jahressonderzahlung, die auf die Zeit entfällt, für die Anspruch auf Krankengeldzuschuss besteht, ist zusatzversorgungspflichtig, da für diese Zeit ein laufendes – fiktives – zusatzversorgungspflichtiges Entgelt angefallen ist. Somit ist die Jahressonderzahlung ($^{10}/_{12}$) zusatzversorgungspflichtig. Von der Umlage ist ein Teil nach § 3 Nr. 56 EStG steuerfrei zu stellen, da ansonsten der Grenzbetrag (2008: 636,00 €) nicht aufgebraucht wäre.		

Meldung der Versicherungsabschnitte

Versicherungsabschnitte		Buchungsschlüssel			ZV-Entgelt		Umlage/Beitrag		Elternzeitbezogene Kinderzahl
Beginn	Ende	Einzahler	Versicherungsmerkmal	Versteuerungsmerkmal	€	Cent	€	Cent	
1.1.2008	14.10.2008	01	10	10	8 374,74		397,80		
1.1.2008	14.10.2008	01	10	01	1 938,12		92,06		
1.1.2008	14.10.2008	01	20	01	10 312,86		412,51		
15.10.2008	31.10.2008	01	40	00	0,00		0,00		
1.11.2008	30.11.2008	01	10	01	1 502,10		71,35		
1.11.2008	30.11.2008	01	20	01	1 502,10		60,08		
1.12.2008	31.12.2008	01	40	00	0,00		0,00		

2.12 Kurzarbeit

Während der Dauer der Kurzarbeit besteht die Pflichtversicherung in der Zusatzversorgung fort. Das von der Arbeitsagentur gewährte Kurzarbeitgeld hat keinen Einfluss auf die Zusatzversorgung. Daher können Umlagen, Beiträge bzw. Zusatzbeiträge nur aus dem tatsächlich erzielten – verminderten – zusatzversorgungspflichtigen Arbeitsentgelt entrichtet werden.

Für die Zeit der Kurzarbeit ist in der Jahresmeldung kein gesonderter Versicherungsabschnitt zu bilden.

2.13 Mutterschutz

Während der Dauer des Mutterschutzes bleibt die Pflichtversicherung aufrechterhalten.

Für die Zeit des Mutterschutzes war bis zum 31.12.2001 in der Jahresmeldung ein gesonderter Versicherungsabschnitt mit der Kz. 21 zu bilden. Ab dem 1.1.2002 ist für den Mutterschutz bis zum Tag vor der Geburt des Kindes ein Abschnitt mit dem Buchungsschlüssel 01 40 00 (Fehlzeit) zu bilden.

Nach § 15 Abs. 2 Satz 2 BEEG wird die Mutterschutzfrist nach der Geburt des Kindes auf den Anspruch auf Elternzeit angerechnet, so dass ab der Geburt des Kindes die Elternzeit mit dem Buchungsschlüssel 01 28 00 und der Anzahl der Kinder zu melden ist, sofern die Elternzeit auch beantragt wurde. Ansonsten verbleibt es für die Zeit des Mutterschutzes nach der Geburt des Kindes bei der Meldung mit dem Buchungsschlüssel 01 40 00.

Zuschüsse des Arbeitgebers zum Mutterschaftsgeld sind kein zusatzversorgungspflichtiges Entgelt. Umlagen oder Beiträge fallen daher nicht an.

Für Einmalzahlungen während des Mutterschutzes ist ein Versicherungsabschnitt mit dem Versicherungsmerkmal 10 für den vollen Monat, in dem die Einmalzahlung erfolgt, zu melden.

Weitere Meldebeispiele finden Sie unter dem Punkt Elternzeit (vgl. Teil E 2.6)

Meldebeispiele von A–Z

Beispiel 1 Jahressonderzahlung während des Mutterschutzes

Sachverhalt	Dauer des Mutterschutzes: 13.5.2008 bis 25.8.2008 Tag der Geburt des Kindes: 30.6.2008 Ende November 2008 wurde die Jahressonderzahlung gezahlt.
Lösung	Die Mutterschutzzeit ist bis zum Tag vor der Geburt des Kindes als Fehlzeit zu melden. Von der Jahressonderzahlung sind $5/12$ zusatzversorgungspflichtig. Die Umlagen sind nach §3 Nr. 56 EStG steuerfrei zu stellen, da die Summe aus steuerfreien Beiträgen nach §3 Nr. 63 EStG und Umlagen geringer ist als der Grenzwert nach §3 Nr. 56 EStG (2008: 636,00 €).

Meldung der Versicherungsabschnitte

Versicherungsabschnitte		Buchungsschlüssel			ZV-Entgelt		Umlage/Beitrag		Elternzeit-bezogene Kinderzahl
Beginn	Ende	Ein-zahler	Versiche-rungs-merkmal	Versteue-rungs-merkmal	€	Cent	€	Cent	
1.1.2008	12.5.2008	01	10	01	6 600,00		315,50		
1.1.2008	12.5.2008	01	20	01	6 600,00		264,00		
13.5.2008	29.6.2008	01	40	00	0,00		0,00		
30.6.2008	31.12.2008	01	28	00	0,00		0,00		1
1.11.2008	30.11.2008	01	10	01	600,00		28,50		
1.11.2008	30.11.2008	01	20	01	600,00		24,00		

Meldebeispiele von A–Z

Beispiel 2 Jahressonderzahlung und Sparkassensonderzahlung (TVöD-BT-S) während des Mutterschutzes

Sachverhalt	Dauer des Mutterschutzes: 13.5.2008 bis 25.8.2008 Tag der Geburt des Kindes: 30.6.2008 Ende November 2008 wurde die Jahressonderzahlung und der garantierte Teil der Sparkassensonderzahlung gezahlt.
Lösung	Die Mutterschutzzeit ist bis zum Tag vor der Geburt des Kindes als Fehlzeit zu melden. Von der Jahressonderzahlung in Höhe von 1 200,00 € ($^{12}/_{12}$) sind nur 500,00 € ($^{5}/_{12}$) zusatzversorgungspflichtig. Von der Sparkassensonderzahlung in Höhe von 1 200,00 € ($^{12}/_{12}$) ist der gesamte garantierte Teil zusatzversorgungspflichtig. Der variable Teil der Sparkassensonderzahlung wird erst im April des Folgejahres ausgezahlt. Von der Umlage ist ein Teil nach § 3 Nr. 56 EStG steuerfrei zu stellen.

Meldung der Versicherungsabschnitte

Versicherungsabschnitte		Buchungsschlüssel			ZV-Entgelt		Umlage/Beitrag		Elternzeit-bezogene Kinderzahl
Beginn	Ende	Ein-zahler	Versiche-rungs-merkmal	Versteue-rungs-merkmal	€	Cent	€	Cent	
1.1.2008	12.5.2008	01	10	10	1 900,00		90,25		
1.1.2008	12.5.2008	01	10	01	4 700,00		223,25		
1.1.2008	12.5.2008	01	20	01	6 600,00		264,00		
13.5.2008	29.6.2008	01	40	00	0,00		0,00		
30.6.2008	31.12.2008	01	28	00	0,00		0,00		1
1.11.2008	30.11.2008	01	10	01	1 700,00[1]		80,75		
1.11.2008	30.11.2008	01	20	01	1 700,00		68,00		

Beispiel 3 Ausscheiden wegen Niederkunft nach dem 30.11.

Sachverhalt	Beginn des Mutterschutzes: 26. 8.2008. Ende des Mutterschutzes: 1.12.2008. Ausscheiden aus dem Arbeitsverhältnis mit Ablauf des 1.12.2008. Es besteht Anspruch auf Jahressonderzahlung.
Lösung	Die Jahressonderzahlung ($^{12}/_{12}$) ist in Höhe von $^{9}/_{12}$ zusatzversorgungspflichtig. Sie ist zusatzversorgungspflichtig, weil das Arbeitsverhältnis am 1.12.2008 noch bestanden hat. Grund der Zahlung ist daher nicht das Ausscheiden aus dem Arbeitsverhältnis (§ 62 Abs. 2 Buchst. d d. S.). Sie ist allerdings nur in Höhe von $^{9}/_{12}$ zusatzversorgungspflichtig, weil nur in den Monaten Januar bis einschließlich August Umlagen angefallen sind (§ 62 Abs. 2 Buchst. e d. S.).

---

1) Einschl. Jahressonderzahlung ($^{5}/_{12}$) und Sparkassensonderzahlung ($^{12}/_{12}$).

2.14 Rentenbezug

Die Pflichtversicherung in der Zusatzversorgung endet, wenn das Arbeitsverhältnis wegen Bezugs einer Rente aus der gesetzlichen Rentenversicherung endet oder beendet wird (vgl. Teil C 6.).

Bei Berichtigungen des Krankengeldzuschusses (fiktive Entgeltzahlung) ist für die Meldung zu beachten, dass nicht das steuerrechtliche Zuflussprinzip, sondern ausnahmsweise das sozialversicherungsrechtliche Aufrollprinzip anzuwenden ist. Dies gilt auch unabhängig von einem Versicherungsfall.

Beispiel 1 TVöD-Anwendung
Ausscheiden wegen Erreichens der Altersgrenze

Sachverhalt	Ausscheiden mit Ablauf des: 30.11.
Lösung	Die Pflichtversicherung endet mit Ablauf des: 30.11.
	Es besteht kein Anspruch auf die Jahressonderzahlung, weil das Arbeitsverhältnis am 1.12. nicht mehr bestanden hat (§ 20 Abs. 1 TVöD).

Beispiel 2 TVöD-Anwendung
Ausscheiden wegen Erreichens der Altersgrenze

Sachverhalt	Ausscheiden mit Ablauf des: 31.12.
	Es besteht Anspruch auf Jahressonderzahlung.
Lösung	Die Pflichtversicherung endet mit Ablauf des: 31.12.
	Die Jahressonderzahlung ist zusatzversorgungspflichtig, weil das Arbeitsverhältnis am 1.12. bestanden hat und die Zuwendung daher nicht aus Anlass der Beendigung des Arbeitsverhältnisses gezahlt wurde.

Meldebeispiele von A–Z

Beispiel 3 Rückwirkender Rentenanspruch
Anspruch auf Krankenbezüge nur bis zum Ablauf der
6. Woche (vergleichsweise früher § 71 BAT)

Sachverhalt	Es besteht Anspruch auf Krankenbezüge bis zum Ende der 26. Woche seit dem Beginn der Arbeitsunfähigkeit.	
	Zustellung des Rentenbescheids der gesetzlichen Rentenversicherung wegen voller Erwerbsminderung auf Dauer:	15.10.2008.
	Beginn der gesetzlichen Rente:	1. 2.2008.
	Ablauf der 6. Woche:	10. 2.2008.
	Ablauf der 26. Woche:	11. 8.2008.
Lösung	Das Arbeitsverhältnis endet wegen der Zustellung des Rentenbescheids mit Ablauf des	31.10.2008.
	Die Versicherungspflicht in der Zusatzversorgung endet mit Ablauf des	31.10.2008.
	Anspruch auf Krankenbezüge besteht nur bis zum Ablauf der 6. Woche	10. 2.2008.
	Die überzahlten Krankenbezüge für die Zeit vom 11.2.2008 bis 11.8.2008 gelten als Vorschüsse und sind zurückzuzahlen.	
	Anspruch auf Rente aus der Zusatzversorgung besteht ab	1. 2.2008.
	Zum Rentenbeginn (1.2.2008) ist ein neuer Versicherungsabschnitt zu bilden, weil in der Betriebsrente wegen voller Erwerbsminderung nur Entgelte bis zum Tag vor Rentenbeginn einfließen dürfen. Zusatzversorgungspflichtige Entgelte nach Rentenbeginn dürfen erst bei einem späteren Versicherungsfall (Altersrente) berücksichtigt werden. Die Umlagen sind steuerfrei, da der Grenzbetrag nach § 3 Nr. 56 EStG (2008: 636,00 €) nicht ausgeschöpft wurde.	

Meldung der Versicherungsabschnitte

Versicherungsabschnitte		Buchungsschlüssel			ZV-Entgelt	Umlage/Beitrag	Elternzeitbezogene Kinderzahl
Beginn	Ende	Einzahler	Versicherungsmerkmal	Versteuerungsmerkmal	€ Cent	€ Cent	
1.1.2008	31.1.2008	01	10	01	2 000,00	95,00	
1.1.2008	31.1.2008	01	20	01	2 000,00	80,00	
1.2.2008	10.2.2008	01	10	01	800,00	38,00	
1.2.2008	10.2.2008	01	20	01	800,00	32,00	
11.2.2008	31.10.2008	01	40	00	0,00	0,00	

Meldebeispiele von A–Z

Beispiel 4 Rückwirkender Rentenanspruch
Anspruch auf Krankenbezüge nur bis Tag vor Rentenbeginn (vergleichsweise früher § 71 BAT)

Sachverhalt	Es besteht Anspruch auf Krankenbezüge bis zum Ende der 26. Woche seit dem Beginn der Arbeitsunfähigkeit.	
	Zustellung des Rentenbescheids der gesetzlichen Rentenversicherung wegen voller Erwerbsminderung auf Dauer:	15. 2.2008.
	Beginn der gesetzlichen Rente:	1.2.2008.
	Ablauf der 26. Woche:	29. 2.2008.
Lösung	Das Arbeitsverhältnis endet wegen der Zustellung des Rentenbescheids mit Ablauf des:	29. 2.2008.
	Die Versicherungspflicht in der Zusatzversorgung endet mit Ablauf des	29. 2.2008.
	Anspruch auf Krankenbezüge besteht nur bis zum Beginn der gesetzlichen Rente, also nur bis zum Ablauf des	31. 1.2008.
	Die überzahlten Krankenbezüge für die Zeit vom 1.2.2008 bis 29.2.2008 gelten als Vorschüsse und sind zurückzuzahlen.	
	Anspruch auf Rente aus der Zusatzversorgung besteht ab	1. 2.2008.

Meldung der Versicherungsabschnitte

Versicherungsabschnitte		Buchungsschlüssel			ZV-Entgelt		Umlage/Beitrag		Elternzeitbezogene Kinderzahl
Beginn	Ende	Einzahler	Versicherungsmerkmal	Versteuerungsmerkmal	€	Cent	€	Cent	
1.1.2008	31.1.2008	01	10	01	2 000,00		95,00		
1.1.2008	31.1.2008	01	20	01	2 000,00		80,00		
1.2.2008	29.2.2008	01	40	00	0,00		0,00		

Meldebeispiele von A–Z

**Beispiel 5 Rückwirkender Rentenanspruch
Anspruch auf Krankenbezüge nur bis Tag vor
Rentenbeginn (vergleichsweise früher § 71 BAT)**

Sachverhalt	Es besteht Anspruch auf Krankenbezüge bis zum Ende der 26. Woche seit dem Beginn der Arbeitsunfähigkeit.	
	Zustellung des Rentenbescheids der gesetzlichen Rentenversicherung wegen Erwerbsminderung auf Zeit:	15. 3.2009.
	Beginn der gesetzlichen Rente:	1. 7.2008.
	Ablauf der 6. Woche Lohnfortzahlung:	5. 8.2008.
	Ablauf der 26. Woche:	23.12.2008.
Lösung	Das Arbeitsverhältnis ruht wegen der Zustellung des Rentenbescheids (§ 33 TVöD) ab:	1. 4.2009.
	Die Versicherungspflicht in der Zusatzversorgung endet nicht.	
	Anspruch auf Krankenbezüge besteht nur bis zum Ende der 6. Woche, also nur bis zum Ablauf des	5. 8.2008.
	Die überzahlten Krankenbezüge in Höhe von 7 556,94 € für die Zeit vom 6.8.2008 bis 23.12.2008 gelten als Vorschüsse und sind zurückzuzahlen.	
	Anspruch auf Rente aus der Zusatzversorgung besteht ab	1. 7.2008.

Meldung der Versicherungsabschnitte

Versicherungsabschnitte		Buchungsschlüssel			ZV-Entgelt	Umlage/Beitrag	Elternzeit-bezogene Kinderzahl
Beginn	Ende	Einzahler	Versicherungsmerkmal	Versteuerungsmerkmal	€ Cent	€ Cent	
			Jahresmeldung 2008				
1.1.2008	30.6.2008	01	10	01	25 714,29	1 221,43	
1.1.2008	30.6.2008	01	20	01	25 714,29	1 028,57	
1.7.2008	5.8.2008	01	10	10	4 285,71	203,57	
1.7.2008	5.8.2008	01	20	01	4 285,71	171,43	
6.8.2008	23.12.2008	01	47	10	7 556,94	358,95	
6.8.2008	23.12.2008	01	20	01	7 556,94	302,28	
24.12.2008	31.12.2008	01	40	00	0,00	0,00	
			Abmeldung 2009				
1.1.2009	31.3.2009	01	40	00	0,00	0,00	
1.1.2009	31.3.2009	01	48	10	- 7 556,94	- 358,95	
1.1.2009	31.3.2009	01	20	01	- 7 556,94	- 302,28	
1.4.2009	31.12.2009	01	41	00	0,00	0,00	

Meldebeispiele von A–Z

Beispiel 6 Rückwirkender Rentenanspruch Krankengeldzuschuss nach TVöD bzw. AVR bis zum Rentenbeginn

Sachverhalt	Der Beschäftigte hat Anspruch auf Entgeltfortzahlung für die Dauer von sechs Wochen und Anspruch auf Krankengeldzuschuss bis zum Ende der 13. Woche seit dem Beginn der Arbeitsunfähigkeit (§ 22 TVöD).	
	Zustellung des Rentenbescheids der gesetzlichen Rentenversicherung wegen voller Erwerbsminderung auf Dauer:	15. 1.2008.
	Beginn der gesetzlichen Rente:	1.12.2007.
	Ablauf der Entgeltfortzahlung:	15.11.2007.
	Ablauf des Anspruchs auf Krankengeldzuschuss:	2. 1.2008.
Lösung	Das Arbeitsverhältnis endet wegen Zustellung des Rentenbescheids (§ 33 TVöD) mit Ablauf des	31. 1.2008.
	Die Versicherungspflicht endet mit Ablauf des	31. 1.2008.
	Der Anspruch auf Krankengeldzuschuss ist mit Ablauf des 30.11.2007 weggefallen, da ab 1.12.2007 die gesetzliche Rente beginnt. Die überzahlten Krankenbezüge für die Zeit vom 1.12.2007 bis 2.1.2008 sind zurückzuzahlen (s. d. tarifl. Vorschriften).	
	Anspruch auf Rente aus der Zusatzversorgung besteht ab	1.12.2007.
	Es ist ein Versicherungsabschnitt bis zum Tag vor Rentenbeginn zu bilden, da die zusatzversorgungspflichtigen Entgelte nach Rentenbeginn erst bei einem späteren Versicherungsfall (Altersrente) berücksichtigt werden.	
	Für die Meldung der zurückgeforderten Krankengeldzuschüsse (fiktive Entgeltzahlung) gilt nicht das steuerrechtliche Zuflussprinzip, sondern ausnahmsweise das sozialversicherungsrechtliche Aufrollprinzip.	

Meldung der Versicherungsabschnitte

Versicherungsabschnitte		Buchungsschlüssel			ZV-Entgelt	Umlage/Beitrag	Elternzeitbezogene Kinderzahl
Beginn	Ende	Einzahler	Versicherungsmerkmal	Versteuerungsmerkmal	€ Cent	€ Cent	
1.1.2007	30.11.2007	01	10	10	17 000,00	807,50	
1.1.2007	30.11.2007	01	20	01	17 000,00	680,00	
1.12.2007	31.12.2007	01	40	00	0,00	0,00	
1.1.2008	31.1.2008	01	40	00	0,00	0,00	

Meldebeispiele von A–Z

Beispiel 7 Krankenbezüge nach TVöD bzw. AVR
Rückwirkender Rentenanspruch
Zeiten der Arbeitsunfähigkeit liegen nach Rentenbeginn

Sachverhalt	Der Beschäftigte hat Anspruch auf Entgeltfortzahlung bis zur Dauer von sechs Wochen und Anspruch auf Krankengeldzuschuss bis zum Ende der 39. Woche seit dem Beginn der Arbeitsunfähigkeit (§ 22 TVöD).		
	Zustellung des Rentenbescheids der gesetzlichen Rentenversicherung wegen voller Erwerbsminderung auf Dauer:		15. 7.2008.
	Beginn der gesetzlichen Rente:		1.10.2007.
	Beginn der Erkrankung:		3.10.2007.
	Ablauf der Entgeltfortzahlung:		13.11.2007.
	Ablauf des Anspruchs auf Krankengeldzuschuss:		30. 6.2008.
Lösung	Das Arbeitsverhältnis endet wegen Zustellung des Rentenbescheids (§ 33 TVöD) mit Ablauf des		31. 7.2008.
	Die Versicherungspflicht in der Zusatzversorgung endet mit Ablauf des		31. 7.2008.
	Es besteht nur Anspruch auf Lohnfortzahlung vom 3.10.2007 bis 13.11.2007; ein Anspruch auf Krankengeldzuschuss ist nicht mehr entstanden. Die überzahlten Krankenbezüge für die Zeit vom 14.11.2007 bis 30.6.2008 sind zurückzuzahlen (vgl. d. tarifl. Vorschriften). Rente aus der Zusatzversorgung steht zu ab		1.10.2007.
	Ein Teil der Umlage ist nach § 3 Nr. 56 EStG steuerfrei.		

Meldung der Versicherungsabschnitte

Versicherungsabschnitte		Buchungsschlüssel			ZV-Entgelt	Umlage/Beitrag	Elternzeitbezogene Kinderzahl
Beginn	Ende	Einzahler	Versicherungsmerkmal	Versteuerungsmerkmal	€ Cent	€ Cent	
1.1.2007	30.9.2007	01	10	10	14 000,00	665,00	
1.1.2007	30.9.2007	01	20	01	14 000,00	560,00	
1.10.2007	13.11.2007	01	10	10	242,11	11,50	
1.10.2007	13.11.2007	01	10	01	757,89	36,00	
1.10.2007	13.11.2007	01	20	01	1 000,00	40,00	
14.11.2007	31.12.2007	01	40	00	0,00	0,00	
1.1.2008	30.4.2008	01	40	00	0,00	0,00	

Meldebeispiele von A–Z

2.15 Saisonarbeitnehmer

2.15.1 Unbefristetes Arbeitsverhältnis

Wird mit Saisonarbeitern ein unbefristeter Arbeitsvertrag abgeschlossen, bleibt die Pflichtversicherung während der beschäftigungslosen Zeit aufrechterhalten. Für diese Zeit ist ein Versicherungsabschnitt mit dem Buchungsschlüssel 01 40 00 aufzubauen. Eine Abmeldung von der Versicherungspflicht am Ende der Saison sowie eine Wiederanmeldung zur Pflichtversicherung bei Beginn der nächsten Saison entfällt daher (vgl. auch Teil B 2.5 und C 5.4).

Dies gilt auch für „Arbeiter im Wald", nicht aber für Waldarbeiter, auf deren Arbeitsverhältnisse der Waldarbeitertarifvertrag Anwendung findet (vgl. Teil B 2.6 und E 2.22).

Tritt eine Saisonarbeiterin mit einem unbefristeten Arbeitsvertrag in der arbeitsfreien Zeit den Mutterschutz an, so ist ab Geburt des Kindes die Elternzeit mit Buchungsschlüssel 01 28 00 zu melden.

Beispiel Unbefristeter Saisonarbeiter

Sachverhalt	Der Saisonarbeiter ist unbefristet beschäftigt. Es fallen nicht ununterbrochen Umlagen an.
	Es bestand Anspruch auf die Jahressonderzahlung.
	Beschäftigungslose Zeiten: 1. 1.2007 bis 14.3.2007, 1.12.2007 bis 15.3.2008.
Lösung	Die Zeit der Beschäftigung ist mit dem Buchungsschlüssel 01 10 10 zu melden, die beschäftigungslose Zeit mit 01 40 00.

Meldung der Versicherungsabschnitte

Versicherungsabschnitte		Buchungsschlüssel			ZV-Entgelt		Umlage/Beitrag		Elternzeitbezogene Kinderzahl
Beginn	Ende	Einzahler	Versicherungsmerkmal	Versteuerungsmerkmal	€	Cent	€	Cent	
1.1.2007	14.3.2007	01	40	00		0,00		0,00	
15.3.2007	30.11.2007	01	10	10	10 000,00[1]		475,00		
15.3.2007	30.11.2007	01	20	01	10 000,00		400,00		
1.12.2007	31.12.2007	01	40	00		0,00		0,00	
1.1.2008	15.3.2008	01	40	00		0,00		0,00	
16.3.2008	31.12.2008	01	10	10	9 636,84[2]		457,75		
16.3.2008	31.12.2008	01	10	01	2 863,16		136,00		
16.3.2008	31.12.2008	01	20	01	12 500,00		500,00		

1) Einschließlich Jahressonderzahlung ($^9/_{12}$).
2) Einschließlich Jahressonderzahlung ($^{10}/_{12}$).

2.15.2 Arbeitsverhältnis für jede Saison

Wird mit Saisonarbeitnehmern für jeden Beschäftigungsabschnitt ein neuer Arbeitsvertrag begründet, endet die Pflichtversicherung zum Ende des Arbeitsverhältnisses und beginnt bei Wiederaufnahme der Beschäftigung. Es ist jeweils zum Ende der Saison eine Abmeldung und bei Wiedereinstellung eine Anmeldung vorzunehmen (vgl. Teil C 5.4).

Bis zum 31.12.2002 entstand die Versicherungspflicht in der Zusatzversorgung erst zum Beginn des zweiten Beschäftigungsjahres, sofern der Arbeitgeber mitgeteilt hat, dass der Saisonarbeitnehmer in der nächsten Saison voraussichtlich wieder eingestellt wird.

Ab dem 1.1.2003 tritt die Versicherungspflicht in der Zusatzversorgung für Saisonarbeitnehmer mit einem Arbeitsvertrag für jede Saison zu Beginn des Beschäftigungsverhältnisses ein, sofern alle anderen Versicherungspflichtvoraussetzungen erfüllt sind.

Für Saisonarbeitnehmer mit einem Arbeitsvertrag für jede Saison, die in den Jahren 2001 oder 2002 nur deshalb nicht in der Zusatzversorgung versichert wurden, weil sie sich in diesen Jahren im ersten Beschäftigungsjahr befanden, ist eine Nachversicherung dieser ersten Saison vorzunehmen.

Auch wenn ein Saisonarbeitnehmer zum Jahresende beitragsfrei versichert ist, weil zu dieser Zeit kein Beschäftigungsverhältnis besteht, der letzte Arbeitgeber aber beabsichtigt, diesen Saisonarbeitnehmer in der nächsten Saison wieder zu beschäftigen, nimmt dieser Saisonarbeitnehmer an der Verteilung von Bonuspunkten (vgl. Teil B 2.5) teil. Der Arbeitgeber muss folglich der Zusatzversorgungskasse die Wiedereinstellungszusage mitteilen. Bei der Abmeldung ist daher der Abmeldegrund 27 zu melden.

Tritt eine Saisonarbeiterin mit Arbeitsvertrag für jede Saison in der arbeitsfreien Zeit den Mutterschutz an, so ist erst ab Beginn der nächsten Saison, für die eine Wiedereinstellungszusage besteht, der Mutterschutz mit dem Buchungsschlüssel 01 40 00 bzw. evtl. dann die Elternzeit mit Buchungsschlüssel 01 28 00 zu melden.

Saisonwaldarbeiter vgl. Teil E 2.22

2.16 Sanierungsgeld

Mit der Umstellung des umlagefinanzierten Gesamtversorgungssystems auf das kapitalfinanzierte Punktesystem durch die Tarifvertragsparteien des öffentlichen Dienstes wurde im § 17 Altersvorsorgetarifvertrag vom 1.3.2002 insbesondere für die Versorgungsanstalt des Bundes und der

Meldebeispiele von A–Z

Länder die Möglichkeit geschaffen, zur Deckung eines zusätzlichen Finanzbedarfs neben der Umlage auch ein steuerfreies Sanierungsgeld festzulegen.

Dieses Sanierungsgeld ist nicht gleichzusetzen mit dem von einigen Zusatzversorgungseinrichtungen ab dem 1.1.2003 erhobenen Zusatzbeitrag. Während das Sanierungsgeld zur überwiegenden Finanzierung der durch das alte Gesamtversorgungssystem entstandenen Anwartschaften und nur zum geringen Teil zur Finanzierung neuer Anwartschaften aus dem Punktesystem herangezogen wird, dient der Zusatzbeitrag ausschließlich zur Finanzierung der neuen kapitalgedeckten Anwartschaften aus dem Punktesystem ab dem 1.1.2002 (vgl. Teil D 3).

Das Sanierungsgeld ist bei einzelnen Zusatzversorgungseinrichtungen nicht zu melden, sondern wird programmtechnisch ermittelt.

Beispiel Sanierungsgeld

Sachverhalt	Der zusatzversorgungspflichtige Verdienst eines Beschäftigten beträgt im Jahr 2008 25 000,00 €. Der Umlagesatz beträgt 6,45 v. H. Das Sanierungsgeld beträgt 2 v. H. Die Eigenbeteiligung an der Umlage beträgt 1,41 v. H.							
Lösung	Die Zeit der Beschäftigung ist mit dem Buchungsschlüssel 01 10 10 bzw. 01 10 01 zu melden. Für jeden Versicherungsabschnitt mit dem Versicherungsmerkmal 10 muss auch ein weiterer Versicherungsabschnitt mit dem Buchungsschlüssel 01 19 10 gebildet werden. Die Eigenbeteiligung wird nicht gemeldet.							
Meldung der Versicherungsabschnitte								
Versicherungsabschnitte		Buchungsschlüssel			ZV-Entgelt		Umlage/Beitrag		Elternzeitbezogene Kinderzahl
Beginn	Ende	Einzahler	Versicherungsmerkmal	Versteuerungsmerkmal	€	Cent	€	Cent	
				Jahresmeldung 2008					
1.1.2008	31.12.2008	01	10	10	15 139,53		976,50		
1.1.2008	31.12.2008	01	10	01	9 860,47		636,00		
1.1.2008	31.12.2008	01	19	10	25 000,00		500,00		

Hinweis:

Bei einzelnen Zusatzversorgungseinrichtungen ist der Versicherungsabschnitt mit dem Sanierungsgeld (01 19 10) nicht zu melden, da dieser von der Zusatzversorgungseinrichtung selbst ermittelt wird. Setzen Sie sich deswegen mit Ihrer zuständigen Zusatzversorgungseinrichtung in Verbindung.

2.17 Sparkassensonderzahlung

Nach § 44 TVöD – Besonderer Teil für Sparkassen – (BT-S) – besteht für bankspezifisch Beschäftigte Anspruch auf eine Sparkassensonderzahlung. Diese besteht aus einem garantierten und einem variablen Anteil, wobei die ausgezahlten Anteile sämtlich zusatzversorgungspflichtig sind.

Die Sparkassensonderzahlung ist immer im vollem, gezahlten Umfang zusatzversorgungspflichtiges Entgelt (z. B. im Jahr der Geburt eines Kindes). Die tarifrechtliche Regelung für die Sparkassensonderzahlung weicht damit von der ansonsten in der Zusatzversorgung geltenden Satzungsvorschrift des § 62 Abs. 2 Buchst. e ab, wonach eine Sonderzuwendung nur zu so vielen Teilen zusatzversorgungspflichtig ist, als Umlagemonate vorhanden sind.

Es handelt sich lediglich bei der Sparkassensonderzahlung dann um kein zusatzversorgungspflichtiges Entgelt, wenn sie nach dem Ausscheiden aus dem Beschäftigungsverhältnis und nach den ersten drei Wochen des Folgejahres ausgezahlt wird. Steuerrechtlich kann man diesen Teil der Sparkassensonderzahlung nicht mehr dem Vorjahr zuordnen, sodass es sich im Rahmen des Zuflussprinzips nicht mehr um ein zusatzversorgungspflichtiges Entgelt handelt.

Meldebeispiele von A–Z

Beispiel 1 Jahressonderzahlung und Sparkassensonderzahlung (TVöD-BT-S) während des Mutterschutzes

Sachverhalt	Dauer des Mutterschutzes: 13.5.2008 bis 25.8.2008 Tag der Geburt des Kindes: 30.6.2008 Ende November 2008 wurde die Jahressonderzahlung und der garantierte Teil der Sparkassensonderzahlung gezahlt.
Lösung	Die Mutterschutzzeit ist bis zum Tag vor der Geburt des Kindes als Fehlzeit zu melden. Von der Jahressonderzahlung in Höhe von 1 200,00 € ($^{12}/_{12}$) sind nur 500,00 € ($^{5}/_{12}$) zusatzversorgungspflichtig. Von der Sparkassensonderzahlung in Höhe von 1 200,00 € ($^{12}/_{12}$) ist der gesamte garantierte Teil zusatzversorgungspflichtig. Der variable Teil der Sparkassensonderzahlung wird erst im April des Folgejahres ausgezahlt. Von der Umlage ist ein Teil nach § 3 Nr. 56 EStG steuerfrei zu stellen.

Meldung der Versicherungsabschnitte

Versicherungsabschnitte		Buchungsschlüssel			ZV-Entgelt		Umlage/Beitrag		Elternzeit-bezogene Kinderzahl
Beginn	Ende	Ein-zahler	Versiche-rungs-merkmal	Versteue-rungs-merkmal	€	Cent	€	Cent	
1.1.2008	12.5.2008	01	10	10	1 900,00			90,25	
1.1.2008	12.5.2008	01	10	01	4 700,00			223,25	
1.1.2008	12.5.2008	01	20	01	6 600,00			264,00	
13.5.2008	29.6.2008	01	40	00	0,00			0,00	
30.6.2008	31.12.2008	01	28	00	0,00			0,00	1
1.11.2008	30.11.2008	01	10	01	1 700,00[1]			80,75	
1.11.2008	30.11.2008	01	20	01	1 700,00			68,00	

---

1) Einschl. Jahressonderzahlung ($^{5}/_{12}$) und Sparkassensonderzahlung ($^{12}/_{12}$).

Meldebeispiele von A–Z

Beispiel 2 Sparkassensonderzahlung (TVöD-BT-S) nach dem Ausscheiden

Sachverhalt	Der Beschäftigte scheidet zum 29.2.2008 aus dem Beschäftigungsverhältnis aus. Er erhält den variablen Teil der Sparkassensonderzahlung in Höhe von 600,00 € im April 2008.
	zusatzversorgungspflichtiges Entgelt 2008 (1.1. bis 29.2.) = 6 000,00 €
Lösung	Gezahlter Arbeitslohn, der dem Beschäftigten nach dem Ausscheiden, aber noch im Jahr des Ausscheidens oder innerhalb von drei Wochen nach dem Jahreswechsel zufließt, wird grundsätzlich dem letzten Abschnitt zugeordnet. Da der Grenzwert nach § 3 Nr. 56 EStG nicht ausgeschöpft ist, werden die Umlagen steuerfrei gestellt.

Meldung der Versicherungsabschnitte

Versicherungsabschnitte		Buchungsschlüssel			ZV-Entgelt		Umlage/Beitrag		Elternzeitbezogene Kinderzahl
Beginn	Ende	Einzahler	Versicherungsmerkmal	Versteuerungsmerkmal	€	Cent	€	Cent	
1.1.2008	29.2.2008	01	10	01	6 600,00		313,50		
1.1.2008	29.2.2008	01	20	01	6 600,00		264,00		

Beispiel 3 Sparkassensonderzahlung (TVöD-BT-S) nach dem Ausscheiden

Sachverhalt	Der Beschäftigte scheidet zum 31.12.2008 aus dem Beschäftigungsverhältnis aus. Er erhält den variablen Teil der Sparkassensonderzahlung in Höhe von 1 000,00 € im April 2009.
	zusatzversorgungspflichtiges Entgelt 2008 (1.1. bis 31.12.) = 39 000,00 €[1])
Lösung	Gezahlter Arbeitslohn, der dem Beschäftigten nach dem Ausscheiden und nach den ersten drei Wochen des Folgejahres zufließt, ist kein zusatzversorgungspflichtiges Entgelt mehr.

Meldung der Versicherungsabschnitte

Versicherungsabschnitte		Buchungsschlüssel			ZV-Entgelt		Umlage/Beitrag		Elternzeitbezogene Kinderzahl
Beginn	Ende	Einzahler	Versicherungsmerkmal	Versteuerungsmerkmal	€	Cent	€	Cent	
		Jahresmeldung bzw. Abmeldung 2008							
1.1.2008	31.12.2008	01	10	10	39 000,00		1 852,50		
1.1.2008	31.12.2008	01	20	01	39 000,00		1 560,00		

1) Einschl. Jahressonderzahlung ($^{12}/_{12}$) und garantierter Teil der Sparkassensonderzahlung.

Meldebeispiele von A–Z

2.18 Teilzeitbeschäftigung

Nach der Umstellung des Gesamtversorgungssystems auf das Punktesystem ist eine Meldung der Teilzeitdaten für Versicherungsabschnitte ab dem 1.1.2002 nicht mehr erforderlich.

Beispiel Teilzeit

Sachverhalt	Ein Beschäftigter arbeitet nach Anfall mit unterschiedlichen wöchentlichen Arbeitszeiten in den Zeiträumen 1.1.2008 bis 15. 3.2008 3500,00 € 28.4.2008 bis 19. 7.2008 2800,00 € 15.9.2008 bis 31.12.2008 4000,00 € Das Arbeitsverhältnis besteht jedoch durchgehend das ganze Jahr.
Lösung	Die Zeit der Beschäftigung ist ohne Teilzeitdaten mit dem Buchungsschlüssel 01 10 10 zu melden. Unterbrechungszeiten sind nur zu melden, wenn diese länger als einen Kalendermonat betragen.

Meldung der Versicherungsabschnitte

Versicherungsabschnitte		Buchungsschlüssel			ZV-Entgelt		Umlage/Beitrag		Elternzeit-bezogene Kinderzahl
Beginn	Ende	Ein-zahler	Versicherungsmerkmal	Versteuerungsmerkmal	€	Cent	€	Cent	
1.1.2008	19.7.2008	01	10	10	5 584,21		265,25		
1.1.2008	19.7.2008	01	10	01	715,79		34,00		
1.1.2008	19.7.2008	01	20	01	6 300,00		252,00		
20.7.2008	14.9.2008	01	40	00	0,00		0,00		
15.9.2008	31.12.2008	01	10	01	4 000,00		190,00		
15.9.2008	31.12.2008	01	20	01	4 000,00		160,00		

Meldebeispiele von A–Z

2.19 Umschüler

Umschüler, die für einen staatlich anerkannten oder als staatlich anerkannt geltenden Ausbildungsberuf ausgebildet werden, sind in der Zusatzversorgung zu versichern, wenn ein Ausbildungsvertrag abgeschlossen wird. Der Umschüler ist nur dann in der Zusatzversorgung zu versichern, wenn er vom Arbeitgeber eine Ausbildungsvergütung erhält. Umschüler erhalten in der Regel eine Entschädigung der Arbeitsagentur.

Beispiel Umschüler

Sachverhalt	Mit dem Arbeitgeber wird ein Ausbildungsvertrag abgeschlossen. Es handelt sich um eine Ausbildung für einen staatlich anerkannten oder als staatlich anerkannt geltenden Ausbildungsberuf. Beginn der Ausbildung: 1.10.2005. Ende der Ausbildung: 30. 9.2008. Der Arbeitgeber zahlt keine Ausbildungsvergütung. Die Agentur für Arbeit leistet eine Entschädigung. Nach Ende der Ausbildung wird der Umschüler als Beschäftigter übernommen.
Lösung	Der Umschüler ist nicht zur Zusatzversorgung anzumelden, weil er keine Ausbildungsvergütung vom Arbeitgeber erhält. Der Beschäftigte ist erst mit Wirkung vom 1.10.2008 zur Zusatzversorgung anzumelden. Ab 1.10.2008 ist der Buchungsschlüssel 01 10 10 bzw. 01 10 01 zu melden, da ab diesem Zeitpunkt aus dem Arbeitsverhältnis ein zusatzversorgungspflichtiges Entgelt fließt. In der Anmeldung ist als Beginn des Arbeitsverhältnisses der 1.10.2005 mitzuteilen, während als Tag des Beginns der Versicherungspflicht der 1.10.2008 maßgebend ist.

2.20 Unbezahlte Freistellung

Erhalten Beschäftigte von der Krankenkasse Krankengeld i. S. d. § 45 SGB V (pro Kalenderjahr für jedes Kind längstens für 10 Arbeitstage, für allein erziehende Versicherte längstens für 20 Arbeitstage), wird für diese Zeiten kein Arbeitsentgelt gezahlt. Hierfür ist kein gesonderter Versicherungsabschnitt aufzubauen. Beträgt die Freistellung mehr als 10 Tage bzw. 20 Tage, weil zusätzlich Sonderurlaub ohne Arbeitsentgelt gewährt oder Langzeitpflege genehmigt wurde, ist ebenfalls kein gesonderter Versicherungsabschnitt zu melden, wenn dabei ein Kalendermonat nicht überschritten wurde. Als zusatzversorgungspflichtiges Entgelt ist das verminderte Arbeitsentgelt zu melden.

Meldebeispiele von A–Z

Dauert die unbezahlte Freistellung länger als ein Kalendermonat, so ist ein separater Versicherungsabschnitt mit dem Buchungsschlüssel 01 40 00 zu melden.

Beispiel Unbezahlte Freistellung

Sachverhalt	Der Beschäftigte hat wegen unbezahlter Freistellung Krankengeld erhalten vom 3.4. bis 4.4.2008
Lösung	Ein eigener Versicherungsabschnitt für die Dauer der unbezahlten Freistellung ist nicht aufzubauen.

Meldung der Versicherungsabschnitte

Versicherungsabschnitte		Buchungsschlüssel			ZV-Entgelt		Umlage/Beitrag		Elternzeitbezogene Kinderzahl
Beginn	Ende	Einzahler	Versicherungsmerkmal	Versteuerungsmerkmal	€	Cent	€	Cent	
1.1.2008	31.12.2008	01	10	10	17 500,00		831,25		
1.1.2008	31.12.2008	01	20	01	17 500,00		700,00		

2.21 Teilzeitbeschäftigte Arbeitnehmer, die tariflich bis 31.3.1991 nicht zu versichern waren (vgl. Teil B 1.7.2)

Durch die Systemumstellung der Tarifvertragsparteien auf das Punktemodell zum 1.1.2002 und der damit verbundenen Startguthabensermittlung für die Versicherten sind alle Teilzeitbeschäftigten, die tariflich bis 31.3.1991 nicht zu versichern waren, umgehend nachzuversichern. Vermindert sich das Startguthaben durch die Nachversicherung der Beschäftigungszeiten, wird die Nachversicherung nicht durchgeführt. In allen anderen Fällen wird die Nachversicherung angenommen. Der Antrag zur Nachversicherung kann später nicht zurückgenommen werden.

Im Vorfeld der Nachversicherung wird von den Zusatzversorgungseinrichtungen keine Günstigkeitsberechnung vorgenommen, inwieweit sich die Nachversicherung positiv oder negativ auswirkt.

Meldebeispiele von A–Z

Beispiel 1 Dauerarbeitsverhältnis
Kein weiteres Arbeitsverhältnis

Sachverhalt	Mit dem Beschäftigten wurde eine durchschnittliche regelmäßige Arbeitszeit vereinbart und zwar ab 1. Januar 1977 10 Stunden wöchentlich ab 1. Januar 1978 12 Stunden wöchentlich ab 1. Januar 1979 13 Stunden wöchentlich ab 1. Januar 1980 15 Stunden wöchentlich ab 1. Januar 1981 21 Stunden wöchentlich Das monatliche Arbeitsentgelt hat die jeweiligen Entgeltgrenzen für geringfügige Beschäftigungen (im Sinne des Sozialversicherungsrechts) überschritten. Es bestand Rentenversicherungspflicht.
Lösung	Die Voraussetzungen für die Versicherungspflicht sind ab 1.1.1981 erfüllt, sodass eine Anmeldung zum 1.1.1981 erfolgte. Für die Zeit vom 1.1.1977 bis 31.12.1980 ist eine nachträgliche Versicherung möglich. Es sind deshalb Versicherungsabschnitte nachzumelden und die jeweiligen Teilzeitdaten zu melden. Für Versicherungszeiten bis zum 31.12.2001 ist das bis zu diesen Zeitpunkt geltende Meldewesen und die dafür vorgesehenen Formblätter zu verwenden.

Beispiel 2 Dauerarbeitsverhältnis (teilweise „geringfügig" i. S. der Sozialversicherung)
Kein weiteres Arbeitsverhältnis

Sachverhalt	Der Beschäftigte war bereits in den Jahren 1977 bis 1979 in der Zusatzversorgung pflichtversichert. Ab dem 1. Januar 1980 wurde die durchschnittliche regelmäßige wöchentliche Arbeitszeit auf 5 Stunden herabgesetzt. Das monatliche Arbeitsentgelt betrug im Jahr 1980 380,00 DM Jahr 1981 400,00 DM Jahr 1982 380,00 DM Jahr 1983 410,00 DM Jahr 1984 380,00 DM Jahr 1985 410,00 DM Ab 1. Januar 1986 wurde Halbtagsbeschäftigung vereinbart. Der Beschäftigte ist zu diesem Zeitpunkt in der Zusatzversorgung angemeldet worden. In den Jahren 1981, 1983 und 1985 bestand Rentenversicherungspflicht.
Lösung	Eine nachträgliche Versicherung für die Jahre 1980, 1982 und 1984 ist nicht möglich, weil das monatliche Arbeitsentgelt die Entgeltgrenzen für geringfügige Beschäftigungen (im Sinne des Sozialversicherungsrechts) nicht überschritten hat. Eine nachträgliche Versicherung kann somit nur für die Jahre 1981, 1983 und 1985 vorgenommen werden. In diesen Jahren wurde die jeweilige Entgeltgrenze überschritten. Versicherungsabschnitte und die jeweiligen Teilzeitdaten sind nachzumelden. Für Versicherungszeiten bis zum 31.12.2001 ist das bis zu diesen Zeitpunkt geltende Meldewesen und die dafür vorgesehenen Formblätter zu verwenden.

Meldebeispiele von A–Z

Beispiel 3 Arbeitsverhältnis nicht länger als 12 Monate
Keine Vorzeiten in der Zusatzversorgung des öffentlichen Dienstes

Sachverhalt	Der Beschäftigte war bei demselben Arbeitgeber (Mitglied) als Krankheitsvertretung aushilfsweise beschäftigt in der Zeit vom 1. Januar 1978 bis 30. September 1978 vom 1. April 1979 bis 15. Juli 1979 vom 5. November 1979 bis 31. März 1980 Es bestand Rentenversicherungspflicht.
Lösung	Eine Nachentrichtung von Beiträgen und Umlagen in der Zusatzversorgung des öffentlichen Dienstes kommt nicht in Betracht, da die Voraussetzungen für die Versicherungspflicht nicht gegeben sind. Die jeweiligen Arbeitsverhältnisse dauerten nicht länger als 12 Monate (§ 17 Abs. 1 der bis zum 31.12.2001 geltenden Satzung).

Beispiel 4 Dauerarbeitsverhältnis
weiteres Arbeitsverhältnis auf Dauer (nicht geringfügig i. S. der Sozialversicherung)

Sachverhalt	Der Beschäftigte hat zwei Arbeitsverhältnisse. Beim Arbeitgeber **A** (Mitglied bei der Versorgungsanstalt des Bundes und der Länder/VBL) wurde Halbtagsbeschäftigung vereinbart. Beim Arbeitgeber **B** (Mitglied bei der Zusatzversorgungskasse) wurde eine durchschnittliche regelmäßige Arbeitszeit wie folgt vereinbart: ab 1.1.1982 10 Stunden wöchentlich (Verdienst über der Geringfügigkeitsgrenze), ab 1.1.1983 12 Stunden wöchentlich (Verdienst über der Geringfügigkeitsgrenze), ab 1.1.1984 20 Stunden wöchentlich. Es bestand jeweils Rentenversicherungspflicht.
Lösung	Beim Mitglied A sind die Voraussetzungen für die Pflichtversicherung in der Zusatzversorgung erfüllt. Es erfolgte deshalb Anmeldung zur Zusatzversorgung bei der VBL. Beim Mitglied B erfolgte eine Anmeldung zum 1.1.1984. Für die Zeit vom 1.1.1982 bis 31.12.1983 ist eine nachträgliche Versicherung möglich, weil keine geringfügige Beschäftigung i. S. des § 8 Abs. 1 SGB IV vorliegt. Für Versicherungszeiten bis zum 31.12.2001 ist das bis zu diesen Zeitpunkt geltende Meldewesen und die dafür vorgesehenen Formblätter zu verwenden.

Meldebeispiele von A–Z

Beispiel 5 Dauerarbeitsverhältnis (geringfügig i. S. der Sozialversicherung) weiteres Arbeitsverhältnis auf Dauer (geringfügig i. S. der Sozialversicherung)

Sachverhalt	Der Beschäftigte ist durchgehend seit 1.1.1988 beim Mitglied A und beim Mitglied B beschäftigt. Die regelmäßige wöchentliche Arbeitszeit beträgt jeweils fünf Stunden. Die jeweiligen Arbeitsentgelte überschreiten die maßgebenden Entgeltgrenzen für geringfügige Beschäftigungen nicht. Die Gesamtsumme der Entgelte monatlich liegt jedoch über der Geringfügigkeitsgrenze. In der Sozialversicherung besteht Versicherungspflicht, weil mehrere geringfügige Beschäftigungen zusammenzurechnen sind (§ 8 Abs. 2 SGB IV).
Lösung	Der Beschäftigte kann zum 1.1.1988 weder durch das Mitglied A noch durch das Mitglied B zur Zusatzversorgung angemeldet werden, weil der Beschäftigte bei jedem Mitglied nur eine geringfügige Beschäftigung ausübt. Eine nachträgliche Versicherung ist nicht möglich, obwohl der Beschäftigte insgesamt mehr als geringfügig im Sinne des § 8 Abs. 1 SGB IV beschäftigt ist. Für die Beurteilung der Versicherungspflicht in der Zusatzversorgung dürfen jedoch mehrere geringfügige Beschäftigungen nicht zusammengerechnet werden.

Beispiel 6 Dauerarbeitsverhältnis weiteres Arbeitsverhältnis auf Dauer

Sachverhalt	Der Beschäftigte hat zwei Arbeitsverhältnisse. Beim Mitglied A beträgt die durchschnittliche regelmäßige Arbeitszeit drei Viertel eines Vollbeschäftigten. Anmeldung in der Zusatzversorgung ist erfolgt. Beim Mitglied B beträgt die durchschnittliche regelmäßige wöchentliche Arbeitszeit 16 Stunden. Es bestand jeweils Rentenversicherungspflicht.
Lösung	Für das Arbeitsverhältnis beim Mitglied B kommt eine nachträgliche Versicherung in Betracht, weil der Beschäftigte nicht geringfügig i. S. der Sozialversicherung beschäftigt war. Für Versicherungszeiten bis zum 31.12.2001 ist das bis zu diesem Zeitpunkt geltende Meldewesen und die dafür vorgesehenen Formblätter zu verwenden.

Meldebeispiele von A–Z

Beispiel 7 Dauerarbeitsverhältnis als Lehrer (frühere Regelung: SR 2l I zum BAT)
weiteres Arbeitsverhältnis als Lehrer (frühere Regelung: SR 2l I zum BAT)

Sachverhalt	Der Beschäftigte ist als Lehrer durchgehend bei zwei Arbeitgebern beschäftigt. Die Unterrichtspflichtstundenzahl beträgt ab 1.1.1979 wöchentlich 25 Stunden, ab 1.9.1989 24 Stunden, ab 1.1.1994 25 Stunden.
	Die vereinbarte durchschnittliche Arbeitszeit beträgt beim Mitglied A ab 1.1.1979 13,50 Stunden wöchentlich,
	beim Mitglied B ab 1.1.1979 12,00 Stunden wöchentlich. Es bestand Rentenversicherungspflicht.
Lösung	Beim Mitglied A sind die Voraussetzungen für die Pflichtversicherung in der Zusatzversorgung erfüllt, weil die vereinbarte wöchentliche Arbeitszeit mindestens einer Halbtagsbeschäftigung entsprach. Es erfolgte deshalb Anmeldung bei der Zusatzversorgungskasse.
	Beim Mitglied B sind die Voraussetzungen für die Pflichtversicherung in der Zusatzversorgung aufgrund des geänderten Zusatzversorgungsrechts ab 1.1.1988 erfüllt. Es erfolgte Anmeldung ab 1.1.1988 bei der Zusatzversorgungskasse, weil die wöchentliche Arbeitszeit von 12,00 Stunden die erforderliche umgerechnete Mindestarbeitszeit von ($^{18}/_{40}$ aus 25 Stunden) 11,25 Stunden überschritten hat.
	Für die Zeit vom 1.1.1979 bis 31.12.1987 ist eine nachträgliche Versicherung möglich. Während dieser Zeit ist die Lehrkraft beim Mitglied B nicht geringfügig i. S. der Sozialversicherung beschäftigt gewesen. Versicherungsabschnitte und die jeweiligen Teilzeitdaten sind nachzumelden. Für Versicherungszeiten bis zum 31.12.2001 ist das bis zu diesem Zeitpunkt geltende Meldewesen und die dafür vorgesehenen Formblätter zu verwenden.

2.22 Waldarbeiter mit Waldarbeiter-Tarifvertrag

Es handelt sich zusatzversorgungsrechtlich dann um Waldarbeiter, wenn entweder der staatliche Waldarbeitertarifvertrag (MTW) oder ein kommunaler Manteltarifvertrag für Waldarbeiter Anwendung findet.

Die Pflichtversicherung endet jeweils bei witterungsbedingter Unterbrechung und beginnt erneut bei Wiederaufnahme der Tätigkeit.

Da diese Unterbrechungszeit aber nicht als Pflichtversicherungszeit zählt – Umlagen fallen während dieser Zeit nicht an –, muss am Ende der Arbeitsphase eine Abmeldung mit dem Abmeldegrund 27 erfolgen, wenn der Beschäftigte eine Wiedereinstellungszusage für die nächste Saison hatte.

Dieser besondere Abmeldegrund ist erforderlich, da für diesen Personenkreis am Ende eines Jahres im Rahmen des Punktemodells Bonuspunkte ermittelt werden müssen, obgleich in manchen Fällen zum Jahresende keine Pflichtversicherung besteht.

Meldebeispiele von A–Z

Die Jahressonderzahlung ist in voller Höhe zusatzversorgungspflichtig, auch wenn bei ihrer Berechnung Zeiten der winterlichen Arbeitsunterbrechung (§ 62 MTW) berücksichtigt wurden.

Beispiel 1 Ständiger Waldarbeiter

Sachverhalt	Auf das Arbeitsverhältnis des Waldarbeiters finden die Vorschriften des MTW Anwendung. Es endet infolge von Witterungseinflüssen (§ 62 MTW) am 15.12.2007. Der Waldarbeiter hat Anspruch auf Wiedereinstellung.
	Wiederaufnahme der Tätigkeit: 14.3.2008. Ende des Arbeitsverhältnisses: 30.11.2008.
	Er erhält eine Jahressonderzahlung.
Lösung	Für die witterungsbedingte Unterbrechung ist kein Versicherungsabschnitt zu melden. Die Zuwendung ($^{12}/_{12}$) für die Unterbrechungszeiten ist zusatzversorgungspflichtig und ist in den Beträgen von 12 654,53 € und 15 343,97 € jeweils in voller Höhe enthalten.
	Der Waldarbeiter ist am 15.12.2007 mit dem Abmeldegrund 27 abzumelden, da eine Wiedereinstellungszusage für die nächste Saison besteht.

Meldung der Versicherungsabschnitte

Versicherungsabschnitte		Buchungsschlüssel			ZV-Entgelt		Umlage/Beitrag		Elternzeitbezogene Kinderzahl
Beginn	Ende	Einzahler	Versicherungsmerkmal	Versteuerungsmerkmal	€	Cent	€	Cent	
16.3.2007	15.12.2007	01	10	10	12 654,53		601,09		
16.3.2007	15.12.2007	01	20	01	12 654,53		506,18		
14.3.2008	30.11.2008	01	10	10	14 875,79		706,60		
14.3.2008	30.11.2008	01	10	01	468,18		22,24		
14.3.2008	30.11.2008	01	20	01	15 343,97		613,76		

Meldebeispiele von A–Z

Beispiel 2 Saisonwaldarbeiter

Sachverhalt	Auf das Saisonwaldarbeiterverhältnis finden die Vorschriften des MTW Anwendung.	
	Das Arbeitsverhältnis beginnt am	1. 2.2008.
	Es endet infolge Witterungseinflüsse (§ 62 MTW) am	5. 3.2008.
	Die Tätigkeit wird wieder aufgenommen am	26. 3.2008.
	Sie endet kraft Arbeitsvertrag mit Ablauf des	31.10.2008.
	Es ist beabsichtigt, den Waldarbeiter bei Beginn der nächsten Saison wieder einzustellen.	
Lösung	Der Saisonwaldarbeiter unterliegt mit Beginn der ersten Saison der Versicherungspflicht in der Zusatzversorgung ab 1.2.2008.	
	Anmeldung ab	1. 2.2008
	Abmeldung mit Ablauf des	5. 3.2008
	Wiederanmeldung ab	26. 3.2008
	Abmeldung mit Ablauf des	31.10.2008
	Die Abmeldung zum 5.3.2008 ist mit Abmeldegrund 27 durchzuführen, da eine Wiedereinstellungszusage für die nächste Saison bestand.	

Meldung der Versicherungsabschnitte

Versicherungsabschnitte		Buchungsschlüssel			ZV-Entgelt	Umlage/Beitrag		Elternzeitbezogene Kinderzahl
Beginn	Ende	Einzahler	Versicherungsmerkmal	Versteuerungsmerkmal	€ Cent	€	Cent	
1.2.2008	5.3.2008	01	10	10	2 500,00	118,75		
1.2.2008	5.3.2008	01	20	01	2 500,00	100,00		
26.3.2008	31.10.2008	01	10	10	17 500,00	831,25		
26.3.2008	31.10.2008	01	20	01	17 500,00	700,00		

2.23 Wehr- und Zivildienstleistende/Wehrübung/Soldat auf Zeit

2.23.1 Grundwehr- und Zivildienst

Während des Wehr- oder Zivildienstes ruht das Arbeitsverhältnis. Der Arbeitgeber hat die Umlagen, auch Zuschüsse zu einer Versicherung bei einer berufsständischen Versorgungseinrichtung (z. B. Ärzte, Rechtsanwälte, Architekten usw.), weiter zu entrichten und zwar in der Höhe, in der sie zu entrichten gewesen wären, wenn das Arbeitsverhältnis nicht ruhen würde (§ 14a Abs. 1 und 2 ArbPlSchG, § 78 ZDG).

Bemessungsgrundlage ist dabei die Vergütung, die bei einer unterstellten Tätigkeit bezogen worden wäre (Hättelohn nach dem Lohnausfallprinzip).

Meldebeispiele von A–Z

Die Beiträge und Umlagen während des Wehr- bzw. Zivildienstes müssen aufgrund des § 14a Abs. 1 und 2 ArbPlSchG, § 78 ZDG weitergezahlt werden und sind deshalb nach § 3 Nr. 62 EStG steuerfrei. Die daraus entstehenden Rentenanwartschaften müssen nach § 22 Nr. 5 EStG mit dem Ertragsanteil versteuert werden. Es ist deshalb während des Zivildienstes für die Umlage das Steuermerkmal „10" und für den Zusatzbeitrag das Steuermerkmal „03" zu melden.

▶ **Beispiel 1**

Sachverhalt	Der pflichtversicherte Beschäftigte wird zum Grundwehr- oder Zivildienst einberufen ab: 3.7.2008
Lösung	Das Arbeitsverhältnis ruht für die Dauer des Grundwehrdienstes/Zivildienstes. Der Arbeitgeber hat während des Grundwehrdienstes (oder Zivildienstes) Umlagen und Beiträge weiter zu entrichten; als zusatzversorgungspflichtiges Entgelt ist der Lohn bzw. die Vergütung zu melden, die bei einer unterstellten Tätigkeit bezogen worden wäre (§ 14a ArbPlSchG). Es ist ein gesonderter Versicherungsabschnitt mit dem Steuermerkmalen 10 für die Umlage und 03 für den Zusatzbeitrag zu bilden.

Meldung der Versicherungsabschnitte

Versicherungsabschnitte		Buchungsschlüssel			ZV-Entgelt		Umlage/Beitrag		Elternzeitbezogene Kinderzahl
Beginn	Ende	Einzahler	Versicherungsmerkmal	Versteuerungsmerkmal	€	Cent	€	Cent	
1.1.2008	2.7.2008	01	10	10	3 614,54		171,69		
1.1.2008	2.7.2008	01	10	01	5 616,23		266,77		
1.1.2008	2.7.2008	01	20	01	9 230,77		369,23		
3.7.2008	31.12.2008	01	10	10	10 769,23		511,54		
3.7.2008	31.12.2008	01	20	03	10 769,23		430,77		

Meldebeispiele von A–Z

▶ **Beispiel 2**

Sachverhalt	Einberufung zum Grundwehrdienst: ab 3.7.2008.
	Monatliche Vergütung: 1 500,00 €.
	Die Jahressonderzahlung für die Zeit vom 1.1. bis 2.7.2008 in Höhe von ($7/12$ aus 1 327,50 €) 774,38 € wurde Ende November 2008 gezahlt.
Lösung	Der Arbeitgeber hat für die Zeit des Grundwehrdienstes die Umlagen und Beiträge in der Höhe weiter zu entrichten, in der sie zu entrichten gewesen wären, wenn das Arbeitsverhältnis aus Anlass der Einberufung des Beschäftigten nicht ruhen würde (§ 14a ArbPlSchG).
	Für die Zeit des Grundwehrdienstes ab 3.7.2008 fallen daher Umlagen und Beiträge aus einem – fiktiven – laufenden zusatzversorgungspflichtigen Entgelt an. Die Jahressonderzahlung in Höhe der tatsächlich gezahlten Zuwendung von 774,38 € sowie in Höhe der fiktiv ermittelten Zuwendung von 553,12 €, insgesamt 1 327,50 €, sind zusatzversorgungspflichtig. Umlagen und Beiträge sind hieraus zu entrichten.
	Es ist ein gesonderter Versicherungsabschnitt mit dem Steuermerkmalen 10 für die Umlage und 03 für den Zusatzbeitrag zu bilden.

Meldung der Versicherungsabschnitte

Versicherungsabschnitte		Buchungsschlüssel			ZV-Entgelt		Umlage/Beitrag		Elternzeit-bezogene Kinderzahl
Beginn	Ende	Ein-zahler	Versiche-rungs-merkmal	Versteue-rungs-merkmal	€	Cent	€	Cent	
1.1.2008	2.7.2008	01	10	10	3 189,47		151,50		
1.1.2008	2.7.2008	01	10	01	5 810,53		276,00		
1.1.2008	2.7.2008	01	20	01	9 000,00		360,00		
3.7.2008	31.12.2008	01	10	10	10 327,50[1]		490,56		
3.7.2008	31.12.2008	01	20	03	10 327,50		413,10		

2.23.2 Wehrübung

Während der Wehrübung besteht wie bei Erholungsurlaub Anspruch auf Entgeltfortzahlung. Das weiterzuzahlende Arbeitsentgelt (Hättelohn) ist als zusatzversorgungspflichtiges Entgelt zu melden.

Die Beiträge und Umlagen während einer Wehrübung müssen aufgrund des § 14a Abs. 1 und 2 ArbPlSchG, § 78 ZDG weitergezahlt werden und sind deshalb nach § 3 Nr. 62 EStG steuerfrei. Die daraus entstehenden Rentenanwartschaften müssen nach § 22 Nr. 5 EStG mit dem Ertragsanteil versteuert werden. Es ist deshalb während des Zivildienstes für die Umlage das Steuermerkmal „10" und für den Zusatzbeitrag das Steuermerkmal „03" zu melden.

---

1) Einschl. Jahressonderzahlung.

Meldebeispiele von A–Z

▶ **Beispiel:**

Sachverhalt	Der pflichtversicherte Beschäftigte leistet Wehrübung vom 3.7.2008 bis 5.7.2008.
Lösung	Es besteht Anspruch auf Arbeitsentgelt für die Dauer der Wehrübung. Umlagen und Beiträge fallen aus dem Arbeitsentgelt an. Es ist ein gesonderter Versicherungsabschnitt mit dem Steuermerkmalen 10 für die Umlage und 03 für den Zusatzbeitrag zu bilden.

Meldung der Versicherungsabschnitte

Versicherungsabschnitte		Buchungsschlüssel			ZV-Entgelt		Umlage/Beitrag		Elternzeitbezogene Kinderzahl
Beginn	Ende	Einzahler	Versicherungsmerkmal	Versteuerungsmerkmal	€	Cent	€	Cent	
1.1.2008	2.7.2008	01	10	10	10 111,11		480,28		
1.1.2008	2.7.2008	01	20	01	10 111,11		404,44		
3.7.2008	5.7.2008	01	10	10	166,67		7,92		
3.7.2008	5.7.2008	01	20	03	166,67		6,67		
6.7.2008	31.12.2008	01	10	10	9 722,22		461,81		
6.7.2008	31.12.2008	01	20	01	9 722,22		388,89		

2.23.3 Eignungsübung

Bei Teilnahme an Eignungsübungen ruht das Arbeitsverhältnis in dieser Zeit. Eine bestehende Versicherung in der Zusatzversorgung wird daher nicht berührt.

▶ Für Pflichtversicherte, die nach der Teilnahme an einer Eignungsübung ihr bisheriges Arbeitsverhältnis fortsetzen, fallen Umlagen für die Dauer der Eignungsübung an.

▶ Für einen Pflichtversicherten, der als freiwilliger Soldat in die Bundeswehr übernommen wird, endet das Arbeitsverhältnis mit der Übernahme und damit auch die Pflichtversicherung in der Zusatzversorgung. Umlagen, Zusatzbeiträge oder Sanierungsgelder fallen also für die Dauer der Eignungsübung nicht an.

Meldebeispiele von A–Z

Sachverhalt	Der pflichtversicherte Beschäftigte nimmt an einer Eignungsübung teil vom				1.4.2008 bis 31.5.2008.			
	Er wird freiwilliger Soldat in der Bundeswehr ab						1.6.2008.	
Lösung	Für die Zeit vom 1.4.2008 bis 31.5.2008 fallen keine Umlagen und Beiträge an, es ist ein Versicherungsabschnitt mit dem Buchungsschlüssel 01 40 00 zu melden.							
	Das Pflichtversicherungsverhältnis endet mit Ablauf des 31.5.2008. Der Versicherte ist abzumelden.							
Meldung der Versicherungsabschnitte								
Versicherungsabschnitte		Buchungsschlüssel			ZV-Entgelt		Umlage/Beitrag		Elternzeitbezogene Kinderzahl
Beginn	Ende	Einzahler	Versicherungsmerkmal	Versteuerungsmerkmal	€	Cent	€	Cent
1.1.2008	31.3.2008	01	10	01	6 000,00		285,00	
1.1.2008	31.3.2008	01	20	01	6 000,00		240,00	
1.4.2008	31.5.2008	01	40	00	0,00		0,00	

2.23.4 Wehrpflichtiger Soldat auf Zeit für zwei Jahre

Während der höchstens zweijährigen Dienstzeit ruht das Arbeitsverhältnis (§ 16a Abs. 1 i. V. m. § 1 ArbPlSchG).

§ 14a des Arbeitsplatzschutzgesetzes gilt während dieser Zeit nicht, mit der Folge, dass keine Umlagen aus einem fiktiven zusatzversorgungspflichtigen Entgelt abzuführen sind. Die Versicherung wird jedoch mit dem Buchungsschlüssel 01 40 00 als Fehlzeit fortgesetzt.

In den Fällen, in denen die Dienstzeit als Soldat auf Zeit vor dem 1.1.1990 begonnen hatte, waren für die Dauer der zweijährigen Dienstzeit Umlagen aus einem fiktiven zusatzversorgungspflichtigen Entgelt zu entrichten.

Wird die Dienstzeit auf mehr als 2 Jahre abgeschlossen oder verlängert, so muss zu diesem Zeitpunkt eine Abmeldung erfolgen.

Meldebeispiele von A–Z

▶ **Beispiel 1**

Sachverhalt	Einberufung zum Grundwehrdienst: 2. 1.2007.
	Ernennung zum Soldaten auf Zeit: 16. 5.2007.
	Ende der Dienstzeit als Soldat auf Zeit: 31.12.2008.
	Wiederaufnahme der Tätigkeit: 1. 1.2009.
	Es bestand Pflichtversicherung in der Zusatzversorgung und Rentenversicherungspflicht.
Lösung	Das Arbeitsverhältnis ruht vom 2.1.2007 bis 31.12.2008. Die Pflichtversicherung in der Zusatzversorgung bleibt während des Wehrdienstes aufrechterhalten.
	Für den 1.1.2007 fallen Umlagen und Beiträge aus dem laufenden Entgelt, für die Zeit vom 2.1.2007 bis 15.5.2007 aus einem fiktiven zusatzversorgungspflichtigen Entgelt an. Es ist ein gesonderter Versicherungsabschnitt mit dem Steuermerkmalen 10 für die Umlage und 03 für den Zusatzbeitrag zu bilden.
	Ab Ernennung zum Soldaten auf Zeit für zwei Jahre bis zum Ende der Dienstzeit – vom 16.5.2007 bis 31.12.2008 – bleibt die Pflichtversicherung ohne laufendes zusatzversorgungspflichtiges Entgelt bestehen. Für diese Zeit ist ein Versicherungsabschnitt mit dem Buchungsschlüssel 01 40 00 aufzubauen.

Meldung der Versicherungsabschnitte

Versicherungsabschnitte		Buchungsschlüssel			ZV-Entgelt		Umlage/Beitrag		Elternzeitbezogene Kinderzahl
Beginn	Ende	Einzahler	Versicherungsmerkmal	Versteuerungsmerkmal	€	Cent	€	Cent	
1.1.2007	1.1.2007	01	10	10	54,45		2,59		
1.1.2007	1.1.2007	01	20	01	54,45		2,18		
2.1.2007	15.5.2007	01	10	10	7 296,36[1]		346,58		
2..2007	15.5.2007	01	20	03	7 296,36		291,85		
16.5.2007	31.12.2007	01	40	00	0,00		0,00		
1.1.2008	31.12.2008	01	40	00	0,00		0,00		
1.1.2009	31.12.2009	01	10	10	26 000,00		1 235,00		
1.1.2009	31.12.2009	01	20	01	26 000,00		1 040,00		

---

1) Einschl. Jahressonderzahlung (für 2007 in Höhe von $5/12$ zusatzversorgungspflichtig).

Meldebeispiele von A–Z

▶ Beispiel 2

Sachverhalt	Ernennung zum Soldaten auf Zeit: 2. 1.2007.
	Ende der Dienstzeit als Soldat auf Zeit: 31.12.2008.
	Wiederaufnahme der Tätigkeit: 1. 1.2009.
	Es bestand Pflichtversicherung in der Zusatzversorgung und Rentenversicherungspflicht.
Lösung	Das Arbeitsverhältnis ruht vom 2.1.2007 bis 31.12.2008. Die Pflichtversicherung in der Zusatzversorgung bleibt während des Wehrdienstes aufrechterhalten.
	Für den 1.1.2007 fallen Umlagen und Beiträge an. Aus der für diesen Tag ermittelten Vergütung (¹⁄₃₁) ist zusatzversorgungspflichtiges Entgelt zu ermitteln.
	Ab Ernennung zum Soldaten auf Zeit für zwei Jahre bis zum Ende der Dienstzeit vom 2.1.2007 bis 31.12.2008 – bleibt die Pflichtversicherung ohne laufendes zusatzversorgungspflichtiges Entgelt bestehen. Für diese Zeit ist ein Versicherungsabschnitt mit Buchungsschlüssel 01 40 00 aufzubauen.

Meldung der Versicherungsabschnitte

Versicherungsabschnitte		Buchungsschlüssel			ZV-Entgelt		Umlage/Beitrag		Elternzeitbezogene Kinderzahl
Beginn	Ende	Einzahler	Versicherungsmerkmal	Versteuerungsmerkmal	€	Cent	€	Cent	
1.1.2007	1.1.2007	01	10	10	173,39[1]			8,24	
1.1.2007	1.1.2007	01	20	01	173,39			6,94	
2.1.2007	31.12.2007	01	40	00	0,00		0,00		
1.1.2008	31.12.2008	01	40	00	0,00		0,00		
1.1.2009	31.12.2009	01	10	10	26 000,00		1 235,00		
1.1.2009	31.12.2009	01	20	01	26 000,00		1 040,00		

2.24 Zeitrentenbezug

Die Pflichtversicherung in der Zusatzversorgung bleibt während des Bezugs einer Zeitrente wegen voller oder teilweiser Erwerbsminderung aufrechterhalten, wenn das Arbeitsverhältnis aufgrund tarifvertraglicher Vorschriften ruht.

Nach den für den öffentlichen Dienst geltenden Tarifverträgen (z. B. § 33 Abs. 2 Satz 5 TVöD) oder nach den Arbeitsvertragsrichtlinien für den Caritasbereich – AVR – endet das Arbeitsverhältnis nicht, wenn nach dem Bescheid der gesetzlichen Rentenversicherung eine Rente auf Zeit gewährt wird. In diesem Fall ruht das Arbeitsverhältnis, längstens bis zum Ablauf des Tages, an dem das Arbeitsverhältnis endet.

---

[1] Einschl. Jahressonderzahlung (für 2007 in Höhe von ¹⁄₁₂ zusatzversorgungspflichtig).

Meldebeispiele von A–Z

Für das Ruhen des Beschäftigungsverhältnisses ist ein Versicherungsabschnitt mit dem Buchungsschlüssel 01 41 00 aufzubauen (vgl. auch Teil C 6.2.2).

Beispiel 1 Zeitrente
Umwandlung in Dauerrente
Jahressonderzahlung

Sachverhalt	Der Beschäftigte erhält eine Rente auf Zeit. Der Bescheid des Rentenversicherungsträgers wird im Juni 2008 zugestellt. Die gesetzliche Zeitrente beginnt am 1.7.2008. Der Arbeitgeber entrichtet Umlagen und Beiträge bis 30.6.2008. Ende November 2008 wird die Jahressonderzahlung gezahlt. Im Dezember 2008 wird der Bescheid des Rentenversicherungsträgers über die Umwandlung der Zeitrente in eine Dauerrente zugestellt.
Lösung	Das Arbeitsverhältnis ruht ab 1.7.2008, weil der Bescheid des Rentenversicherungsträgers über die Zeitrente im Juni 2008 zugestellt wurde. Rente aus der Zusatzversorgung beginnt am 1.7.2008. Für die Dauer der Zeitrente ist der Buchungsschlüssel 01 41 00 zu melden. Am 31.12.2008 endet das Arbeitsverhältnis, weil im Dezember der Bescheid des Rentenversicherungsträgers über die Dauerrente zugestellt wurde. Der Beschäftigte ist daher zum 31.12.2008 abzumelden. Die Jahressonderzahlung für 2008 ist nicht zusatzversorgungspflichtig, weil sie aus Anlass des Ruhens gezahlt wurde

Meldung der Versicherungsabschnitte

Versicherungsabschnitte		Buchungsschlüssel			ZV-Entgelt		Umlage/Beitrag		Elternzeitbezogene Kinderzahl
Beginn	Ende	Einzahler	Versicherungsmerkmal	Versteuerungsmerkmal	€	Cent	€	Cent	
1.1.2008	30.6.2008	01	10	01	7 073,68		336,00		
1.1.2008	30.6.2008	01	10	10	426,32		20,25		
1.1.2008	30.6.2008	01	20	01	7 500,00		300,00		
1.7.2008	31.12.2008	01	41	00	0,00		0,00		

Meldebeispiele von A–Z

Beispiel 2 Zeitrente
Jahressonderzahlung
Wiederaufnahme der Tätigkeit

Sachverhalt	Der Beschäftigte erhält eine Rente auf Zeit bis 31.1.2008. Der Bescheid des Rentenversicherungsträgers wird im Juni 2007 zugestellt. Die Zeitrente beginnt am 1.3.2007. Zusatzversorgungspflichtiges Entgelt ist bis 15.2.2007 wegen Wegfalls der Krankenbezüge angefallen. Im November 2007 wird die Jahressonderzahlung gewährt. Der Beschäftigte nimmt am 1.2.2008 die Tätigkeit wieder auf.
Lösung	Das Arbeitsverhältnis ruht ab 1.7.2007, weil der Bescheid des Rentenversicherungsträgers über die Zeitrente im Juni 2007 zugestellt wurde. Für die Dauer der Zeitrente ist der Buchungsschlüssel 01 41 00 zu melden. Die Jahressonderzahlung für 2007 ist nicht zusatzversorgungspflichtig, weil sie aus Anlass des Ruhens gewährt wird

Meldung der Versicherungsabschnitte

Versicherungsabschnitte		Buchungsschlüssel			ZV-Entgelt		Umlage/Beitrag		Elternzeit-bezogene Kinderzahl
Beginn	Ende	Ein-zahler	Versiche-rungs-merkmal	Versteue-rungs-merkmal	€	Cent	€	Cent	
1.1.2007	15.2.2007	01	10	10	2 150	15	102	13	
1.1.2007	15.2.2007	01	20	01	2 150	15	86	00	
16.2.2007	30.6.2007	01	40	00	0	00	0	00	
1.7.2007	31.12.2007	01	41	00	0	00	0	00	
1.1.2008	31.1.2008	01	41	00	0	00	0	00	
1.2.2008	31.12.2008	01	10	10	22 000	00	1 045	00	
1.2.2008	31.12.2008	01	20	01	22 000	00	880	00	

Meldebeispiele von A–Z

Beispiel 3 Zeitrente
Jahressonderzahlung

Sachverhalt	Der Beschäftigte bezieht eine Zeitrente vom 15.12.2006 bis 31.1.2008.
	Der Bescheid des Rentenversicherungsträgers wurde im November 2006 zugestellt.
	Der Beschäftigte hat bis 15.2.2006 Krankenbezüge erhalten.
	Die Jahressonderzahlung (= $2/_{12}$) wurde Ende November 2006 gezahlt.
	Wiederaufnahme der Tätigkeit: 1.2.2008.
Lösung	Das Arbeitsverhältnis ruht ab 15.12.2006.
	Für die Dauer der Zeitrente ist der Buchungsschlüssel 01 41 00 zu melden. Die Jahressonderzahlung ($2/_{12}$) für das Jahr 2006 ist zusatzversorgungspflichtig ($2/_{12}$), weil es sich um keine einmalige Zahlung i. S. d. § 62 Abs. 2 Satz 1 Buchst. d d. S. handelt, die aus Anlass des Ruhens gezahlt worden ist. Der Beschäftigte hat Anspruch auf Jahressonderzahlung, weil das Arbeitsverhältnis am 1.12.2006 bestanden hat und nicht vor dem 1.12.2006 ruhte.

Meldung der Versicherungsabschnitte

Versicherungsabschnitte		Buchungsschlüssel			ZV-Entgelt		Umlage/Beitrag		Elternzeit-bezogene Kinderzahl
Beginn	Ende	Einzahler	Versicherungsmerkmal	Versteuerungsmerkmal	€	Cent	€	Cent	
1.1.2006	15.2.2006	01	10	10	3 660,50		173,87		
1.1.2006	15.2.2006	01	20	01	3 660,50		128,12		
16.2.2006	31.10.2006	01	40	00	0,00		0,00		
1.11.2006	30.11.2006	01	10	10	406,72[1]		19,32		
1.11.2006	30.11.2006	01	20	01	406,72		14,24		
1.12.2006	14.12.2006	01	40	00	0,00		0,00		
15.12.2006	31.12.2006	01	41	00	0,00		0,00		
1.1.2007	31.1.2007	01	41	00	0,00		0,00		
1.2.2008	31.12.2008	01	10	10	22 000,00		1 045,00		
1.2.2008	31.12.2008	01	20	01	22 000,00		880,00		

2.25 Zuflussprinzip

In der bis zum 31.12.2001 geltenden Satzung wurde das zusatzversorgungspflichtige Entgelt nach dem so genannten Entstehungsprinzip dem jeweiligen Geschäftsjahr zugeordnet, in dem die entsprechende Zahlung erdient wurde. Mit der Systemumstellung durch die Tarifvertragsparteien zum 1.1.2002 auf das Punktemodell wurde das Zuflussprinzip eingeführt.

Eine zusatzversorgungspflichtige Zahlung muss also nicht wie bisher dem Geschäftsjahr zugeordnet werden, in dem der Anspruch auf die

---

1) Jahressonderzahlung.

Meldebeispiele von A–Z

Zahlung entstanden ist, sondern in dem Geschäftsjahr gemeldet und zugeordnet werden, in dem sie dem Versicherten zugeflossen ist.

Eine Neuerung gegenüber dem bis zum 31.12.2001 geltenden Meldewesen ist, dass durch die Verrechnung überzahlter zusatzversorgungspflichtiger Entgeltbestandteile negative Entgeltbeträge mit einem Minusvorzeichen gemeldet werden können.

Das Zuflussprinzip kann durch die spätere Umrechnung eines zusatzversorgungspflichtigen Entgelts in Versorgungspunkte und der damit verbundenen Anwendung der niedrigeren Altersfaktoren einen Nachteil gegenüber dem Entstehungsprinzip bewirken. Umgekehrt kann das Zuflussprinzip aber auch bei einer Rückrechnung von Entgelten einen Vorteil bewirken.

Der Arbeitgeber kann – sofern dies gewünscht ist – einen Nachteilsausgleich durchführen.

Meldebeispiele von A–Z

2.25.1 Nachzahlungen/Rückforderungen während eines bestehenden Beschäftigungsverhältnis

Bei einem bestehenden Beschäftigungsverhältnis werden Nachzahlungen oder Rückforderungen („Negativ-Entgelte") grundsätzlich durch Verrechnung mit laufendem Arbeitsentgelt ausgeglichen (Aufrechnung nach §§ 387 ff. BGB).

Beispiel 1 Zuflussprinzip
Nachzahlung im Folgejahr

Sachverhalt	Der Beschäftigte ist im Jahr 2008 durchgehend pflichtversichert. Er erhält im Monat März 2008 eine Nachzahlung in Höhe von 1000,00 € für das Jahr 2007.
	zusatzversorgungspflichtiges Jahresentgelt 2007 = 50 000,00 € zusatzversorgungspflichtiges Jahresentgelt 2008 = 51 750,50 € (ohne Berücksichtigung der Nachzahlung)
Lösung	Die Nachzahlung in Höhe von 1000,00 € für das Jahr 2007 wird dem zusatzversorgungspflichtigen Entgelt im Jahr 2008 zugerechnet, da sie dem Versicherten im März 2008 zugeflossen ist. Es ist keine Monatsmeldung im Monat der Nachzahlung erforderlich, da die Nachzahlung in der Jahresmeldung 2008 berücksichtigt werden kann. Die Jahresmeldung 2007 bleibt unverändert. Für die Nachzahlung aus dem Jahr 2007 ist sowohl der Umlagesatz, als auch der Zusatzbeitrag im Jahr 2008 maßgebend.

Meldung der Versicherungsabschnitte

Versicherungsabschnitte		Buchungsschlüssel			ZV-Entgelt	Umlage/Beitrag		Elternzeitbezogene Kinderzahl
Beginn	Ende	Einzahler	Versicherungsmerkmal	Versteuerungsmerkmal	€	€	Cent	
							Cent	
			Jahresmeldung 2007					
1.1.2007	31.12.2007	01	10	10	50 000,00	2 375,00		
1.1.2007	31.12.2007	01	20	01	50 000,00	2 000,00		
			Jahresmeldung 2008					
1.1.2008	31.12.2008	01	10	10	52 750,50	2 505,65		
1.1.2008	31.12.2008	01	20	01	52 750,50	2 110,02		

Meldebeispiele von A–Z

Beispiel 2 Zuflussprinzip
Altersteilzeitbeschäftigung
Nachzahlung im Folgejahr

Sachverhalt	Der Beschäftigte ist im Jahr 2008 durchgehend pflichtversichert. Ab 1.12.2007 beginnt die Altersteilzeit (ATZ). Er erhält während der ATZ im März 2008 eine Nachzahlung in Höhe von 1 000,00 € für Zeiten vor Beginn der ATZ (Januar bis November 2007). Die Altersteilzeit wurde im Juli 2007 vereinbart. zusatzversorgungspflichtiges Entgelt für Januar bis November 2007 = 45 000,00 € zusatzversorgungspflichtiges Entgelt für Dezember 2007 (ATZ) = 3 600 € (2 000 € × 1,8) zusatzversorgungspflichtiges Jahresentgelt 2008 (ATZ) = 46 800,00 € (26 000 € × 1,8).
Lösung	Die Nachzahlung in Höhe von 1 000,00 € für das Jahr 2007, die in voller Höhe zugestanden hat, ist dem Versicherten im März 2008 zugeflossen und damit im Jahr 2008 zu melden. Es ist keine Monatsmeldung im Monat der Nachzahlung erforderlich, da die Nachzahlung in der Jahresmeldung 2008 berücksichtigt werden kann. Die Jahresmeldung 2007 bleibt unverändert. Da die Nachzahlung von 1 000 € volles Entgelt ist, darf sie nicht mit dem Faktor 1,8 hochgerechnet werden. Das zusatzversorgungspflichtige Entgelt beträgt im Jahr 2008 47 800 € (46 800 € aus Altersteilzeitarbeit + 1 000 € Nachzahlung). Dieses Entgelt ist mit den Versicherungsmerkmalen 23 und 20 zu melden. Für die Nachzahlung aus dem Jahr 2007 ist sowohl der Umlagesatz, als auch der Zusatzbeitrag im Jahr 2008 maßgebend.

Meldung der Versicherungsabschnitte

Versicherungsabschnitte		Buchungsschlüssel			ZV-Entgelt		Umlage/Beitrag		Elternzeit-bezogene Kindszahl
Beginn	Ende	Ein-zahler	Versiche-rungs-merkmal	Versteue-rungs-merkmal	€	Cent	€	Cent	
		Jahresmeldung 2007							
1.1.2007	30.11.2007	01	10	10	45 000,00		2 317,50		
1.1.2007	30.11.2007	01	20	01	45 000,00		1 800,00		
1.12.2007	31.12.2007	01	23	10	3 600,00		171,00		
1.12.2007	31.12.2007	01	20	01	3 600,00		144,00		
		Jahresmeldung 2008							
1.1.2008	31.12.2008	01	23	10	47 800,00		2 270,50		
1.1.2008	31.12.2008	01	20	01	47 800,00		1 912,00		

Meldebeispiele von A–Z

Beispiel 3 Zuflussprinzip
Nachzahlung im Folgejahr – Folgejahr ohne Entgelt

Sachverhalt	Der Beschäftigte ist im Jahr 2007 durchgehend ohne laufendes zusatzversorgungspflichtiges Entgelt pflichtversichert. Es erfolgt im März 2008 eine Nachzahlung für 2007 in Höhe von 1 000,00 €. 2007: zusatzversorgungspflichtiges Jahresentgelt = 50 000,00 € 2008: kein zusatzversorgungspflichtiges Entgelt wegen Fehlzeit (Sonderurlaub)
Lösung	Die Nachzahlung in Höhe von 1 000,00 € aus dem Jahr 2007 wird im Jahr 2008 ausgezahlt. Es ist keine Monatsmeldung im Monat der Nachzahlung erforderlich, da diese in der Jahresmeldung 2008 berücksichtigt werden kann. Die Jahresmeldung 2007 bleibt unverändert. In der Jahresmeldung 2008 ist für den Zeitraum des Entgeltzuflusses das Versicherungsmerkmal 48 zu melden (Da kein laufendes Entgelt im Jahr 2008 besteht, ist es nicht möglich, das Versicherungsmerkmal 10 zu melden). Versicherungsmerkmal 48 kennzeichnet eine Nachzahlung, ohne dass diese Zahlung als Beitrags- oder Umlagemonat berücksichtigt wird (weil ja das Entgelt eine Nachzahlung für 2007 ist, für das Jahr 2007 aber bereits 12 Umlagemonate vorliegen). Der Zeitraum für die Meldung des Versicherungsmerkmals 48 ist parallel dem Versicherungsmonat, in dem die Zahlung erfolgte (hier also 1.1.–31.12.2008). Für die Nachzahlung aus dem Jahr 2007 ist der Umlage- bzw. Zusatzbeitragssatz im Jahr 2008 maßgebend.

Meldung der Versicherungsabschnitte

Versicherungsabschnitte		Buchungsschlüssel			ZV-Entgelt		Umlage/Beitrag		Elternzeitbezogene Kinderzahl
Beginn	Ende	Einzahler	Versicherungsmerkmal	Versteuerungsmerkmal	€	Cent	€	Cent	
		Jahresmeldung 2007							
1.1.2007	31.12.2007	01	10	10	50 000,00		2 375,00		
1.1.2007	31.12.2007	01	20	01	50 000,00		2 000,00		
		Jahresmeldung 2008							
1.1.2008	31.12.2008	01	40	00					
1.1.2008	31.12.2008	01	48	01	1 000,00		47,50		
1.1.2008	31.12.2008	01	20	01	1 000,00		40,00		

Meldebeispiele von A–Z

Beispiel 4 Zuflussprinzip
Rückrechnung im Folgejahr

Sachverhalt	Der Beschäftigte ist im Jahr 2007 durchgehend mit laufendem zusatzversorgungspflichtigen Entgelt pflichtversichert. Es erfolgt im März 2008 eine Rückrechnung für 2007 in Höhe von 1 000,00 €. 2007: zusatzversorgungspflichtiges Jahresentgelt = 50 000,00 € 2008: zusatzversorgungspflichtiges Jahresentgelt = 52 000,00 € (ohne Berücksichtigung der Rückrechnung)
Lösung	Die Rückrechnung in Höhe von 1 000,00 € aus dem Jahr 2007 wird mit den zusatzversorgungspflichtigen Entgelten im Jahr 2008 verrechnet. Es ist keine Monatsmeldung im Monat der Rückrechnung erforderlich, da die Rückrechnung in der Jahresmeldung 2008 berücksichtigt werden kann. Die Jahresmeldung 2007 bleibt unverändert. Für die Rückrechnung aus dem Jahr 2007 ist sowohl der Umlagesatz, als auch der Zusatzbeitrag im Jahr 2008 maßgebend.

Meldung der Versicherungsabschnitte

Versicherungsabschnitte		Buchungsschlüssel			ZV-Entgelt		Umlage/Beitrag		Elternzeit-bezogene Kinderzahl
Beginn	Ende	Ein-zahler	Versicherungs-merkmal	Versteuerungs-merkmal	€	Cent	€	Cent	
		Jahresmeldung 2007							
1.1.2007	31.12.2007	01	10	10	50 000,00		2 375,00		
1.1.2007	31.12.2007	01	20	01	50 000,00		2 000,00		
		Jahresmeldung 2008							
1.1.2008	31.12.2008	01	10	10	51 000,00		2 422,50		
1.1.2008	31.12.2008	01	20	01	51 000,00		2 040,00		

Meldebeispiele von A–Z

Beispiel 5 Zuflussprinzip
Rückrechnung im Folgejahr
kein zusatzversorgungspflichtiges Entgelt im laufenden Jahr

Sachverhalt	Der Beschäftigte ist im Jahr 2008 durchgehend ohne laufendes zusatzversorgungspflichtiges Entgelt pflichtversichert. Es erfolgt im März 2008 eine Rückrechnung für 2007 in Höhe von 1 000,00 €. 2007: zusatzversorgungspflichtiges Jahresentgelt = 50 000,00 € 2008: kein zusatzversorgungspflichtiges Entgelt wegen **Fehlzeit** (Sonderurlaub)
Lösung	Die Rückrechnung in Höhe von 1 000,00 € aus dem Jahr 2007 wird im Jahr 2008 verrechnet. Es ist keine Monatsmeldung im Monat der Rückrechnung erforderlich, da diese in der Jahresmeldung 2008 berücksichtigt werden kann. Die Jahresmeldung 2007 bleibt unverändert. Das Versicherungsmerkmal 48 mit dem Negativbetrag ist parallel dem Versicherungsabschnitt zuzuordnen, in dem der Monat liegt, in dem die Rückrechnung erfolgte. Das Versicherungsmerkmal 48 kennzeichnet eine Nach- bzw. Rückzahlung ohne dass die Zahlung als Beitrags- bzw. Umlagemonat berücksichtigt wird. Für die Rückrechnung aus dem Jahr 2007 ist sowohl der Umlagesatz, als auch der Zusatzbeitrag im Jahr 2008 maßgebend.

Meldung der Versicherungsabschnitte

Versicherungsabschnitte		Buchungsschlüssel			ZV-Entgelt		Umlage/Beitrag		Elternzeitbezogene Kinderzahl
Beginn	Ende	Einzahler	Versicherungsmerkmal	Versteuerungsmerkmal	€	Cent	€	Cent	
		Jahresmeldung 2007							
1.1.2007	31.12.2007	01	10	10	50 000,00		2 375,00		
1.1.2007	31.12.2007	01	20	01	50 000,00		2 000,00		
		Jahresmeldung 2008							
1.1.2008	31.12.2008	01	40	00	0,00		0,00		
1.1.2008	31.12.2008	01	48	10	– 1 000,00		– 47,50		
1.1.2008	31.12.2008	01	20	01	– 1 000,00		– 40,00		

Meldebeispiele von A–Z

Beispiel 6 Zuflussprinzip
Rückrechnung im Folgejahr
Wegfall von Umlagemonaten

Sachverhalt	Der Beschäftigte ist im Jahr 2007 durchgehend pflichtversichert. Es wurde bereits eine Jahresmeldung 2007 mit einem zusatzversorgungspflichtigen Entgelt in Höhe von 35 000,00 € abgegeben. Für die Zeit vom 16.5.2007 bis 18.8.2007 entfallen rückwirkend die gesamten Entgelte in Höhe von 4 000,00 € (Wegfall von 2 Umlagemonaten für Juni und Juli 2007). Die Verrechnung der überzahlten Entgelte 2007 erfolgt im Februar 2008. zusatzversorgungspflichtiges Jahresentgelt 2008 = 38 000,00 € ohne Rückrechnung
Lösung	Die Rückrechnung im Folgejahr schließt eine Veränderung der Beitrags-/Umlagemonate ein. Der wegfallende Entgeltzeitraum (16.5.–18.8.2007) ist in der Monatsmeldung 2/2008 mit Versicherungsmerkmal 47 zu melden; die wegfallenden Entgelte sind diesem Abschnitt zuzuordnen und im Jahr des Zuflusses als zusatzversorgungspflichtiges Entgelt weiterhin auszuweisen und auch im Jahr 2007 in Versorgungspunkte umzurechnen. Die Entgeltsumme 2007 darf nicht geändert werden. Der Wegfall der Entgelte ist in der Jahresmeldung 2008 zu berücksichtigen. Für die Rückrechnung für das Jahr 2007 ist sowohl der Umlagesatz, als auch der Zusatzbeitrag im Jahr 2008 maßgebend.

Meldung der Versicherungsabschnitte

Versicherungsabschnitte		Buchungsschlüssel			ZV-Entgelt	Umlage/Beitrag	Elternzeitbezogene Kinderzahl
Beginn	Ende	Einzahler	Versicherungsmerkmal	Versteuerungsmerkmal	€ Cent	€ Cent	
			Bisherige Jahresmeldung 2007				
1.1.2007	31.12.2007	01	10	10	35 000,00	1 662,50	
1.1.2007	31.12.2007	01	20	01	35 000,00	1 400,00	
			Berichtigte Jahresmeldung 2007				
1.1.2007	15.5.2007	01	10	10	20 000,00	950,00	
1.1.2007	15.5.2007	01	20	01	20 000,00	800,00	
16.5.2007	18.8.2007	01	47	10	4 000,00	190,00	
16.5.2007	18.8.2007	01	20	01	4 000,00	160,00	
19.8.2007	31.12.2007	01	10	10	11 000,00	522,50	
19.8.2007	31.12.2007	01	20	01	11 000,00	440,00	
			Jahresmeldung 2008				
1.1.2008	31.12.2008	01	10	10	34 000,00	1 615,00	
1.1.2008	31.12.2008	01	20	01	34 000,00	1 360,00	

Meldebeispiele von A–Z

Beispiel 7 Zuflussprinzip
Nachzahlung im Folgejahr
Neu entstehende Umlagemonate im Vorjahr

Sachverhalt	Der Beschäftigte ist im Jahr 2007 durchgehend pflichtversichert. Für die Zeit vom 16.5.2007 bis 18.8.2007 wurde bisher Fehlzeit gemeldet. Es fällt eine Nachzahlung von 2 000,00 € für die Zeit vom 16.5.2007 bis 3.6.2007 an. Die Nachzahlung erfolgt im Juni 2008. 2008: zusatzversorgungspflichtiges Jahresentgelt = 35 000,00 € ohne Nachzahlung.
Lösung	Die Rückrechnung im Folgejahr schließt eine Veränderung der Beitrags-/Umlagemonate ein. Der nachgezahlte Entgeltzeitraum (16.5.–3.6.2007) ist in der berichtigten Jahresmeldung 2007 mit Versicherungsmerkmal 49 zu melden, da aus dem bisherigen Fehlzeitabschnitt ein Versicherungsabschnitt mit Umlagemonaten wird (Versicherungsmerkmal 10 kann nicht gemeldet werden, da zwar Umlagemonate vorliegen, aber kein Entgeltzufluss bestand). Die Nachzahlung der Entgelte ist in der Jahresmeldung 2008 zu berücksichtigen. Für die Nachzahlung für das Jahr 2007 ist sowohl der Umlagesatz, als auch der Zusatzbeitrag im Jahr 2008 maßgebend.

Meldung der Versicherungsabschnitte

Versicherungsabschnitte		Buchungsschlüssel			ZV-Entgelt		Umlage/Beitrag		Elternzeit-bezogene Kinderzahl
Beginn	Ende	Ein-zahler	Versiche-rungs-merkmal	Versteue-rungs-merkmal	€	Cent	€	Cent	
			Bisherige Jahresmeldung 2007						
1.1.2007	15.5.2007	01	10	10	20 000,00		950,00		
1.1.2007	15.5.2007	01	20	01	20 000,00		800,00		
16.5.2007	18.8.2007	01	40	00					
19.8.2007	31.12.2007	01	10	10	11 000,00		522,50		
19.8.2007	31.12.2007	01			11 000,00		440,00		
			Berichtigte Jahresmeldung 2007						
1.1.2007	15.5.2007	01	10	10	20 000,00		950,00		
1.1.2007	15.5.2007	01	20	01	20 000,00		800,00		
16.5.2007	3.6.2007	01	49	00					
4.6.2007	18.8.2007	01	40	00					
19.8.2007	31.12.2007	01	10	10	11 000,00		522,50		
19.8.2007	31.12.2007	01	20	01	11 000,00		440,00		
			Jahresmeldung 2008						
1.1.2008	31.12.2008	01	10	10	37 000,00		1 757,50		
1.1.2008	31.12.2008	01	20	01	37 000,00		1 480,00		

Meldebeispiele von A–Z

Beispiel 8 Zuflussprinzip
Rückwirkende Anmeldung, Entgeltzufluss im Folgejahr

Sachverhalt	Der Beschäftigte wird im März 2008 rückwirkend zum 1.12.2007 angemeldet. Das Entgelt für Dezember 2007 fließt steuerrechtlich erst im März 2008 zu. 2007: zusatzversorgungspflichtiges Entgelt für Dezember = 2 100,00 € 2008: zusatzversorgungspflichtiges Jahresentgelt = 50 000,00 €
Lösung	Da das Entgelt für 2007 steuerrechtlich erst in 2008 zufließt, wird es auch in 2008 gemeldet. Im Jahr 2007 ist für den Monat Dezember ein Umlagemonat zu berücksichtigen. Die Nachmeldung 2007 (als Monatsmeldung 3/2008) enthält neben der rückwirkenden Anmeldung auch die „Nachmeldung" des Versicherungsabschnittes für Dezember 2007. Das Entgelt für Dezember 2007, das ja steuerrechtlich erst im März 2008 zufließt, wird in der Jahresmeldung 2008 berücksichtigt. Für den Zeitraum 1.12.–31.12.2007 ist Versicherungsmerkmal 49 zu melden (Versicherungsmerkmal 10 ist nicht möglich, da zwar ein Umlagemonat anfällt, aber kein Entgelt zugeflossen ist). Das Versicherungsmerkmal 49 kennzeichnet deshalb einen Umlage- bzw. Beitragsmonat, ohne dass ein zusatzversorgungspflichtiges Entgelt in diesem Abschnitt zugeflossen ist. Für die Nachzahlung aus dem Jahr 2007 ist sowohl der Umlagesatz, als auch der Zusatzbeitrag im Jahr 2008 maßgebend.

Meldung der Versicherungsabschnitte

Versicherungsabschnitte		Buchungsschlüssel			ZV-Entgelt		Umlage/Beitrag		Elternzeit-bezogene Kinderzahl
Beginn	Ende	Ein-zahler	Versiche-rungs-merkmal	Versteue-rungs-merkmal	€	Cent	€	Cent	
		Nachmeldung 2007							
1.12.2007	31.12.2007	01	49	00	0,00		0,00		
		Jahresmeldung 2008							
1.1.2008	31.12.2008	01	10	10	52 100,00		2 474,75		
1.1.2008	31.12.2008	01	20	01	52 100,00		2 084,00		

Meldebeispiele von A–Z

Beispiel 9 Zuflussprinzip
Rückwirkende Anmeldung, Entgeltzahlung laufend

Sachverhalt	Der Beschäftigte wird im März 2008 rückwirkend zum 1.6.2007 angemeldet. Das Arbeitsentgelt ist **laufend im Jahr 2007** zugeflossen, die Anmeldung ist aber bisher unterblieben. 2007: zusatzversorgungspflichtiges Jahresentgelt = 20 000,00 € 2008: zusatzversorgungspflichtiges Jahresentgelt = 35 000,00 €
Lösung	Das zusatzversorgungspflichtige Entgelt ist dem Versicherten laufend im Jahr 2007 zugeflossen und ist deshalb auch in der Nachmeldung für 2007 zu melden. Die Monatsmeldung im März 2008 (Nachmeldung 2007) enthält neben der rückwirkenden Anmeldung auch die „Nachmeldung" der Versicherungsabschnitte für 2007. Da die Umlagen und Zusatzbeiträge bereits im Jahr 2007 fällig gewesen wären, jedoch erst im März 2008 überwiesen wurden, sind Zinsen zu erheben.

Meldung der Versicherungsabschnitte

Versicherungsabschnitte		Buchungsschlüssel			ZV-Entgelt		Umlage/Beitrag		Elternzeitbezogene Kinderzahl
Beginn	Ende	Einzahler	Versicherungsmerkmal	Versteuerungsmerkmal	€	Cent	€	Cent	
		Nachmeldung 2007							
1.6.2007	31.12.2007	01	10	10	20 000,00		950,00		
1.6.2007	31.12.2007	01	20	01	20 000,00		800,00		
		Jahresmeldung 2008							
1.1.2008	31.12.2008	01	10	10	35 000,00		1 662,50		
1.1.2008	31.12.2008	01	20	01	35 000,00		1 400,00		

Meldebeispiele von A–Z

Beispiel 10 Zuflussprinzip
Mutterschutz/Elternzeit
Überstunden und Jahressonderzahlung

Sachverhalt	Die Beschäftigte ist im Jahr 2008 durchgehend pflichtversichert. Am 3.2.2008 beginnt die „Mutterschutz-Zeit" und mit der Geburt des Kindes am 24.3.2008 die „Elternzeit".
	Im Monat September 2008 erhält sie eine zusatzversorgungspflichtige Einmalzahlung für Überstunden aus Januar 2008 und im Monat November 2008 als zusatzversorgungspflichtige Einmalzahlung die anteilige Jahressonderzahlung.
Lösung	Die Elternzeit wird durch Einmalzahlungen nicht unterbrochen, weil Einmalzahlungen das **ruhende** Arbeitsverhältnis nicht unterbrechen. Es fällt in den Monaten September und November 2008 jeweils ein Umlagemonat an. Für die „vollen" Monate April bis Dezember 2008 wird die soziale Komponente gewährt (zuzüglich zu den Versorgungspunkten aus den Einmalzahlungen).
	Die gesamten Umlagezahlungen sind nach §3 Nr. 56 EStG steuerfrei, da der Jahresfreibetrag von 636 € (abzüglich der nach §3 Nr. 63 EStG steuerfreien Zusatzbeiträge) nicht ausgeschöpft ist.

Meldung der Versicherungsabschnitte

Versicherungsabschnitte		Buchungsschlüssel			ZV-Entgelt		Umlage/Beitrag		Elternzeitbezogene Kinderzahl
Beginn	Ende	Einzahler	Versicherungsmerkmal	Versteuerungsmerkmal	€	Cent	€	Cent	
1.1.2008	2.2.2008	01	10	01	1 500,00		71,25		
1.1.2008	2.2.2008	01	20	01	1 500,00		60,00		
3.2.2008	23.3.2008	01	40	00	0,00		0,00		
24.3.2008	31.12.2008	01	28	00	0,00		0,00		11
1.9.2008	30.9.2008	01	10	01	50,00		2,38		
1.9.2008	30.9.2008	01	20	01	50,00		2,00		
1.11.2008	30.11.2008	01	10	01	100,00		4,75		
1.11.2008	30.11.2008	01	20	01	100,00		4,00		

Meldebeispiele von A–Z

Beispiel 11 Zuflussprinzip
Nachzahlung nach dem Ausscheiden

Sachverhalt	Der Beschäftigte scheidet zum 30.4.2008 aus dem Beschäftigungsverhältnis aus. Er erhält im Juni 2008 eine Nachzahlung in Höhe von 200,00 €. 2008: zusatzversorgungspflichtiges Jahresentgelt (1.1. bis 30.4.) = 10 800,00 €.
Lösung	Nachgezahltes Entgelt, das dem Beschäftigten nach dem Ausscheiden, aber noch im Jahr des Ausscheidens oder innerhalb von drei Wochen nach dem Jahreswechsel zufließt, wird grundsätzlich dem letzten Abschnitt zugeordnet.

Meldung der Versicherungsabschnitte

Versicherungsabschnitte		Buchungsschlüssel			ZV-Entgelt		Umlage/Beitrag		Elternzeitbezogene Kinderzahl
Beginn	Ende	Einzahler	Versicherungsmerkmal	Versteuerungsmerkmal	€	Cent	€	Cent	
			Jahresmeldung 2008						
1.1.2008	30.4.2008	01	10	01	4 126,32		196,00		
1.1.2008	30.4.2008	01	10	10	6 873,68		326,50		
1.1.2008	30.4.2008	01	20	01	11 000,00		440,00		

Meldebeispiele von A–Z

Beispiel 12 Zuflussprinzip
Rente wegen Erwerbsminderung auf Zeit
Nachzahlung nach dem Rentenbeginn

Sachverhalt	Der Beschäftigte bezieht ab 1.5.2008 Rente wegen Erwerbsminderung auf Zeit. Er erhält im Juni 2008 eine Nachzahlung in Höhe von 212,00 €. Der Bescheid der Rentenversicherung wurde im April 2008 zugestellt. 2008: zusatzversorgungspflichtiges Entgelt (1.1. bis 30.4.) = 10 800,00 €
Lösung	Nachgezahlter Arbeitslohn, der dem Beschäftigten nach Eintritt des Versicherungsfalles bei fortgesetztem Beschäftigungsverhältnis zufließt, ist der Zusatzversorgungskasse zu melden. Die Versorgungspunkte aus diesem Entgelt dürfen in die Rentenberechnung des bereits eingetretenen Versicherungsfalles nicht einfließen. Das Versicherungsmerkmal 41 ist ab dem Zeitpunkt des Ruhens des Beschäftigungsverhältnisses zu melden. Die Einmalzahlung im Juni 2008 ist für den gesamten Monat Juni (1.6. bis 30.6.) zu melden und unterbricht die Meldung mit dem Versicherungsmerkmal 41 (anders als bei Elternzeit, wo die Meldung der Einmalzahlung neben die Meldung der Elternzeit tritt, um deren soziale Komponente zu bewahren).

Meldung der Versicherungsabschnitte

Versicherungsabschnitte		Buchungsschlüssel			ZV-Entgelt		Umlage/Beitrag		Elternzeitbezogene Kinderzahl
Beginn	Ende	Einzahler	Versicherungsmerkmal	Versteuerungsmerkmal	€	Cent	€	Cent	
		Abmeldung in der Monatsmeldung 4/2008							
1.1.2008	30.4.2008	01	10	01	3 904,21		185,45		
1.1.2008	30.4.2008	01	10	10	6 895,79		327,55		
1.1.2008	30.4.2008	01	20	01	10 800,00		432,00		
		Jahresmeldung 2008							
1.5.2008	31.5.2008	01	41	00	0,00		0,00		
1.6.2008	30.6.2008	01	10	01	212,00		10,07		
1.6.2008	30.6.2008	01	20	01	212,00		8,48		
1.7.2008	31.12.2008	01	41	00	0,00		0,00		

2.25.2 Nachzahlungen/Rückforderungen nach dem Ende des Beschäftigungsverhältnisses

Aus den Satzungsregelungen ergeben sich keine Einschränkungen bezüglich der Zusatzversorgungspflicht von Entgelten, die nach Ende eines Beschäftigungsverhältnisses gezahlt werden. Damit stellen solche Entgelte nur dann kein zusatzversorgungspflichtiges Entgelt dar, wenn sie aus anderen – z. B. steuerrechtlichen Gründen – nicht mehr dem Zeitraum zugeordnet werden können, in dem noch eine Pflichtversicherung

Meldebeispiele von A–Z

in der Zusatzversorgung bestanden hat. **Dabei werden Rückforderungen genau so behandelt wie Nachzahlungen.**

Im Einzelnen gilt Folgendes:

Steuerrechtlich wird eine Zahlung (Nachzahlung oder Rückforderung), die nach der Beendigung des Arbeitsverhältnisses erfolgt, grundsätzlich dem letzten Entgelt zugeordnet, wenn die Zahlung

- im Jahr des Ausscheidens oder
- innerhalb von drei Wochen nach dem Jahreswechsel (also bis zum 21. Januar) erfolgt.

Diese Zahlungen gelten als im letzten Monat der Beschäftigung und damit während der Pflichtversicherung als zugeflossen und sind aus diesem Grund zusatzversorgungspflichtiges Entgelt.

Hierbei ist es ohne Bedeutung, ob ein Versicherungsfall eingetreten ist oder nicht.

Beispiele:

a) Ein Beschäftigter scheidet am 30.6.2008 aus dem Arbeitsverhältnis aus. Zu diesem Zeitpunkt endet auch die Pflichtversicherung in der Zusatzversorgung. Im Monat Juli 2008 wird vom Arbeitgeber eine Rückforderung von 100 € aus dem Entgelt des Monats März 2008 geltend gemacht.

Da das Entgelt im Jahr des Ausscheidens zurückgefordert wird, ist es steuerrechtlich dem letzten Monat des Arbeitsverhältnisses zuzuordnen und gilt als im Juni 2008 zugeflossen. Der Zufluss/die Rückforderung fällt damit noch in die Pflichtversicherung, so dass es sich um zusatzversorgungspflichtiges Entgelt handelt. Das zurückgeforderte Entgelt von 100 € ist dem im Monat Juni 2008 enthaltenden Versicherungsabschnitt zuzuordnen.

b) Ein Beschäftigter scheidet am 31.10.2007 aus dem Arbeitsverhältnis aus. Zu diesem Zeitpunkt endet auch die Pflichtversicherung in der Zusatzversorgung. Am 19.1.2008 wird vom Arbeitgeber eine Rückforderung von 100 € aus dem Entgelt des Monats September 2007 geltend gemacht.

Da die Rückforderung des Entgelts bis zum 21.1.2008 erfolgt ist – also innerhalb der ersten drei Wochen des Folgejahres – ist das zurückgeforderte Entgelt von 100 € steuerrechtlich dem letzten Monat des Arbeitsverhältnisses zuzuordnen und gilt als im Oktober 2007 zugeflossen/zurückgefordert. Der Zufluss/die Rückforderung fällt damit noch in die Pflichtversicherung. Das zurückgeforderte Entgelt von 100 € ist dem im Monat Oktober 2007 enthaltenden Versicherungsabschnitt zuzuordnen.

c) Ein Beschäftigter scheidet am 31.10.2007 aus dem Arbeitsverhältnis aus. Zu diesem Zeitpunkt endet auch die Pflichtversicherung in der Zusatzversorgung. Am 23.1.2008 wird vom Arbeitgeber eine Rückforderung von 100 € aus dem Entgelt des Monats September 2007 geltend gemacht. Da das Entgelt

Meldebeispiele von A–Z

nach Ablauf der Drei-Wochen-Frist – also nach dem 21.1.2008 – gezahlt bzw. zurückgefordert wurde, ist ein steuerrechtliches Aufrollen in das Vorjahr nicht mehr möglich.

Ein steuerrechtlicher Zufluss/Rückfluss im Jahr 2007 ist somit nicht mehr gegeben, so dass sich die Rückforderung zusatzversorgungsrechtlich nicht auswirkt.

d) Auch wenn der Versicherungsfall bereits eingetreten ist, sind Nachzahlungen und Rückforderung wie oben dargestellt zu behandeln. Korrigiert der Arbeitgeber Versicherungsabschnitte vor dem Rentenbeginn, so ist eine bereits berechnete Rente mit den korrigierten Entgelten/Versicherungsabschnitten zu berichtigen. Berichtigt der Arbeitgeber Versicherungsabschnitte nach dem Rentenbeginn, so wird diese Berichtigung bei einer folgenden Neuberechnung berücksichtigt.

2.26 Zusatzbeitrag

In der Umstellungsphase von dem umlagefinanzierten Gesamtversorgungssystem zum kapitalfinanzierten Punktesystem haben die Zusatzversorgungseinrichtungen die Möglichkeit, Zusatzbeiträge zu erheben, um einen Teil der nach dem Punktesystem entstehenden neuen Anwartschaften kapitalgedeckt zu finanzieren.

So erhebt z. B. die Zusatzversorgungskasse der bayerischen Gemeinden seit dem Jahr 2003 einen Zusatzbeitrag in Höhe von 2 % des zusatzversorgungspflichtigen Entgelts. Dieser Zusatzbeitrag stieg jährlich um 0,5 Prozentpunkte an und beträgt seit dem Jahr 2007 4 %.

Der Zusatzbeitrag ist nach § 3 Nr. 63 EStG steuerfrei und gemäß der Sozialversicherungsentgeltverordnung kein sozialversicherungspflichtiges Arbeitsentgelt. Es ist jedoch zu beachten, dass der Zusatzbeitrag nicht in allen Fällen steuerfrei gezahlt werden kann. So ist eine Steuerfreistellung nach § 3 Nr. 63 EStG nicht möglich, wenn der Steuerfreibetrag in Höhe von 4 % der Beitragsbemessungsgrenze in der gesetzlichen Rentenversicherung bereits ausgeschöpft ist oder der Zusatzbeitrag aus einem Entgelt berechnet wird, das aus einem zweiten oder weiteren Beschäftigungsverhältnis stammt.

Bei Neuzusagen der Betriebsrente nach dem 31.12.2004 sind weitere 1800 € steuerfrei. Eine Neuzusage liegt vor, wenn ein Arbeitsverhältnis neu begründet wird und die/der Beschäftigte in der Zusatzversorgung angemeldet wird (auch wenn bereits aufgrund früherer Beschäftigungen Vorversicherungszeiten bestehen).

Meldebeispiele von A–Z

Beispiel 1 Zusatzbeitrag – vollständig steuerfrei

Sachverhalt	Das zusatzversorgungspflichtige Entgelt eines Beschäftigten beträgt im Jahr 2008 25 000,00 €. Der Umlagesatz beträgt 4,75 % Der Zusatzbeitrag beträgt 4 %
Lösung	Die Zeit der Beschäftigung ist mit dem Buchungsschlüssel 01 10 10 zu melden. Der Zusatzbeitrag ist mit dem Buchungsschlüssel 01 20 01 zu melden.

Meldung der Versicherungsabschnitte

Versicherungsabschnitte		Buchungsschlüssel			ZV-Entgelt		Umlage/Beitrag		Elternzeit-bezogene Kinderzahl
Beginn	Ende	Ein-zahler	Versiche-rungs-merkmal	Versteue-rungs-merkmal	€	Cent	€	Cent	
1.1.2008	31.12.2008	01	10	10	25 000,00		1 187,50		
1.1.2008	31.12.2008	01	20	01	25 000,00		1 000,00		

Beispiel 2 Zusatzbeitrag
Aufteilung in steuerfreie und steuerpflichtige Leistung

Sachverhalt	Der Beschäftigte ist im Jahr 2008 durchgehend ohne Fehlzeiten pflichtversichert. Aufgrund der Höhe des zusatzversorgungspflichtigen Entgelts übersteigt der Zusatzbeitrag den maximal steuerfreien Betrag nach § 3 Nr. 63 EStG von 2 544,00 €. Es handelt sich um eine Altzusage. Das Entgelt überstieg im Dezember 2001 nicht die Grenze von BAT I, so dass keine zusätzliche Umlage anfällt (vgl. Teil E 2.27). 2008: zusatzversorgungspflichtiges Jahresentgelt 80 000,00 €.
Lösung	Der Zusatzbeitrag ist in einen steuerfrei gezahlten Teil und einen individuell versteuerten Teil aufzuteilen, da die Höchstgrenze nach § 3 Nr. 63 EStG überschritten wurde. Der den Grenzbetrag nach § 3 Nr. 63 EStG übersteigende Betrag könnte noch bis zu 1 752,00 €/Jahr nach § 40b EStG alter Fassung pauschal versteuert werden. Würde es sich um eine **Neuzusage** handeln, wäre der gesamte Zusatzbeitrag in Höhe von 3 200,00 € (letztendlich bis 4 344,00 €) steuerfrei und mit Steuermerkmal 01 zu melden.

Meldung der Versicherungsabschnitte

Versicherungsabschnitte		Buchungsschlüssel			ZV-Entgelt		Umlage/Beitrag		Elternzeit-bezogene Kinderzahl
Beginn	Ende	Ein-zahler	Versiche-rungs-merkmal	Versteue-rungs-merkmal	€	Cent	€	Cent	
				Jahresmeldung 2008					
1.1.2008	31.12.2008	01	10	10	80 000,00		3 800,00		
1.1.2008	31.12.2008	01	20	**01**	63 600,00		2 544,00		
1.1.2008	31.12.2008	01	20	**03**	16 400,00		656,00		

2.27 Zusätzliche Umlage

In der bis zum 31.12.2001 geltenden Satzung musste der Arbeitgeber für zusatzversorgungspflichtige Entgeltbestandteile, die über der Endgrundvergütung zuzüglich des Familienzuschlags eines kinderlos verheirateten Angestellten der Vergütungsgruppe I BAT lagen, eine zusätzliche Umlage von 9 vom Hundert zahlen.

Im Rahmen der Systemumstellung zum 1.1.2002 wurde durch die Tarifvertragsparteien eine Übergangsregelung geschaffen. Die zusätzliche Umlage ist danach nur noch für die Beschäftigten zu entrichten, für die sowohl im Dezember 2001 als auch im Januar 2002 diese zusätzliche Umlage gezahlt wurde.

Nur für den oben genannten Personenkreis ist die zusätzliche Umlage bei Überschreiten des Grenzbetrages weiter zu entrichten. Wurde die Grenze des BAT I nicht in den Monaten Dezember 2001 und Januar 2002 überschritten, gibt es seit dem 1.1.2002 keine Verpflichtung mehr, eine zusätzliche Umlage zu zahlen, selbst wenn der Grenzbetrag für die zusätzliche Umlage in Zukunft überschritten werden sollte.

Im Falle eines Arbeitgeberwechsels entfällt die zusätzliche Umlage, soweit sie bisher zu zahlen war.

Grenzbetrag für die zusätzliche Umlage ist das 1,133-fache des Betrages der Entgeltgruppe 15 Stufe 6 TVöD/VKA – jährlich einmal einschließlich der Jahressonderzahlung, wenn der Beschäftigte eine zusatzversorgungspflichtige Jahressonderzahlung erhält.

Die zusätzliche Umlage ist mit Versicherungsmerkmal „17" zu melden. Neben der zusätzlichen Umlage fällt kein zusätzlicher Zusatzbeitrag an (aus den den Grenzbetrag übersteigenden Entgelten sind also lediglich zusätzliche Umlagen zu zahlen).

Meldebeispiele von A–Z

Beispiel 1 Zusätzliche Umlage

Sachverhalt	Für einen Beschäftigten wurde im Dezember 2001 und im Januar 2002 eine zusätzliche Umlage entrichtet. Das Arbeitsverhältnis endet am 30.6.2008. Zum 1.7.2008 beginnt ein neues Arbeitsverhältnis ebenfalls im öffentlichen Dienst.	
	Monatliches Entgelt bis 30.6.2008:	6 000,00 €
	Monatlicher Grenzwert für die zusätzliche Umlage	5 934,06 €
	Monatliches Entgelt ab 1.7.2008:	6 500,00 €
	Jahressonderzahlung	5 000,00 €
Lösung	Für die Zeit vom 1.1.2008 bis zum Ausscheiden am 30.6.2008 ist eine zusätzliche Umlage zu entrichten. Nach dem Arbeitgeberwechsel entfällt die zusätzliche Umlage, selbst wenn das monatliche Entgelt den Grenzbetrag übersteigt. Die zusätzliche Umlage errechnet sich wie folgt:	

Monat	Entgelt	Grenzwert	übersteigendes Entgelt	daraus 9 %
Januar	6 000,00 €	5 934,06 €	65,94 €	5,93 €
Februar	6 000,00 €	5 934,06 €	65,94 €	5,93 €
März	6 000,00 €	5 934,06 €	65,94 €	5,93 €
April	6 000,00 €	5 934,06 €	65,94 €	5,93 €
Mai	6 000,00 €	5 934,06 €	65,94 €	5,93 €
Juni	6 000,00 €	5 934,06 €	65,94 €	5,93 €
Summe			395,64 €	35,58 €

Nach dem Arbeitgeberwechsel zum 1.7.2008 entfällt die zusätzliche Umlage.

Meldung der Versicherungsabschnitte

Versicherungsabschnitte		Buchungsschlüssel			ZV-Entgelt		Umlage/Beitrag		Elternzeitbezogene Kinderzahl
Beginn	Ende	Einzahler	Versicherungsmerkmal	Versteuerungsmerkmal	€	Cent	€	Cent	
1.1.2008	30.6.2008	01	10	10	36 000,00		1 710,00		
1.1.2008	30.6.2008	01	17	10	395,64		35,58		
1.1.2008	30.6.2008	01	20	01	36 000,00		1 440,00		
1.7.2008	31.12.2008	01	10	10	44 000,00		2 090,00		
1.7.2008	31.12.2008	01	20	01	44 000,00		1 760,00		

Meldebeispiele von A–Z

Beispiel 2 Zusätzliche Umlage und Jahressonderzahlung

Sachverhalt	Für einen Arbeitnehmer wurde im Dezember 2001 und im Januar 2002 eine zusätzliche Umlage entrichtet.
	Monatliches Entgelt 2008: 6 000,00 €
	Jahressonderzahlung: 5 000,00 €
	Monatlicher Grenzwert für die zusätzliche Umlage: 5 934,06 €
	Grenzwert im Monat der Jahressonderzahlung: 9 494,51 €
Lösung	Die zusätzliche Umlage errechnet sich wie im Folgenden dargestellt. Der Zusatzbeitrag (Versicherungsmerkmal 20) ist aufzuteilen, da die Steuerfreiheit der Beiträge auf 2 544 € (Altzusage) im Jahr 2008 begrenzt ist; der darüber hinaus gehende Teil ist individuell zu versteuern (Steuermerkmal „03").

Monat	Entgelt	Grenzwert	übersteigendes Entgelt	daraus 9 %
Januar	6 000,00 €	5 934,06 €	65,94 €	5,93 €
Februar	6 000,00 €	5 934,06 €	65,94 €	5,93 €
März	6 000,00 €	5 934,06 €	65,94 €	5,93 €
April	6 000,00 €	5 934,06 €	65,94 €	5,93 €
Mai	6 000,00 €	5 934,06 €	65,94 €	5,93 €
Juni	6 000,00 €	5 934,06 €	65,94 €	5,93 €
Juli	6 000,00 €	5 934,06 €	65,94 €	5,93 €
August	6 000,00 €	5 934,06 €	65,94 €	5,93 €
September	6 000,00 €	5 934,06 €	65,94 €	5,93 €
Oktober	6 000,00 €	5 934,06 €	65,94 €	5,93 €
November	11 000,00 €	9 494,51 €	1 505,49 €	135,49 €
Dezember	6 000,00 €	5 934,06 €	65,94 €	5,93 €
Summe			2 230,83 €	200,72 €

Meldung der Versicherungsabschnitte

Versicherungsabschnitte		Buchungsschlüssel			ZV-Entgelt		Umlage/Beitrag		Elternzeitbezogene Kinderzahl
Beginn	Ende	Einzahler	Versicherungsmerkmal	Versteuerungsmerkmal	€	Cent	€	Cent	
1.1.2008	31.12.2008	01	10	10	77 000,00		3 657,50		
1.1.2008	31.12.2008	01	17	10	2 230,83		200,72		
1.1.2008	31.12.2008	01	20	01	63 600,00		2 544,00		
1.1.2008	31.12.2008	01	20	03	13 400,00		536,00		

Teil F Die freiwillige Versicherung in der Zusatzversorgung

Bei der Neugestaltung der Zusatzversorgung war es ein wichtiges Anliegen der Tarifvertragsparteien, die Beschäftigten des öffentlichen und kirchlichen Dienstes in die staatliche Förderung nach dem Altersvermögensgesetz (AVmG) beim Aufbau einer privaten kapitalgedeckten Altersversorgung einzubeziehen. Mit dem Systemwechsel wurde den Versicherten der Zusatzversorgungskassen der Weg für die Inanspruchnahme der staatlichen Förderung geebnet.

Im Rahmen der neuen kapitalgedeckten Zusatzversorgung lag es nahe, den Beschäftigten auch die Möglichkeit einzuräumen, eigene Beiträge in das vom Arbeitgeber gewählte System zu zahlen, um durch diese freiwilligen Leistungen eine höhere Altersvorsorgeleistung aus der Zusatzversorgung zu erlangen. Dabei kann dies unter Inanspruchnahme der staatlichen Förderung durch Zulagen und/oder Steuervorteile (Riester-Förderung) oder im Rahmen einer Entgeltumwandlung erfolgen.

Daneben kann auch der Arbeitgeber durch eigene Beiträge eine Höherversicherung seiner Beschäftigten vornehmen.

Die nähere Ausgestaltung der Produkte, die im Rahmen der freiwilligen Versicherung angeboten werden, erfolgt in den Satzungen bzw. in den allgemeinen Versicherungsbedingungen der einzelnen Zusatzversorgungseinrichtungen.

1. Grundsätzliches zur freiwilligen Versicherung

1.1 Eigenes System neben der Pflichtversicherung

Die freiwillige Versicherung folgt weitestgehend der Systematik der Pflichtversicherung (Betriebsrente des öffentlichen und kirchlichen Dienstes), sie ist aber eine eigenständige Versicherung.

Die freiwillige Versicherung ist in einem eigenen Vermögensstock abgesichert; es besteht ein von Anfang an voll kapitalgedecktes Altersvorsorgesystem. Die eingezahlten Beiträge fließen direkt auf das individuelle Versorgungskonto des Versicherten und dienen ausschließlich der Finanzierung seiner Leistungen aus der freiwilligen Versicherung.

Grundsätzliches zur freiwilligen Versicherung

Durch die freiwillige Versicherung können keine Umlage-/Beitragsmonate in der Pflichtversicherung erworben werden (z. B. zur Erfüllung der Wartezeit in der Pflichtversicherung).

Für die freiwillige Versicherung gilt keine Wartezeit wie in der Pflichtversicherung. Bereits mit Zahlung des ersten Beitrages erwirbt der Versicherte eine unverfallbare Anwartschaft auf Leistung bei Eintritt eines Versicherungsfalles.

1.2 Ausgestaltung der freiwilligen Versicherung in der Zusatzversorgung

1.2.1 Freiwillige Versicherung (Alt-Tarif)

Mit Einführung der freiwilligen Versicherung in die Zusatzversorgung, wurde die Berechnung der Leistungen entsprechend der Pflichtversicherung ausgestaltet. Auch in der freiwilligen Versicherung wird somit das in der Pflichtversicherung geltende Punktemodell (vgl. Teil A 5.) angewendet. Bei der Berechnung wird allerdings an Stelle des Entgelts der aufgewendete Beitrag angesetzt, so dass an Stelle des Referenzentgelts (von 12 000 € im Jahr) ein Regelbeitrag in Höhe von 480 tritt. Der Messbetrag pro Versorgungspunkt ist wie in der Pflichtversicherung 4 € (Zum Altersfaktor und Messbetrag siehe auch Teil A 5.1 und 5.3.).

In den Altersfaktoren ist dieselbe Verzinsung unterstellt wie in der Pflichtversicherung (vgl. Teil A 5.). Dies gilt nicht im Bereich der VBL.

Eine monatliche Rentenleistung errechnet sich aufgrund folgender Formel:

$$\frac{\text{Beitrag}}{\text{Regelbeitrag}} \times \text{Altersfaktor} \times \text{Messbetrag}$$

Beispiel:

Ein 25-jähriger Arbeitnehmer leistet einen Jahresbeitrag von 1000 €.
Daraus ergibt sich folgende Vertragsleistung:

$$\frac{1000\,€}{480\,€} \times 2{,}4 \times 4\,€ = 19{,}96\,€$$

Von dieser errechneten Vertragsleistung in Höhe von 19,96 € sind 75 % **garantiert.**

Die Leistung wird lebenslang gezahlt und erhöht sich durch jeden weiteren Beitrag. Neben der Altersrente ist hier auch das Erwerbsminderungsrisiko und eine Hinterbliebenenabsicherung enthalten.

Grundsätzliches zur freiwilligen Versicherung

Die tatsächlich aus dem Beitrag entstehende Leistung wird jedoch in der Regel höher als die Garantieleistung und auch die Vertragsleistung sein, wenn die Zusatzversorgungskassen die angesetzte Verzinsung erreichen und zusätzlich noch aus Überschüssen entstehende Bonuspunkte die Leistung jährlich erhöhen.

1.2.2 Freiwillige Versicherung (Neu-Tarif)

Mit Wirkung ab 1.1.2009 wird bei einigen Zusatzversorgungskassen in der freiwilligen Versicherung ein neuer Tarif eingeführt. Die meisten anderen Zusatzversorgungskassen werden jedoch den bisherigen Tarif auch nach dem 1.1.2009 weiter anwenden.

Im neuen Tarif werden bei den Alterstabellen neue Richttafeln zugrunde gelegt, die die gestiegenen Lebenserwartungen berücksichtigen. Zudem wird ein gleichmäßiger – wenn auch verringerter – Garantiezins zugrunde gelegt. Auf diese Weise ist der Tarif längerfristig kalkulierbar und ermöglicht es den Zusatzversorgungskassen bei entsprechenden Kapitalerträgen Überschüsse zu verteilen.

Auch in neuem Tarif sind – wie bisher schon – neben einer Altersrente die Risiken einer Erwerbsminderung bzw. eine Hinterbliebenenversorgung mit einbezogen. Bei Eintritt eines Versicherungsfalls wegen Erwerbsminderung, können die Versicherten wählen, ob sie eine Rentenleistung oder Kapitalabfindung wollen, oder die angesparte Anwartschaft für eine spätere Altersrente stehen lassen wollen. Bei Eintritt einer Altersrente können die Versicherten entscheiden, ob sie die Hinterbliebenversorgung beibehalten wollen oder ausschließen, womit sich die Altersrente erhöhen würde.

1.2.3 Garantierte Leistung

Der Berechnung der Versorgungspunkte bei **Altverträgen** liegt bis zum Rentenbeginn eine Verzinsung von 3,25 % jährlich zugrunde. Im Vorgriff auf erwartete höhere Zinserträge ist darüber hinaus für die Rentenlaufzeit ein um 2,0 % jährlich höherer Zins einkalkuliert. Auf diese vorweggenommenen höheren Zinserträge entfällt ein Anteil von ca. 25 v. H. der nach der Alterstabelle ermittelten Leistungen. Dieser Anteil der Leistungen kann von der Kasse nicht garantiert werden. Die Anwartschaften und Ansprüche können daher um bis zu 25 v. H. ihres ursprünglich errechneten Betrages herabgesetzt werden. Damit sind also 75 % der errechneten Vertragsleistung garantiert und werden auf jeden Fall an den Versicherten ausgezahlt.

Somit ist bei Altverträgen eine Garantieleistung von 3,25 % zugesagt.

Grundsätzliches zur freiwilligen Versicherung

Beim neuen Tarif beläuft sich die Garantieleistung auf einen durchgehenden Zinssatz von z. B. 2,75 % (Im Bereich der Lebensversicherung gilt demgegenüber ein Garantiezins von 2,25 % – Stand: 2008).

Die freiwillige Leistung aus der Zusatzversorgung beinhaltet in der Regel eine höhere Garantieleistung als andere vergleichbare Produkte, da die Beiträge ungekürzt in die Geldanlage fließen. Aufgrund der geringen Verwaltungskosten der Zusatzversorgungskassen und der Tatsache, dass weder Provisionen noch Abschlusskosten verrechnet werden, entsteht eine im Vergleich zu anderen Anbietern höhere Garantieleistung.

1.2.4 Überschussbeteiligung durch Bonuspunkte

Zu den Versorgungspunkten, die man in einem Jahr aufgrund der eingezahlten Beiträge erwirbt, können noch zusätzliche Punkte (sog. Bonuspunkte) hinzukommen. Wenn die Zusatzversorgungskasse das Geld der Versicherten anlegt und dabei höhere Zinsen erwirtschaften kann, als mit dem Punktemodell zugesagt sind (3,25 %/5,25 % bei Altverträgen; z. B. 2,75 % bei Neuverträgen), entstehen Überschüsse. Diese werden nach Ablauf eines Jahres festgestellt und können dann – nach Abzug der Verwaltungskosten – entsprechend der Höhe der jeweils schon vorhandenen Punkte verteilt werden. So erhalten Versicherte umso mehr Anteile von den Überschüssen, je mehr Versorgungspunkte sie bereits auf ihrem Versorgungskonto angesammelt haben.

Die Überschüsse werden vom zuständigen Gremium (z. B. Verwaltungsrat, Kassenausschuss) der Zusatzversorgungseinrichtung festgestellt. Von den festgestellten Überschüssen werden die Verwaltungskosten abgezogen und Rückstellungen eingestellt, um die Verpflichtungen aus den Versicherungsverhältnissen – auch bei schwieriger Kapitalmarktlage – dauerhaft sicher stellen zu können. Verbleibender Überschuss wird an die Versicherten verteilt.

Der Versicherte nimmt auch dann an einer Überschussbeteiligung teil, wenn er in einem Jahr keine Beiträge gezahlt hat und/oder die Versicherung beitragsfrei gestellt wurde.

Zu beachten ist, dass bei der Vertragsleistung aus dem Alt-Tarif bereits eine Verzinsung von 3,25 %/5,25 % erfolgt, was einen Durchschnittszins von etwa 4 % bedeutet. Insoweit werden hier bereits – ohne das Bonuspunkte verteilt werden – über der Garantieleistung liegende Anwartschaften erreicht.

Grundsätzliches zur freiwilligen Versicherung

1.3 Auswahl des Risikos

In der freiwilligen Versicherung (Alt-Tarif) können bei Vertragsabschluss neben der Altersrente auch Leistungen an Hinterbliebene (Witwen-/Witwer-/Waisenrente) und/oder Leistungen bei Invalidität (Erwerbsminderungsrente) mitversichert werden. Die Versicherten können diese Leistungen bereits bei Vertragsschluss mit einschließen oder auch zu einem späteren Zeitpunkt mit einbeziehen. Eingeschlossene Leistungen können später wieder ausgeschlossen werden.

Der jeweilige Risikoausschluss bzw. -einschluss – und damit die Erhöhung bzw. Verminderung der späteren Altersrente – ist nur für die Versorgungspunkte wirksam, die auf Beiträgen beruhen, bei denen der Ausschluss vereinbart war.

Im Neu-Tarif sind demgegenüber eine Leistung bei Erwerbsminderung bzw. als Hinterbliebenenversorgung stets mit eingeschlossen. Der Versicherte kann aber bei Eintritt einer Erwerbsminderung darüber entscheiden, ob er eine Leistung abruft oder ob er die vorhandene Anwartschaft für eine spätere – rentenerhöhende – Altersrente stehen lässt. Bei der Hinterbliebenenversorgung muss sich der Versicherte erst bei Beginn einer Altersrente entscheiden, ob er eine Hinterbliebenenversorgung mit einbezogen haben will. Schließt er die Hinterbliebenenversorgung aus, erhöht sich dementsprechend seine Altersrente.

1.3.1 Verzicht auf Hinterbliebenenversorgung

Der Verzicht auf Hinterbliebenenleistungen erhöht die Versorgungspunkte. Dabei profitieren Männer mehr vom Ausschluss der Hinterbliebenenversorgung als Frauen.

Die unterschiedliche Behandlung ergibt sich aus der längeren Lebenserwartung, die Frauen statistisch haben. Bei Tod eines verheirateten Mannes ist – aufgrund der längeren Lebenserwartung von Frauen – in den meisten Fällen eine noch lebende Ehefrau vorhanden, an die dann eine Witwenrente zu zahlen ist. Verzichtet der Mann also auf eine Hinterbliebenenversorgung, kann das wegfallende Risiko, bei Tod des Versicherten an die Hinterbliebene zahlen zu müssen, für den Mann rentenerhöhend berücksichtigt werden.

Aufgrund der längeren Lebenserwartung von Frauen ist das Risiko, dass bei Tod der Frau ein hinterbliebener Ehegatte zu versorgen wäre, geringer, so dass bei Ausschluss einer Hinterbliebenenrente dies die Altersrente der Frau nicht so stark erhöht, wie es bei einem Mann der Fall ist.

Grundsätzliches zur freiwilligen Versicherung

Im Unterschied zur Hinterbliebenenversorgung aus der Pflichtversicherung (vgl. Teil A 9.) werden Rentenleistungen nur aus den zum Zeitpunkt des Todes des Versicherten erreichten Versorgungspunkten errechnet; eine Hochrechnung (mit Zurechnungszeiten) auf das 60. Lebensjahr erfolgt nicht.

1.3.2 Verzicht auf Leistungen bei Erwerbsminderung

Verzichtet der Versicherte auf Leistungen im Falle der Erwerbsminderung, so erhöht dies die Versorgungspunkte für die Altersrente ebenfalls. Um eine sinnvolle Entscheidung über die zu versichernden Risiken und deren Auswirkungen auf die Höhe der Altersrente treffen zu können, sollten sich die Beschäftigten von der Zusatzversorgungskasse eine Modellrechnung erstellen lassen, aus der die unterschiedlichen Rentenhöhen abhängig von den versicherten Risiken ersichtlich sind.

Auch bei der Erwerbsminderungsrente aus der freiwilligen Versicherung erfolgt im Unterschied zur Pflichtversicherung (vgl. Teil A 5.5.1) keine Hochrechnung durch Zurechnungszeiten auf das 60. Lebensjahr. Die Rentenleistungen werden also nur aus den zum Zeitpunkt des Todes des Versicherten erreichten Versorgungspunkten errechnet.

1.3.3 Kapitalwahlrecht

Die Versicherten können – vor Beginn einer Rente – wählen, ob sie eine lebenslange Rentenzahlung oder die Versicherung in einer Summe ausgezahlt erhalten wollen (Bei einigen Zusatzversorgungskassen ist das Kapitalwahlrecht auf eine Auszahlung von bis zu 30 % beschränkt). Die Möglichkeit, sich das zum Rentenbeginn vorhandene Kapital anstelle einer lebenslangen Rente auszahlen zu lassen, schließt eine staatliche Förderung der Beiträge im Rahmen einer Entgeltumwandlung oder Riester-Rente nicht aus. Im Rahmen einer Riester-Rente ist eine vollständige Kapitalauszahlung allerdings aufgrund der gesetzlichen Vorgaben als schädliche Verwendung anzusehen (siehe Teil F 3.8), was zu einer Rückzahlungsverpflichtung der erhaltenen Zulagen und eventuell erhaltenen Steuererstattungen führen würde. Deshalb sehen einige Kassen ein Kapitalwahlrecht bei Riester-Versicherungen nicht vor.

Eine Kapitalauszahlung, die – wie bei der Entgeltumwandlung – auf steuerfreien Beiträgen beruht, ist vollständig zu versteuern.

1.4 Begründung der freiwilligen Versicherung

1.4.1 Inhalt des Vertrages

Mit dem Vertragsabschluss verpflichtet sich der Versicherungsnehmer die in dem Versicherungsvertrag festgelegten Beiträge in die freiwillige Versicherung der Zusatzversorgung zu zahlen. Grundsätzlich sind die Beiträge in monatlich gleich bleibender Höhe zu entrichten. Die Zusatzversorgungskasse kann aber auch die Zahlung von Einmalbeiträgen zulassen. Die Höhe der Beiträge kann im Laufe der Versicherung geändert werden, auch eine Freistellung von der Beitragszahlung ist möglich. Beim Vertragsabschluss sind auch die zu versichernden Risiken festzulegen. Auch hier ist eine Änderung der versicherten Risiken jederzeit möglich.

1.4.2 Begründung nur während eines bestehenden Arbeitsverhältnisses

Die freiwillige Versicherung kann von jedem Beschäftigten begründet werden, der in einem Beschäftigungsverhältnis zu einem Arbeitgeber steht, der Mitglied einer Zusatzversorgungseinrichtung ist. Damit kann die freiwillige Versicherung also nur abgeschlossen werden, wenn und solange ein Arbeitsverhältnis besteht.

Scheidet der Beschäftigte aus dem Arbeitsverhältnis aus und hat er bis dahin keine freiwillige Versicherung begründet, so kann er diese auch nach dem Ausscheiden nicht mehr erlangen.

1.4.3 Nicht nur Pflichtversicherte

Die freiwillige Versicherung kann von jedem **Beschäftigten** eines Arbeitgebers, der Mitglied einer Zusatzversorgungskasse ist, abgeschlossen werden. Damit besteht die Möglichkeit, dass die freiwillige Versicherung auch von Beschäftigten begründet werden kann, die – obwohl ein Beschäftigungsverhältnis besteht – zur Zeit nicht pflichtversichert in der Zusatzversorgung sind.

Somit könnten auch kurzzeitig Beschäftigte, die nach § 19 Abs. 1 Buchst. i d. S. nicht pflichtversichert sind, eine freiwillige Versicherung begründen. Gleiches gilt für andere Personengruppen (z. B. Leitende Angestellte; Auszubildende, die nicht vom Manteltarifvertrag für Auszubildende erfasst sind; Arbeitnehmer, der noch nicht das 17. Lebensjahr vollendet hat etc.).

Grundsätzliches zur freiwilligen Versicherung

1.4.4 Mitwirkung des Arbeitgebers

Der Arbeitgeber sollte jeden Versicherten auf die Möglichkeit der freiwilligen Versicherung hinweisen, da diese ein Teil der betrieblichen Altersversorgung ist.

Da es sich um betriebliche Altersversorgung handelt, sind die Beiträge stets vom Arbeitgeber an die Zusatzversorgungskasse zu überweisen. Im Rahmen der Entgeltumwandlung ist der Arbeitgeber Versicherungsnehmer und muss daher den entsprechenden Versicherungsvertrag mit der Zusatzversorgungskasse abschließen.

Bei der Entscheidung, ob und ggf. bei welchem Anbieter der Beschäftigte eine freiwillige Versicherung abschließt, sollte der Arbeitgeber – aus Haftungsgründen – jedoch keinen Einfluss nehmen. Gleiches gilt bezüglich der zu versichernden Risiken und der in etwa zu erwartenden Rentenleistung. Nur im Rahmen der Entgeltumwandlung legt der Arbeitgeber einseitig den Durchführungsweg (z. B. Pensionskasse und/oder Unterstützungskasse etc.) fest und entscheidet auch darüber, welche Anbieter er für die von ihm ausgewählten Durchführungswege zulässt.

Es ist Aufgabe des Beschäftigten, sich bei der Zusatzversorgungskasse zu erkundigen und sich ggf. eine Vorausberechnung machen zu lassen. Die Zusatzversorgungskassen bieten kostenlose **Modellrechnungen** an, aus denen sich die Höhe der Leistungen ergibt. Wenn es gewünscht wird, kann auch eine Auskunft darüber gegeben werden, welche staatliche Förderung zurzeit für den Versicherten günstiger ist, also ob dies die Entgeltumwandlung oder die Riester-Förderung ist.

1.5 Fortsetzung der Versicherung nach Ausscheiden aus dem Arbeitsverhältnis

Scheidet der Versicherte aus dem Arbeitsverhältnis aus und endet damit die Pflichtversicherung, so kann er – auch wenn kein neues Arbeitsverhältnis im öffentlichen oder kirchlichen Dienst begründet wird – die Versicherung fortsetzen. Die Fortsetzung der freiwilligen Versicherung muss innerhalb von 3 Monaten nach dem Ausscheiden gegenüber der Kasse erklärt werden.

Der Abschluss einer freiwilligen Versicherung ist – sobald das Arbeitsverhältnis beendet ist – nicht mehr möglich.

 Tipp!

Deshalb sollte ein Arbeitgeber, wenn ein Beschäftigungsverhältnis beendet werden soll, den Beschäftigten auf die Möglichkeit hinweisen, dass er – solange noch das Beschäftigungsverhältnis besteht – eine freiwillige Versicherung begründen kann, die nach Ende des Beschäftigungsverhältnisses fortgeführt werden könnte.

Grundsätzliches zur freiwilligen Versicherung

Auch bei Fortsetzung der freiwilligen Versicherung handelt es sich noch um betriebliche Altersversorgung, da die Fortsetzung ein betriebsrentenrechtlicher Anspruch ist. Auch für die fortgesetzte freiwillige Versicherung kann der Versicherte die Riester-Förderung in Anspruch nehmen.

Die Fortführung der freiwilligen Versicherung ist im Fall der Arbeitgeber-Höherversicherung, bei der also der Arbeitgeber die Versicherung abgeschlossen hat und die Beiträge aufbringt (vgl. Teil F 1.10), nicht möglich. Allerdings könnte der Versicherte – solange er noch im Arbeitsverhältnis ist – selbst eine freiwillige Versicherung begründen und nach Ende des Beschäftigungsverhältnisses dann diese weiterführen. Damit würde er denselben Effekt erreichen, wie bei Fortführung der vom Arbeitgeber begründeten und finanzierten Höherversicherung.

1.6 Zahlung der Beiträge

1.6.1 Überweisung durch den Arbeitgeber

Während des Beschäftigungsverhältnisses werden die Beiträge zur freiwilligen Versicherung vom Arbeitgeber aus dem Arbeitsentgelt an die Kasse abgeführt. Da die freiwillige Versicherung Teil der betrieblichen Altersversorgung ist, muss sichergestellt sein, dass die Finanzierung durch Entgelte erfolgt, die aus dem der Versicherung zugrunde liegenden Beschäftigungsverhältnis stammen. Deshalb trifft den Arbeitgeber die Verpflichtung, die Beiträge während der freiwilligen Versicherung zu überweisen. Wenn der Beschäftigte für eine gewisse Zeit kein Arbeitsentgelt bezieht (z. B. wegen Elternzeit, Beurlaubung ohne Bezüge, Bezug von Krankengeld) oder das Beschäftigungsverhältnis beendet wurde, kann der Versicherte selber die Beiträge überweisen oder die Versicherung beitragsfrei stellen.

1.6.2 Beitragsfreie Versicherung

Die freiwillige Versicherung kann vom Versicherungsnehmer durch schriftliche Erklärung zum Ende eines Monats beitragsfrei gestellt werden. Die freiwillige Versicherung wird damit nicht beendet, sondern besteht weiterhin fort. Der Versicherungsnehmer muss jedoch keine Beiträge mehr zahlen. Während der Beitragsfreistellung nehmen die bisher erworbenen Versorgungspunkte weiterhin an einer etwaigen Verteilung von Bonuspunkten teil.

Der Versicherte kann die beitragsfrei gestellte Versicherung später – nach Mitteilung an die Kasse – mit Beitragszahlungen wieder aktivieren.

1.6.3 Kündigung

Der Versicherungsnehmer kann die freiwillige Versicherung mit einer Frist von drei Monaten zum Quartalsende schriftlich kündigen. Im Fall einer Kündigung behält der Versicherte seine bis zur Kündigung erworbene Anwartschaft, wenn er nicht die Abfindung der Versicherung beantragt. Im Rahmen einer Abfindung erhält der Versicherte seine eingezahlten Beiträge – abzüglich einer etwaigen staatlichen (Riester-)Förderung – zurückgezahlt.

Beiträge, die im Rahmen einer Entgeltumwandlung eingezahlt wurden, werden an den Vertragspartner, also den Arbeitgeber erstattet. Dieser muss die Beiträge versteuern und davon Sozialversicherungsbeiträge nach den aktuellen Sätzen abführen. Der verbleibende Betrag wird dann vom Arbeitgeber an den Versicherten ausgezahlt.

Daher ist es empfehlenswert, die freiwillige Versicherung nicht zu kündigen, sondern stattdessen beitragsfrei zu stellen. Die beitragsfreie Versicherung hat gegenüber einer Kündigung den Vorteil, dass nicht nur die staatlichen Förderungen (z. B. Steuer- und Sozialversicherungsfreiheit der Beiträge) und die erworbene Rentenanwartschaft erhalten bleibt, zudem kann die Versicherung später mit Beitragszahlungen zu den alten Bedingungen wieder aufgenommen werden.

1.6.4 Verzicht auf Kündigung – Hartz-IV-Sicherheit

Verzichtet ein Versicherter bei Vertragsabschluss darauf, den Versicherungsvertrag zu kündigen und ggf. die bis dahin gezahlten Beiträge zurückzuerhalten, wird dadurch die Anwartschaft aus der freiwilligen Versicherung „Hartz-IV-sicher" gemacht. Grundsätzlich ist, bevor Arbeitslosengeld II beansprucht werden kann, vorhandenes Vermögen einzusetzen, wozu auch Anwartschaften bei Versicherungen zählen, die ein Kündigungsrecht mit Beitragsrückerstattung vorsehen. Wird auf das Kündigungsrecht bereits bei Vertragsabschluss dauerhaft verzichtet, wird die Anwartschaft aus der freiwilligen Versicherung beim Bezug von Arbeitslosengeld II zum geschützten Vermögen. Eine solche Verzichtsmöglichkeit ist in der freiwilligen Versicherung der Zusatzversorgungskasse vorgesehen.

Riester-Verträge sind nach § 12 Abs. 2 Nr. 2 SGB II grundsätzlich Hartz-IV-sicher, so dass bei diesen Verträgen kein ausdrücklicher Verzicht auf eine Kündigung erforderlich ist.

Grundsätzliches zur freiwilligen Versicherung

1.7 Staatliche Förderung der freiwilligen Versicherung in der Zusatzversorgung

Für die freiwillige Versicherung in der Zusatzversorgung können die staatlichen Förderungen in Anspruch genommen werden.

Dabei sind folgende Finanzierungsarten möglich:

▶ **Entgeltumwandlung:** Hierbei werden Teile des Bruttoarbeitslohns als Beiträge in die freiwillige Versicherung umgewandelt. Der Vorteil ist, dass aus den Beiträgen – innerhalb eines bestimmten Rahmens – keine Steuern und Sozialabgaben zu zahlen sind. Damit ist der eigene Finanzierungsaufwand an den Beiträgen nur der verringerte Nettoverdienst (vgl. Teil F 2.).

▶ **Riester-Förderung:** Hierbei werden vom Versicherten Beiträge aus dem Nettoentgelt gezahlt. Der Staat übernimmt einen Teil des Beitragsaufwandes durch sog. Zulagen. Zudem kann der Finanzierungsaufwand noch steuerlich als sog. Sonderausgabenabzug geltend gemacht werden (vgl. Teil F 3.).

▶ **Finanzierung ohne staatliche Förderung:** Hierbei wird die freiwillige Versicherung durch eigene Beiträge aus versteuertem Arbeitsentgelt ohne Inanspruchnahme von staatlicher Förderung finanziert.

1.8 Die Rentenleistung aus der freiwilligen Versicherung

Die Leistung aus der freiwilligen Versicherung beginnt in der Regel zum selben Zeitpunkt wie die Rente aus der Pflichtversicherung. Es muss also ein Versicherungsfall i. S. der Pflichtversicherung eingetreten sein (vgl. Teil A 7.2). Allerdings gibt es bei den verschiedenen Zusatzversorgungseinrichtungen unterschiedliche Tarife, wonach z. B. auch ein Rentenbeginn ab Vollendung des 62. Lebensjahres jederzeit frei gewählt werden kann.

Die Leistung aus der freiwilligen Versicherung tritt neben die Rente aus der Pflichtversicherung und die gesetzliche Rente oder eine Leistung eines berufständischen Versorgungswerks. Eine Anrechnung der Leistungen untereinander erfolgt nicht.

Auch bei Arbeitslosigkeit und Inanspruchnahme von Arbeitslosengeld I und II (im Rahmen von Hartz IV) erfolgt keine Anrechnung der Rente auf die Sozialleistungen, wenn im Versicherungsvertrag auf das Recht zur Kündigung – und damit auf eine Rückzahlung der Beiträge – verzichtet wurde (vgl. Teil F 1.6.4).

Grundsätzliches zur freiwilligen Versicherung

1.9 Vorteile der freiwilligen Versicherung in der Zusatzversorgung

Bei der freiwilligen Versicherung bestimmt der Versicherte alleine, ob er eine höhere Rente für sich alleine erreichen will oder ob auch eine Hinterbliebenenversorgung und/oder eine Rente im Fall einer vorzeitigen Erwerbsminderung mit eingeschlossen sein soll. Damit besteht große Flexibilität bei der Gestaltung der eigenen Versorgungssituation.

Zudem kann während der gesamten Laufzeit der Versicherung die Beitragsleistung verändert und somit der persönlichen Leistungsfähigkeit angepasst werden. Wenn erforderlich, können die Beitragszahlungen auch ruhend gestellt werden.

In der Zusatzversorgung zahlt weder der Versicherte noch der Arbeitgeber Abschlusskosten, Vermittlerprovisionen oder Außendienstkosten. Gewinnausschüttungen an Aktionäre gibt es nicht. Die Gewinne kommen den Versicherten zugute. Damit ergibt sich eine attraktive Rendite.

1.10 Die Arbeitgeber-Höherversicherung

Neben dem Beschäftigten kann auch ein Arbeitgeber Beiträge in die freiwillige Versicherung zugunsten seiner Beschäftigten einzahlen. In diesem Fall ist der Arbeitgeber der Versicherungsnehmer und der Beschäftigte der Bezugsberechtigte. Auch diese Beiträge werden wieder in der freiwilligen Versicherung unabhängig von der Pflichtversicherung angesammelt und ergeben letztendlich eine Leistung, die neben die oder gar – wenn keine Pflichtversicherung bestanden hatte – anstelle der Betriebsrente tritt.

Eine Arbeitgeber-Höherversicherung ist vor allem für Beschäftigte interessant, die nach § 19 Abs. 1 Buchst. k d. S. nicht der Pflichtversicherung unterliegen (z. B. Leitende Angestellte, Chefärzte, außertariflich Beschäftigte (vgl. Teil B 3.3). Da bei diesen Beschäftigten zwar keine Versicherungspflicht besteht, jedoch die Teilnahme an der Zusatzversorgung arbeitsvertraglich vereinbart werden kann, können die Arbeitsvertragsparteien darüber entscheiden, ob anstelle oder neben der Pflichtversicherung auch eine Versicherung in der freiwilligen Versicherung erfolgen soll. Damit könnte der Versicherte eine höhere Altersversorgung erreichen, während der Arbeitgeber ggf. Umlagen oder Beiträge einsparen kann. Ob und wie eine freiwillige Versicherung neben oder anstelle einer Pflichtversicherung optimierend wirken kann, sollte in Zusammenarbeit mit der jeweiligen Zusatzversorgungskasse geklärt werden.

2. Die staatliche Förderung durch Entgeltumwandlung

Durch das Altersvermögensgesetz im Jahr 2001 wurde festgelegt, dass der Beitragssatz in der gesetzlichen Rentenversicherung für die Dauer von 20 Jahren nicht über 22 % steigen soll. Das bedeutet, dass aufgrund der sinkenden bzw. stagnierenden Beschäftigtenzahlen und der steigenden Lebenserwartung der Rentner die gesetzliche Rente in den kommenden Jahren und Jahrzehnten nicht mehr das heutige Niveau wird halten können. Damit wird die gesetzliche Rente in Zukunft nicht mehr ausreichen, um das während eines Arbeitslebens erworbene Lebenshaltungsniveau zu bewahren. Deshalb wird sich die Lücke zwischen dem zuletzt erreichten Verdienst und der gesetzlichen Altersversorgung in den kommenden Jahren vergrößern.

Um dem vorzubeugen und eine Verarmung im Alter zu verhindern, wurde durch das Altersvermögensgesetz sowohl die betriebliche Altersvorsorge gestärkt als auch ein Anreiz für die eigene Altersvorsorge geschaffen.

Zur Stärkung der betrieblichen Altersversorgung wurde durch das Altersvermögensgesetz bereits ab dem Jahr 2002 ein gesetzlicher Anspruch auf Entgeltumwandlung eingeführt, den die Beschäftigten gegenüber ihrem Arbeitgeber geltend machen können. Erst ein Jahr später wurde durch Tarifbeschluss vom 8.2.2003 auch im kommunalen öffentlichen Dienst der Weg für eine Entgeltumwandlung geöffnet.

Für Bund und Länder wurde erst durch den TV-EntgeltU-L vom 12.10.2006 ab dem 1.11.2006 die Entgeltumwandlung ermöglicht. Die Entgeltumwandlung im Bund-/Länderbereich ist ausschließlich bei der VBL durchzuführen.

Im kirchlichen Bereich wurde die Entgeltumwandlung bereits im Jahr 2001 eingeführt.

2.1 Entgeltumwandlung

Entgeltumwandlung ist eine Vereinbarung zwischen dem Beschäftigten und dem Arbeitgeber darüber, dass in Zukunft ein Teil seiner Bruttoarbeitsbezüge in eine wertgleiche Anwartschaft auf betriebliche Altersversorgung umgewandelt wird. Das bedeutet, dass dieser Teil der Bruttobezüge in die betriebliche Altersversorgung eingezahlt wird.

Der Vorteil ist, dass dieser Teil der Bezüge steuer- und sozialabgabenfrei ist, so dass sich die Verringerung der Bruttobezüge nur teilweise in der Verringerung der Nettobezüge widerspiegelt.

Die staatliche Förderung durch Entgeltumwandlung

Beispiel:

Ein Beschäftigter mit Steuerklasse I hat im Jahr 2008 ein Bruttoeinkommen von 30 000 €. Er beabsichtigt eine Entgeltumwandlung mit Beiträgen in Höhe von 100 € monatlich, also 1200 € im Jahr. Dies wirkt sich wie folgt auf seine Nettobezüge aus

Bruttoentgelt	30 000 €	1 200 €	28 800 €
Lohnsteuer	4 747 €		4 398 €
Kirchensteuer	380 €		352 €
SoliZuschlag	261 €		242 €
Sozialabgaben	6 060 €		5 818 €
Gesamte Abzüge	11 448 €		10 810 €
Nettoentgelt	**18 552 €**	**562 €**	**17 990 €**

Während sich die Bruttobezüge um 1200 € verringern, entsteht bei den Nettobezügen nur eine Differenz von 562 €. Der Beschäftigte würde also im Jahr 562 € weniger Entgelt ausgezahlt erhalten, während 1200 € als Beiträge in die Altersversorgung fließen. Der Verzicht auf eine entsprechende Nettoauszahlung beträgt im Monat 46,83 € – während der Beitrag zur Altersvorsorge 100 € ist. Damit liegt die staatliche Förderung bei rund 53 %.

Im Falle der Steuerklasse III würde der monatliche Aufwand (Netto-Verzicht) bei ca. 56 € liegen (bei einem Beitrag von 100 €).

2.2 Personenkreis

Jeder Beschäftigte (Arbeiter, Angestellte und Auszubildende) im kommunalen öffentlichen oder kirchlichen Dienst hat einen Anspruch auf Entgeltumwandlung. Der Anspruch richtet sich gegen den Arbeitgeber, bei dem er aufgrund seiner Tätigkeit in der gesetzlichen Rentenversicherung pflichtversichert ist.

Berechtigt sind auch:

▶ Geringfügig Beschäftigte, die auf die Sozialversicherungsfreiheit verzichtet haben;

▶ Beschäftigte, die in einem berufsständischen Versorgungswerk versichert sind (z. B. Ärzteversorgung, Rechtsanwaltsversorgung);

▶ Beschäftigte, die zwar bei einem Mitglied im Arbeitsverhältnis stehen, aber nicht in der Zusatzversorgung pflichtversichert sind;

▶ Angestellte mit beamtenrechtlicher Versorgung (sind in der Zusatzversorgung nicht pflichtversichert, da sie eine beamtenrechtliche Versorgungszusage haben (vgl. Teil B 3.2);

Die staatliche Förderung durch Entgeltumwandlung

Laut Gesetz können nur Zuwendungen aus einem ersten Arbeitsverhältnis steuerlich gefördert werden. Als erstes Arbeitsverhältnis gilt eine Beschäftigung, für die Lohnsteuer nicht nach der Steuerklasse VI erhoben wird.

2.3 Die Durchführungswege

Die Entgeltumwandlung kann auf verschiedene Arten – sog. Durchführungswege – vollzogen werden. Als Durchführungswege kommen in Betracht:

- Pensionskasse,
- Pensionsfonds,
- Direktversicherung,
- Direktzusage und
- Unterstützungskasse.

Der Arbeitgeber legt einseitig den Durchführungsweg fest und entscheidet auch über den Anbieter. Durch den Tarifvertrag im öffentlichen Dienst sind als Anbieter genannt:

- die Zusatzversorgungskassen,
- die Sparkassen-Finanzgruppe und
- Kommunalversicherer.

Im Bereich von Bund und Ländern besteht laut Tarifvertrag nur die Versorgungsanstalt des Bundes und der Länder als Anbieter. Sie bietet den Durchführungsweg einer Pensionskasse und eines Pensionsfonds an.

Die Zusatzversorgungskassen sind Pensionskassen. Damit werden im Folgenden nur die Voraussetzungen für eine Versicherung bei einer Pensionskasse beschrieben.

2.4 Umwandelbares Entgelt

Entgelt ist alles, was eine Gegenleistung für erbrachte Arbeit ist, also insbesondere die laufende Vergütung, die Jahressonderzahlung, aber auch Tantiemen. Eine Entgeltumwandlung ist nur bei künftigen Entgeltansprüchen möglich; der Arbeitnehmer darf also die arbeitsvertragliche Arbeitsleistung noch nicht erbracht haben.

Auch **vermögenswirksame Leistungen** können im Rahmen der Entgeltumwandlung als Beitrag eingesetzt werden. Hierbei fließt der Arbeitgeberzuschuss direkt in die Entgeltumwandlung, auch wenn kein Sparvertrag im Sinne des Vermögensbildungsgesetzes vorliegt. Die Zuschüsse des Arbeitgebers unterliegen dabei keiner Sperrfrist. Im Bereich von

Die staatliche Förderung durch Entgeltumwandlung

Bund und Ländern ist eine Umwandlung der vermögenswirksamen Leistung nicht zulässig.

Die Höhe des Entgelts, welches umgewandelt werden soll, kann der Versicherte frei bestimmen.

Für die Entgeltumwandlung ist ein gesetzlicher **Mindestbeitrag** angesetzt, der $^1\!/_{160}$stel des jeweiligen Durchschnittsentgelts in der gesetzlichen Rentenversicherung beträgt. Der Mindestbeitrag liegt z. B. im Jahr 2008 bei 186,38 €.

2.5 Grenzen der Entgeltumwandlung

2.5.1 Grenzbetrag für die Steuer- und Sozialversicherungsfreiheit

Es besteht die Möglichkeit, jährlich Entgelte in Höhe von bis zu 4 % der Beitragsbemessungsgrenze der Rentenversicherung – also im Jahr 2008 bis zu 2544 € jährlich – umzuwandeln. Dieses umgewandelte Entgelt bleibt steuer- und sozialabgabenfrei. Allerdings ist zu beachten, dass der Beschäftigte diesen Grenzbetrag nicht alleine ausschöpfen kann, wenn auch der Arbeitgeber die steuerliche Förderung nach § 3 Nr. 63 EStG in Anspruch nimmt. Dies ist dann der Fall, wenn der Arbeitgeber (Zusatz-)Beiträge in einen kapitalgedeckten Abrechnungsverband der Zusatzversorgungskasse einzahlt (vgl. Teil F 2.5.3).

Der Grenzbetrag von 4 % der Beitragsbemessungsgrenze gilt auch dann, wenn nicht für ein volles Jahr eine Entgeltumwandlung vorliegt. Die Steuerfreiheit kann also in vollem Umfang in Anspruch genommen werden, unabhängig vom Beginn oder dem Ende der Beschäftigung.

Beispiel:

> Ein Beschäftigter ist ab 1. April beschäftigt und will Entgelt umwandeln. Es kann in den verbleibenden neun Monaten beitragsfrei der volle Jahresbetrag (z. B. im Jahr 2008 2544 €) umgewandelt werden.

Ab dem 1.1.2005 können bei Neuzusagen neben den bereits bisher steuerfreien Beiträgen von bis zu 4 % der Beitragsbemessungsgrenze weitere 1800 € steuerbefreit (aber sozialabgabenpflichtig) eingezahlt werden. Diese Anhebung der steuerfreien Beiträge soll den grundsätzlichen Wegfall der Pauschalversteuerung ausgleichen.

Ab 1.1.2005 gelten die Grenzen für die steuerfreien Beiträge jeweils für ein Arbeitsverhältnis. Wechselt also ein Arbeitnehmer innerhalb eines Jahres den Arbeitgeber, kann er das Fördervolumen doppelt in Anspruch nehmen.

Die staatliche Förderung durch Entgeltumwandlung

2.5.2 Abgrenzung Alt- und Neuzusage

Bei der Abgrenzung von Alt- zu Neuzusagen ist auf den Zeitpunkt der arbeitsvertraglichen Vereinbarung der Entgeltumwandlung zwischen Arbeitgeber und Beschäftigtem abzustellen. Nur wenn die arbeitsvertragliche Vereinbarung am 1.1.2005 oder später erfolgt ist, liegt eine Neuzusage vor.

Es handelt sich dann um eine Neuzusage,

▶ wenn die Vereinbarung über die Entgeltumwandlung ab dem 1.1.2005 (oder später) erfolgt ist oder

▶ wenn eine bereits erteilte Versorgungszusage um zusätzliche biometrische Risiken erweitert wird und dies mit einer Beitragserhöhung verbunden ist (in der Zusatzversorgung führt eine Änderung des Risikos zu keiner Beitragsänderung, so dass insoweit keine Neuzusage entstehen kann) oder

▶ die Zusage bei einem Arbeitgeberwechsel übertragen wird (§ 4 Abs. 2 Nr. 2 und Abs. 3 BetrAVG).

Aus einer Altzusage wird keine Neuzusage, nur weil

▶ die Beiträge erhöht oder vermindert werden;

▶ das Risiko innerhalb der freiwilligen Versicherung verändert wird (z. B. wird nunmehr neben der Altersrente auch eine Hinterbliebenenversorgung gewünscht). Die bloße Änderung des Risikos hat keine Änderung des Beitrages zur Folge, so dass insoweit keine Neuzusage vorliegt.

▶ Risiko und Beitrag gleichzeitig geändert werden. Da sich die beiden Änderungen nicht gegenseitig bedingen (die Risikoänderung hat keine Beitragsänderung zur Folge), liegt keine Neuzusage vor.

▶ die Finanzierung der freiwilligen Versicherung wechselt (bisher vom Arbeitgeber finanziert, nunmehr vom Versicherten selbst).

2.5.3 Einschränkung der Steuerfreiheit für den Versicherten

Die Beiträge in eine Entgeltumwandlung sind nach § 3 Nr. 63 EStG steuerfrei. Dieselbe gesetzliche Regelung gilt aber auch für Beiträge, die ein Arbeitgeber in eine kapitalgedeckte betriebliche Altersversorgung einzahlt. Somit nimmt also auch der Arbeitgeber die Regelung des § 3 Nr. 63 EStG für sich in Anspruch, wenn er Beiträge (bzw. neben der Umlage erhobene Zusatzbeiträge) in die kapitalgedeckte Zusatzversorgung einzahlt.

Die staatliche Förderung durch Entgeltumwandlung

Damit schränken diese Beiträge des Arbeitgebers die Möglichkeit des Beschäftigten ein, für die Entgeltumwandlung den vollen Betrag von z. B. 2544 € (im Jahr 2008) auszunutzen.

Beispiel:

Ein Beschäftigter verdient 3000 € monatlich. Der Arbeitgeber führt monatlich 4 % Beiträge (also 120 €) an die Zusatzversorgungskasse ab. Da der Arbeitgeber den Beitrag nach § 3 Nr. 63 EStG steuer- und sozialabgabenfrei stellen kann, verringert sich der steuerfreie Gesamtbetrag von 2544 € um 1440 € (12 × 120 €), auf 1104 €. Der Beschäftigte kann damit nur noch den Betrag von 1104 € im Jahr 2008 ausschöpfen.

Wurde die Entgeltumwandlung erst nach dem 31.12.2004 vereinbart, stehen dem Versicherten weitere 1800 € steuerfrei (aber nicht sozialabgabenfrei) zur Verfügung. Damit kann der Versicherte einen Beitrag von bis zu 2904 € (1104 € + 1800 €) steuerfrei für eine Entgeltumwandlung nutzen; sozialversicherungsfrei sind jedoch weiterhin 1104 €.

2.5.4 Übersteigen des Grenzbetrages

Da die steuerfreien Beiträge auf maximal 4 % der BBG – im Jahr 2008: 2544 € – begrenzt sind, sind Beiträge, die den Grenzbetrag übersteigen, steuer- und sozialversicherungspflichtig (bei Neuabschlüssen nach dem 31.12.2004 sind weitere 1.800 € steuerfrei).

Beispiel:

Ein Beschäftigter wandelt pro Monat 250 € (also im Jahr 3000 €) um. Da der Grenzbetrag für die Steuer- und Sozialversicherungsfreiheit bei einer Altzusage nur 2544 € beträgt, ist der überschießende Betrag grundsätzlich steuer- und sozialversicherungspflichtig. (Die Nutzung der Grenzbeträge durch den Arbeitgeber ist hierbei noch nicht berücksichtigt.)

Wenn es sich um eine **Neuvereinbarung zur Entgeltumwandlung (ab 1.1.2005)** handelt, kann der Beschäftigte zusätzlich noch 1800 € zur steuerfreien Umwandlung nutzen. Im hier beschriebenen Beispiel wäre dann die Umwandlung von 3000 € komplett steuerfrei, für einen Teilbetrag von 456 € müssten allerdings Sozialabgaben abgeführt werden.

Bei **Vertragsabschlüssen zur Entgeltumwandlung vor 1.1.2005** können die nicht mehr steuerfreien Beiträge bis zu einer Höhe von max. 1752 € (§ 40b EStG alter Fassung) pauschal versteuert werden (in Höhe von rund 22% inkl. pauschale Kirchensteuer und Solidaritätsbeitrag). Die Pauschalsteuer ist vom Beschäftigten zu tragen.

Wird die pauschale Besteuerung ausgeschöpft, so sind weitergehende Beiträge individuell zu versteuern. Hier wäre dann eine Riester-Förderung möglich.

Allerdings ist zu beachten, dass im Bereich der Zusatzversorgung die Grenzen des § 3 Nr. 63 EStG (Steuer- und Sozialversicherungsfreiheit der

Beiträge) und § 40b EStG generell auch für den Arbeitgeber gelten. Dabei gilt der Grundsatz, dass eine steuerliche Förderung zunächst auf die Beiträge des Arbeitgebers angewendet wird und dann erst auf umgewandelte Entgeltbestandteile des Beschäftigten (vgl. Teil F 2.5.5).

2.5.5 Inanspruchnahme der Steuergrenzen durch den Arbeitgeber

Im Rahmen einer Entgeltumwandlung sind für den Arbeitgeber und den Beschäftigten folgende steuerrechtlichen Regelungen bedeutsam:

§ 3 Nr. 63 EStG:	Bis max. 2544 € (212 € monatlich) sind im Jahr 2008 steuer- und sozialabgabenfrei umwandelbar. Bei **Neuvereinbarungen** (ab 1.1.2005) zur Entgeltumwandlung sind zusätzlich **1800 €** steuerfrei (aber nicht sozialabgabenfrei) umwandelbar.
§ 40b EStG alte Fassung:	Bis max. 1752 € (146 € monatlich) ist eine pauschale Versteuerung (mit rund 22 %, inkl. pauschale Kirchensteuer und Solidaritätsbeitrag) der Beiträge bei **Altvereinbarungen** (bis 31.12.2004) zur Entgeltumwandlung möglich.

Seit dem Inkrafttreten des **Alterseinkünftegesetzes** zum 1.1.2005 gelten bei steuerrechtlichen Fragen folgende **Grundsätze:**

▶ Bei der Abgrenzung zwischen Alt- und Neuzusage ist bei der Entgeltumwandlung grundsätzlich auf den Zeitpunkt abzustellen, ab dem eine Entgeltumwandlung arbeitsvertraglich vereinbart wurde:
  • Wurde die Vereinbarung bis zum 31.12.2004 getroffen => Altzusage
  • Wurde die Vereinbarung ab 1.1.2005 getroffen => Neuzusage
▶ Der nach § 3 Nr. 63 EStG zusätzlich steuerfreie Betrag in Höhe von 1800 € wird nur bei Neuzusagen gewährt.
▶ Der seit 1.1.2005 geltende § 40b EStG **neuer Fassung** ist für Beiträge zur freiwilligen Versicherung nicht mehr anwendbar, da hier die Beiträge in ein kapitalgedecktes System fließen.
▶ § 40b EStG **alter Fassung** ist bei bis zum 31.12.2004 getroffenen Entgeltumwandlungsvereinbarungen (Altzusagen) jedoch weiterhin anwendbar (z. B. wenn die steuerfreie Obergrenze nach § 3 Nr. 63 EStG überschritten wird).
▶ Da der zusätzlich steuerfreie Betrag i. H. v. 1.800 € nach § 3 Nr. 63 EStG einen Ausgleich für den Wegfall von § 40b EStG darstellen soll, hat die weitere Anwendung von § 40b EStG alter Fassung bei einem Versicherten (z. B. auch in der Pflichtversicherung) zur Folge, dass der Erhöhungsbetrag von 1.800 € nicht gewährt werden kann.

Die staatliche Förderung durch Entgeltumwandlung

▶ Die **Umlagezahlungen** zur Finanzierung der Pflichtversicherung werden immer nach § 40b EStG neuer Fassung versteuert (unabhängig davon, ob in der Pflichtversicherung eine Alt- oder Neuzusage vorliegt).

▶ § 40b EStG alter Fassung und § 40b EStG neuer Fassung sind unabhängige Rechtsgrundlagen und können daher mit ihrer Obergrenze für die pauschale Versteuerung jeweils nebeneinander angewendet werden (z. B. § 40b EStG neuer Fassung für Umlagezahlungen und § 40b EStG alter Fassung für Beiträge zu einer Altzusage-Entgeltumwandlung).

Beispiel zur Entgeltumwandlung:

Ein Beschäftigter wandelt 400 € **monatlich** (= 4 800 € jährlich) um:	400 €
Davon sind 212 € steuer- und sozialabgabenfrei (§ 3 Nr. 63 EStG: 2 544 € / 12 = 212 €)	– 212 €
Also sind 188 € steuerpflichtiger Arbeitslohn	188 €
Bei einer **Neuzusage ab 1.1.2005** kann der Beschäftigte noch 1 800 € (150 € monatlich) steuerfrei umwandeln	– 150 €
damit sind **38 €** individuell zu versteuern.	38 €

Bei einer **Altzusage bis 31.12.2004** kann der Arbeitgeber bis zu einer Grenze von max.1.752 € (monatlich 146 €) die Beiträge noch pauschal nach § 40b EStG alter Fassung versteuern. Es bleiben hier dann noch (188 € – 146 € =) **42 €** übrig, die nach Maßgabe der Lohnsteuerkarte individuell zu versteuern sind.

Die steuerfreie Grenze i. H. v. 2544 € vermindert sich allerdings, wenn der **Arbeitgeber** diese Grenze in Anspruch nimmt. Das ist der Fall, wenn der Arbeitgeber bei einer Zusatzversorgungskasse **(Zusatz-)Beiträge** nach § 3 Nr. 63 EStG steuer- und sozialabgabenfrei in einen kapitalgedeckten Abrechnungsverband einer Zusatzversorgungskasse zahlt.

Beispiel:

Ein Beschäftigter verdient 3000 € monatlich im Jahr 2008	
Der Arbeitgeber zahlt **Zusatzbeiträge** in Höhe von (4 % x 3000 €) 120 € monatlich	
Damit sind monatlich vom Arbeitgeber bereits **120 €** nach § 3 Nr. 63 EStG steuer- und sozialabgabenfrei verbraucht.	
Der Beschäftigte will ab 1.1.2008 **monatlich 212 €** (2544 € jährlich) in eine Entgeltumwandlung investieren.	
Der Beitrag von 212 € monatlich	212 €
ist bereits in Höhe von 120 € durch den Arbeitgeber verbraucht.	– 120 €
Damit sind 92 € steuer- und sozialabgabenfrei	92 €
und es verbleiben 120 € als zu versteuernder Beitrag	120 €
Bei einer **Neuzusage ab 1.1.2005** kann der Beschäftigte noch 1 800 € (150 € monatlich) zusätzlich steuerfrei umwandeln, so dass der gesamte Beitrag steuerfrei wäre (allerdings sind aus 120 € Sozialabgaben zu zahlen).	– 150 €

Die staatliche Förderung durch Entgeltumwandlung

2.6 Auswirkung der Entgeltumwandlung auf tarifliche Bezüge und Rentenleistungen

2.6.1 Tarifliche Bezüge

Der für die Entgeltumwandlung aufgewendete Betrag vermindert die Bruttobezüge. Daneben erfolgt aber keine Minderung der sonstigen tariflichen Leistungen wie z. B. der Jahressonderzahlung oder des Urlaubsgeldes. Diese Leistungen ergeben sich aus den ungeminderten Bezügen vor Abzug der Beiträge zur Entgeltumwandlung.

2.6.2 Zusatzversorgungspflichtiges Entgelt

Durch die Entgeltumwandlung wird auch das zusatzversorgungspflichtige Entgelt nicht verringert (§ 62 Abs. 2 Satz 8 d. S.). Bemessungsgrundlage für die vom Arbeitgeber im Rahmen der Betriebsrente zu zahlenden Umlagen und Beiträge bleibt also das Arbeitsentgelt, dass sich ohne Entgeltumwandlung ergeben würde. Die spätere Betriebsrente aus der Zusatzversorgung wird somit durch die Entgeltumwandlung nicht geschmälert.

2.6.3 Gesetzliche Rente

Dadurch, dass von dem für die Entgeltumwandlung aufgewendeten Betrag keine Beiträge in die gesetzliche Rentenversicherung gezahlt werden, verringert sich die gesetzliche Rente, wenn – wie im Regelfall – das Entgelt des Versicherten unter der Beitragsbemessungsgrenze liegt. Die dadurch eintretenden Verluste sind allerdings nicht groß. In der Rentenversicherung vermindert sich die Rente pro fehlende 1000 € Entgelt um 0,89 € (Wert: 2. Halbjahr 2008). Demgegenüber würde ein Beitrag von 1000 € in die freiwillige Versicherung der Zusatzversorgung für einen 40-jährigen Versicherten eine garantierte Altersrente von mehr als 13 € (Alttarif) ergeben.

2.7 Entgeltumwandlung unmittelbar vor Beginn einer Altersteilzeit

Die Frage, ob sich für ältere Beschäftigte, die beabsichtigen in Altersteilzeit zu gehen, eine Entgeltumwandlung (noch) lohnt, kann nicht ohne weitere Prüfungen beantwortet werden. Durch die Entgeltumwandlung vermindert sich grundsätzlich das sozialversicherungspflichtige Arbeitsentgelt und damit in aller Regel auch die Bemessungsgrundlage für die Aufstockungsleistungen bei Altersteilzeit. Ob dadurch aber auch tatsächlich Einbußen bei den Aufstockungsleistungen entstehen, kann nur an Hand der Umstände des Einzelfalles (z. B. Abhängigkeit von der Steuerklasse) beurteilt werden. In Einzelfällen kann eine Entgeltumwandlung

Die staatliche Förderung durch Entgeltumwandlung

auch dazu führen, dass die Aufstockungsbeträge höher sind als bei der Berechnung ohne Entgeltumwandlung.

Steuerliche Einflüsse können diese Betrachtung aber wieder relativieren. Bei den Berechnungen ist zu berücksichtigen, dass die tatsächliche Steuerbelastung des einzelnen Versicherten erst mit dem Einkommensteuerjahresausgleich voll zum Tragen kommt, da die Aufstockungsbeträge dem Progressionsvorbehalt unterliegen. Im Rahmen des Einkommensteuerjahresausgleiches kann es so zu Steuernachzahlungen kommen. Zu bewerten ist auch, ob eine Entgeltumwandlung wegen der Vollversteuerung der Rentenleistungen, der vollen Beitragspflicht in der Kranken- und Pflegeversicherung und der kurzen Laufzeit bis zum Rentenbeginn, für den Beschäftigten rentabel ist. Daher ist vor Vereinbarung einer Entgeltumwandlung in der Altersteilzeit immer eine eingehende Beratung in der Personalabteilung dringend anzuraten. Wird bei Eintritt in die Altersteilzeit eine Entgeltumwandlungsvereinbarung schon durchgeführt, so bestehen keine Bedenken, diese fortzusetzen.

2.8 Versteuerung der Rentenleistung

Mit der Entgeltumwandlung hat der Versicherte die Besteuerung der Entgeltbestandteile von der Zeit der aktiven Beschäftigung in die Rentenphase verlagert. Da die Beiträge steuerfrei waren, müssen die daraus entstehenden Leistungen in vollem Umfang versteuert werden. In der Regel sind jedoch die Gesamt-Einkünfte im Alter niedriger als während der Arbeitsphase, so dass in den allermeisten Fällen ein niedrigerer Steuersatz Anwendung finden wird.

Die Versteuerung der Rentenleistung, die aus einer durch Entgeltumwandlung finanzierten Altersversorgung stammt, hängt davon ab, wie die Beiträge bereits versteuert wurden.

- ▶ Waren die Beiträge steuerfrei, so werden die Leistungen im Rentenfall voll versteuert.
- ▶ Wurden die Beiträge pauschal versteuert, so erfolgt im Rentenfall nur eine Besteuerung des Ertragsanteils.
- ▶ Wurden die Beiträge individuell versteuert, so erfolgt im Rentenfall ebenfalls nur eine Versteuerung des Ertragsanteils.

Da es sich bei einer Entgeltumwandlung um eine betriebliche Altersversorgung handelt, unterliegen die Rentenzahlungen nicht nur der Versteuerung, sondern auch der (vollen) Beitragspflicht zur Kranken- und Pflegeversicherung der Rentner.

Die staatliche Förderung durch Entgeltumwandlung

2.9 Lebenslange Rente oder Kapitalabfindung

Bei Eintritt des Rentenfalles kann gegebenenfalls anstelle einer lebenslangen Rente auch eine Kapitalabfindung beantragt werden (siehe Teil F 1.3.3). Damit haben Versicherte die Alternative auf Kapitalauszahlung anstelle einer lebenslangen Rente (Bei einigen Zusatzversorgungseinrichtung kann eine Kapitalauszahlung nur in Höhe von bis zu 30 % verlangt werden). Der Versicherte muss sich erst unmittelbar vor Beginn der Rente (innerhalb eines Jahres – bis spätestens 6 Monate vor Beginn der Rente) entscheiden, ob er das Kapitalwahlrecht ausüben oder eine lebenslange Rente beziehen will. Im Fall einer Kapitalauszahlung unterliegt der gesamte Kapitalbetrag der vollen nachgelagerten Besteuerung, wenn die Beiträge steuerfrei geleistet wurden (was bei einer Entgeltumwandlung regelmäßig der Fall ist).

2.10 Hartz-IV-Sicherheit der Rentenleistung

Wird bei Abschluss der Versicherung auf das Recht verzichtet, den Versicherungsvertrag kündigen zu können und die bis dahin eingezahlten Beiträge zurückzuerhalten, wird dadurch die Anwartschaft aus der freiwilligen Versicherung „Hartz-IV-sicher" gemacht. Durch den Verzicht auf das Kündigungsrecht, wird die Anwartschaft aus der freiwilligen Versicherung zum geschützten Vermögen und muss bei eventuellem Bezug von Arbeitslosengeld II nicht als vorhandenes Vermögen eingesetzt werden.

2.11 Der Versicherungsvertrag

Bei einer Entgeltumwandlung handelt es sich um eine **betriebliche** Altersvorsorge. Somit ist hier – anders als bei einer Riester-Rente – der **Arbeitgeber Versicherungsnehmer** und der Beschäftigte Versicherter. Der Arbeitgeber ist also Vertragspartner der Zusatzversorgungskasse. Im Verhältnis zum Beschäftigten haftet der Arbeitgeber somit für die ordnungsgemäße Erfüllung des Vertrages, insbesondere also für die rechtzeitige Zahlung der Beiträge und die Meldung der Steuermerkmale.

2.11.1 Arbeitsvertragliche Vereinbarung

Der Beschäftigte muss dem Arbeitgeber mitteilen, ab welchem Zeitpunkt er welche Beiträge umwandeln möchte und welches Risiko (Altersrente evtl. mit oder ohne Erwerbsminderungsrente und/oder Hinterbliebenenversorgung) er versichern möchte.

Da im Rahmen einer Entgeltumwandlung der Beschäftigte regelmäßig auf die Auszahlung von (Netto-)Entgelt verzichtet, ist dies in einem Vermerk zum Arbeitsvertrag festzuhalten. Insoweit wird der Arbeitsvertrag abge-

Die staatliche Förderung durch Entgeltumwandlung

ändert (Muster sind bei der Zusatzversorgungskasse erhältlich). Sodann meldet der Arbeitgeber den Beschäftigten mit Formular zur freiwilligen Versicherung/Entgeltumwandlung an.

2.11.2 Versicherungsrechtliche Abwicklung

Durch Zusendung eines vom Arbeitgeber unterschriebenen Anmeldeformulars werden die Beschäftigten, die bei der Zusatzversorgungskasse Entgelt umwandeln wollen, durch ihren Arbeitgeber zur Entgeltumwandlung angemeldet. Für sie wird ein Einzelversicherungsverhältnis begründet.

Der Arbeitgeber erhält daraufhin von der Zusatzversorgungskasse einen Versicherungsschein und die notwendigen Informationen für die Beitragsüberweisung (Bankverbindung, Konto, Buchungsschlüssel). Bei Überweisung der Beiträge hat der Arbeitgeber den von der Kasse vorgegebenen Buchungsschlüssel zu verwenden. Er ist insbesondere verpflichtet, bei den Überweisungen anzugeben, ob die Beiträge steuerfrei sind oder nicht, da sich aus der jeweiligen (Nicht-)Versteuerung die spätere Versteuerung der Rente ergibt.

(Bei einzelnen Zusatzversorgungskassen ist der Abschluss von Einzelversicherungsverträgen nicht erforderlich, da diese Kassen die bestehenden Gruppenversicherungsverträge als Vertragsgrundlage gelten lassen. Hier muss also nur eine Meldung des Versicherten mit den zu versichernden Risiken erfolgen.)

Aufgabe des Arbeitgebers ist also die organisatorische Durchführung der Versicherung und ggf. die Aufklärung des Beschäftigten bezüglich der Auswirkungen der Entgeltumwandlung auf die Bezüge aus dem Arbeitsverhältnis. Fragen, die die Versicherung und ihre Leistungen selbst betreffen, sollte der Arbeitgeber aus Haftungsgründen nicht beantworten und den Versicherten mit seinen Fragen an die Zusatzversorgungskasse verweisen.

Damit liegt es wiederum im Verantwortungsbereich der Beschäftigten, sich selbst über die freiwillige Versicherung, die Höhe der Beiträge, die eventuell zu erwartende Leistung etc. zu erkundigen.

2.12 Fortführen der Versicherung nach Ende des Arbeitsverhältnisses

Nach dem Ausscheiden aus dem Arbeitsverhältnis kann der Versicherte die freiwillige Versicherung fortführen. Er muss dies innerhalb von drei Monaten nach dem Ausscheiden bei der Kasse beantragen. Allerdings ist dann eine Entgeltumwandlung nicht mehr möglich, wenn der Versicherte nicht wieder zu einem Arbeitgeber gewechselt ist, der Mitglied derselben

Die staatliche Förderung durch Entgeltumwandlung

Zusatzversorgungskasse ist. Dann müssen nach dem Ausscheiden aus dem Arbeitsverhältnis die Beiträge vom Versicherten selbst aus dem versteuerten Arbeitslohn gezahlt werden, da ja kein öffentlicher oder kirchlicher Arbeitgeber Bruttoentgelt für die Entgeltumwandlung mehr zur Verfügung stellt. Für die dann aus versteuertem Entgelt zu zahlenden Beiträge kann der Versicherte allerdings die Riester-Förderung (vgl. Teil F 3.) in Anspruch nehmen.

Wenn der Versicherte keine Beiträge mehr zahlen will, kann die Versicherung auch beitragsfrei gestellt und gegebenenfalls später wieder fortgeführt werden.

Nach einem Wechsel zu einem neuen Arbeitgeber, der eine betriebliche Altersversorgung bei einer anderen Versicherungseinrichtung durchführt, kann das Deckungskapital der Anwartschaft auf eine Zusatzversorgungskasse des neuen Arbeitgebers, mit der ein Überleitungsabkommen besteht, oder eine andere betriebliche Altersvorsorge übertragen werden.

Scheidet der Versicherte aus dem Arbeitsverhältnis aus und möchte er die Versicherung nicht selbstständig fortführen, kann er sie auch beenden. Danach ist allerdings eine Wiederaufnahme dieser Versicherung nicht mehr möglich.

Aus den bereits gezahlten Beiträgen hat der Versicherte stets eine unverfallbare Anwartschaft erworben. Er erhält dann bei Beginn seiner Rente aus der gesetzlichen Rentenversicherung bzw. bei Eintritt eines Versicherungsfalls i. S. der gesetzlichen Rentenversicherung die Leistung aus seiner Versicherung.

2.13 Die Vorteile des Durchführungsweges „Pensionskasse Zusatzversorgung"

Mit der freiwilligen Versicherung in der Zusatzversorgung erhält der Versicherte eine hohe Garantieleistung, zu der noch eine attraktive Beteiligung an den erwirtschafteten Überschüssen kommt. Die hohe Garantie stellt eine große Sicherheit dar, da die Garantieleistung auf jeden Fall erbracht wird, während darüber hinausgehende Renditen zwar möglich sind, aber nicht sicher vorher- und zugesagt werden können.

Auch für den Arbeitgeber ist die Versicherung in der Zusatzversorgung attraktiv, da sie keine zusätzlichen Kosten aufweist. Durch die Zusatzversorgung als betriebliche Altersversorgung hat der Arbeitgeber seine Beschäftigten bereits bei der Zusatzversorgungskasse versichert. Mit der freiwilligen Versicherung in Form der Entgeltumwandlung wird lediglich eine weitere Versicherung im Rahmen des vom Arbeitgeber bereits genutzten Versorgungssystems vorgenommen.

Die sog. Riester-Förderung

Tatsächlich hat der Arbeitgeber aber auch von einer Entgeltumwandlung seiner Beschäftigten einen nicht unerheblichen finanziellen Nutzen, vor allem dann, wenn viele seiner Beschäftigten sich für eine Entgeltumwandlung entscheiden. Da die von den Beschäftigten für die Entgeltumwandlung aufgewendeten Beiträge steuer- und sozialabgabenfrei sind, spart auch der Arbeitgeber die Steuer- und Sozialabgaben für diese Beiträge. Das macht immerhin ca. 20 % der Beitragshöhe aus. Liegt also der durchschnittliche Beitrag bei 1200 € (= 100 € im Monat), so spart der Arbeitgeber in diesem Fall 240 € an Personalkosten. Entscheiden sich 50 Arbeitnehmer für eine Entgeltumwandlung in dieser Höhe, so liegt die Ersparnis für den Arbeitgeber schon bei 12 000 €. Über Jahre hinweg ergibt sich damit ein großes Einsparpotential für den Arbeitgeber.

3. Die staatliche Förderung über Zulagen und steuerlichen Sonderausgabenabzug – die sog. Riester-Förderung

Durch die sog. Riester-Förderung will der Staat erreichen, dass Beschäftigte, die in der gesetzlichen Rentenversicherung versichert sind, durch eigene Vorsorgeleistungen das künftige Absinken der gesetzlichen Rente ausgleichen können.

Im Unterschied zur Entgeltumwandlung, bei der die Beiträge aus dem Bruttoentgelt stammen, sind bei der Riester-Förderung die Beiträge aus versteuertem (also Netto-)Entgelt zu zahlen.

Der Staat hilft – wenn ein Riester-Vertrag abgeschlossen wurde – indem er durch Zulagen einen Teil der Beiträge übernimmt und steuerrechtliche Vorteile (Sonderausgabenabzug) gewährt.

3.1 Förderungsberechtigter Personenkreis

Förderungsberechtigt sind grundsätzlich alle **in der gesetzlichen Rentenversicherung Pflichtversicherten.** Hierzu gehören insbesondere alle pflichtversicherten Arbeitnehmer, wie auch Auszubildende, Kindererziehende, für die Kindererziehungszeiten anzurechnen sind, Wehr- und Ersatzdienstleistende sowie unter bestimmten Voraussetzungen auch geringfügig Beschäftigte (wenn sie auf die Versicherungsfreiheit in der gesetzlichen Rentenversicherung verzichten).

Demgegenüber sind freiwillig Rentenversicherte und geringfügig Beschäftigte, die nicht auf die Versicherungsfreiheit verzichtet haben, ebenso wenig begünstigt, wie die in einer **berufsständischen Versorgungseinrichtung** Pflichtversicherten.

Die sog. Riester-Förderung

Verzichtet ein **geringfügig Beschäftigter** auf die Versicherungsfreiheit in der Rentenversicherung und stockt er die vom Arbeitgeber gezahlten Beiträge auf, so kann auch dieser Beschäftigte eine Riester-Rente abschließen und die staatliche Förderung in Anspruch nehmen. Das kann sich lohnen: Die Aufstockung der Rentenversicherungsbeiträge kostet lediglich 19,60 € im Monat (bei monatlich 400 € Verdienst im Jahr 2008). Durch die Aufstockung der Beiträge zur Rentenversicherung kann der Beschäftigte einen Anspruch in der gesetzlichen Rentenversicherung auf Erwerbsminderungsrente erwerben und hat zusätzlich auch Anspruch auf Rehabilitationsmaßnahmen. Zudem erlangt er durch die Aufstockung auch Beitragsmonate, die für Wartezeiten erforderlich sind. Bei Abschluss eines Riester-Vertrages muss er lediglich den Sockelbetrag von 5 € monatlich (60 € im Jahr) leisten, bekommt dafür aber eine staatliche Grundzulage von 154 € – und für jedes kindergeldberechtigte Kind 185 € bzw. 300 € für ein Kind, welches nach dem 31.12.2007 geboren wurde.

Eine Sonderregelung gilt für **Ehegatten,** bei denen nur einer unmittelbar zulagenberechtigt wäre. In diesen Fällen wird dem anderen Ehegatten fiktiv ein **abgeleiteter Zulagenanspruch** zugebilligt, wenn für ihn ein Altersvorsorgevertrag abgeschlossen wird, und zwar unabhängig davon, ob der nicht begünstigte Ehegatte über eine eigene Altersversorgung verfügt oder nicht. Eine Versicherung des Ehegatten ist allerdings in der freiwilligen Versicherung der Zusatzversorgung **nicht möglich,** da diese eine betriebliche Altersvorsorge ist und damit nur Betriebsangehörigen die Vorteile der betrieblichen Altersvorsorge gewährt.

3.2 Altersvorsorgevertrag

Gefördert werden Anlageformen, die im Alter eine lebenslange Rente zusagen und bei denen zu Beginn der Auszahlungsphase garantiert mindestens die eingezahlten Beiträge für die Auszahlung zur Verfügung stehen.

Die Anerkennung eines Anlagevertrages als Altersvorsorgevertrag erfolgt in einem sog. **Zertifizierungsverfahren.** Die Zusatzversorgungskassen als Pensionskassen erfüllen diese Voraussetzungen und unterliegen der vollen staatlichen Förderung; als betriebliche Altersvorsorgeleistung ist eine Zertifizierung nicht erforderlich.

Kennzeichnend für einen begünstigten Altersvorsorgevertrag sind u. a. folgende Voraussetzungen, die kumulativ vorliegen müssen:

▶ **Laufende Beitragsleistung** während der Ansparphase. Die Beiträge müssen aus dem individuell versteuerten und um Sozialbeiträge verminderten Arbeitsentgelt des Arbeitnehmers stammen. Wird allerdings

Die sog. Riester-Förderung

z. B. während einer Elternzeit kein Arbeitsentgelt bezogen, können die Beiträge auch aus dem sonstigen Vermögen aufgebracht werden.
- Die **Leistungen werden frühestens mit Vollendung des 60. Lebensjahres** oder mit Beginn der Altersrente in der gesetzlichen Rentenversicherung gezahlt; aber auch bei Erwerbsminderung ist eine Rentenzahlung möglich.
- Zu Beginn der Auszahlungsphase müssen **mindestens die eingezahlten Beiträge** zur Verfügung stehen.
- Die Rente ist nur in Form einer **lebenslangen gleich bleibenden oder steigenden monatlichen Auszahlung** (also grundsätzlich keine Kapitalabfindung) möglich; ab dem 1. Januar 2005 ist eine Auszahlung von bis zu 30 % des bei Rentenbeginn vorhandenen Kapitals möglich (die teilweise Kapitalabfindung wird nicht von allen Zusatzversorgungskassen angeboten).
- Der Altersvorsorgevertrag kann auch eine Absicherung der **Hinterbliebenen,** also des überlebenden Ehegatten und der Kinder, soweit sie steuerlich zu berücksichtigen sind, vorsehen.

3.3 Die Zulage

Im Rahmen der Riester-Rente erfolgt die staatliche Förderung, indem der Staat einen Teil der Beiträge durch eine sog. Zulage übernimmt.

Die Zulage setzt sich aus einer **Grundzulage** und eventuell einer **Kinderzulage** zusammen.

Das Zulagensystem sieht vor, dass der Steuerpflichtige entsprechend seinem beitragspflichtigen Einkommen einen **Eigenbeitrag** zu seiner zusätzlichen Altersversorgung leistet und der Staat diese Eigenbeträge durch die Zulagen mindert und durch den Steuervorteil fördert.

3.3.1 Grundzulage und Kinderzulage

Jeder Versicherte mit Riester-Vertrag hat Anspruch auf die **Grundzulage**. Diese Zulage ist für alle Versicherten gleich hoch, also unabhängig von der Höhe des eigenen Beitrages.

Anspruch auf **Kinderzulage** besteht für jedes Kind, für das im jeweiligen Kalenderjahr mindestens für einen Monat Kindergeld oder eine vergleichbare Leistung ausgezahlt wird. Bei steuerlich zusammen veranlagten Eltern erhält grundsätzlich die Mutter die Kinderzulage; die Eltern können jedoch gemeinsam beantragen, dass der Vater die Zulage erhält. Es kann also jeweils nur ein Elternteil eine Kinderzulage erhalten. Bei nicht zusammen veranlagten Eltern (z. B. allein Erziehende) erhält der Elternteil die Zulage, an den das Kindergeld ausgezahlt wird.

Die sog. Riester-Förderung

Ab dem 1.1.2008 beträgt die Kinderzulage für jedes Kind, welches nach dem 31.12.2007 geboren wird, 300 € (bisher 185 €). Der Staat möchte insbesondere Familien mit Kindern beim Aufbau der privaten Altersversorgung unterstützen.

Im Zuge der Gesetzesänderungen 2008 wurde auch ein **Berufseinsteiger-Bonus** beschlossen. Junge Riester-Sparer erhalten demnach im ersten Sparjahr eine um 200 € erhöhte Grundzulage.

Voraussetzungen hierfür sind:

▶ Der Riester-Sparer darf zum 1. Januar des Jahres, in dem er den Vertrag schließt, sein 25. Lebensjahr noch nicht vollendet haben und
▶ muss zulagenberechtigt sein.

Diesen Bonus gibt es erst seit dem 1.1.2008, d. h. alle, die im Jahr 1982 oder früher geboren wurden, haben keinen Anspruch auf diesen Bonus. Der Bonus wird automatisch im ersten Vertragsjahr in Form einer um 200 € erhöhten Grundzulage gutgeschrieben. Bei Kürzungen der Grundzulage (weil z. B. der Mindestbeitrag unterschritten wurde) wird der Bonus im gleichen Maße gekürzt.

Damit gelten folgende Zulagen und steuerlich absetzbare Beträge:

Beitragsjahr	Grundzulage	Kinderzulage	Absetzbare Maximalbeträge	Mindesteigenbetrag
2005	76 €	92 €	1 050 €	2 %
2006 + 2007	114 €	138 €	1 575 €	3 %
Ab 1.1.2008	154 €	185 €	2 100 €	4 %
Neugeborene (ab 1.1.2008)		300 €		
Riester-Sparer unter 25 Jahre (ab 1.1.2008)	Zusätzlich einmalig 200 €			

3.3.2 Der Eigenbeitrag

Der Berechtigte erhält nur dann die volle Zulage(n), wenn er eigene Beiträge in dem jeweiligen Kalenderjahr in den Vertrag einzahlt.

Ein Eigenbeitrag des Steuerpflichtigen ist zwingend erforderlich, zumal die zusätzliche private Altersversorgung staatlich gefördert werden soll, ohne hierdurch eine (allein) vom Staat finanzierte Grundrente zu schaffen.

Um die staatliche Förderung in vollem Umfang zu erhalten, ist die Höhe des Eigenbeitrages festgesetzt. Zahlt der Versicherte einen geringeren Beitrag als für die volle Zulage erforderlich wäre, erhält er dennoch die staatliche Förderung – wenn auch nur anteilig.

Die sog. Riester-Förderung

Der Prozentsatz für den Eigenbeitrag bezieht sich auf das sozialversicherungspflichtige Entgelt des jeweiligen Vorjahres und beträgt seit dem Jahr 2008 **4 %**.

Der Versicherte zahlt also zunächst den (um die späteren Zulagen) reduzierten Eigenbeitrag.

Beispiel:
> Die Beschäftigte hatte im Jahr 2008 ein sozialversicherungspflichtiges Entgelt in Höhe von 20 000 €. Sie ist verheiratet und hat ein Kind, für das sie Kindergeld bezieht. Ab dem 1.1.2009 möchte sie in einen Riester-Vertrag den für die Förderung erforderlichen Beitrag einzahlen:
> Beitrag: 4 % aus 20 000 € = 800 €
> abzüglich Grundzulage in Höhe von 154 €
> abzüglich Kinderzulage 185 €
> Verbleiben als eigener Beitrag 461 €
> Wäre das Kind ab dem 1.1.2008 geboren, würde die staatliche Zulage 454 € betragen, der eigene Beitrag also nur 346 €.

Nach Ablauf des Versicherungsjahres erhält die Versicherte von der Zusatzversorgungskasse einen vorausgefüllten Zulagenantrag, in dem lediglich noch fehlende Angaben ergänzt werden müssen. Der Zulagenantrag ist dann wieder an die Zusatzversorgungskasse zu senden, die die Daten verarbeitet und an die Zulagenstelle weitergibt. Von der Zulagenstelle werden sodann die Zulagen auf den Versicherungsvertrag überwiesen.

Um im Rahmen von Riester-Verträgen einen Anspruch auf die volle staatliche Förderung zu haben, ist es erforderlich, dass die Beiträge jährlich angepasst werden. Da Bezugsgröße für die Beitragszahlung jeweils das sozialversicherungspflichtige Entgelt des Vorjahres ist, muss der Versicherte jährlich zum Ende eines Jahres, den künftigen Beitrag neu ermitteln (4 % aus dem Vorjahresentgelt). Der Versicherte erhält hierzu Formulare von seiner Zusatzversorgungskasse. Von dem ermittelten Beitrag sind die zu erwartenden Zulagen (Grund- und eventuelle Kinderzulagen) abzuziehen. Der verbleibende Betrag ist dann der Beitrag, den der Versicherte zu zahlen hat. Da die Überweisung der Beiträge im Rahmen einer freiwilligen Versicherung in der Zusatzversorgung durch den Arbeitgeber erfolgt, ist dieser durch den Beschäftigten rechtzeitig über die Höhe des künftigen Beitrags zu informieren. Auch hierfür erhält der Versicherte eine Formular von seiner Zusatzversorgungskasse.

3.3.3 Der Sockelbeitrag

Ist das Einkommen des Versicherten nicht hoch, ergeben sich ggf. sehr geringe Eigenbeiträge. Daher ist vorgesehen, dass der Versicherte einen **Sockelbeitrag** in jedem Fall selbst aufwenden muss, um in den Genuss der vollen Zulage zu kommen. Hierdurch soll verhindert werden, dass bei einer hohen Anzahl zu berücksichtigender Kinder oder bei besonders niedrigem Einkommen die gesamte Sparleistung vom Staat erbracht wird.

Der **Sockelbeitrag** beläuft sich auf **60 € im Jahr**.

Die sog. Riester-Förderung

Beispiel:

Sozialversicherungspflichtiges Entgelt im Vorjahr: 10 000 €, 2 Kinder
Beitrag: 4 % aus 10 000 € = 400 €
Abzüglich Zulagen 524 € (Grundzulage 154 + 2 Kinderzulagen (2 × 185 €)
Verbleibt Eigenbeitrag: 0 €.
Damit muss der Sockelbeitrag von 60 € im Jahr (das sind nur 5 € im Monat!) als Mindesteigenbeitrag geleistet werden.
Erreichen die Aufwendungen des Steuerpflichtigen die gesetzlich vorgeschriebene Mindestbeitragshöhe nicht (sog. Mindesteigenbeitrag), kommt es zur **Kürzung der Zulage.** Die um den Kürzungsbetrag verminderte Zulage ermittelt sich nach dem Verhältnis der tatsächlich geleisteten Eigenbeiträge zu dem Mindesteigenbeitrag.

3.3.4 Riester-Förderung während einer Elternzeit

Eine Riester-Förderung während einer Elternzeit ist äußerst vorteilhaft, da die staatliche Zulage ja aus der Grundzulage und einer Kinderzulage (pro kindergeldberechtigtem Kind) besteht. Damit beträgt die staatliche Förderung immer mindestens 339 € (154 € Grundzulage + 185 € Kinderzulage) bei einem Kind. Wurde das Kind ab 1.1.2008 geboren, beläuft sich die staatliche Förderung sogar auf 454 € (154 € Grundzulage + 300 € Kinderzulage). Da die Kinderzulage pro Kind, für das Kindergeld bezogen wird, gilt, kann die staatliche Förderung durch weitere Kinderzulagen noch höher sein.

Der Eigenbeitrag, den die Versicherte zu erbringen hat, ist abhängig vom sozialversicherungspflichtigen Vorjahreseinkommen. Da dieses in aller Regel schon im Jahr der Geburt des Kindes absinkt (weil nicht mehr das ganze Jahr über Arbeitsentgelt bezogen wird) und in den folgenden Jahren der Elternzeit kein Vorjahreseinkommen mehr vorhanden ist (weil das Arbeitsverhältnis wegen der Elternzeit ruht), reduziert sich der Eigenbeitrag letztendlich auf 60 € im Jahr – also 5 € im Monat.

Da während einer Elternzeit Rentenversicherungspflicht besteht, besteht auch Anspruch auf staatliche Förderung, die sich die Beschäftigte nicht entgehen lassen sollte.

Die sog. Riester-Förderung

Beispiel:

Sozialversicherungspflichtiges Entgelt im Vorjahr: 30 000 €; 1 Kind, Geburt eines 2. Kindes im Jahr 2008

▶ **Riester-Förderung für das Jahr 2008:**
Beitrag: 4 % aus 30 000 € =   1 200 €
Abzüglich Grundzulage: − 154 €
Abzüglich Kinderzulagen: − 485 € (185 € für 1. Kind; 300 € für 2. Kind)
Eigenbeitrag: 561 € = 46,75 € monatlich

▶ **Riester-Förderung für das Jahr 2009:**
Da sich aufgrund der Geburt des 2. Kindes im Jahr 2008 das sozialversicherungspflichtige Entgelt reduziert, sinkt der Eigenbeitrag (z. B. bei einem verbleibenden Entgelt von 20 000 €) auf 161 € = 13,41 € monatlich ab bei gleichbleibend hoher staatlicher Förderung (639 €).

▶ **Riester-Förderung für das Jahr 2010**
Im Jahr 2010 reduziert sich der Eigenanteil dann auf 60 € = 5 € monatlich, nachdem im Vorjahr aufgrund der 12-monatigen Elternzeit kein sozialversicherungspflichtiges Einkommen mehr erzielt wurde. Die Zulagen bleiben unverändert hoch.

3.3.5 Riester-Zulagen in der Pflichtversicherung

Auch im Bereich der Pflichtversicherung ist eine Riester-Förderung möglich. Dies betrifft Versicherte, die Beiträge oder Zusatzbeiträge in einen kapitalgedeckten Abrechnungsverband (teilweise) selbst tragen oder individuell versteuern. Das ist z. B. dann der Fall, wenn Versicherte sich an einem Beitrag oder Zusatzbeitrag beteiligen (Eigenbeteiligung) oder sie einen solchen Beitrag oder Zusatzbeitrag individuell versteuern.

Eine individuelle Versteuerung kommt dann in Betracht, wenn aufgrund der Höhe des Entgelts die Steuer- und Sozialversicherungsfreigrenze des § 3 Nr. 63 EStG überschritten wird und deshalb der übersteigende Teil vom Versicherten selbst versteuert werden muss.

Eine Riester-Förderung des Zusatzbeitrages kommt aber nicht in Frage, wenn es sich bei dem versicherten Beschäftigungsverhältnis nicht um ein erstes Dienstverhältnis handelt, oder im Rahmen einer geringfügigen Beschäftigung es zu einer individuellen Versteuerung kommt (vgl. Teil D 5).

Soweit Beschäftigte, die (Zusatz-)Beiträge selbst getragen haben oder diese individuell versteuert haben und in der Deutschen Rentenversicherung pflichtversichert sind, haben sie Anspruch, für diese Beiträge die staatliche Riester-Förderung in Anspruch zu nehmen. Sie erhalten in einem solchen Fall automatisch durch ihre Zusatzversorgungskasse einen Zulagenantrag, mit dem sie die Zulagen geltend machen können.

Die sog. Riester-Förderung

Reicht der Beitrag aus der Pflichtversicherung nicht aus, um die volle staatliche Förderung zu erhalten, kann der Beschäftigte den für die volle Förderung erforderlichen Beitrag im Wege eines sog. Aufstockungsvertrages in der freiwilligen Versicherung bei der Zusatzversorgungskasse einzahlen und erhält so – mit Hilfe beider Verträge – die volle Zulage.

3.4 Der Sonderausgabenabzug

Jedem Steuerpflichtigen, der zum begünstigten Personenkreis gehört, steht ein **zusätzlicher Sonderausgabenabzugsbetrag** zu. Der Abzugsbetrag ist unabhängig von den durch den Steuerpflichtigen erzielten beitragspflichtigen Einnahmen, sondern orientiert sich ausschließlich an den **begünstigten Aufwendungen.** Er ist im Rahmen der jährlichen Steuererklärung gegenüber dem Finanzamt zu beantragen. Durch den Sonderausgabenabzug vermindert sich das zu versteuernde Entgelt.

Der Sonderausgaben-Höchstbetrag beträgt seit dem Jahr 2008 2100 € im Jahr. Damit können Aufwendungen zum Aufbau einer zusätzlichen Altersversorgung einschließlich der Zulage bis zu diesem Betrag nach § 10a Abs. 1 EStG als Sonderausgabenabzug geltend gemacht werden.

Beispiel:

> Ein unverheirateter Beschäftigter, Steuerklasse I, hat ein Vorjahreseinkommen von 50 000 €. Er schließt im Jahr 2007 einen Riester-Vertrag ab, der wie folgt staatlich gefördert wird:
>
> Beitrag: 3 % aus 50 000 €   = 1 500 €
>
> Abzüglich Grundzulage   =   114 €
>
> Verbleibt Eigenanteil: = 1 386 € (1 500 € – 114 €)
>
> Die Steuererstattung im Rahmen des Sonderausgabenabzugs nach § 10a EStG beträgt 551 €.
>
> Damit hat der Beschäftigte eine staatliche Förderung von insgesamt 665 € (114 € + 551 €) erhalten – das sind ca. 45 % des Gesamtbeitrages von 1500 €.

Im Falle der **Zusammenveranlagung von Ehegatten** steht der Sonderausgabenabzug jedem Ehegatten gesondert zu. Demzufolge verdoppelt sich der Sonderausgabenabzugsbetrag, wenn beide Ehegatten zum begünstigten Personenkreis gehören und Beiträge für eine private Altersvorsorge in entsprechender Höhe leisten. Es ist allerdings nicht möglich, den von einem Ehegatten nicht ausgeschöpften Sonderausgaben-Höchstbetrag auf den anderen Ehegatten zu übertragen.

Die sog. Riester-Förderung

3.5 Verhältnis Sonderausgabenabzug zu Zulage

Für Aufwendungen zum Aufbau einer zusätzlichen privaten Altersversorgung können die Zulage nach § 83 EStG und der Sonderausgabenabzug nach § 10a EStG nicht nebeneinander in Anspruch genommen werden. Vielmehr gilt ein **Alternativverhältnis** mit der Besonderheit, dass bei der Veranlagung zur Einkommensteuer von Amts wegen zu prüfen ist, ob sich der Sonderausgabenabzug für den Steuerpflichtigen günstiger auswirkt als die Zulage.

Dies bedeutet, dass Aufwendungen zum Aufbau einer zusätzlichen privaten Altersversorgung im Grundsatz durch die Zulage gefördert werden und lediglich in den Fällen, in denen sich der Sonderausgabenabzug – insbesondere für Bezieher höherer Einkommen – im steuerlichen Ergebnis günstiger auswirkt, anstelle der Zulage die Gesamtaufwendungen (einschließlich Zulage) als Sonderausgaben im Rahmen der Höchstbeträge des § 10a Abs. 1 Satz 1 EStG berücksichtigt werden können.

3.6 Schädliche Verwendung

Mit der Riester-Förderung unterstützt der Staat den eigenen Aufbau einer zusätzlichen dauerhaften Altersvorsorge.

Wird daher das geförderte Altersvorsorgevermögen nicht als Rente, im Rahmen eines Auszahlungsplans oder als begünstigte Zwischenentnahme ausgezahlt, so handelt es sich um eine sog. schädliche Verwendung (§ 93 Abs. 1 EStG). Das ist stets der Fall, wenn die Versicherung gekündigt wird und der Versicherte seine Beiträge zurückerhält.

In diesen Fällen wird die **steuerliche Förderung** grundsätzlich **wieder rückgängig** gemacht; die gewährten Zulagen und die gesondert festgestellten Steuervorteile aus dem zusätzlichen Sonderausgabenabzug müssen dann zurückgezahlt werden. Daneben findet eine **Besteuerung der im ausgezahlten Kapital enthaltenen Erträge und Wertsteigerungen** nach § 22 Nr. 5 Satz 4 EStG statt. Steuerpflichtig sind die ausgezahlten Beträge nach Abzug der Eigenbeiträge und der steuerlichen Förderung. Wird lediglich ein Teil des Altersvorsorgekapitals schädlich verwendet, so treten diese Rechtsfolgen nur hinsichtlich des schädlich verwendeten Anteils ein.

Eine schädliche Verwendung ist grundsätzlich auch dann gegeben, wenn der Anleger verstirbt und das **Vorsorgekapital an seine Erben** zur Auszahlung gelangt.

Eine Rückzahlung der steuerlichen Förderung kann nur vermieden werden, wenn im Falle des Todes des Vorsorgeberechtigten das angesparte Altersvorsorgevermögen auf einen **auf den Namen des Ehegatten lau-**

Die sog. Riester-Förderung

tenden **Altersvorsorgevertrag übertragen** wird, sofern zu diesem Zeitpunkt die Voraussetzungen für eine Zusammenveranlagung der Ehegatten vorgelegen haben. Eine Übertragung auf einen Vorsorgevertrag eines anderen Hinterbliebenen oder Erben ist jedoch nicht möglich.

Beinhaltet der Altersvorsorgevertrag des Verstorbenen auch eine **Hinterbliebenenversorgung** – wie es die freiwillige Versicherung in der Zusatzversorgung ermöglicht –, so ist die steuerliche Förderung hinsichtlich des Kapitalanteils, der auf die zur Auszahlung gelangende Hinterbliebenenrente entfällt, nicht rückgängig zu machen.

Ab dem 1.1.2005 ist es infolge des Alterseinkünftegesetzes möglich, dass zu Beginn der Auszahlungsphase bis zu 30 % des angesparten **Kapitals** zu freien Verwendung **entnommen** wird und nur der Restbetrag als lebenslange Rente gezahlt wird. Insoweit liegt kein schädliches Verhalten vor. Einige Zusatzversorgungskassen sehen aber eine teilweise Kapitalauszahlung in ihrer freiwilligen Versicherung nicht vor.

Schädliches Verhalten liegt auch vor, wenn der Bezieher eine durch Riester geförderten Rente die **unbeschränkte Steuerpflicht** durch **Aufgabe des inländischen Wohnsitzes** oder gewöhnlichen Aufenthalts beendet oder für das Beitragsjahr keinen Antrag auf unbeschränkte Steuerpflicht nach § 1 Abs. 3 EStG stellt. Auch in diesem Fall tritt eine Rückzahlungsverpflichtung der Förderleistungen ein. Allerdings kann in diesem Fall beantragt werden, dass der Rückzahlungsbetrag unverzinslich zu stunden ist. Wird in diesen Fällen durch die Wiederaufnahme eines Wohnsitzes in Deutschland die unbeschränkte Steuerpflicht erneut begründet, wird der Rückzahlungsbetrag erlassen.

3.7 Besteuerung der Altersvorsorgeleistungen

Während die Ansparphase durch steuerfreie Zulagen bzw. Sonderausgabenabzug steuerliche Vorteile bringt, ist die spätere Auszahlung aus dem Altersvorsorgevertrag grundsätzlich **in voller Höhe steuerpflichtig**.

Der Gesetzgeber folgt insoweit dem Prinzip der nachgelagerten Versteuerung, deren Grundsätze durch das Alterseinkünftegesetz aus dem Jahr 2004 bestimmt werden.

Da es sich bei einer Riester-Rente bei einer Zusatzversorgungskasse um eine betriebliche Altersversorgung handelt, sind aus den Renten volle Beiträge zur Kranken- und Pflegeversicherung zu zahlen.

Die sog. Riester-Förderung

3.8 Verfahren in der Zusatzversorgung

Da es sich bei der freiwilligen Versicherung mit Riester-Förderung, soweit sie in der Zusatzversorgung abgewickelt wird, um eine betriebliche Altersversorgung handelt, wird auch der Arbeitgeber in die Versicherung einbezogen. Er ist allerdings nur dazu verpflichtet – solange das Arbeitsverhältnis besteht – die Beiträge aus dem Nettolohn des Beschäftigten einzubehalten und an die Zusatzversorgungskasse zu überweisen.

Dagegen ist der Beschäftigte selber dafür verantwortlich, sich ausreichend bei der Zusatzversorgungskasse über die Fördermöglichkeiten, Beitragshöhe und die zu versichernden Risiken zu informieren.

3.8.1 Versicherungsvertrag

Bei der freiwilligen Versicherung im Rahmen der Riester-Förderung ist der **Beschäftigte** der **Versicherungsnehmer**. Er schließt also mit der Zusatzversorgungskasse die Versicherung ab. Die Kasse bestätigt die Versicherung durch Übersendung eines Versicherungsscheins. Gleichzeitig wird der Arbeitgeber darüber informiert, ab wann er welchen Betrag und mit welchem Buchungsschlüssel überweisen muss.

Die Anpassung der Beiträge muss der Versicherte selber vornehmen und gegebenenfalls – falls sich eine Änderung in der Beitragshöhe ergibt – seinen Arbeitgeber hierüber informieren.

3.8.2 Beantragung der Förderung – Zulagenantrag

Die Zusatzversorgungskasse sendet dem freiwillig Versicherten jeweils am Anfang eines Jahres einen Kontoauszug über die bislang erworbenen Anrechte zu. Zusätzlich erhält der Versicherte ein Formular zur Geltendmachung der Zulagen. Der Versicherte muss den Zulagenantrag wieder an die Zusatzversorgungskasse zurücksenden. Dieser Antrag muss innerhalb von zwei Jahren nach Ablauf des Beitragsjahres gestellt werden. Nach Erhalt des Zulagenantrages fordert die Zusatzversorgungskasse die Zulagen bei der Zulagenstelle an; von dort werden die Zulagen direkt auf das Versorgungskonto des Versicherten überwiesen.

Der Versicherte kann auch einen sog. Dauerzulagenantrag stellen. Dieser gilt für alle kommenden Jahre, bis eine Änderung durch den Versicherten angezeigt wird. Veränderungen sind insbesondere dann anzuzeigen, wenn sie Einfluss auf die Höhe der Zulagen haben (also z. B. Änderungen hinsichtlich der Kinderzulagen). Ist ein Dauerzulagenantrag gestellt, werden die Zulagen jeweils jährlich automatisch von der Zusatzversorgungskasse bei der Zentralen Zulagenstelle beantragt.

3.8.3 Geltendmachung des Sonderausgabenabzugs

Mit dem Zulagenantrag erhält der Versicherte von der Zusatzversorgungskasse auch eine Bescheinigung über die von ihm erbrachten Beiträge. Diese ausgewiesenen Beiträge kann der Versicherte gegenüber seinem Finanzamt im Rahmen der Einkommensteuererklärung als Sonderausgabenabzug geltend machen. Wird vom Finanzamt ein Sonderausgabenabzug gewährt, so wird dieser im Rahmen einer eventuellen Steuererstattung vom Finanzamt direkt an den Versicherten ausgezahlt. Dieser Betrag wird also nicht auf das Versorgungskonto gutgeschrieben.

Teil G Entgeltliste, Tabellenteil, Buchungsschlüssel

1. Entgeltliste

Art	Zusatzversorgungspflichtiges Entgelt
Abfindungen	nein
Abfindung von kindergeldbezogene Entgeltbestandteile, die als Besitzstandszulage (§ 11 Abs. 2 Satz 3 TVÜ-VKA)	ja
Abgeltungen von Urlaubsansprüchen	nein
Abnutzungsentschädigungen (Kleiderentschädigung)	nein
Abschiedsgeschenke	nein
Abschlagszahlungen	ja
Abschlussprämien	nein
Abschlussprämien für Auszubildende (§ 17 TVAöD)	nein
Ärztliche Liquidationserlöse	nein
Akkordverdienst bei Waldarbeitern	
▶ Zeitlohn	ja
▶ Unterschied zum Zeitlohn	ja
Allgemeine Zulage nach BAT	ja
Anstaltsverpflegung (s. Sachbezug)	ja
Anwesenheitsprämie	ja/nein[1]
Arbeitsbereitschaft	ja
Arbeitskleidung	nein
Arbeitgeberzuschüsse für Ärzte-, Apotheker-, Architekten-, Rechtsanwaltsversorgung, Ing. Bau, Lebensversicherung, freiw. Versicherung i. d. RV	nein
Arbeitgeberdarlehen; Zinsersparnis	nein
Arbeitsentgelt bei Beschäftigungsverbot (§ 11 MuschG)	ja
Arbeitsentgelt bei Kurzarbeit	ja[2]
Arbeitsunfähigkeit bei Dienstantritt	ja[3]

---

1) Kann arbeitsvertraglich als nicht zusatzversorgungspflichtig bezeichnet werden
2) Bei Kurzarbeit ist das gezahlte Arbeitsentgelt zusatzversorgungspflichtig; es fallen keine Teilzeitdaten an.
3) Besteht bei Dienstantritt, z. B. bei Einstellung oder nach Sonderurlaub, Anspruch auf Entgelt im Krankheitsfall nach § 22 TVöD oder Krankenbezüge z. B. vergleichsweise nach den früheren Regelungen des § 71 BAT, § 37 BAT/BAT-O, so sind diese Bezüge nach Maßgabe des § 62 Abs. 2 Satz 1 der Satzung zusatzversorgungspflichtig.

Entgeltliste

Art	Zusatzversorgungspflichtiges Entgelt
Aufschläge (Urlaubsaufschlag) bei	
▶ darin enthaltene steuerfreie Zuschläge	nein
▶ Krankenbezügen	ja
▶ Urlaubsbezügen	ja
▶ Jahressonderzahlung	ja
Aufstockungsbetrag bei Altersteilzeit	nein[1])
Aufwandsentschädigung	nein
Aufwendungen z. B. für	
▶ Werkzeuge	nein
▶ Berufskleidung	nein
▶ Fortbildung	nein
Aufwendungen des Arbeitgebers für die Zukunftssicherung des Beschäftigten	nein
Ausbildungsvergütung	ja
Ausbleibezulage	nein
Ausgleichszulage	ja
Ausgleichszahlung § 11 Mutterschutzgesetz während der Schwangerzeit	ja
Auslandszulage	
▶ steuerfrei	nein
▶ steuerpflichtig	ja
Auswärtszulage (Ausbleibezulage)	nein
Außendienstentschädigung, z. B. Zehrgelder	nein
Außendienstzulage i. d. Steuerverwaltung	ja
Außertarifliche laufende Zahlung	ja[2])
Ballungsraumzulage	ja/nein[3])
Baustellenzulage (frühere Regelung nach § 33 Abs. 2 BAT/BAT-O)	ja[4])
Beihilfe	nein
Beitragszuschuss zur Krankenversicherung	nein
Bekleidungszuschuss	nein
Beköstigungszulage	nein
Bereitschaftsdienst	ja
Berufskleidungsaufwendungen	nein
Beschäftigungsverbot – Arbeitsentgelt für nicht geleistete Überstunden (§ 11 MuschG) während der Mutterschutzzeit	ja
Besitzstandszulage (z. B. § 9 TVÜ-VKA)	ja
Besitzstandszahlung Zehrgeld	nein
Besitzstandszahlung Verpflegungskosten	nein

---

1) Der Aufstockungsbetrag ist nicht steuerpflichtig.
2) Die Zulage kann durch Betriebsvereinbarung, Dienstvereinbarung oder Arbeitsvertrag als nicht zusatzversorgungspflichtig bezeichnet werden (Wahlrecht des Arbeitgebers).
3) Kein zusatzversorgungspflichtiges Entgelt, wenn in der Ballungsraumzulagenvereinbarung diese Zulage als nicht zusatzversorgungspflichtig bezeichnet wurde.
4) Die Baustellenzulage ist ihrem Sinn und Zweck nach eine Erschwerniszulage; daher keine Aufwandsentschädigung.

Entgeltliste

Art	Zusatzversorgungspflichtiges Entgelt
Besitzstandszahlung Wegegeld	nein
Bewährungszulage	ja
Bildschirmzulage	ja
Chefarztzulage	nein
Dienstalterszulage	ja
Dienstaufwandsentschädigung	nein
Dienstkleidung (Aufwendungen)	nein
Dienstwohnung (die Verbilligung)	nein
Direktversicherung	ja
Ehrenamtlicher Erster Bürgermeister	
▶ Arbeitsentgelt (§ 62 Abs. 2 Satz 9 d. S.)	ja
▶ Entschädigung	nein
Einkünfte, die aus ärztlichen Liquidationserlösen zufließen	nein
Einmalige übertarifliche Leistungen	nein
Einmalige Unfallentschädigungen	nein
Einmalige Zahlungen, die aus Anlass der Beendigung, des Eintritts des Ruhens oder nach der Beendigung des Arbeitsverhältnisses gezahlt werden (§ 62 Abs. 2 Satz 1 Buchst. e d. S.)	nein
Einmalige Zahlungen in einem Zeitraum mit Krankengeldzuschuss	ja
Einmalige Zuwendungen anlässlich des Erwerbs eines Diploms einer Verwaltungs- oder Wirtschaftsakademie	nein
Einmalzahlung nach § 52 Abs. 4 TVöD BT-K	ja
Einmalzahlung 1999	nein
Einmalzahlung 2000	nein
Einmalzahlung 2003	ja
Einmalzahlung 2005	ja
Einmalzahlung 2006	ja
Einmalzahlung 2007	ja
Einsatzzuschlag im Rettungsdienst (z. B. § 42 TVöD BT-K bzw. BT-B)	nein
Entgelte bzw. Bestandteile von Entgelten, die aufgrund Tarifvertrag als nicht zusatzversorgungspflichtig bezeichnet sind	nein
Entgelte für Gutachtertätigkeit	nein
Entgelte aus Nebentätigkeit	nein
Entgeltumwandlung	ja
Entgeltzahlung im Krankheitsfall (§ 22 TVöD)	ja[1]
Entschädigung für Dienstunterbrechung (Erschwerniszuschlag)	ja
Entschädigung für nicht genommenen Freizeitausgleich für Arbeit an Sonn- und Feiertagen	nein[2]
Erfindervergütungen	nein
Erfolgsabhängige Leistungen	nein

1) Für den Zeitraum, in dem Anspruch auf Krankengeldzuschuss besteht, muss ein fiktives Entgelt nach § 21 TVöD gemeldet werden
2) Es handelt sich hier um einen Zeitzuschlag für Sonn- und Feiertag (z. B. § 8 TVöD bzw. § 35 BAT/BAT-O), der, weil kein Freizeitausgleich in Anspruch genommen wurde, steuerpflichtig wird (§ 62 Abs. 2 S. 1 Buchst. s d. S.).

Entgeltliste

Art	Zusatzversorgungspflichtiges Entgelt
Erfolgsbeteiligung Entsorgung (§ 44 TVöD BT-E)	nein
Ersatz von Werbungskosten (geldliche Nebenleistungen)	nein
Erschwerniszuschlag	ja
Elternzeit – Entgelt für Beschäftigung während der Elternzeit	ja
Essenszuschuss	nein
Facharztzulage	ja[1]
Fahrdienstzulage	ja[2]
Fahrdienstzuschlag für unterschiedliche Dienstzeiten	ja
Fahrervergütung (Personenkraftwagenfahrer n. TV v. 10.2.1965)	ja
Fahrerzulage	ja
Fahrgeld	nein
Fahrkostenzuschüsse für die regelmäßigen Fahrten zwischen Wohnung und Dienststelle und entsprechende geldwerte Vorteile	nein
Fahrmeisterzulage	ja
Fahrradgeld	nein
Familienzuschläge (Ortszuschlag, Sozialzuschlag)	ja[3]
Fehlgeldentschädigung	nein
Feiertagszuschlag	nein
Feuerwehrzulage (§ 46 Nr. 2 Abs. 3 TVöD-BT-V)	ja/nein[4]
Fortbildungsaufwendungen	nein
Freizeitausgleich – prozentualer Überstunden-Zeitzuschlag	ja
Freie Station (freie Unterkunft und Verpflegung nach der Sachbezugsverordnung)	ja
Funktionszulagen z. B.	
▶ Ärzte (z. B. § 51 oder § 52 Abs. 3 TVöD BT-K oder § 51 TVöD BT-B)	ja
▶ Buchungsautomat, Magnetbandschreiben	ja
▶ Krankenpflegepersonal	ja
▶ Schichtführer im Fernsprechdienst	ja
▶ im Schreibdienst	ja
▶ Kassen- und Rechnungswesen	ja
▶ Philharmoniker (Musikschullehrer)	ja
Garantiebetrag (§ 17 Abs. 4 TVöD)	ja
Geburtsbeihilfe	nein
Gefahrenzuschlag (-zulagen) § 33 BAT/BAT-O	ja

---

1) Das Entgelt darf den 2,5-fachen Wert der Beitragsbemessungsgrenze der gesetzlichen Rentenversicherung nicht überschreiten.
2) Der Fahrdienstzuschlag z. B. nach BTV Nr. 4 Bayern zum BMT-G-II § 12 Abs. 5a ist nicht zusatzversorgungspflichtig; Aufteilung erforderlich.
3) Nicht bei Waldarbeitern (MTW).
4) Nicht zusatzversorgungspflichtig; wenn die Zulage aber schon vor dem 1.1.1999 bezogen wurde, ist diese nach Ablauf des Kalendermonats, in dem sie sieben Jahre lang bezogen worden ist, zusatzversorgungspflichtig, längstens jedoch bei Angestellten der Vergütungsgruppe IVb bis I bis zum 31.12.2004 und bei Angestellten der Vergütungsgruppen X bis V a/b bis zum 31.12.2007.

Entgeltliste

Art	Zusatzversorgungspflichtiges Entgelt
Gefahrenzulage nach TV-MUN-O	nein[1]
Geldautomatenzulage, die für außerhalb der arbeitsvertraglich vereinbarten Arbeitszeit gewährt wird	ja
Geldwerter Vorteil	nein
Gelegenheitsgeschenke	nein
Gemeinschaftsverpflegung	nein
Gesamtvergütung (unter 18 Jahre)	ja
Gewinnanteile	nein
Gratifikation (Jahressonderzahlung)	ja
Grundvergütung	ja
Gutachtertätigkeit	nein
Heimzulagen im Sozial- und Erziehungsdienst	ja
Heizkostenzuschuss	nein
Hitzezuschläge (Erschwerniszuschläge)	ja
Hüttenentschädigung (Waldarbeiter)	nein
Jahresabschluss-Vergütung	nein
Jahressonderzahlung	ja
Jahressonderzahlung nach § 20 Abs. 6 TVöD	nein
Jahressonderzahlung, wenn das Arbeitsverhältnis vor dem 01.12. eines Jahres endet	nein
Jubiläumsgeld (§ 23 Abs. 2 TVöD)	nein
Jubiläumszuwendung	nein
Kassenverlustentschädigungen (Mankogelder, Fehlgeldentschädigungen, Kassierzuschlag)	nein
Kinderbezogene Entgeltbestandteile (z. B. § 11 TVÜ-VKA)	ja
Kindererhöhungsbetrag i. d. Zuwendung, nur wenn die Zuwendung zusatzversorgungspflichtig ist	ja
Kindergeld	nein
Kinderzuschläge	nein
Kleiderzulage (-geld, -entschädigung)	nein
Kontoführungskosten vom Arbeitgeber übernommen	nein
Kraftfahrerzuschlag	ja
Kraftwagenfahrer (siehe Personenkraftwagenfahrer)	ja
Krankenbezüge (z. B. § § 22 TVöD)	ja
Krankengeldzuschuss; es ist ein fiktives Entgelt nach § 21 TVöD zusatzversorgungspflichtig (vgl. § 62 Abs. 2 Sätze 4 u. 5 d. S.).	ja[2]
Krankenlohn	ja
Kurzarbeitergeld der Agentur für Arbeit	nein[3]
Lebensversicherungszuschüsse	nein
Lehrzulage (z. B. Bayer. LehrzulageVO)	nein
Leistungsbezogene Entgeltbestandteile nach § 18 TVöD	ja
Leistungsprämien nach § 6 TV-V und TV-N	nein
Leistungsprämien nach § 18 TVöD	ja

1) TV für im Kampfmittelbeseitigungsdienst beschäftigte Arbeitnehmer.
2) Vgl. Teil E 2.12.2
3) Zusatzversorgungspflichtig ist das verminderte Arbeitsentgelt.

Entgeltliste

Art	Zusatzversorgungspflichtiges Entgelt
Leistungszulage außertariflich, laufend gezahlt	ja
Leistungszulage nach § 18 TVöD	ja
Leistungszulage nach § 6 TV-V und TV-N	nein
Leistungszulagen und Leistungsprämien nach den Richtlinien der VKA	nein
Liquidationserlöse	nein
Lohnfortzahlung	ja
Mahlzeiten (unentgeltlich, verbilligt)	nein
Mankogelder	nein
Maschinenbucherzulage	ja
Mehrarbeitsaufwendungen f. Verpflegung	nein
Mehrarbeitsvergütung bei Wechselschicht	ja
Mehrarbeit nach Mehrarbeitsvergütungsverordnung	
▶ Lehrer SR 2 I1	nein
Mehrarbeit für Musikschullehrer SR 2 I2	ja
Mehrarbeitsentgelt(-lohn) bei Teilzeitbeschäftigung	ja
Mehrverpflegungsaufwand bei Reisekosten	nein
Meisterzulage	ja
Mietbeiträge an Beschäftigte mit Anspruch auf Trennungsgeld (Trennungsentschädigung)	nein
Mietenzuschuss	nein
Mindestsicherungsbetrag für Zeitzuschlagspauschalen (sofern steuerpflichtig)	ja
Monatstabellenlohn	ja
Mutterschaftsgeld (-zuschüsse)	nein
Nachtdienstzulage (ab 20 Uhr)	nein
Nachzahlungen bei	
▶ Höhergruppierungen	ja[1]
▶ Tarifabschlüssen	ja[2]
Nebenberufliche Tätigkeit	nein
Notarztvergütung	nein[3]
Oberstbehördliche Zulage	nein
Ortszuschlag	ja
Pauschale für Pkw (Kraftwagen)	nein
Pauschale Überstunden/Bereitschaftsdienst-Vergütung	ja
Pauschale für Wege-Umkleidezeiten (z. B. im Krankenhausbereich)	ja
Pauschallöhne für Personenkraftwagenfahrer gem. TV vom 10.2.1965	ja
Persönliche Zulage für Lehrer	ja
Persönliche Zulage (§ 14 TVöD, vorübergehende höherwertige Tätigkeit)	ja

---

1) Zuordnung im Zuflussprinzip, die Nachzahlungen sind dem Zeitraum zuzuordnen, in dem sie dem Beschäftigten zufließen.

2) Soweit im Tarifvertrag nicht ausgenommen; die Nachzahlungen sind dem Zeitraum zuzuordnen, in dem sie dem Beschäftigten zufließen.

3) Die Tätigkeit als Notarzt ist in der Regel eine Nebentätigkeit; entscheidend ist aber die vertragliche Vereinbarung.

Entgeltliste

Art	Zusatzversorgungspflichtiges Entgelt
Persönliche Zulage	ja[1]
Pflegedienstzulage	ja
Personenkraftwagenfahrer gem. TV vom 10.2.1965	ja
Polizeivollzugszulage	ja/nein[2]
Pool/Liquidation	nein
Prämien im Rahmen des behördlichen oder betrieblichen Vorschlagswesens	nein
Prämien für	
▶ Schreibdienst (z. B. bayer. Landkreis)	ja
▶ Schreibdienst nach Schreibprämienrichtlinie	nein
Programmierzulagen (auch in der Zuwendung)	nein
Provisionen	nein
Prüferzulage nach TV	ja
Reinigungskostenpauschale (Aufwandsentschädigung)	nein
Reisekostenähnliche Entschädigungen	nein
Reisekostenpauschale (steuerpflichtig)	nein
Rettungsdienst (Einsatzzuschlag)	nein
Rufbereitschaft	ja
Sachbezüge (Sachbezugsverordnung)	ja
Sachbezüge (wenn kein lfd. Entgelt gewährt wird)	nein
Samstagsarbeit (Zeitzuschlag) von 13 bis 21 Uhr	ja
Sicherheitsdienstzulage	ja/nein[2]
Sitzungsgeld	nein
Sonderprämie	nein[3]
Sozialzuschlag	ja
Sozialzuschlag für Waldarbeiter	nein
Sparkassensonderzahlung garantierter und variabler Teil (§ 44 TVöD BT-S)	ja
Schichtführerzulage	ja
Schichtlohn	ja
Schichtzulagen (Lohn)	ja
Schmutzzuschlag	ja
Schulbeihilfen	nein
Schreibprämien nach Schreibprämien RL	nein
Schreibzulage z. B. für bayer. Landkreis	ja
Schwerarbeitszuschlag	ja
Sozialzuschlag	ja[4]
Stellenzulage (s. allgem. Zulage)	ja

1) Anlage 3 zum BAT/BAT-O für Komm. Verwaltungs- und Kassendienst.
2) Nicht zusatzversorgungspflichtig; wenn die Zulage aber schon vor dem 1.1.1999 bezogen wurde, ist diese nach Ablauf des Kalendermonats, in dem sie sieben Jahre lang bezogen worden ist, zusatzversorgungspflichtig, längstens jedoch bei Angestellten der Vergütungsgruppe IVb bis I bis zum 31.12.2004 und bei Angestellten der Vergütungsgruppen X bis V a/b bis zum 31.12.2007.
3) TV für im Kampfmittelbeseitigungsdienst beschäftigte Arbeitnehmer.
4) Außer bei Waldarbeitern.

Entgeltliste

Art	Zusatzversorgungspflichtiges Entgelt
Sterbegeld (§ 23 Abs. 3 TVöD)	nein
Steuerpflichtiger Teil der Reisekosten	nein
Steuerpflichtige Zeitzuschläge:	
▶ Samstagszuschlag	ja
▶ Vorfesttagszuschläge	
▶ steuerfreie	nein
▶ steuerpflichtige	ja
▶ Nachtdienstzuschläge	nein
▶ Sonn- und Feiertagszuschläge	nein
Stolarienvergütung	nein
Strukturausgleich (§ 12 TVÜ-VKA)	ja
Stücklohn für Angestellte nach TV iöS	ja
Studiumsbeihilfen	nein
Stufenvorweggewährung (z. B. §§ 16, 17 TVöD oder § 53 TVöD BT-K)	ja
Stundenvergütung bei Arbeit nach Anfall	ja
Stundenvergütung, die über die arbeitsvertraglich vereinbarte Arbeitszeit hinausgeht	ja
Strukturverbesserungsnachzahlung	ja
Tantiemen	nein
Technikerzulage	ja
Teillohnausgleichzulage § 15c BAT-O	ja[1]
Teilzeitarbeit (soziale Sicherung)	ja
Teilzuwendung mit Billigung	ja
Teilzuwendung ohne Billigung	nein
Telefon-Zuschuss	nein
Textverarbeitungsautomatenzulage	ja
Theaterbetriebszulage	ja
Transplantationszulage	ja
Trennungsgeld	nein
Treuegeld für Waldarbeiter	nein
Treueprämie	nein
Treuezulage (AVR) (die Verg.Gr. 1 AVR darf nicht überschritten werden)	ja
Überarbeit (Wegezeit-Umkleidepauschale) z. B. im Krankenhausbereich	ja
Übergangsgeld	nein
Übergangsversorgung nach SR 2x BAT	nein
Übergangszahlung nach § 46 Nr. 4 TVöD BT-V und § 47 Nr. 3 TV-L	nein
Über- oder außertarifliche Leistungen	
▶ einmalig	nein
▶ laufend (sofern nicht explizit durch Betriebsvereinbarung, Dienstvereinbarung oder Arbeitsvertrag als nicht zusatzversorgungspflichtig bezeichnet sind)	ja
Überstunden für Lehrer – SR 2 l1 BAT – (Mehrarbeitsvergütungsverordnung)	nein
Überstundenvergütung für Musikschullehrer – SR 2 l2 BAT –	ja
Überstundenpauschvergütung SR 2s BAT	ja
Überstundenzeitzuschläge (%)	ja
Überstundenvergütung	ja

---

1) Nach dem ehemaligen § 15c BAT-O, nunmehr TV für soziale Absicherung.

Entgeltliste

Art	Zusatzversorgungspflichtiges Entgelt
Unfallentschädigung einmalige	nein
Unterrichtsvergütung	nein
Urlaubsabgeltung aus Anlass der Beendigung	nein
Urlaubsabgeltung von nicht genommenem Jahresurlaub	nein
Urlaubsgeld	nein
Urlaubsvergütung	ja
Urlaubslohn	ja
Vergütungsgruppenzulage	ja
Vermittlungsprovision	nein
Vermögenswirksame Leistungen	nein
Verpflegungskostenpauschale	nein
Verpflegungskostenzuschüsse	nein
Vertretungszulage	ja
Vollstreckungsdienstvergütung (Vollstreckungsaußendienst)	ja/nein[1]
Vollzugszulage (TV v. 24.4.1991)	ja/nein[2]
Vorarbeiterzulage	ja
Vorfeiertagszuschläge soweit steuerpflichtig	ja
Vorweggewährung von Erfahrungsstufen / Lebensaltersstufen	ja
Vorzeitige Abfindung bei laufenden Altersteilzeitverhältnissen	nein
Wäschegeld	nein
Wechselschichtzulage, wenn steuerpflichtig	ja
Weckdienstentschädigung	ja
Wegezeit-Umkleidepauschale = Überarbeit	ja
Wegegeld (Zehrgeld)	nein
Weihnachtszuwendung (einschl. Urlaubsaufschlag)	ja
Wetterbeobachtungszulage	ja
Werkswohnung (die Verbilligung)	nein
Werkzeugaufwendungen	nein
Wintergeld für Waldarbeiter	nein
Wissenschaftliche Ausarbeitungen (Nebentätigkeit)	nein
Wochenhilfeausgleich	ja
Zehrgelder	nein
Zeitzuschläge für	
▶ Überstunden	ja
▶ Arbeit an Sonntagen	nein
▶ Arbeit an Wochenfeiertagen	nein
▶ Arbeit nach 12 Uhr an dem Tag vor dem Ostersonntag, Pfingstsonntag, 1. Weihnachtsfeiertag, Neujahrstag,	
soweit steuerpflichtig	ja
soweit steuerfrei	nein

1) Nach Ablauf des Kalendermonats, in dem sie zehn Jahre lang bezogen worden ist.
2) Die Vollstreckungsdienstvergütung ist nur bei Gerichtsvollziehern ruhegehaltsfähig und in der Zusatzversorgung zusatzversorgungspflichtiges Entgelt (§ 12 der Vollstr-VergV). In allen übrigen Fällen kann sie im Arbeitsvertrag als zusatzversorgungspflichtig bezeichnet werden (Wahlrecht des Arbeitgebers).

Entgeltliste

Art	Zusatzversorgungspflichtiges Entgelt
▶ Nachtarbeit	nein
▶ die Arbeit an Samstagen ab 13.00 Uhr	ja[1]
▶ wenn nicht durch Freizeit abgegolten	nein[2]
Zinsersparnisse für Arbeitgeberdarlehen	nein
Zinsgewinn	nein
Zukunftssicherung z. B. Arbeitnehmeranteile zur Rentenversicherung bzw. Lebensversicherung werden vom Arbeitgeber übernommen	nein
Zulage zur Vergütung	ja[3]
Zulage (Aufwandsentschädigung) § 33 BAT	nein
Zulage für Ärzte (§ 52 Abs. 2 TVöD BT-K; § 51 Abs. 2 bis 4 TVöD BT-B)	ja
Zulage für Lehrer	ja
Zulage für Meister	ja
Zulage gem. § 33 Abs. 1 Buchst. c BAT/BAT-O (Gefahrenzulage)	ja
Zulage im Sozial- u. Erziehungsdienst	ja
Zulage für Verkehrs- und Fahrmeister	ja
Zulage für Schulhausmeister	ja
Zulage für Schwimmmeister	ja
Zulage für Angestellte an Theatern und Bühnen	ja
Zulage für Angestellte in Versorgungsbetrieben	ja[4]
Zulage für Mastbesteigung	ja[5]
Zulagen für Pflegedienst	ja
Zulage nach Tarifvertrag vom 17.5.1982 i.d.F. Änd. TV vom 24.4.1991 (Allgemeine Zulage)	ja[6]
Zulage für Verkehrsmeister – Fahrmeister	ja
Zulage für Vollzugsangestellte bei Psychiatrischen Krankenanstalten	ja[6]
Zulage für Dienst zu ungünstigen Zeiten für Feuerwehrdienst – SR 2x BAT –	ja/nein[7]

1) Dies gilt auch dann, wenn der Zeitzuschlag für Samstagsarbeit im Zusammenhang mit Überstunden geleistet wird.
2) Es handelt sich um einen Zeitzuschlag für Sonn- und Feiertag (z. B. BAT/BAT-O), der, weil kein Freizeitausgleich in Anspruch genommen wurde, steuerpflichtig wird (§ 62 Abs. 2 Satz 1 Buchst. s d. S.).
3) Für Arbeitnehmer, die aus den alten Bundesländern stammen und im Beitrittsgebiet beschäftigt sind.
4) Diese Zulage sollte als nicht zusatzversorgungspflichtig bezeichnet werden (Wahlrecht des Arbeitgebers).
5) Im Flugsicherungsdienst SR 2h BAT-O.
6) Nicht Programmiererzulage.
7) Nicht zusatzversorgungspflichtig; wenn die Zulage aber schon vor dem 1.1.1999 bezogen wurde, ist diese nach Ablauf des Kalendermonats, in dem sie sieben Jahre lang bezogen worden ist, zusatzversorgungspflichtig, längstens jedoch bei Angestellten der Vergütungsgruppe IVb bis I bis zum 31.12.2004 und bei Angestellten der Vergütungsgruppen X bis V a/b bis zum 31.12.2007.

Entgeltliste

Art	Zusatzversorgungspflichtiges Entgelt
Zulage nach Konkurrenzvorschriften	ja[1]
Zulage für Vorarbeiter, Vorhandwerker (§ 17 TVÜ-VKA)	ja
Zuschlag Tarifvertrag für Arbeiter vom 17.5.1982/26.1.1990 TV ab 1.10.1990 aufgehoben	ja
Zuschläge bei Stücklohn – Prämienlohnarbeiten f. Waldarbeiter	ja
Zuschläge für Sonntags-, Feiertags- und Nachtarbeit	nein
Zuschüsse z. B. für Fahr-, Heizungs-, Wohnungs-, Essens-, Kontoführungskosten	nein
Zuschüsse für Telefon	nein
Zuschuss zum Mutterschaftsgeld	nein
Zuwendungs-Tarifvertrag vom 12.10.1973 (ohne nicht zusatzversorgungspflichtige Zulagen)	ja

---

1) Steht eine Technikerzulage nicht zu, weil eine andere Zulage gewährt wird, ist ein Betrag von 23,01 € zusatzversorgungspflichtig, solange die andere Zulage nicht zusatzversorgungspflichtig ist.

2. Höchstgrenze des zusatzversorgungspflichtigen Entgelts für das Vorliegen der Versicherungspflicht (§ 19 Abs. 1 Buchst. k d. S.)

2.1 Tarifgebiet West

Zeitraum	Mtl. Betrag (DM/ab 2002 €)	Kalenderjahr	Jahresbetrag (DM/ab 2002 €)	Kinderbezogene Erhöhung jährl.
1.67 bis 12.75	unbegrenzt		unbegrenzt	
1.76	4 799,62			
2.76 bis 1.77	5 039,60	1976	65 174,82	
2.77 bis 2.78	5 306,69	1977	68 719,88	
3.78 bis 2.79	5 545,49	1978	71 613,77	
3.79 bis 2.80	5 767,31	1979	74 531,39	
3.80 bis 4.81	6 130,66	1980	78 971,88	
5.81 bis 4.82	6 394,27	1981	82 311,07	
5.82 bis 2.83	6 624,46	1982	85 197,22	
3.83 bis 6.83	6 756,95	1983	87 807,21	
7.83 bis 2.84	6 790,07	1984	88 635,23	
3.84 bis 12.84	6 823,19			
1.85 bis 12.85	7 041,54	1985	91 540,02	
1.86 bis 12.86	7 287,99	1986	94 743,87	1 555,40
1.87 bis 2.88	7 535,78	1987	97 965,14	1 606,62
3.88 bis 12.88	7 716,64	1988	99 954,60	1 638,19
1.89 bis 12.89	7 824,67	1989	101 720,71	1 666,29
1.90 bis 12.90	8 017,69	1990	104 229,97	1 693,72
1.91 bis 12.91	8 498,75	1991	110 483,75	1 792,39
1.92 bis 5.92	8 498,75		42 493,75	670,15
6.92 bis 12.92	8 957,68		71 661,44	1 180,16
		1992	114 155,19	1 850,31
1.93 bis 12.93	9 226,41	1993	119 943,33	1 941,63

Höchstgrenze des zusatzversorgungspflichtigen Entgelts

Zeitraum	Mtl. Betrag (DM/ab 2002 €)	Kalenderjahr	Jahresbetrag (DM/ab 2002 €)	Kinderbezogene Erhöhung jährl.
1.94 bis 8.94	9 226,41		73 811,28	1 164,08
9.94 bis 12.94	9 410,94		46 870,25	789,19
		1994	120 681,53	1 953,27
1.95 bis 3.95	9 410,94		28 232,82	445,26
4.95	9 550,94		9 550,94	148,42
5.95 bis 12.95	9 712,08		86 923,12	1 420,87
		1995	124 706,88	2 014,55
1.96 bis 12.96	9 712,08	1996	126 071,44	2 033,55
1.97 bis 12.97	9 838,34	1997	127 286,48	2 057,43
1.98 bis 3.99	9 985,92	1998	129 057,03	2 085,26
4.99 bis 7.00	10 295,49	1999	131 843,99	2 129,19
8.00 bis 8.01	10 501,41	2000	133 802,02	2 160,07
9.01 bis 12.01	10 753,45	2001	136 251,55	2 198,70
1.02 bis 3.03	5 498,16	2002	70 695,34	1 140,35
4.03 bis 12.03	5 630,12	2003	72 068,04	1 159,07
1.04 bis 4.04	5 686,41	2004	73 409,41	1 183,19
5.04 bis 9.05	5 743,28	2005	71 497,05	
10.05 bis 12.06	5 030,00	2006	64 491,64	
1.07 bis 12.07	5 030,00	2007	63 378,00	
1.08 bis 12.08	5 237,48	2008	65 992,25	
1.09	5 384,13			

Höchstgrenze des zusatzversorgungspflichtigen Entgelts

2.2 Tarifgebiet Ost

Zeitraum	Mtl. Betrag (DM/ab 2002 €)	Kalenderjahr	Jahresbetrag (DM/ab 2002 €)
1.97 bis 8.97	8 264,20		
9.97 bis 12.97	8 362,59	1997	105 446,21
1.98 bis 8.98	8 488,02		
9.98 bis 3.99	8 637,82	1998	108 441,45
4.99 bis 7.00	8 905,60	1999	112 049,31
8.00 bis 12.00	9 136,23	2000	114 040,21
1.01 bis 8.01	9 293,75		
9.01 bis 12.01	9 516,82	2001	118 541,35
1.02 bis 3.03	4 948,34	2002	62 564,34
4.03 bis 12.03	5 123,40	2003	64 175,17
1.04 bis 4.04	5 259,92	2004	66 812,44
5.04 bis 9.05	5 312,53	2005	65 722,29
10.05 bis 12.06	4 879,00	2006	61 553,46
1.07 bis 12.07	4 879,00	2007	60 743,55
1.08 bis 3.08	4 879,00		
4.08 bis 12.08	5 080,36	2008	62 646,40
1.09	5 222,61		

3. Grenzwerte für die zusätzliche Umlage von 9 v. H. (§ 76 d. S.)

3.1 Tarifgebiet West

Zeitraum		Monatlich (DM; ab 2002 €)	Verdoppelungs- betrag (DM; ab 2002 €)
von	bis		
1.1.1985	31.12.1985	7 041,54	14 083,08
1.1.1986	31.12.1986	7 287,99	14 575,98
1.1.1987	29. 2.1988	7 535,78	15 071,56
1.3.1988	31.12.1988	7 716,64	15 433,28
1.1.1989	31.12.1989	7 824,67	15 649,34
1.1.1990	31.12.1990	7 957,69	15 915,38
1.1.1991	31.12.1991	8 435,15	16 870,30
1.1.1992	31. 5.1992	8 435,15	16 870,30
1.6.1992	31.12.1992	8 890,65	17 781,30
1.1.1993	31.12.1993	9 157,37	18 314,74
1.1.1994	31. 8.1994	9 157,37	18 314,74
1.9.1994	31.12.1994	9 340,52	18 497,97
1.1.1995	31. 3.1995	9 340,52	18 497,97
1.4.1995	1. 4.1995	9 480,52	18 637,97
1.5.1995	31.12.1995	9 639,41	18 796,85
1.1.1996	31.12.1996	9 639,41	18 796,85
1.1.1997	31.12.1997	9 764,73	18 922,09
1.1.1998	31. 3.1999	9 911,21	19 068,18
1.4.1999	31. 7.2000	10 218,46	19 376,24
1.8.2000	31. 8.2001	10 422,84	19 580,35
1.9.2001	31.12.2001	10 672,99	19 830,42
1.1.2002	31. 3.2003	5 457,02	10 139,14
1.4.2003	31.12.2003	5 587,99	10 270,17

Grenzwerte für die zusätzliche Umlage von 9 v. H.

Zeitraum		Monatlich (DM; ab 2002 €)	Verdoppelungsbetrag (DM; ab 2002 €)
von	bis		
1.1.2004	30. 4.2004	5 643,86	
1.5.2004	30. 6.2007	5 700,30	10 382,53
1.7.2007	31.12.2007	5 698,99	9 118,38
1.1.2008	31.12.2008	5 934,06	9 494,51
1.1.2009		6 100,22	9 760,35

3.2 Tarifgebiet Ost

Zeitraum		Monatlich (DM; ab 2002 €)	Verdoppelungsbetrag (DM; ab 2002 €)
von	bis		
1.1.1997	31. 8.1997	8 202,37	18 922,09
1.9.1997	31.12.1997	8 300,02	13 791,92
1.1.1998	31. 8.1998	8 424,52	14 138,25
1.9.1998	31. 3.1999	8 573,20	14 262,71
1.4.1999	31. 7.2000	8 838,97	14 514,43
1.8.2000	31.12.2000	9 067,88	14 779,64
1.1.2001	31. 8.2001	9 224,21	15 042,70
1.9.2001	31.12.2001	9 445,61	15 523,86
1.1.2002	31. 3.2003	4 911,32	8 071,75
1.4.2003	31.12.2003	5 085,07	8 280,53
1.1.2004	30. 4.2004	5 220,56	
1.5.2004	30. 6.2007	5 272,77	8 520,80
1.7.2007	31. 3.2008	5 527,91	8 015,47
1.4.2008	31.12.2008	5 756,05	8 346,27
1.1.2009		5 917,22	8 579,97

4. Grenzwert nach § 62 Abs. 2 der Satzung für die Bemessung der Umlage

4.1 Tarifgebiet West

Zeitraum		Monatlich DM; ab 2002 €	Kalenderjahr	jährlich DM; ab 2002 €
von	bis			
1.1.1967	31.12.1974	unbegrenzt		unbegrenzt
1.1.1975	31.12.1975	9 319,41	1975	121 152,33
1.1.1976	31. 1.1976	9 302,94		
1.2.1976	31. 1.1977	9 768,09	1976	126 520,02
1.2.1977	28. 2.1978	10 285,80	1977	133 197,69
1.3.1978	28. 2.1979	10 748,67	1978	138 806,97
1.3.1979	31.12.1979	11 178,62	1979	144 462,16
1.1.1980	31.12.1980	11 178,62	1980	145 322,06
1.1.1981	31.12.1981	11 882,89	1981	154 477,57
1.1.1982	31.12.1982	12 393,86	1982	161 120,18
1.1.1983	31.12.1983	12 840,05	1983	166 920,65
1.1.1984	31.12.1984	13 096,86	1984	170 259,18
1.1.1985	31.12.1985	13 096.86	1985	170 259,18
1.1.1986	31.12.1986	13 515,96	1986	175 707,48
1.1.1987	31.12.1987	13 989,03	1987	181 857,39
1.1.1988	31.12.1988	14 464,67	1988	188 040,71
1.1.1989	31.12.1989	14 811,83	1989	192 553,79
1.1.1990	31.12.1990	15 019,20	1990	195 249,60
1.1.1991	31.12.1991	15 274,55	1991	198 569,15
1.1.1992	31.12.1992	16 191,03	1992	210 483,39
1.1.1993	31.12.1993	17 065,36	1993	221 849,68
1.1.1994	31.12.1994	17 577,33	1994	228 505,29
1.1.1995	31.12.1995	17 577,33	1995	228 505,29

Grenzwert nach § 62 Abs. 2 der Satzung

Zeitraum		Monatlich DM; ab 2002 €	Kalenderjahr	jährlich DM; ab 2002 €
von	bis			
1.1.1996	31.12.1996	18 502,63	1996	239 609,06
1.1.1997	31.12.1997	18 502,63	1997	239 609,06
1.1.1998	31.12.1998	18 816,84	1998	243 448,52
1.1.1999	31.12.1999	19 099,09	1999	246 834,73
1.1.2000	31.12.2000	19 099,09	2000	246 834,73
1.1.2001	31.12.2001	19 652,97	2001	253 482,04
1.1.2002	31.12.2002	11 250,00	2002	146 250,00
1.1.2003	31.12.2003	12 750,00	2003	165 750,00
1.1.2004	31.12.2004	12 875,00	2004	167 375,00
1.1.2005	31.12.2005	13 000,00	2005	169 000,00
1.1.2006	31.12.2006	13 125,00	2006	170 625,00
1.1.2007	31.12.2007	13 125,00	2007	170 625,00
1.1.2008	31.12.2008	13 250,00	2008	172 250,00
1.1.2009		13 500,00	2009	175 500,00

4.2 Tarifgebiet Ost

Zeitraum		Monatlich DM; ab 2002 €	Kalenderjahr	jährlich DM; ab 2002 €
von	bis			
1.1.1997	31.12.1997	15 542,21	1997	197 580,35
1.1.1998	31.12.1998	15 994,32	1998	203 181,45
1.1.1999	31.12.1999	16 520,72	1999	209 697,50
1.1.2000	31.12.2000	16 520,72	2000	209 697,50
1.1.2001	31.12.2001	17 098,09	2001	216 690,94
1.1.2002	31.12.2002	9 375,00	2002	121 875,00
1.1.2003	31.12.2003	10 625,00	2003	138 125,00

Steuerrelevante Grenzwerte

Zeitraum		Monatlich DM; ab 2002 €	Kalenderjahr	jährlich DM; ab 2002 €
von	bis			
1.1.2004	31.12.2004	10 875,00	2004	141 375,00
1.1.2005	31.12.2005	11 000,00	2005	143 000,00
1.1.2006	31.12.2006	11 000,00	2006	143 000,00
1.1.2007	31.12.2007	11 375,00	2007	147 875,00
1.1.2008	31.12.2008	11 250,00	2008	146 250,00
1.1.2009		11 375,00	2009	147 875,00

5. Steuerrelevante Grenzwerte

Jahr	Grenzwert § 3 Nr. 56 EStG (jährlich; ab 01/2008 pro erstes Arbeitsverhältnis im Jahr)	Grenzwert § 3 Nr. 63 EStG (jährlich; ab 01/2005 pro erstes Arbeitsverhältnis im Jahr)	Erhöhungsbetrag § 3 Nr. 63 EStG (jährlich; für Neuzusagen ab 01/2005)	Grenzwert § 40 b EStG Alte Fassung (ab 1/2005 nur für kapitalfinanzierte Beiträge)	Neue Fassung (ab 1/2005 nur für umlagefinanzierte Kassen)	Pauschalbesteuerungsbetrag § 16 ATV-K	§ 16 ATV
		€	€	€	€	€	€
2002		2 160,00	...	1 752,00		89,48	92,03
2003		2 448,00	...	1 752,00		89,48	92,03
2004		2 472,00	...	1 752,00		89,48	92,03
2005		2 496,00	1 800,00	1 752,00	1 752,00	89,48	92,03
2006		2 520,00	1 800,00	1 752,00	1 752,00	89,48	92,03
2007		2 520,00	1 800,00	1 752,00	1 752,00	89,48	92,03
2008	636,00	2 544,00	1 800,00	1 752,00	1 752,00	89,48	92,03
2009	648,00	2 592,00	1 800,00	1 752,00	1 752,00	89,48	92,03

Bis zum 31.12.2002 wurde die Umlage nach § 40b EStG pauschal versteuert. Der Grenzwert nach § 3 Nr. 63 EStG kam nicht zur Geltung, da weder von den Zusatzversorgungseinrichtungen ein steuerfreier Zusatzbeitrag erhoben werden konnte, noch war es möglich eine Entgeltumwandlung im öffentlichen Dienst abzuschließen.

Erläuterung der Buchungsschlüssel

Bei Verträgen, die vor dem 1.1.2005 abgeschlossen wurden (Altzusagen), können Beiträge, die über den Grenzwert nach § 3 Nr. 63 EStG hinausgehen, nach § 40b EStG alter Fassung bis zu 1.752,00 € pauschal versteuert werden.

6. Erläuterung der Buchungsschlüssel

6.1 Erläuterungen zu den Einzahlermerkmalen

Einzahler	Erläuterung
01	Einzahler ist, wer das Geld überweist. Der Schuldner im rechtlichen Sinn ergibt sich aus dem Versicherungsmerkmal. Bei Abschnitten einer Pflichtversicherung ohne Aufwendungen gilt als Einzahler, wer die Meldung durchführt.
03	Die Tarifvertragsparteien haben im Zuge der Lohnrundeneinigung vom 9.1.2003 eine Arbeitnehmerbeteiligung an der Zusatzversorgung im Tarifgebiet Ost vereinbart, das heißt, die Beschäftigten müssen ab dem 1.1.2003 einen Beitrag zu ihrer Pflichtversicherung leisten. Ebenso ist es möglich, dass nicht tarifgebundene Arbeitgeber eine Eigenbeteiligung der Beschäftigten an den Kosten zur Zusatzversorgung per Tarifvertrag, Betriebsvereinbarung oder Arbeitsvertrag vereinbaren. Die Zahlung dieser Eigenbeteiligung erfolgt über den Arbeitgeber. Dieser führt nach wie vor eine Umlage sowie einen Zusatzbeitrag an die Zusatzversorgungskasse ab und behält die Eigenbeteiligung vom zusatzversorgungspflichtigen Entgelt des Beschäftigten ein.

6.2 Erläuterungen zu den Versicherungsmerkmalen

Versicherungsmerkmal	Erläuterung
10	Umlage: Anzugeben ist das zusatzversorgungspflichtige Entgelt. Hiervon ist die Umlage zu entrichten (umlage- oder mischfinanzierte Zusatzversorgungseinrichtung). Die Umlage ist mit Steuermerkmal 10 und ab 2008 auch evtl. mit dem Steuermerkmal 01 zu melden.

Erläuterung der Buchungsschlüssel

Versiche-rungs-merkmal	Erläuterung
15	Beitrag: Anzugeben ist das zusatzversorgungspflichtige Entgelt. Hiervon ist der Beitrag zu entrichten (kapitalgedeckte Zusatzversorgungseinrichtung). Der Beitrag ist mit den entsprechenden Steuermerkmalen 01 bis 03 zu melden.
17	zusätzliche Umlage/Beitrag: Anzugeben ist der Teil des Entgelts, der das 1,133-fache der Entgeltgruppe 15 Endstufe übersteigt. Hiervon sind 9 % als Umlage/Beitrag zu entrichten; die zusätzliche Umlage ist weiterhin zu melden und zu zahlen, wenn sie am 31.12.2001 und am 1.1.2002 gezahlt wurde und das Arbeitsverhältnis noch fortbesteht. Die zusätzliche Umlage bei einer umlage- oder mischfinanzierten Zusatzversorgungseinrichtung ist mit dem Steuermerkmal 10 und ab 2008 evtl. auch mit dem Steuermerkmal 01 zu melden. Ein zusätzlicher Beitrag bei einer kapitalfinanzierten Zusatzversorgungseinrichtung ist mit den entsprechenden Steuermerkmalen 01 bis 03 zu melden.
19	Sanierungsgeld: Sanierungsgelder kommen in Betracht, wenn der zum 1.11.2001 maßgebende Umlagesatz weiterhin erhoben wird, aber die Umlage zur Deckung der entstehenden Leistungsverpflichtungen nicht ausreicht. Sanierungsgelder dienen nicht zur Finanzierung von Leistungen, sondern dienen zur Finanzierung des durch die Systemumstellung entstandenen Sanierungsbedarfs der Kasse. Das Sanierungsgeld ist immer mit Steuermerkmal 10 zu melden.
20	Zusatzbeitrag ab 2003. Der Zusatzbeitrag ist für denselben Versicherungsabschnitt wie die Umlage (Versicherungsmerkmal 10 und 23) zu melden. Der Zusatzbeitrag ist mit den entsprechenden Steuermerkmalen 01 bis 03 zu melden.

Erläuterung der Buchungsschlüssel

Versiche-rungs-merkmal	Erläuterung
22	Umlage während einer Altersteilzeit Altersteilzeit **vor** 1.1.2003 vereinbart, sofern nicht Versicherungsmerkmal 24 zu verwenden ist: Mit dieser Kennzahl (Vereinbarung der Altersteilzeit vor 2003) dürfen nur Entgelte gemeldet werden, die von der Kasse mit dem Faktor 1,8 zu multiplizieren sind. Es ist daher das tatsächliche Entgelt während der Altersteilzeit zu melden (Hälfte des vor Beginn der Altersteilzeit bezogenen Entgelts). Entgelte während dieser Zeit, die in voller Höhe gezahlt werden (z. B.: Auszahlung der Überstunden), müssen parallel gemeldet werden (mit Versicherungsmerkmal 10 und 20). Die Umlage während einer Altersteilzeit bei einer umlage- oder mischfinanzierten Zusatzversorgungseinrichtung ist mit dem Steuermerkmal 10 und ab 2008 evtl. auch mit dem Steuermerkmal 01 zu melden. Der Beitrag während einer Altersteilzeit bei einer kapitalfinanzierten Zusatzversorgungseinrichtung ist mit den entsprechenden Steuermerkmalen 01 bis 03 zu melden.
23	Umlage während einer Altersteilzeit Altersteilzeit **nach** dem 31.12.2002 vereinbart. Es ist das auf 90 % hochgerechnete Entgelt während der Altersteilzeit zu melden. Entgelte während dieser Zeit, die in voller Höhe gezahlt werden (z. B.: Auszahlung der Überstunden), müssen dem hochgerechneten Entgelt während der Altersteilzeit hinzugerechnet werden. Die Umlage während einer Altersteilzeit bei einer umlage- oder mischfinanzierten Zusatzversorgungseinrichtung ist mit dem Steuermerkmal 10 und ab 2008 evtl. auch mit dem Steuermerkmal 01 zu melden. Der Beitrag während einer Altersteilzeit bei einer kapitalfinanzierten Zusatzversorgungseinrichtung ist mit den entsprechenden Steuermerkmalen 01 bis 03 zu melden.

Erläuterung der Buchungsschlüssel

Versiche-rungs-merkmal	Erläuterung
24	Umlage während einer Altersteilzeit Altersteilzeit **vor** dem 1.1.2003 vereinbart/abweichende Regelung, gem. § 8 Protokollerklärung zum ATV-K. Wird auf Grund einer Einzelregelung ein Beitrag in die gesetzliche Rentenversicherung gezahlt, der dem Mindestbeitrag von 90 % des Entgelts, das der Bemessung des Altersteilzeit-Entgelts zu Grunde liegt, übersteigt, ist das zusatzversorgungspflichtige Entgelt so zu erhöhen, dass entsprechend mehr Versorgungspunkte auch in der Zusatzversorgung erworben werden. Bei einer Aufstockung auf beispielsweise 95 % ist das zusatzversorgungspflichtige Entgelt um den Faktor 95/90 zu erhöhen und erst danach mit dem Faktor 1,8 zu vervielfältigen. Die Umlage während einer Altersteilzeit bei einer umlage- oder mischfinanzierten Zusatzversorgungseinrichtung ist mit dem Steuermerkmal 10 und ab 2008 evtl. auch mit dem Steuermerkmal 01 zu melden. Der Beitrag während einer Altersteilzeit bei einer kapitalfinanzierten Zusatzversorgungseinrichtung ist mit den entsprechenden Steuermerkmalen 01 bis 03 zu melden.
25	Zusatzbeitrag während einer **vor** dem 1.1.2003 vereinbarten Altersteilzeit. Er ist als eigener Versicherungsabschnitt für denselben Zeitraum zu melden wie der mit Versicherungsmerkmal 22 für die Umlage gemeldete Versicherungsabschnitt. Der Zusatzbeitrag ist mit den entsprechenden Steuermerkmalen 01 bis 03 zu melden.
26	Zusatzbeitrag während einer **vor** dem 1.1.2003 vereinbarten Altersteilzeit mit abweichender Regelung gem. Protokollerklärung zu § 8 ATV-K. Er ist als eigener Versicherungsabschnitt für denselben Zeitraum zu melden wie der mit Versicherungsmerkmal 24 für die Umlage gemeldete Versicherungsabschnitt. Der Zusatzbeitrag ist mit den entsprechenden Steuermerkmalen 01 bis 03 zu melden.

Erläuterung der Buchungsschlüssel

Versiche-rungs-merkmal	Erläuterung
28	Voraussetzung ist Elternzeit während eines ruhenden Arbeitsverhältnisses (§ 35 Abs. 1 d. S.). Elternzeit ist ab dem Tag der Geburt in der Regel bis zu 36 Monate zu melden. Die Elternzeit muss stets taggenau gemeldet werden. Dieses Versicherungsmerkmal ist immer mit dem Steuermerkmal 00 zu melden. Wird während der Elternzeit eine Beschäftigung bei dem Arbeitgeber wieder aufgenommen, mit dem auch Elternzeit vereinbart wurde, endet der Versicherungsabschnitt mit dem Versicherungsmerkmal 28. Ein neuer Versicherungsabschnitt mit Versicherungsmerkmal 10 und 20 beginnt. Einmalzahlungen **aus dem ruhenden Beschäftigungsverhältnis** beenden dagegen den Versicherungsabschnitt nicht; sie begründen einen eigenen Abschnitt. Diese Einmalzahlungen sind deshalb parallel zum Versicherungsmerkmal 28 anzugeben und mit dem Versicherungsmerkmal 10 und 20 zu verschlüsseln. Bestehen gleichzeitig mehrere Versicherungsverhältnisse bei Zusatzversorgungseinrichtungen, muss der Versicherte gegenüber dem Arbeitgeber erklären, in welchem Versicherungsverhältnis die Elternzeit gemeldet werden soll. Eine mehrfache Meldung der Elternzeit ist nicht zulässig. Während der Elternzeit ist immer im Feld „Anzahl Kinder" die Anzahl der Kinder anzugeben, für die Elternzeit tatsächlich beantragt wurde.

Erläuterung der Buchungsschlüssel

Versiche-rungs-merkmal	Erläuterung
40	Fehlzeit (entgeltlose Zeiten, wie z. B. Mutterschutz, Krankheit, Beurlaubung, Langzeitpflege): Dieses Versicherungsmerkmal ist immer mit dem Steuermerkmal 00 zu melden. Die Fehlzeiten sind für die Überprüfung der Versicherungsverläufe und die Voraussetzungen der Wartezeit von Bedeutung. Es erfolgt keine Unterscheidung mehr nach dem Grund der Fehlzeit. Einmalzahlungen in entgeltlosen Zeiten begründen einen eigenen Versicherungsabschnitt bis zum Zeitpunkt, ab dem wieder zusatzversorgungspflichtiges Entgelt gezahlt wird, längstens aber bis zum Ende des Kalendermonats, in dem die Einmalzahlung erfolgt ist. Die Einmalzahlung ist nur zu so viel Zwölftel ($1/12$) pflichtig als Umlagemonate im Jahr der Zahlung vorhanden sind (Ausnahme: Sparkassensonderzahlung). Fehlzeiten, die einen vollen Kalendermonat unterschreiten, sind nicht zu melden. Die Einmalzahlungen sind mit den Versicherungsmerkmalen 10–26 und dem entsprechenden Steuermerkmal zu melden.
41	Ruhendes Arbeitsverhältnis während Bezugs einer befristeten Rente (z. B. nach § 33 TVöD). Zu melden ab dem ersten des Folgemonats, in dem der Bescheid der gesetzlichen Rentenversicherung bei dem Arbeitgeber eingegangen ist, jedoch frühestens ab Beginn der Rente. Dieses Versicherungsmerkmal ist immer mit dem Steuermerkmal 00 zu melden.
45	Zeit als Abgeordneter Diese Zeiten werden auf die Wartezeit von 60 Umlage- oder Beitragsmonaten angerechnet. Dieses Versicherungsmerkmal ist immer mit dem Steuermerkmal 00 zu melden.

Erläuterung der Buchungsschlüssel

Versiche-rungs-merkmal	Erläuterung
47–49	Korrekturmeldungen: Das Zuflussprinzip führt dazu, dass das Entgelt entsprechend den steuerrechtlichen Regelungen zuzuordnen und zu diesem Zeitpunkt auch zu „verpunkten" ist. Nicht der Zufluss der Umlagen/Beiträge bei der Zusatzversorgungseinrichtung ist maßgebend für die Verpunktung, sondern der Zufluss des Arbeitslohnes beim Beschäftigten. Für die Frage, welcher Altersfaktor maßgeblich ist, gilt demnach der Zuflusszeitpunkt des zusatzversorgungspflichtigen Entgelts, nicht der Umlage-/Beitragseingang bei der Zusatzversorgungskasse.
47	Wegfall der Beitrags-/Umlagemonate aufgrund Wegfalls des Entgelts für einen Versicherungsabschnitt Wird im laufenden Jahr ein zusatzversorgungspflichtiges Entgelt eines Vorjahres geändert, so dass sich in dem jeweiligen Vorjahr dadurch die Anzahl der Umlagemonate verändert, so ist eine Berichtigungsmeldung für das jeweilige Vorjahr mit einem eigenen Versicherungsabschnitt und Versicherungsmerkmal 47 zu erstellen. In der Jahresmeldung für das laufende Jahr ist das zusatzversorgungspflichtige Entgelt entsprechend zu verändern.
48	Nach-/Rückzahlung ohne Auswirkung auf Beitrags-/Umlagemonate Erfolgt im laufenden Jahr eine Veränderung des zusatzversorgungspflichtigen Entgelts des Vorjahres, ohne dass sich die Anzahl der Umlage-/Beitragsmonate der Vorjahre und des laufenden Jahres verändert, so ist ein eigener Versicherungsabschnitt mit dem Versicherungsmerkmal 48 im laufenden Jahr zu melden. Bei Rückzahlungen kann sich im laufenden Jahr ein negatives Entgelt ergeben.

Erläuterung der Buchungsschlüssel

Versicherungsmerkmal	Erläuterung
49	Beitrags-/Umlagemonate ohne Entgelt aufgrund späteren Zuflusses des Entgelts Erfolgt eine Nachzahlung für einen Kalendermonat eines Vorjahres, für den bisher kein zusatzversorgungspflichtiges Entgelt gemeldet war und für den steuerrechtlich eine Rückzahlung nicht mehr möglich ist, muss für das jeweilige Vorjahr ein Versicherungsabschnitt mit Versicherungsmerkmal 49 gemeldet werden. Dieses Versicherungsmerkmal ist immer mit dem Steuermerkmal 00 zu melden.

6.3 Erläuterungen zu den Steuermerkmalen

▶ Bei Versicherungsabschnitten mit Umlage (Versicherungsmerkmal 10, 17, 19, 22, 23 und 24) ist Steuermerkmal „10" und ab 2008 auch Steuermerkmal „01" anzuwenden.

▶ Bei Versicherungsabschnitten ohne Entgelt (Versicherungsmerkmal 28, 40, 41, 45 und 49) ist Steuermerkmal stets „00".

▶ Steuermerkmale 01 bis 04 können nur in kapitalgedeckten Systemen angewendet werden

Erläuterung der Buchungsschlüssel

Steuer-merkmal	Erläuterung
00	Für Versicherungsabschnitte einer Pflichtversicherung ohne Aufwendungen ist dieses Steuermerkmal zu verwenden, d. h. nur bei den Versicherungsmerkmalen 28, 40, 41, 45 und 49.
01	§ 3 Nr. 56 EStG und § 3 Nr. 63 EStG: Die Umlage ist ab dem 1.1.2008 nach § 3 Nr. 56 EStG bis zu 1 % der Beitragsbemessungsgrenze der gesetzlichen Rentenversicherung steuerfrei zu stellen. Der Grenzwert erhöht sich ab 2014 auf 2 %, ab 2020 auf 3 % und ab 2025 auf 4 % der Beitragsbemessungsgrenze, ist jedoch jeweils um steuerfreie Beiträge nach § 3 Nr. 63 EStG zu vermindern. Die Steuerfreistellung der Umlage darf nur in einem steuerrechtlich erstem Dienstverhältnis erfolgen. Der zur Kapitaldeckung dienende Beitrag ist in der Regel nach § 3 Nr. 63 EStG steuer- und sozialversicherungsfrei. Dies gilt jedoch – wie bei der Pauschalversteuerung nach § 40b EStG – nur für das „erste Dienstverhältnis" des Arbeitnehmers. Deshalb ist § 3 Nr. 63 EStG nicht anwendbar, wenn in der Lohnsteuerkarte die Steuerklasse VI eingetragen ist.
02–03	Sind in der Pflichtversicherung nur bei Beiträgen/Zusatzbeiträgen zu verwenden.
02	Dieses Steuermerkmal ist in allen Fällen zu verwenden, in denen ein Beitrag pauschal nach § 40b EStG alter Fassung durch den Arbeitgeber versteuert wurde oder eine Pauschalversteuerung nach § 40a Abs. 2 oder Abs. 2a EStG im Rahmen einer geringfügigen Beschäftigung vorgenommen wurde.
03	Dieses Steuermerkmal ist in allen Fällen zu verwenden, in denen ein Beitrag individuell durch den Beschäftigten versteuert wurde.
10	Pauschal/individuell versteuerte Umlage (Rentenbesteuerung nur mit dem Ertragsanteil) Dieses Steuermerkmal ist nur für Versicherungsabschnitte mit Umlage zu verwenden.

Stichwortverzeichnis

A

Abfindung
– Rente 26
– Riester-Förderung 283

Abgeordneter
– Meldebeispiel 143
– Versicherungsabschnitt 143
– Versicherungsmerkmal 314

ABM
– Versicherungspflicht 61

Abmeldung 76
– Allgemein 73
– Folgen 73
– Kennzahlen 77
– Meldung 77
– Übergangsversorgung 78

Abschlag
– Freiwillige Versicherung 267
– Wegen vorzeitiger Inanspruchnahme einer Rente 20

Absenkung der Leistungszusage 12
– Auswirkungen auf soziale Komponente 13

Agentur für Arbeit
– Versicherungspflicht bei Leistungen 62

Alterseinkünftegesetze 275

Altersfaktoren 5

Altersrente
– Ende der Pflichtversicherung 82
– Versicherungspflicht 64

Altersteilzeit
– Entgeltumwandlung vor Altersteilzeit 277
– halber Ortszuschlag 146
– in Sonderfällen 155
– Jahressonderzahlung 146, 149

– Krankheit 152
– Meldebeispiele 145
– Meldung 136
– Meldung des Entgelts 12
– Rente aus 11
– Rückabwicklung 153
– Startgutschrift 14
– Störfall 153
– Stornierung 153
– Überstunden während 146
– Versicherungsabschnitt 145
– Versicherungsmerkmale 314

Altersvorsorge-TV 2

Anerkennungsjahr
– Heilerziehungspflegeschüler 51
– Operationstechnischer Assistenten 51
– Versicherungspflicht 51

Angestellte mit beamtenrechtlicher Versorgung
– Entgeltumwandlung 270

Anmeldung
– Beginn der Versicherungspflicht 4
– Unverzüglich 37
– Versicherungspflicht 37

Anpassung
– der Renten 26

Anrechnung
– Freiwillige Versicherung 267

Antrag
– auf Rente 19

Arbeitgeber
– Mitwirken bei Rentenantrag 20
– Mitwirkung bei freiwilliger Versicherung 264

Arbeitgeber-Höherversicherung 268
– nach Ende des Arbeitsverhältnisses 264, 265

Stichwortverzeichnis

Arbeitgeberwechsel
– bei Beteiligung des früheren Arbeitgebers **79**

Arbeitsbeschaffungsmaßnahme
– Versicherungspflicht **61**

Arbeitsgemeinschaft der kommunalen und kirchlichen Zusatzversorgungskassen **35**

Arbeitsunfall
– Wartezeit **17**

Arbeitsunterbrechung
– Meldung **158**
– saisonbedingte **55**
– Versicherungspflicht **55**

Arbeitsverhältnis
– Befristetes Arbeitsverhältnis **49**
– Ende **73**
– mehrere **43**

Arbeitsvertrag
– mehrere **43**

Arbeitszeit
– Änderung (Meldung) **144**

Arzt
– Chefarzt **60**
– im Praktikum **51**
– Tierarzt **56**

Aufgabe der ZV **1**

Auflösungsvertrag
– Bonuspunkte **9, 75**

Aufwandsentschädigung
– Versicherungspflicht **42**

Ausscheiden aus dem Arbeitsverhältnis
– Fortsetzung der freiwilligen Versicherung **264**

Außertariflich Beschäftigte
– Versicherungspflicht **60**

Auszahlung
– der Renten **26**

Auszubildende
– Freiwillige Versicherung **263**
– Versicherungspflicht **50**

B

Beamte
– Nachversicherung **39, 40**
– Versicherungspflicht **39**

Beamtenrechtliche Versorgung
– Entgeltumwandlung **270**
– Versicherungspflicht **59**

Beendigung des Arbeitsverhältnisses
– Jahressonderzahlung **193**

Befreiung von Versicherungspflicht **59**

Befristetes Arbeitsverhältnis
– Rückwirkende Anmeldung **254**

Beitrag **28**
– Arbeitgeber in Pflichtversicherung **5**
– Begriff **104**
– Berechnung **105**
– Eigenbeteiligung am Beitrag **113**
– Fälligkeit **106**
– Freiwillige Versicherung **265**
– Meldung **117**
– Versicherungsmerkmal **314**

Beitragsfreie Pflichtversicherung **76**
– Bonuspunkte **4, 9**
– Startgutschrift **16**
– Überschussverteilung **4**
– Zurechnungszeiten **9**

Beitragsfreie Versicherung
– Freiwillige Versicherung **265**

Berichtigungsmeldung **138**
– Zuflussprinzip **98**

Berufsständische Versorgung
– Entgeltumwandlung **270**
– Riester-Förderung **282**
– Versicherungsfall **18**
– Versicherungspflicht **67**

Beschäftigte
– Begriff **39**
– Freiwillig Versicherte **263**

Besteuerung
– Rente **27, 28**
– Riester-Förderung **291**

Stichwortverzeichnis

Betriebsrente
- Berechnung **5**
- Betriebsrentenformel **6**
- Umstellung der **14**
- Umstellung zum 1.1.2002 **14**
- Verzinsung **5, 7**

Beurlaubung
- Bonuspunkte **12**
- ohne Bezüge **12**
- Zurechnungszeiten **12**

Beurlaubung ohne Bezüge
- Bonuspunkte **12**
- Meldung **158**
- Zurechnungszeiten **12**

Bonuspunkte
- Allgemein **7**
- Auflösungsvertrag **9, 75**
- bei beitragsfreier Pflichtversicherung **9**
- beitragsfreier Versicherung **4, 9**
- Berechnung **7**
- Beurlaubung **12**
- Beurlaubung ohne Bezüge **12**
- Freiwillige Versicherung **260**
- nach Ende des Arbeitsverhältnisses **74**
- Pflichtversicherung **7**
- Saisonarbeitnehmer **8, 80**
- Überleitung **7, 36**
- Waldarbeiter **7, 79**
- witterungsabhängige Arbeitsverhältnisse **7**

Buchungsschlüssel
- Einzahler **314**
- Meldung **141**
- Steuermerkmal **321**
- Versicherungsmerkmal **314**
- Verzeichnis **141, 314**

Bundesbahn-Versicherungsanstalt
- Versicherungspflicht **67**

Bürgermeister
- Ehrenamtliche, Versicherungspflicht **41**
- Hauptamtliche, Versicherungspflicht **39**

C

Caritas
- Arbeitsverträge **2**
- AVR **2**

Chefarzt
- Versicherungspflicht **60**

D

Diözese
- Anspruch auf ZV **2**

Direktversicherung **271**

Direktzusage **271**
- Durchführungsweg **271**

Durchführungsweg
- Entgeltumwandlung **271**

E

Ehegatte
- Riester-Förderung **282**
- Sonderausgabenabzug **288, 289**

Ehrenamt
- Versicherungspflicht **41**

Eigenbeiteilung
- Eigenbeteiligung am Beitrag **113**

Eigenbeitrag
- Riester-Förderung **285**

Eigenbeteiligung **112**
- Begriff **105**
- Eigenbeteiligung an der Umlage **113**
- Steuerrechtliche Behandlung **126**

Eignungsübung
- Meldebeispiel **231**
- Meldung **228**

Ein-Euro-Job
- Versicherungspflicht **63**

Eingliederung in Arbeit
- Versicherungspflicht **61**

Einmalige Zahlungen
- bei Elternzeit **166**
- Meldebeispiele **162**
- nach Ende Arbeitsverhältnis **162**
- Zuflussprinzip **93**

::rehm　　ZUSATZVERSORGUNG　325

Stichwortverzeichnis

Einzahler
– Buchungsschlüssel 314
Elternzeit
– Arbeitseinkommen 165
– Einmalige Zahlungen 165
– mehrere Kinder 168
– Meldebeispiele 165
– Meldung 165
– Riester-Förderung 287
– Soziale Komponente 10
– Versicherungsmerkmal 314
– Wiederaufnahme der Beschäftigung 174
– Zwillingsgeburt 168
Ende Arbeitsverhältnis
– bei Entgeltumwandlung 280
– bei Erwerbsminderungsrente 22
– Bonuspunkte 74
– Entgeltzahlung 101
– Folgen 73
– Freiwillige Versicherung 75
– Freiwillige Versicherung (Festsetzung) 264
– Nachzahlung nach 250
– Rückforderung nach 250
– siehe auch: Ende Pflichtversicherung 73
Ende Pflichtversicherung 76
– Altersrente, sonstige 82
– Bonuspunkte 74
– Erwerbsminderung 83
– Folgen 73
– Freiwillige Versicherung 75
– Regelaltersrente 82
– Rente 82
– Saisonarbeitnehmer 80
– siehe auch: Ende Arbeitsverhältnis 73
– Vollendung 65. Lebensjahres 46
– Witterungsabhängiges Arbeitsverhältnis 79
Entgelt
– bei Entgeltumwandlung 271
– Entgeltliste 295
– laufendes (Meldung) 136
– Zusatzversorgungspflichtiges 88

Entgeltliste 295
Entgeltumwandlung 269
– Altzusage 273
– Angestellte mit beamtenrechtlicher Versorgung 270
– Arbeitsvertragliche Vereinbarung 279
– Auswirkung auf tarifliche Bezüge 277
– Auswirkung auf zusatzversorgungspflichtiges Entgelt 277
– Auswirkungen auf gesetzliche Rente 277
– beamtenrechtliche Versorgung 270
– Begriff 269
– berufsständische Versorgung 270
– Durchführungswege 271
– Einschränkung der Steuerfreizeit 273
– Ende Arbeitsverhältnisses 280
– Erstes Arbeitsverhältnis 270
– Fortführen der Versicherung 280
– Geringfügig Beschäftigte 270
– Grenzbetrag 313
– Grenzbetrag für Steuer- und Sozialversicherungsfreiheit 272
– Grenzen 272
– Hartz-IV-Sicherheit 279
– Inanspruchnahme der Steuerfreiheit durch Arbeitgeber 273
– Inanspruchnahme der Steuergrenzen durch den Arbeitgeber 275
– Kapitalabfindung 279
– lebenslange Rente 279
– Meldung 165
– Mindestbeitrag 272
– Neuzusage 273
– Personenkreis 270
– Übersteigen des Grenzbetrages 274
– Umwandelbares Entgelt 271
– Verfahren 279
– Versicherungsschein 280
– Versicherungsvertrag 279
– Versteuerung der Rentenleistung 278
– vor Altersteilzeit 277
– Zusatzversorgungspflichtiges Entgelt 88

Stichwortverzeichnis

Entwicklungshelfer
- Meldebeispiel **178**

Ersatzansprüche
- im Rentenantrag **20**

Erstes Arbeitsverhältnis
- Entgeltumwandlung **270**

Erwerbsminderung
- Rente wegen teilweiser Erwerbsminderung **21**
- Zurechnungszeiten **22**
- auf Dauer **22, 84**
- auf Zeit **22, 85**
- Auswirkungen bei Ende Arbeitsverhältnis **75**
- Ende der Pflichtversicherung **83**
- Entgelt bei Rente auf Zeit **102**
- freiwillige Versicherung **262**
- nicht in der gesetzlichen Rentenversicherung Versicherte **21**
- Rente wegen voller Erwerbsminderung **21**
- teilweise Erwerbsminderung **85**
- Versicherungspflicht **65**
- Zeitrente **22**
- Zurechnungszeiten **9**

F

Fälligkeit
- Beiträge **106, 109**
- Sanierungsgelder **106, 109**
- Umlagen **106, 109**

Fehlzeiten
- Meldebeispiele **158**
- Versicherungsmerkmal **314**

Feuerwehrkommandant
- Versicherungspflicht **42**

Fiktiver Urlaubslohn **196**
- Krankheit **198**

Finanzierung
- Beitrag **28**
- Beitrag (Meldung) **117**
- der Betriebsrenten **28**
- Eigenbeteiligung **30**
- Meldebeispiele **115**

- Sanierungsgeld **28**
- Sanierungsgeld (Meldung) **116**
- Umlage **28**
- Umlage (Meldung) **116**
- unterschiedlich finanzierte Zusatzversorgungseinrichtungen **115**
- Zusatzbeitrag **28**
- Zusatzbeitrag (Meldung) **117**

Fleischkontrolleure
- Versicherungspflicht **56**

Freistellung
- Unbezahlte (Meldung) **221**

Freiwillige Versicherung **4, 257**
- Abschlag **267**
- Anrechnung **267**
- Ausscheiden aus dem Arbeitsverhältnis **264**
- Ausschluss Erwerbsminderung **262**
- Auswahl des Risikos **261**
- Auszubildende **263**
- Begründung **263**
- Beiträge **265**
- Beitragsfreie Versicherung **265**
- Berechnung **258**
- Beschäftigte **263**
- Bonuspunkte **260**
- Ende des Arbeitsverhältnisses **75**
- Fortsetzung der freiwilligen Versicherung **264**
- Garantierte Leistung **259**
- Grundsätzliches **257**
- Hartz-IV-Sicherheit **266**
- Hinterbliebenenversorgung **261**
- Inhalt des Vertrages **263**
- Kapitalwahlrecht **262**
- Kündigung **266**
- Mitwirkung des Arbeitgebers **264**
- Modellrechnungen **264**
- Personenkreis **263**
- Regelbeitrag **258**
- Rente **267**
- Rentenbeginn **267**
- Staatliche Förderung **267**
- Tarif 2007 (Alt-Tarif) **258**
- Tarif 2009(Neu-Tarif) **259**
- Überschussbeteiligung **260**

Stichwortverzeichnis

- Verzicht auf Kündigung 266
- Verzinsung 259
- Voraussetzungen 263
- Vorteile 268
- Vorzeitige Inanspruchnahme 267
- Wartezeit 257
- Wissenschaftliche Tätigkeit 65
- Zurechnungszeiten 261

Freiwilliges soziales Jahr
- Versicherungspflicht 42

G

Garantierte Leistung
- Freiwillige Versicherung 259

Gemeindeassistent
- Versicherungspflicht 58

Geringfügig Beschäftigte
- Entgeltumwandlung 270
- Geringfügig entlohnte Beschäftigte 47
- Kurzfristig Beschäftigte 47
- Meldebeispiel 182
- Riester-Förderung 282
- Sozialversicherungsrechtliche Behandlung 183
- Steuerrechtliche Behandlung 183
- Versicherungspflicht 46
- Voraussetzungen 182

Gesamtversorgungssystem 1
- Reform 3

Grenzbetrag
- Entgeltumwandlung 313
- Pauschalversteuerung 313
- Steuer 313
- Steuerrelevante Beträge 313
- Versicherungspflicht 306
- Zusätzliche Umlage 309
- Zusatzversorgungspflichtiges Entgelt 311

Grundsicherung 1

Grundversorgung
- ausländische, Versicherungspflicht 53

Grundzulage
- Riester-Förderung 284

Gruppenüberleitung 71

H

Hartz-IV-Sicherheit
- Entgeltumwandlung 279

Heimarbeiter
- Versicherungspflicht 42

Hinterbliebenenversorgung 23
- Auswirkungen bei Ende Arbeitsverhältnis 75
- für eingetragene Lebenspartnerschaften 25
- Riester-Förderung 283
- Schädliche Verwendung 290
- Verzicht auf 261
- Zurechnungszeiten 9, 23, 24

Höchstgrenze
- Entgelt im Monat der Zuwendung 92
- Zusatzversorgungspflichtiges Entgelt 89

J

Jahresabrechnung 138

Jahresmeldung
- Datenträgeraustausch 138
- Manuell 137

Jahressonderzahlung 189
- bei Altersteilzeit 149
- bei Beendigung des Arbeitsverhältnisses 193
- bei Krankengeldzuschuss 196
- bei Ruhen des Arbeitsverhältnisses 193
- bei Wehr- oder Ersatzdienst 196
- Meldebeispiel 189
- nach Ende des Arbeitsverhältnisses 193
- Sparkassensonderzahlung 217
- während des Mutterschutzes 206
- während eines bestehenden Arbeitsverhältnisses 190
- während Elternzeit 11
- Waldarbeiter 195
- Zusätzliche Umlage 108

Stichwortverzeichnis

K

Kapitalabfindung
- Entgeltumwandlung 279

Kapitaldeckung 3, 8

Kapitalwahlrecht
- freiwillige Versicherung 262

Kassenwechsel des Arbeitgebers 71
- Überleitung 71

Kindererziehungszeiten
- Soziale Komponente 10

Kinderzulage
- Riester-Förderung 284

Krankenbezüge
- Meldung 200, 208
- Rentenbeginn 200

Krankengeldzuschuss
- Jahressonderzahlung 196
- Meldung 201, 208

Krankheit
- fiktive Entgeltzahlung 198
- Fiktiver Urlaubslohn 198
- Krankenbezüge 200
- Krankengeldzuschuss 201
- Lohnfortzahlung 201
- Meldebeispiele 198
- Sozialversicherungsrechtliche Behandlung des fiktiven Entgelts 198
- Steuerrechtliche Behandlung des fiktiven Entgelts 198
- während Altersteilzeit 152

Kündigung
- Freiwillige Versicherung 266
- Hartz-IV-Sicherheit 266
- Verzicht 266

Kurzarbeit
- Meldung 205

Kurzfristig Beschäftigte
- Versicherungspflicht 47

L

Langzeitarbeitslose
- Versicherungspflicht 61

Lebensversicherung
- Tarifgebiet Ost 68
- Versicherungspflicht 68

Leitende Angestellte
- Freiwillige Versicherung 263
- Versicherungspflicht 60

Lohnfortzahlung
- Meldung 200, 208
- Rentenbeginn 200

Lohnkostenzuschuss
- Versicherungspflicht 61

M

Meldeverfahren
- Abgeordneter 143
- Allgemein 135
- Altersteilzeit 145
- Änderung der Arbeitszeit 144
- Arbeitsunterbrechung 158
- Befristetes Arbeitsverhältnis 254
- Beitrag 117
- Berichtigungsmeldung 138
- Beurlaubung ohne Bezüge 158
- Buchungsschlüssel 141, 314
- Eignungsübung 228, 231
- Einmalige Zahlungen 162
- Elternzeit 165
- Entgeltumwandlung 165, 175
- Entwicklungshelfer 178
- Finanzierung 115
- Geringfügig Beschäftigte 182
- Jahresabrechnung 138
- Jahressonderzahlung 189
- Krankenbezüge 200
- Krankengeldzuschuss 201
- Krankheit 198
- Kurzarbeit 205
- Laufende Entgeltzahlung 136
- Lohnfortzahlung 200, 201
- Mutterschutz 165, 205
- Nachmeldung 138, 139
- Nachversicherung Teilzeitbeschäftigte 222
- Namensänderung 138
- Rente 208

Stichwortverzeichnis

- Rentenbeginn **208**
- Rückwirkender Rentenbezug **208**
- Saisonarbeitnehmer **214**
- Sanierungsgeld **116, 215**
- Soldat auf Zeit **228, 231**
- Sonderurlaub **158**
- Sparkassensonderzahlung **217**
- Teilzeit **220**
- Umlage **116**
- Umschüler **220**
- Unbezahlte Freistellung **221**
- Versicherungsabschnitt **135, 141**
- Waldarbeiter **226**
- Wehrdienst **228**
- Wehrübung **228, 230**
- Zeitrente **234**
- Zeitsoldat **228, 231**
- Zivildienst **228**
- Zuflussprinzip **237**
- Zusatzbeitrag **117, 252**
- Zusätzliche Umlage **106, 254**

Messbetrag **6**

Mindestalter
- Versicherungspflicht **43**

Mindestbeitrag
- Entgeltumwandlung **272**

Modellrechnungen
- Freiwillige Versicherung **264**

Mutterschutz
- Jahressonderzahlung während **206**
- Meldebeispiele **205**
- Meldung **165**
- Wiederaufnahme der Beschäftigung im Anschluss **173**

N

Nachmeldung
- Meldung **139**

Nachteilsausgleich
- Zuflussprinzip **103**

Nachversicherung
- Beamte **39**
- teilzeitbeschäftigte Arbeitnehmer **49**
- Teilzeitbeschäftigte (Meldung) **222**
- Zeitsoldat **39**

Nachversicherung Teilzeitbeschäftigte
- Meldung **222**

Nachzahlung
- Nachteilsausgleich **103**

Namensänderung **138**

Nicht in ges. Rentenversicherung Versicherte
- teilweise Erwerbsminderung **21**
- Versicherungsfall **18**
- volle Erwerbsminderung **21**

O

Ordensmitglied
- Versicherungspflicht **58**

Organist
- Versicherungspflicht **58**

P

Pastoralassistent
- Versicherungspflicht **58**

Pauschalversteuerung
- Grenzbetrag **313**
- Umlagen **119**

Pensionsfonds
- Durchführungsweg **271**

Pensionskasse
- Durchführungsweg **271**
- Vorteile der Zusatzversorgung **281**

Personenkreis
- Entgeltumwandlung **270**
- Freiwillige Versicherung **263**
- Riester-Förderung **282**

Pflichtversicherung
- Anmeldung **4**
- Beginn **4**
- Ende **4**
- Entstehen **37**
- Fortführung bei Wechsel Arbeitgeber **58, 79**
- Riester-Förderung **288**
- Unterbrechung bei Waldarbeiter **79**

Stichwortverzeichnis

Praktikanten
– Versicherungspflicht **50**
Probezeit
– Versicherungspflicht **48**

R

Rechtsgrundlagen
– der Zusatzversorgung **2**
Referenzentgelt **6**
Reform der Zusatzversorgung **3, 14**
Regelaltersrente
– Anhebung **45**
– Beginn Versicherungspflicht **44**
– Ende der Pflichtversicherung **82**
Regelbeitrag
– Freiwillige Versicherung **258**
Rente
– Abfindung **26**
– Abschläge wegen vorzeitiger Inanspruchnahme **20**
– Allgemeine Voraussetzungen **17**
– Anpassung **26**
– Auszahlung **26**
– Beiträge zur Kranken- und Pflegeversicherung **28**
– Besteuerung **28**
– Ende der Pflichtversicherung **82**
– Finanzierung **28**
– Freiwillige Versicherung **267**
– Hinterbliebenenversorgung **23**
– Meldung **208**
– Mitwirken des Arbeitgebers **20**
– Rückwirkender Rentenbezug **200, 208**
– Versteuerung **27**
– Waisen **25**
– Weitere Voraussetzungen **19**
– Witwenrente **23**
– Zeitrente (Meldung) **234**
Rente
– Antrag **19**
Rentenbeginn
– Krankenbezüge **200**
– Lohnfortzahlung **200**
– Rückwirkender Rentenbezug **208**

Rentenversicherung, gesetzliche
– nicht in der gesetzlichen Rentenversicherung Versicherte **17**
– Pflichtversicherte **17**
– Versicherungsfälle **17**
Richter
– Versicherungspflicht **39**
Riester-Förderung **282**
– Anpassung der Beiträge **286**
– Berufseinsteiger-Bonus **284**
– Berufsständische Versorgung **282**
– Besteuerung **291**
– Dauerzulagenantrag **292**
– Ehegatte **282**
– Eigenbetrag **285**
– Elternzeit **287**
– Förderungsberechtigter Personenkreis **282**
– Geringfügig Beschäftigte **282**
– Grundzulage **284**
– Hinterbliebenenversorgung **283, 290**
– Kapitalabfindung **283**
– Kapitalentnahme **290**
– Kinderzulage **284**
– Riester-Zulagen in der Pflichtversicherung **288**
– Schädliche Verwendung **290**
– Sockelbeitrag **286**
– Sonderausgabenabzug **288, 289, 293**
– Verfahren **292**
– Verhältnis Sonderausgaben zur Zulage **290**
– Versicherungsvertrag **292**
– Zertifizierung **283**
– Zulage **284**
– Zulagenantrag **285, 292**
Risiko
– Auswahl bei freiwilliger Versicherung **261**
– Verzicht auf Erwerbsminderungsrente **262**
– Verzicht auf Hinterbliebenenversorgung **261**
Ruhen des Arbeitsverhältnisses
– Jahressonderzahlung **193**

Stichwortverzeichnis

S

Saisonarbeitnehmer
- Arbeitsunterbrechung 55
- Bonuspunkte 8, 80
- Ende der Pflichtversicherung 80
- Meldung 214
- Versicherungspflicht 55
- Wartezeit 44

Sanierungsgeld 28
- Begriff 104
- Fälligkeit 106
- Meldebeispiel 215
- Meldung 116
- Steuerrechtliche Behandlung 125
- Versicherungsmerkmal 314

Sanierungstarifvertrag
- Absenkung der Leistungszusage 13

Schädliche Verwendung 290
- Hinterbliebenenversorgung 290
- Riester-Förderung 290

Schüler 51
- Altenpfleger 51
- Altenpflegeschüler 51
- Entbindungspfleger 51
- Heilerziehungspfleger 51
- Kinderkrankenpfleger 51
- Krankenpfleger 51
- Krankenpflegeschüler 51
- Operationstechnischer Assistent 51
- Versicherungspflicht 50

Schwerbehinderte Menschen
- Startgutschrift 14

Sockelbeitrag
- Riester-Förderung 286

Soldat
- Versicherungspflicht 39
- Zeitsoldatenversicherungspflicht 59

Soldat auf Zeit 232

Sonderausgabenabzug 288, 289
- Ehegatte 288, 289
- Geltendmachung 293
- Riester-Förderung 289

- Verhältnis zu Zulage 290
- Zusammenveranlagung von Ehegatten 289

Sonderurlaub
- Geburt eines weiteren Kindes 172
- im Anschluss an Elternzeit 171
- Meldebeispiele 158

Sonderurlaub im Anschluss
- Elternzeit 171

Soziale Komponente
- Absenkung der Leistungszusage 13
- Begriff 9
- Elternzeit 10
- Kindererziehungszeiten 10
- Weihnachtszuwendung 10
- Zurechnungszeiten 9

Sozialversicherungsrechtliche Behandlung
- fiktives Entgelt bei Krankheit 198
- Geringfügig Beschäftigte 183
- Umlagen 126

Sparkassensonderzahlung
- Meldeverfahren 217

Staatliche Förderung
- Entgeltumwandlung 269
- Freiwillige Versicherung 267
- Riester-Förderung 282

Startgutschrift
- Allgemein 14
- bei Altersteilzeit 14
- Beitragsfrei Versicherte 16
- Rechtsprechung zur rentenfernen Startgutschrift 16
- Rentenferne Versicherte 15
- Rentennahe Versicherte 14
- Schwerbehinderte Menschen 14

Sterbegeld 26

Sterbevierteljahr 24

Steuer
- Versteuerung der Rentenleistung 27

Steuermerkmal
- Buchungsschlüssel 321

Stichwortverzeichnis

Steuerrechtliche Behandlung
- Eigenbeteiligung **126**
- fiktives Entgelt bei Krankheit **198**
- Geringfügig Beschäftigte **183**
- Sanierungsgeld **125**
- Umlage **119**
- Zusatzbeitrag **124**

Strukturanpassungsmaßnahme
- Versicherungspflicht **61**

Student
- Versicherungspflicht **52**

T

Teilrente
- kein Versicherungsfall **18**
- Versicherungspflicht **54, 64**

Teilzeit
- Auswirkungen auf Rente **12**
- Meldebeispiel **220**
- Nachversicherung **49**
- Nachversicherung (Meldung) **222**
- tariflich nicht zu versichern **222**
- Versicherungspflicht **54**

Tierarzt
- Versicherungspflicht **56**

U

Übergangsversorgung
- Abmeldung **78**
- Versicherungspflicht **69**

Überleitung **36, 69**
- Bonuspunkte **7, 36**
- Gruppenüberleitung **71**
- Kassenwechsel des Arbeitgebers **71**
- mit der Versorgungsanstalt des Bundes und der Länder **36, 70**
- zwischen kommunalen und kirchlichen Kassen **70**
- zwischen kommunalen und kirchlichen Zusatzversorgungseinrichtungen **36**

Überschussbeteiligung
- Freiwillige Versicherung **260**

Überschussverteilung **5, 7**
- bei beitragsfreier Versicherung **4**

Übungsleiter
- Versicherungspflicht **40**

Umlage **28**
- Begriff **104**
- Berechnung **105**
- Eigenbeteiligung an der Umlage **113**
- Fälligkeit **106**
- Grenzwert zusatzversorgungspflichtiges Entgelt **311**
- Meldung **116, 135**
- Pauschalversteuerung **119**
- Sozialversicherungsrechtliche Behandlung **126**
- Steuerrechtliche Behandlung **119**
- Überweisung (Muster) **110**
- Versicherungsmerkmal **314**
- Zusätzliche (Meldung) **106**

Umschüler
- Meldung **220**
- Versicherungspflicht **52**

Unbezahlte Freistellung
- Meldung **221**

Unterstützungskasse **271**

V

Vergütung
- außertariflich **60**
- über BAT I **60**

Vermögenswirksame Leistungen
- Entgeltumwandlung **271**

Verschaffungsanspruch **2**

Versicherungsabschnitt
- Abgeordneter **143**
- Altersteilzeit **145**
- Änderung der Arbeitszeit **144**
- Arbeitsunterbrechung **158**
- Begriff **135**
- Beurlaubung ohne Bezüge **158**
- Buchungsschlüssel **141**
- Eignungsübung **228, 231**
- Einmalige Zahlungen **162**
- Elternzeit **165**
- Entgeltumwandlung **175**
- Entwicklungshelfer **178**

Stichwortverzeichnis

- Geringfügig Beschäftigte **182**
- Jahressonderzahlung **189**
- Krankheit **198**
- Kurzarbeit **205**
- Meldeverfahren **226**
- Meldung **135**
- Mutterschutz **205**
- Nachversicherung Teilzeitbeschäftigter **222**
- Rente **208**
- Rückwirkender Rentenbezug **208**
- Saisonarbeitnehmer **214**
- Sanierungsgeld **215**
- Soldat auf Zeit **228, 231**
- Sonderurlaub **158**
- Sparkassensonderzahlung **217**
- Teilzeit **220**
- Unbezahlte Freistellung **221**
- Waldarbeiter **226**
- Wehrdienst **228**
- Wehrübung **228, 230**
- Zeitrente **234**
- Zeitsoldat **228, 231**
- Zivildienst **228**
- Zuflussprinzip **237**
- Zusatzbeitrag **252**
- Zusätzliche Umlage **254**

Versicherungsarten **4**

Versicherungsfall
- Begriff **17**
- Berufsständische Versorgung **18**
- nicht in der gesetzlichen Rentenversicherung Versicherte **18**
- Pflichtversicherte in der gesetzlichen Rentenversicherung **17**
- Teilrente **18**

Versicherungsmerkmal
- Abgeordneter **314**
- Altersteilzeit **314**
- Beitrag **314**
- Buchungsschlüssel **314**
- Elternzeit **314**
- Fehlzeit **314**
- Sanierungsgeld **314**
- Umlage **314**
- Zeitrente **314**

- Zuflussprinzip **314**
- Zusatzbeitrag **314**
- Zusätzliche Umlage **314**

Versicherungsnachweis **27**

Versicherungspflicht
- Altersrente **46, 64**
- Altersteilzeit **54**
- Anerkennungsjahr **51**
- Arbeit auf Abruf **54**
- Arbeitsbeschaffungsmaßnahme **61**
- Arzt im Praktikum **51**
- Aufwandsentschädigung **42**
- Ausländische Grundversorgung **53**
- Ausnahmen **59**
- Außertariflich Beschäftigte **60**
- Auszubildende **50**
- Beamte **39**
- Beamtenrechtliche Versorgung **59**
- Befreiung **59**
- Befristetes Arbeitsverhältnis **49**
- Beginn **4**
- Berufsständische Versorgung **67**
- Betriebsrentenzusage **59**
- Bundesbahn-Versicherungsanstalt **67**
- Chefarzt **60**
- Ehrenamtliche Bürgermeister **41**
- Ein-Euro-Job **63**
- Eingliederung in Arbeit **61**
- Ende **73**
- Erwerbsminderungsrente **65**
- Erziehungsurlaub **54**
- Feuerwehrkommandant **42**
- Fleischkontrolleur **56**
- Freiwilliges soziales Jahr **42**
- Gemeindeassistent **58**
- Geringfügig Beschäftigte **46**
- Hauptamtliche Bürgermeister **39**
- Heilerziehungspflegeschüler **51**
- Heimarbeiter **42**
- Höchstgrenze **306**
- Inhaber von Ehrenämtern **41**
- Kurzfristig Beschäftigte **47**
- Langzeitarbeitslose **61**
- Lebensversicherung **68**
- Lebensversicherung im Tarifgebiet Ost **68**

Stichwortverzeichnis

- Leitende Angestellte **60**
- Lohnkostenzuschuss **61**
- Medizinalassistent **52**
- Mindestalter **43**
- Operationstechnischer Assistent **51**
- Ordensmitglied **58**
- Organist **58**
- Pastoralassistent **58**
- Praktikanten **50**
- Probezeit **48**
- Richter **39**
- Saisonarbeitnehmer **55**
- Saisonbedingte Arbeitsunterbrechung **55**
- Schüler **50**
- Soldat **39**
- Strukturanpassungsmaßnahme **61**
- Student **52**
- Studienförderungsvertrag **53**
- Teilrente **54, 64**
- Teilzeit **54**
- Tierarzt **56**
- Trainee **52**
- Übergangsversorgung **69**
- Übungsleiter **40**
- Umschüler **52**
- Vermittlungshindernisse **63**
- Versorgungsanstalt der deutschen Bühnen **67**
- Versorgungsanstalt der deutschen Kulturorchester **67**
- Versorgungswerk der Presse **66**
- Volontäre **50**
- Voraussetzungen **37**
- Vorstandsmitglied **42, 57**
- Waldarbeiter **56**
- Wartezeiterfüllung **44**
- Wissenschaftliche Tätigkeit **65**
- Zeitsoldat **59**

Versicherungsschein
- Entgeltumwandlung **280**

Versicherungsvertrag
- Entgeltumwandlung **279**
- Riester-Förderung **292**

Versorgungsanstalt der deutschen Bühnen
- Versicherungspflicht **67**

Versorgungsanstalt der deutschen Kulturorchester
- Versicherungspflicht **67**

Versorgungskonto **7**

Versorgungspunkte **6**
- zusätzliche (Zurechnungszeiten) **9**

Versorgungswerk der Presse
- Versicherungspflicht **66**

Versteuerung der Rentenleistung
- Betriebsrente **27, 28**
- Entgeltumwandlung **278**
- Riester-Förderung **291**

Verzinsung
- Betriebsrente **5**
- Freiwillige Versicherung **259**

Vollendung 65. Lebensjahr
- Ende der Pflichtversicherung **46**

Volontäre
- Versicherungspflicht **50**

Vorausberechnung
- Freiwillige Versicherung **264**

Vorschüsse
- Verteilung Pflichtversicherung **7**

Vorstandsmitglied
- Versicherungspflicht **42, 57**

W

Waise
- Rente **25**

Waldarbeiter
- Bonuspunkte **7, 79**
- Jahressonderzahlung **195**
- Meldebeispiel **226**
- Meldung **79**
- Tarifvertrag **2**
- Unterbrechung der Pflichtversicherung **79**
- Versicherungspflicht **56**

Wartezeit
- Arbeitsunfall **17**
- Erfüllung bis 65. Lebensjahr **44**

Stichwortverzeichnis

- Freiwillige Versicherung **257**
- Saisonarbeitnehmer **44**
- Voraussetzung für Leistung **17**
- Voraussetzungen für Versicherungspflicht **37, 44**

Wehrdienst
- Eignungsübung **231**
- fiktive Vergütung **228**
- Grundwehrdienst **228**
- Jahressonderzahlung **196**
- Meldebeispiel **228**
- Meldung **228**
- Soldat auf Zeit **231**
- Wehrübung **230**
- Zeitsoldat **231**

Wehrübung
- Meldebeispiel **230**
- Meldung **228**

Weihnachtszuwendung
- bei sozialer Komponente **10**

Wirtschaftliche Notlage
- Absenkung der Leistungszusage **12**

Wissenschaftliche Tätigkeit
- Freiwillige Versicherung **65**
- Versicherungspflicht **65**

Witterungsabhängiges Arbeitsverhältnis
- Bonuspunkte **7**
- Ende der Pflichtversicherung **79**

Witwe/r
- Rente **23**

Z

Zeitrente
- Erwerbsminderungsrente auf Zeit **22**
- Meldung **234**
- Versicherungsmerkmal **314**

Zeitrentenbezug
- Meldebeispiel **234**

Zeitsoldat
- Meldebeispiel **232**
- Meldung **228**
- Nachversicherung **39**
- Übergangsgeld **59**
- Versicherungspflicht **59**

Zertifizierung
- Riester-Förderung **283**

Zivildienst
- fiktive Vergütung **228**
- Jahressonderzahlung **196**
- Meldebeispiel **228**

Zuflussprinzip
- Berichtigungsmeldung **98**
- Einmalzahlungen **93**
- Laufende Zahlungen **93**
- Meldebeispiel **237**
- nach Ende des Arbeitsverhältnisses **101**
- Nachteilsausgleich **103**
- Nachzahlungen **93**
- Versicherungsmerkmal **314**
- Zuordnung im laufenden Jahr **93**
- Zusatzversorgungspflichtiges Entgelt **93**

Zulage
- Beantragung der Zulage **292**
- Kürzung **286**
- Riester-Förderung **284**
- Verhältnis zu Sonderausgabenabzug **290**

Zulagenantrag
- Beantragung der Zulage **292**
- Riester-Förderung **285**

Zurechnungszeit
- bei Erwerbsminderung **22**
- bei beitragsfreier Versicherung **9**
- bei Beurlaubung **12**
- Erwerbsminderung **9**
- Hinterbliebenenversorgung **9, 23, 24**
- in freiwilliger Versicherung bei Erwerbsminderung **262**
- in freiwilliger Versicherung bei Hinterbliebenenversorgung **261**

Zurechnungszeiten
- bei Beurlaubung **12**

Zusatzbeitrag **28**
- Begriff **104**
- Meldebeispiel **252**
- Meldung **117**
- Steuerrechtliche Behandlung **124**

Stichwortverzeichnis

- Überweisung (Muster) **110**
- Versicherungsmerkmal **314**

Zusätzliche Umlage
- Grenzbetrag **309**
- Jahressonderzahlung **108**
- Meldebeispiel **254**
- Meldung **106**
- Versicherungsmerkmal **314**

Zusatzversorgung
- Aufgabe der ZV **1**
- Reform **3**
- Umstattung **3**

Zusatzversorgungseinrichtungen
- Träger der Zusatzversorgung **30**
- Verzeichnis aller Zusatzversorgungskassen **30**

Zusatzversorgungskassen **30**

Zusatzversorgungspflichtiges Entgelt
- Begriff **88**
- bei Altersteilzeit **12**
- Entgeltliste **295**
- Entgeltumwandlung **88**
- Grenzbetrag **89**
- Grenzwert **311**
- Höchstbetrag **311**
- Höchstgrenze **89, 306**
- Meldung **135**
- nach Ende des Arbeitsverhältnisses **101**
- Nachteilsausgleich **103**
- nicht zusatzversorgungsfähig **88**
- Rente auf Zeit **102**
- Zuflussprinzip **93**